Der Autor

© Stefan Sämmer

Matthias Schnettger wurde nach dem Studium der Mittleren und Neueren Geschichte sowie der Politikwissenschaften 1994 in Münster zum Dr. phil. promoviert. Von 1995 bis 2005 war er Wissenschaftlicher Mitarbeiter am Institut für Europäische Geschichte Mainz. 2004 habilitierte er sich an der Goethe-Universität Frankfurt. Nach einer einjährigen Gastdozentur am Deutschen Historischen Institut in Rom wurde er 2006 als Professor für Geschichte der Frühen Neuzeit an die Johannes Gutenberg-Universität Mainz berufen. Zu seinen Forschungsschwerpunkten gehören das Heilige Römische Reich deutscher Nation, die mindermächtigen Fürstentümer und Republiken Italiens sowie die transalpinen Beziehungen und Austauschprozesse in der Frühen Neuzeit.

Matthias Schnettger

Kaiser und Reich

Eine Verfassungsgeschichte (1500–1806)

Verlag W. Kohlhammer

Dieses Werk einschließlich aller seiner Teile ist urheberrechtlich geschützt. Jede Verwendung außerhalb der engen Grenzen des Urheberrechts ist ohne Zustimmung des Verlags unzulässig und strafbar. Das gilt insbesondere für Vervielfältigungen, Übersetzungen, Mikroverfilmungen und für die Einspeicherung und Verarbeitung in elektronischen Systemen.

Die Wiedergabe von Warenbezeichnungen, Handelsnamen und sonstigen Kennzeichen in diesem Buch berechtigt nicht zu der Annahme, dass diese von jedermann frei benutzt werden dürfen. Vielmehr kann es sich auch dann um eingetragene Warenzeichen oder sonstige geschützte Kennzeichen handeln, wenn sie nicht eigens als solche gekennzeichnet sind.

Es konnten nicht alle Rechtsinhaber von Abbildungen ermittelt werden. Sollte dem Verlag gegenüber der Nachweis der Rechtsinhaberschaft geführt werden, wird das branchenübliche Honorar nachträglich gezahlt.

Umschlagbild: Quaterionenadler, kolorierte Darstellung von Jost de Negker beruhend auf einer Darstellung von Hans Burgkmair dem Älteren, 1510, Wiki Commons: https://commons.wikimedia.org/wiki/File:Quaterionenadler_David_de_Negker.jpg [abgerufen am 24.02.2020].

1. Auflage 2020

Alle Rechte vorbehalten
© W. Kohlhammer GmbH, Stuttgart
Gesamtherstellung: W. Kohlhammer GmbH, Stuttgart

Print:
ISBN 978-3-17-031350-7

E-Book-Formate:
pdf: ISBN 978-3-17-031351-4
epub: ISBN 978-3-17-031352-1
mobi: ISBN 978-3-17-031353-8

Für den Inhalt abgedruckter oder verlinkter Websites ist ausschließlich der jeweilige Betreiber verantwortlich. Die W. Kohlhammer GmbH hat keinen Einfluss auf die verknüpften Seiten und übernimmt hierfür keinerlei Haftung.

Inhaltsverzeichnis

Einleitung 9

1 Kaiser und Reich um 1500 .... **13**
1.1 Das Reich um 1500 13
1.2 Der römisch-deutsche Kaiser 21
1.3 Die Reichsstände 30
1.4 Der Reichstag 34

2 Das Zeitalter der »Reichsreform« **44**
2.1 Die Reformdiskussionen des 15. Jahrhunderts 44
2.2 Der Wormser Reichstag von 1495 und
    seine Ergebnisse 47
2.3 Weitere Reformen – und ihre Grenzen 54

3 Kaiser, Reich und Reformation **62**
3.1 Die Reformation als Herausforderung für Kaiser
    und Reich 62
3.2 Das Reich und die Glaubensspaltung: Konflikte
    und Lösungsansätze 68
3.3 Der Augsburger Religionsfrieden 83
3.4 Institutionelle Entwicklungen und Beschlüsse
    im Schatten des Konfessionskonflikts 86

**4 Kaiser und Reich vom Augsburger Religionsfrieden
zum Westfälischen Frieden** **96**
4.1 Vom Augsburger Religionsfrieden zum
    Dreißigjährigen Krieg 96

4.2	Das Reich im Dreißigjährigen Krieg	113
4.3	Der Westfälische Frieden und die Reichsverfassung	124

5 Kaiser und Reich nach dem Westfälischen Frieden 138
5.1	Der Weg zum Immerwährenden Reichstag	138
5.2	Der Wiederaufstieg des Kaisertums	155
5.3	Entfremdungen und das Wiederaufleben alter Konflikte	166

6 Das Alte Reich in seiner Spätphase 177
6.1	Das Kaisertum Karls VII.	177
6.2	Das Reich und der österreichisch-preußische Dualismus	181
6.3	Das Ende des Reichs	192

7 Was hielt das Reich zusammen? 206
7.1	Das Reichskammergericht	206
7.2	Mehr als ein Höchstgericht: Der Reichshofrat	214
7.3	Die Reichsgerichte in Aktion	223
7.4	Das Reichslehnswesen	228
7.5	Die Reichskreise	233
7.6	Das Reich als Kommunikationsraum	244

8 Das Reich in seinen Gliedern 250
8.1	Die Territorialstaaten und das Reich	250
8.2	Die Reichskirche	261
8.3	Die Reichsritterschaft	275
8.4	Die Reichsstädte	286
8.5	Die Judenschaften im Reich	295

9 Peripherien des Reichs................................. 302
9.1	Peripherien des Deutschen Reichs	302
9.2	Reichsitalien	312

10 Nachdenken über das Reich 320
10.1	Die Reichspublizistik	320

10.2	Zeitgenössische Außenwahrnehmungen	327
10.3	Das Reich und die historische Forschung	330

Fazit 339

Anmerkungen 343

Abbildungsverzeichnis 355

Auswahlbibliographie 359
    Quellen 359
    Literatur 361

Register 385
    Personenregister 385
    Ortsregister 395
    Sachregister 403

Einleitung

Die Geschichte des frühneuzeitlichen Reichs und seiner Verfassung ist seit mehr als einem halben Jahrhundert ein bevorzugtes Thema der deutschen Frühneuzeitforschung und hat in jüngerer Zeit auch auf internationaler Ebene größeres Interesse gefunden. An Spezialstudien, aber auch an Synthesen unterschiedlichen Zuschnitts herrscht kein Mangel. Warum also noch eine Reichsgeschichte?

Der Auslöser für die Entstehung dieses Buchs war eine entsprechende Anfrage des Kohlhammer Verlags im September 2015. Nun muss und kann man nicht jedes Publikationsprojekt, das an einen herangetragen wird, realisieren – mit dieser Anfrage rannte der Verlag aber offene Türen bei mir ein. Die Verfassungsgeschichte des frühneuzeitlichen Reichs hat mich seit meiner Magisterarbeit und meiner Dissertation, eigentlich schon seit dem ersten von mir besuchten Hauptseminar, beschäftigt und seitdem nicht wieder losgelassen. In unterschiedlichen Kontexten und mit unterschiedlichen Fragestellungen habe ich mich diesem vielschichtigen, komplexen und auch unter historiographiegeschichtlichen Aspekten äußerst lohnenswerten Forschungsfeld gewidmet. Auch in meiner universitären Lehre hat die Reichsgeschichte stets eine wichtige Rolle gespielt – nicht zufällig hatte meine allererste Vorlesung die Reichsverfassung zum Gegenstand. Diese – mehrfach umgebaute, ergänzte und aktualisierte – Vorlesung bildet auch die Basis dieses Buchs.

Vom ersten Konzept bis zur Realisierung des Bandes sind etwa fünf Jahre ins Land gegangen. In dieser Zeit habe ich meine Vorlesung erneut überarbeitet und das Resultat im Wintersemester 2017/18 den Mainzer Studierenden präsentiert. Die Glättung verbliebener Unebenheiten, der Ausgleich einiger Unwuchten und die Verschriftlichung des Vorlesungsstoffs haben weitere Zeit gekostet. Es folgte die erneute

Überarbeitung, bei der mich mein Mainzer Team mit konstruktiver Kritik tatkräftig unterstützt hat. Ich danke insbesondere Sebastian Becker, Bettina Braun, Ulrich Hausmann und Juliane Märker, die das Manuskript vollständig oder in Teilen gelesen haben, sowie Christian Zimmermann, der mich bei der Erstellung der Karten unterstützt hat.

Daniel Kuhn, Peter Kritzinger und Charlotte Kempf vom Kohlhammer Verlag haben das Publikationsprojekt mit Geduld und Entgegenkommen begleitet. Auch ihnen sei hierfür herzlich gedankt.

Als Ergebnis dieses immer wieder durch andere Verpflichtungen unterbrochenen Arbeitsprozesses liegt nun eine Geschichte des Heiligen Römischen Reichs vom ausgehenden 15. bis zum frühen 19. Jahrhundert vor, die die Inhalte einer klassischen Verfassungsgeschichte abdeckt, davon ausgehend aber zugleich neuere, insbesondere sozial- und kulturgeschichtliche Zugänge berücksichtigt. Stärker als das sonst bisweilen geschieht, sollen die Ergebnisse dieser unterschiedlichen Zugänge berücksichtigt und miteinander verknüpft werden. Neben »klassischen« Themen der Reichsverfassungsgeschichte werden zusätzlich sonst eher vernachlässigte Themenfelder dargestellt. Dabei werden aktuelle Forschungstrends wie die Untersuchung des Reichs als Kommunikationsraum, Mikropolitik im Reich oder die Frage nach »Reichseliten« aufgegriffen. Ein Unterschied zu manchen anderen Darstellungen zur Verfassungsgeschichte des frühneuzeitlichen Reichs ist, dass in Übereinstimmung mit aktuellen Forschungen, bspw. zum Reichshofrat und dem Reichslehnswesen, dem Kaiser und den mit ihm verbundenen Institutionen größere Aufmerksamkeit gewidmet wird. Außerdem geht es darum, Verbindungen und Wechselwirkungen zwischen unterschiedlichen Handlungsebenen im Reich exemplarisch zu verdeutlichen und zu zeigen, dass das Reich auch »vor Ort« präsent war und eine beachtliche Bedeutung für die »einfachen Menschen« erlangen konnte. Zu den Spezifika des Bandes zählt schließlich eine stärkere Berücksichtigung der Peripherien des Reichs.

Der Band soll auch einem Lesepublikum, das mit diesem Gegenstand bislang nicht näher vertraut ist, Zugänge zum frühneuzeitlichen Reich und seiner Verfassung eröffnen. Verfassung wird in diesem Band nicht verstanden im Sinne einer modernen, auf klaren rechtlichen Normen fußenden schriftlichen Verfassung, sondern im frühneuzeitlichen Sinne einer Verfasstheit, als Zustand eines Gemeinwesens unter Berücksichtigung schriftlicher Normen, aber auch konkreter politischer Praktiken und Vorstellungen von der rechten Ordnung des Reichs, wie sie in Ritualen und im Zeremoniell zum Ausdruck kamen und immer wieder neu ausgehandelt bzw. bekräftigt wurden.

Die Darstellung beginnt nach einem Kurzporträt des spätmittelalterlichen Reichs mit einer Vorstellung des Kaisers und der Reichsstände, die in der Diktion der Zeitgenossen als »Haupt und Glieder« die Träger des frühneuzeitlichen Reichs waren, sowie mit einem Überblick über die Strukturen des Reichstags als des zentralen Forums der politischen Aushandlung und Entscheidung am Beginn der Neuzeit (▶ Kap. 1). Dieser Abschnitt legt gewissermaßen das Fundament für die anschließende chronologische Darstellung: Kapitel 2–6 zeichnen mit unterschiedlichen Akzentuierungen die großen Linien der Reichspolitik nach, wie sie sich im Rahmen der Interaktionen zwischen Kaiser und Reichsständen vom späten 15. bis zum frühen 19. Jahrhundert entfaltete. Es folgt ein systematischer Teil, der Institutionen und Strukturen, Akteure und Praktiken des Reichs vorstellt, die im Verlauf der chronologischen Darstellung durchaus Berücksichtigung gefunden haben, nun aber vertiefend betrachtet werden (▶ Kap. 7–9). Dadurch sollen die Vielschichtigkeit und die unterschiedlichen Ebenen der Reichsverfassung annäherungsweise abgebildet werden. Die einzelnen Kapitel sind in sich schlüssig, bieten aber manche Querverbindungen und ergänzen einander – so die Hoffnung des Autors – zu einem Gesamtbild. Die Darstellung wird abgerundet durch ein Kapitel zur Sicht der Zeitgenossen und der modernen Geschichtswissenschaft auf das Reich (▶ Kap. 10) sowie ein kurzes Fazit. Der leichteren Orientierung dienen die Karten und die Register im Anhang. Die knappe Auswahlbibliographie soll Pfade durch den kaum mehr zu überblickenden Literaturwald bahnen und eine vertiefende Lektüre anregen. Demselben Zweck dient auch der schlank gehaltene Anmerkungsapparat, der sich neben dem Nachweis von Zitaten im Wesentlichen auf gezielte Hinweise auf die Spezialliteratur beschränkt. Nur im Ausnahmefall wurde im Einzelnen auf die jeweils relevanten Kapitel in allgemeinen (Verfassungs-)Geschichten des frühneuzeitlichen Reichs verwiesen, die vielmehr an dieser Stelle ein für alle Mal genannt seien. Fundierte Basisinformationen bieten etwa Axel Gotthard, Peter Claus Hartmann, Helmut Neuhaus und Barbara Stollberg-Rilinger sowie – stärker systematisch aufgebaut – das *Lesebuch Altes Reich* und die Essays im Katalog zur großen Reichausstellung von 2006.[1] Für eine vertiefende, ergänzende Lektüre mögen die Werke von Heinz Duchhardt, Georg Schmidt und Joachim Whaley sowie die entsprechenden Bände des *Gebhardt* nützlich sein.[2] Für die Zeit nach 1648 – sei zudem auf die monumentale Darstellung von Karl Otmar von Aretin verwiesen.[3] Besondere Perspektiven auf die Reichsgeschichte bieten die von Anton Schindling und Walter Ziegler herausgegebene Sammelbiographie der Kaiser und die dezidiert kulturgeschichtliche Gesamtdarstellung Barbara Stollberg-Rilingers.[4]

Wenn der Band bei der einen Leserin oder dem anderen Leser das Interesse an einer intensiveren Beschäftigung mit dem frühneuzeitlichen Reich wecken sollte, hätte er sein Ziel erreicht.

Mainz, im August 2020　　　　　　　　　　　　　　Matthias Schnettger

1 Kaiser und Reich um 1500

1.1 Das Reich um 1500

Wenn man eine Geschichte des Heiligen Römischen Reichs deutscher Nation um 1500 beginnen lässt, befindet man sich im Einklang mit der gängigen Epocheneinteilung und mit vielen bereits vorliegenden Reichsgeschichten. Jenseits aller Konventionen sprechen gewichtige sachliche Gründe für diese Entscheidung. Denn in den Jahrzehnten um 1500 erlebte das Reich eine Phase grundlegender Transformationen und Neuformierungen – Prozesse, die es im Folgenden näher zu betrachten gilt. Zugleich aber können die vorangegangenen Perioden der Geschichte des damals immerhin schon siebenhundertjährigen Reichs nicht gänzlich ausgeblendet werden, denn trotz aller Veränderungen lassen sich doch auch eine Reihe von Kontinuitäten zu den Jahrhunderten des Spätmittelalters beobachten. Immer noch war das Reich dem Anspruch nach die Fortsetzung des Römischen Kaisertums, das gemäß der Theorie der *Translatio Imperii* unter Karl dem Großen im Jahr 800 auf die Franken übergegangen war und seit der Kaiserkrönung Ottos I., des Großen, 962 mit dem deutschen Königtum verknüpft war. Die hochmittelalterliche Trias der drei *Regna* Deutsches Reich, Italien und Burgund/Arelat, die zusammen das Reich bildeten, bestand zwar de facto nicht mehr – die letzte burgundische Königskrönung hatte 1365 stattgefunden, und der Großteil des Arelats war längst unter französische Herrschaft geraten. Aber immer noch führte der deutsche König den Titel »Römischer König« und hielt an seinem Anspruch auf Italien und das Kaisertum fest. Dieser Anspruch manifestierte sich am deutlichsten bei den Romzügen der Könige, denn üblicherweise wurden sie nicht nur in Rom durch den Papst zum Kaiser, sondern auch in Mailand oder Pavia mit der Eisernen Krone der Langobarden gekrönt. Die Divergenzen zwischen den hehren Ansprüchen und den begrenzten finanziellen, personellen und militärischen Ressourcen des Reichsoberhaupts waren jedoch erheblich. Insbesondere an den Peripherien des Reichs, wie eben in Italien, aber auch in den Grenzgebieten zu Frankreich, war der Autoritätsverlust des Römischen Königs bzw. Kaisers evident. Anders als etwa in England und Frankreich bildete sich zudem im deutschen Reichsteil keine starke monarchische Zentralgewalt heraus. Der Institutionalisierungsgrad auf Reichsebene blieb gering.[1]

Kennzeichnend und folgenreich für die Entwicklung des Reichs im Spätmittelalter war ein forcierter Territorialisierungsprozess. Der Konzentration von Herrschaftsrechten in den Händen regionaler geistlicher oder weltlicher Großer hatte Kaiser Friedrich II. Vorschub geleistet, als er ihnen in der *Confoederatio cum Principibus Ecclesiasticis* (1220) bzw. im *Statutum in favorem Principum* (1231/32) wichtige Regalien überlassen hatte. Nach und nach gelang es einer Reihe von geistlichen und weltlichen Fürsten, die in ihren Händen gebündelten Herrschaftsrechte zum Aufbau von mehr oder weniger ausgedehnten Landesherrschaften zu verdichten, konkurrierende Herrschaftsträger dagegen zurückzudrängen oder auszuschalten. Dabei handelte es sich um einen langwierigen Prozess, der bis zum Beginn der Frühen Neuzeit zwar schon weit vorangeschritten war, aber in manchen Gegenden erst nach dem Ende des Alten Reichs zum Abschluss gebracht wurde. Historische Karten vermitteln einen guten Überblick über die Vielgestaltigkeit und Kleinteiligkeit der deutschen Territorienlandschaft seit dem ausgehenden Mittelalter. Gleichzeitig suggerieren sie eine Abgeschlossenheit von Territorien und eine Eindeutigkeit von Grenzen, die so in den allermeisten Fällen nicht gegeben waren. Der weiter voranschreitende Territorialisierungsprozess ist ein Element, das auch noch die frühneuzeitliche Reichsgeschichte wesentlich prägt.

Der Mediävist und Landeshistoriker Peter Moraw hat durch seine Forschungen die Aufmerksamkeit darauf gelenkt, dass die Regionen des Reichs verschiedene Profile entwickelten und in unterschiedlicher Weise in das Reich als Kommunikations- und Handlungsraum eingebunden waren.[2] Eine Sonderrolle nahmen nach Moraw die Stammlande des jeweiligen Königs bzw. Kaisers ein, da er dort die landesherrlichen und die königlich-kaiserlichen Rechte in seiner Hand bündelte. Insofern bildeten die Stammlande zweifellos einen Nukleus der königlichen bzw. kaiserlichen Herrschaft im Reich. Andererseits konnten sie auch ein Eigenleben entwickeln, sich vom Rest des Reichs entfernen, insbesondere dann, wenn sie, wie die Stammlande der Luxemburger oder der Habsburger, eine beträchtliche Größe und territoriale Geschlossenheit erreichten und zudem geographisch an der Peripherie des Reichs lagen. Eine herausgehobene Stellung hatten – so Moraw – ebenfalls die Lande der Kurfürsten, der Königswähler, inne. Auch hier war der Territorialisierungsprozess vergleichsweise weit fortgeschritten. Zugleich aber waren v. a. die Herrschaftsgebiete der rheinischen Kurfürsten, der Erzbischöfe von Mainz, Köln und Trier sowie des Pfalzgrafen bei Rhein, eng in die Kommunikationsstrukturen des Reichs eingebunden.

Während man die kaiserlichen und kurfürstlichen Lande recht genau zuordnen kann, ist die Trennschärfe bei den anderen Kategorien Moraws, den königsnahen, königsoffenen und königsfernen Regionen, weniger eindeutig. Das gilt umso mehr, als der Grad der Einbindung einzelner Regionen in den Handlungsraum Reich sich im Lauf der Zeit ändern konnte. Dennoch sind diese heuristischen Begriffe nützlich, um zum Ausdruck zu bringen, dass es königsnahe Gebiete gab, in denen der König, wie in Schwaben, in Franken und am Oberrhein, vergleichsweise große Handlungsspielräume besaß, auch immer wieder physische Präsenz zeigte, königsoffene Gebiete, in denen das Reichsoberhaupt zumindest von Fall zu Fall mit Erfolg intervenierte, wie am Niederrhein und in Westfalen, und königsferne Gebiete, in denen der König kaum je Präsenz zeigte und nur gelegentlich einzugreifen vermochte, wie in Norddeutschland, den Niederlanden oder Italien. Für den Frühneuzeithistoriker sind die von Moraw gebildeten Kategorien v. a. deswegen interessant, weil sie sich auch als nützlich erwiesen haben, um das frühneuzeitliche Reich zu erfassen. Allerdings spricht man für die Frühe Neuzeit üblicherweise von reichsnahen bzw. -fernen Regionen und berücksichtigt damit die Beziehungen nicht nur zum Oberhaupt, sondern auch zu anderen Institutionen des Reichs. Außerdem lassen sich einige Traditionslinien von den regionalen mittelalterlichen Kommunikationsräumen zu den frühneuzeitlichen Reichskreisen erkennen.

Trotz seiner begrenzten Machtfülle war der König bzw. der Kaiser ein zentraler, wenn nicht der zentrale Akteur des Reichs. Das deutsche Königtum war eine Wahlmonarchie. Doch anders als im Zeitalter der »springenden Wahlen« im späten 13. und frühen 14. Jahrhundert, als die Kurfürsten Männer aus unterschiedlichen Dynastien gewählt hatten, um ein übermächtiges Königtum zu verhindern, entwickelten sich seit der zweiten Hälfte des 14. Jahrhunderts dynastische Verfestigungstendenzen in den Häusern Luxemburg und Habsburg. Ohne dass das Wahlprinzip aufgegeben wurde, wurden seit 1346/47 mit der einzigen Ausnahme Ruprechts von der Pfalz (1400) nur noch Angehörige dieser beiden Familien gewählt. Denn nur diese verfügten angesichts des weitgehenden Verlustes des früheren Reichsgutes über die nötige Hausmacht, um die Last der Krone zu tragen und um ein Mindestmaß an königlicher Autorität aufrechtzuerhalten. Zumal der Luxemburger Karl IV. erlangte zeitweise eine hegemoniale Stellung im Reich. Anders aber als im Zeitalter der Ottonen, Salier und Staufer lag die Machtbasis der spätmittelalterlichen Reichsoberhäupter im äußersten Osten des Reichs, in den Ländern der Böhmischen Krone bzw. der österreichischen Ländergruppe. Man kann daher von einem Randkönigtum sprechen, das von der Peripherie aus das Reich zu regieren versuchte.[3]

Der Herrschertitel »Römischer König« signalisierte die Anwartschaft der deutschen Könige auf die Kaiserkrone. Im 14. und 15. Jahrhundert erlangten immerhin fünf von ihnen in Rom die höchste weltliche Würde der Christenheit. Die Kehrseite der Medaille dieser Verbindung von deutscher Königs- und Römischer Kaiserkrone war, dass der Papst als derjenige, der nach eigenem Selbstverständnis die Kaiserkrone zu vergeben hatte, bei der deutschen Königswahl ein Approbationsrecht beanspruchte. Dieser Anspruch wurde jedoch von den Kurfürsten regelmäßig zurückgewiesen.

Eine zentrale Bedeutung für die Wahl des Römischen Königs besaß die nach dem anhängenden kaiserlichen Goldsiegel benannte Goldene Bulle von 1356, ein umfangreiches Privileg Karls IV., das zu den Grundgesetzen des Reichs gezählt wurde und seine Verfassung dauerhaft prägte. Die Goldene Bulle fixierte nicht nur eindeutig den Kreis der sieben Königswähler – die Erzbischöfe von Mainz, Trier und Köln, der König von Böhmen, der Pfalzgraf bei Rhein, der Herzog von Sachsen und der

Markgraf von Brandenburg –, sondern traf durch die Festlegung der Primogeniturerbfolge in den weltlichen Kurfürstentümern Vorsorge dafür, dass es in Zukunft keine Unklarheiten über den Kreis der Wahlberechtigten geben sollte. Die Übertragung wertvoller Regalien und das Zugeständnis einer stärkeren Beteiligung an der Reichsregierung sowie beachtlicher zeremonieller Prärogativen sicherten den Kurfürsten eine Sonderstellung unter den Fürsten des Reichs. Diese Sonderstellung trat augenfällig bei der Königswahl und -krönung hervor, wenn die drei Erzbischöfe die Königssalbung und -krönung vollzogen und die weltlichen Kurfürsten beim anschließenden Krönungsmahl ihre Erzämter als Erzschenk (König von Böhmen), Erztruchsess (Pfalzgraf bei Rhein), Erzmarschall (Herzog von Sachsen) bzw. Erzkämmerer (Markgraf von Brandenburg) ausübten. Die geistlichen Kurfürsten führten demgegenüber den Titel von Reichserzkanzlern. Während das kurtrierische und das kurkölnische Erzkanzleramt *per Galliam* bzw. *per Italiam* an Bedeutung verloren, weil der Kaiserhof sich nicht mehr in den Gebieten ihrer Zuständigkeit aufhielt, gewann das Erzkanzleramt *per Germaniam* ein erhebliches Gewicht und sicherte dem Mainzer Kurfürsten in der Neuzeit großen Einfluss etwa auf die Reichshofkanzlei, auf den Reichstag oder auf die höchsten Reichsgerichte, um hier nur wenige Beispiele zu nennen.[4]

Eine herausgehobene Stellung unter den weltlichen Kurfürsten gewährte die Goldene Bulle dem Pfalzgrafen bei Rhein und dem Herzog von Sachsen, denen gemeinsam das Reichsvikariat während einer Thronvakanz zugesprochen wurde.[5] Abgesehen vom Römischen König war der böhmische König das einzige gekrönte Haupt im Reich und der ranghöchste weltliche Kurfürst, doch bis zur sog. Readmission der böhmischen Kur (1708) nahm er nur an Wahltagen teil, war aber nicht auf dem Reichstag und auch nicht auf nichtwählenden Kurfürstentagen vertreten (s. S. 304–306).[6]

Infolge der Begünstigung der Kurfürsten durch die Goldene Bulle sahen sich einige Fürsten des Reichs benachteiligt, die sich an Vornehmheit den Königswählern ebenbürtig fühlten. Am folgenreichsten war die Reaktion Herzog Rudolphs IV., des Stifters, von Österreich, der für das Haus Habsburg in dem gefälschten *Privilegium maius* (1358/59) umfangreiche Sonderrechte beanspruchte. Beeinträchtigt wurde durch

1 Kaiser und Reich um 1500

Abb. 1: Der Kaiser und die Kurfürsten. Kupferstich im Erstdruck der *Constitutio Criminalis Carolina*, Mainz 1533.

die Goldene Bulle aber auch der Papst, dessen Anspruch auf Approbation des Römischen Königs unerwähnt blieb und damit implizit zurückgewiesen wurde.

Die skizzierten Entwicklungen führten dazu, dass die Macht und der Einfluss des Römischen Königs inner- und außerhalb des Reichs schwanden. Nichtsdestotrotz hielten die Reichsoberhäupter an ihrem

Anspruch auf die Römische Kaiserwürde fest. D.h., sie betrachteten sich als das weltliche Oberhaupt der Christenheit, das gemeinsam mit dem Papst an der Spitze der Hierarchie der christlichen Fürsten stand, und in diesem Sinne als Universalmonarch. Diese Anschauung stand im Einklang mit der Vier-Reiche-Lehre, die in der Spätantike mit Bezug auf das alttestamentliche Buch Daniel entstand und der zufolge das Römische Reich das letzte der vier Universalreiche sei und bis zur Wiederkunft Christi fortbestehen müsse. Indem die Vier-Reiche-Lehre dem Römischen Reich einen festen Platz in der christlichen Heilsgeschichte zuwies, wurden die Vorstellungen von Reich und Kaiseramt in hohem Maß eschatologisch aufgeladen.

Die mit dem Römischen Kaiseramt verknüpften Schutz- und Ordnungsfunktionen blieben dagegen ebenso vage wie die territoriale Basis, auf die es sich bezog. Die Offenheit des Kaiser- sowie des Reichsbegriffs wird im Lateinischen sowie in modernen romanischen Sprachen wie dem Italienischen deutlich: Der Quellenbegriff »Imperium« bzw. »Impero« kann sowohl »Kaisertum«/»kaiserliche Regierung« als auch »Reich« bedeuten.

Eine weitere Bedeutungsebene von »Reich«, neben der des Römischen Universalreichs, ist die des Lehnsreichs, also aller Gebiete, die eine feudalrechtlich begründete Oberherrschaft des Kaisers anerkannten. Dieser Reichsbegriff war weniger umfassend als der des Römischen Universalreichs, schloss aber neben dem deutschen Reichsteil große Teile Ober- und Mittelitaliens ein. Ob ein konkretes Gebiet in einer feudalen Abhängigkeit vom Kaiser stand, konnte allerdings, wie im Fall von Florenz oder Genua, durchaus umstritten sein.

Schließlich wurde der Reichsbegriff immer häufiger primär oder ausschließlich auf das Reich der Deutschen bezogen. Diese Tendenz verstärkte sich mit dem institutionellen Entwicklungsschub im deutschen Reichsteil in den Jahrzehnten um 1500. Er führte zur Herausbildung eines sich verdichtenden Handlungsraums, der im Wesentlichen den Kaiser und die auf dem Reichstag vertretenen Fürsten und Stände umfasste. In diesem Zusammenhang wird in der Forschung auch von »Reichstags-Deutschland« gesprochen. Die institutionellen Verdichtungsprozesse gingen einher mit einer protonationalen Identitätsbildung, die die Tendenz zu einer Verengung des Reichsbegriffs auf das Reich der Deutschen verstärkte.

Doch auch wenn die Bedeutungsebene »Deutsches Reich« immer mehr an Bedeutung gewann, heißt das nicht, dass die Dimensionen »Universalreich« und »Lehnsreich« verschwanden. Die unterschiedlichen Bedeutungsebenen existierten vielmehr bis zum Ende der Neuzeit nebeneinander bzw. ineinander verschränkt fort, sodass unter angemessener Beachtung der jeweiligen Kontexte von Fall zu Fall entschieden werden muss, was in einer Quelle mit »Reich« gemeint ist.[7]

Oft gibt die im konkreten Einzelfall verwendete Terminologie Hinweise auf den Bedeutungsgehalt des Reichsbegriffs. Schon seit der Stauferzeit war die Bezeichnung »Heiliges Römisches Reich« (*Sacrum Romanum Imperium*) gebräuchlich. Seit dem späten 15. Jahrhundert findet sich in Quellen der spezifizierende Zusatz »deutscher Nation«. Damit konnte Verschiedenes zum Ausdruck gebracht werden: dass es um den deutschen Reichsteil im größeren (Universal- oder Lehns-)Reich ging, dass die Deutschen die Träger des Reichs seien oder dass das Reich mit »Deutschland« identisch sei. Alle diese Bedeutungsebenen sind in den Quellen nachzuvollziehen und werden auch in der Forschungsliteratur vertreten.

Der in der Forschungsliteratur als korrekte, vollständige Bezeichnung des frühneuzeitlichen Reichs firmierende Terminus »Heiliges Römisches Reich deutscher Nation« ist erstmals im Jahr 1512 nachweisbar. Das bedeutet freilich nicht, dass dieser Begriff sich als offizieller Reichstitel durchgesetzt hätte. Vielmehr fanden stets auch Kurzformeln wie »Heiliges Reich«, »Imperium Romanum« »Teutsches Reich« oder auch nur »Reich« mit ihren spezifischen Konnotationen Verwendung. Festzuhalten ist dabei, dass insbesondere am Kaiserhof großer Wert auf den römischen Charakter des Reichs gelegt wurde, denn darauf stützte sich der Anspruch des Reichsoberhaupts auf Vorrang vor den anderen christlichen Monarchen.

1.2 Der römisch-deutsche Kaiser

Seit 1438 wurden bis zum Ende des Reichs nur Habsburger (bzw. ab 1745 Habsburg-Lothringer) zu Römischen Königen bzw. Kaisern gewählt, mit der einzigen Ausnahme des bayerischen Wittelsbachers Karl VII. Eine solche dynastische Kontinuität in einer Wahlmonarchie war, wenn man etwa an die polnischen Wasa denkt, im frühneuzeitlichen Europa nicht ungewöhnlich, ist in dieser Ausprägung jedoch singulär und bedarf der Erklärung.[8] Neben anderen Faktoren sprach für die Habsburger, v. a. seit der Erwerbung des burgundischen Erbes (1477), ihr deutlicher Machtvorsprung vor allen anderen deutschen Dynastien. Mindestens ebenso wichtig war aber ihre bis in die Zeit Rudolphs I. (1273–1291) zurückreichende königliche bzw. kaiserliche dynastische Tradition, die durch jede neue Wahl eines Habsburgers zum Reichsoberhaupt bekräftigt wurde. Je enger und länger das Kaisertum mit den Habsburgern verbunden war, desto mehr konnte sich das Haus Österreich als die Kaiserdynastie schlechthin stilisieren und zugleich – zumindest partiell – das Kaiseramt nach den eigenen Vorstellungen und Bedürfnissen so modellieren, dass eben wieder nur ein Habsburger als Kaiser in Frage kam. Zwar wurde immer wieder Kritik am Haus Österreich laut und die Wahl eines Nichthabsburgers erwogen. Tatsächlich umgesetzt wurden solche Pläne aber erst in den 1740er Jahren in einer Ausnahmesituation, als das Haus Habsburg im Mannesstamm erloschen war und die Behauptungsfähigkeit seiner habsburg-lothringischen Erben fragwürdig erschien. Zum Erfolg des Hauses Österreich trug bei, dass es ihm im Zweifelsfall gelang, sich gegenüber Kurfürsten und Reichsöffentlichkeit als »deutsche« Dynastie zu präsentieren und so bspw. wie 1519 und 1657/58 die französische Konkurrenz aus dem Feld zu schlagen.

Ein weiterer Faktor, der seit der Reformation die Kontinuität des habsburgischen Kaisertums begünstigte, war die dezidierte Katholizität der Dynastie: Da dank der drei rheinischen Erzbischöfe und des habsburgischen Böhmen stets eine altgläubige Mehrheit im Kurkolleg bestand, kam ausschließlich die Wahl eines katholischen Kaisers infrage.[9] Abgesehen von den bayerischen Wittelsbachern und den Habsburgern hatten sich alle bedeutenden deutschen Fürstenhäuser der Reformation angeschlossen, sodass es an Alternativkandidaten fehlte. Die habsburgischen Kaiser trugen aber ihrerseits Sorge dafür, eine Hinwendung der geistlichen Kurfürsten zum Protestantismus zu verhindern und so die katholische Mehrheit im Kurkolleg aufrecht zu erhalten.

Die geringe Größe des Kurkollegs erleichterte es den Habsburgern, Einfluss auf die Wahlen zu nehmen. Als ein äußerst wertvolles Instrument erwies sich dabei die Römische Königswahl *vivente Imperatore*. D. h., dass der regierende Kaiser noch zu seinen Lebzeiten seinen ältesten Sohn oder einen anderen nahen Verwandten zum Nachfolger wählen ließ, wobei er seine eigene Autorität in die Waagschale werfen konnte, um seiner Familie das Kaiseramt für eine weitere Generation zu sichern. Dieses Prinzip wandten die Habsburger 1486 erstmals an, als Maximilian I. zu Lebzeiten Friedrichs III. zum Römischen König gewählt wurde. Im Verlauf der Frühen Neuzeit fanden noch sieben weitere Wahlen *vivente Imperatore* statt (1531, 1562, 1575, 1636, 1653, 1690 und 1764).[10]

Das Instrument der Königswahl *vivente Imperatore* gab es schon im Mittelalter. Neu war dagegen der Titel »Erwählter Römischer Kaiser«, den Maximilian I. 1508 mit päpstlicher Zustimmung in einer feierlichen Zeremonie im Dom von Trient annahm. Damit wurde im Prinzip zunächst nichts anderes zum Ausdruck gebracht, als dass der Römische König durch seine Wahl der designierte Römische Kaiser sei. Eine prinzipielle Abkehr von der traditionellen Kaiserkrönung durch den Papst war damit nicht intendiert. Vielmehr hatte Maximilian genau zu diesem Zweck einen Romzug beabsichtigt, der sich jedoch angesichts der französischen Besetzung des Herzogtums Mailand und der Opposition Venedigs als undurchführbar erwies. Die Zeremonie in Trient, sozusagen auf der Schwelle Italiens, war also ein aus der Not geborener Ersatz für das derzeit unerreichbare eigentliche Ziel.[11]

Wie häufig in der frühneuzeitlichen Reichsgeschichte erwies sich die Verlegenheitslösung als dauerhaft, ja, geradezu zukunftsweisend: Denn nach der Reformation wäre eine Kaiserkrönung durch den Papst für die evangelischen Kurfürsten und Reichsstände nur schwer erträglich gewesen. Zwar ließ sich Maximilians Enkel Karl V. 1530 vom Papst zum Kaiser krönen, aber er war der letzte römisch-deutsche Kaiser, der diesen

1.2 Der römisch-deutsche Kaiser

Schritt ging. Alle seine Nachfolger, beginnend mit seinem Bruder Ferdinand I., der sich ohne päpstliche Zustimmung 1558, zwei Jahre nach Karls Abdankung, in Frankfurt zum Römischen Kaiser ausrufen ließ, verzichteten auf die nachträgliche Kaiserkrönung durch den Papst. Von nun an fielen die deutsche Königs- und die Kaiserkrönung faktisch zusammen, und jeder Römische König war – entweder gleich nach seiner Wahl oder nach dem Tod seines Vorgängers – *ipso facto* »Erwählter Römischer Kaiser«. Die päpstlichen Approbationsansprüche wurden nach wie vor von Kaiser und Kurfürsten negiert. Allerdings entsandten die neugewählten Kaiser üblicherweise Obödienzbotschafter nach Rom, die dem Papst die Thronbesteigung des neuen Reichsoberhaupts mitteilten und dessen Gehorsam in Glaubensdingen gegenüber dem Pontifex beteuerten. Was die kaiserliche Seite als Wahlanzeige verstanden wissen wollte, mochte an der Kurie als Bitte um Bestätigung im Amt interpretiert werden. Dadurch wurden die konträren Auffassungen in der Approbationsfrage zwar nicht überbrückt, konnten aber doch mittels Dissimulation camoufliert werden.

Ebenfalls seit dem 16. Jahrhundert verzichtete man auf den tradierten Krönungszug nach Aachen, wie er noch in der Goldenen Bulle vorgesehen war. Der letzte in Aachen gekrönte Römische König war 1531 Ferdinand I. Von nun an fanden die Krönungen üblicherweise am Ort der Wahl statt, also in den meisten Fällen in der Frankfurter Stiftskirche St. Bartholomäus, die somit ab dem 16. Jahrhundert zum »Kaiserdom« avancierte. Charakteristisch für das frühneuzeitliche Rechtsdenken ist, dass man Aachens Vorrecht, die Krönungsstadt des Deutschen Reichs zu sein, formal nicht antastete. Vielmehr wurde dieser Anspruch der Reichsstadt bei den Krönungen, die nicht in Aachen stattfanden, durch einen Revers bestätigt. Faktisch jedoch schwand mit jeder Krönung, die andernorts vollzogen wurde, die Chance auf eine Rückkehr dieser Zeremonie nach Aachen.

Frankfurt profitierte am meisten von der Tendenz, Wahl und Krönung in ein und derselben Stadt zu vollziehen.[12] Doch auch Frankfurts Status als Wahl- und Krönungsstadt war nicht ungefährdet. So fand die Wahl Ferdinands I. 1531 in Köln statt, vorgeblich weil eine in Frankfurt grassierende Seuche die Verlegung des Wahltags erforderlich machte, faktisch jedoch, weil Karl V. und die katholischen Kurfürsten Frankfurt

Abb. 2: Reichskrone, 10./11. Jahrhundert, heute in der Schatzkammer, Wiener Hofburg.

für seine zunehmend proreformatorische Politik bestrafen wollten. Im 17. Jahrhundert waren dann v. a. praktische Gründe dafür verantwortlich, dass die Wahlen von 1636, 1653 und 1690 in Regensburg bzw. Augsburg stattfanden. Alle drei Wahlen waren Römische Königswahlen *vivente Imperatore*, und die Verlegung der Wahl und Krönung erfolgte auf Wunsch des regierenden Kaisers, denn aus der Perspektive der österreichischen Habsburger waren die beiden süddeutschen Reichsstädte geographisch günstiger gelegen als Frankfurt. Dabei fällt die Wahl und Krönung Ferdinands IV. 1653 insofern aus dem Rahmen, als er in Augsburg gewählt, aber sozusagen vor den Augen der Reichstagsöffentlichkeit in Regensburg gekrönt wurde. Während also im Hinblick auf den Ort einer Römischen Königswahl *vivente Imperatore* ein gewisser Spielraum bestand, wurden alle Wahlen, denen ein Interregnum vorausging, wie von der Goldenen Bulle vorgesehen, in Frankfurt durchgeführt.

Man kann den Verzicht auf die Kaiserkrönung durch den Papst und die Konzentration von Wahl und Krönung an einem Ort als Schritte im Prozess einer Säkularisierung und Rationalisierung des Kaiseramts begreifen. Dabei sollte man jedoch bedenken, dass es sich um eine äußerst langwierige Entwicklung handelte und dass der Kaiser, der in lateinischen Schriftstücken bis zum Ende des Reichs als *Sacra Caesarea Maiestas* tituliert und durch das Zeremoniell überhöht wurde, dauerhaft eine sakrale Aura bewahrte. Der Kaiser blieb als *Advocatus Ecclesiae* in besonderer Weise dem Schutz der Kirche – die die katholischen Habsburger mit der römisch-katholischen Kirche gleichsetzten – verpflichtet und galt als oberster Richter, Schützer und Quelle des Rechts. Auch hielt er an dem Anspruch fest, als Römischer Kaiser der ranghöchste weltliche Herrscher der Christenheit zu sein, auch wenn ihn andere Monarchen an Machtmitteln längst übertrafen.

Bei der Betrachtung des frühneuzeitlichen Kaisertums muss neben der dynastischen Komponente auch die Stellung der Habsburger als Landesherren berücksichtigt werden, die erheblichen Einfluss auf ihre kaiserliche Amtsführung hatte. Als sie um die Mitte des 15. Jahrhunderts die Römische Krone erwarben, umfassten ihre Erblande Ober- und Niederösterreich, die Steiermark, Kärnten und Krain, Görz, Gradisca und Triest, Tirol, Vorarlberg sowie einen ausgedehnten Streubesitz im Elsass und in Schwaben, das sog. Vorderösterreich. Infolge von dynastischen Erbteilungen standen bis weit ins 17. Jahrhundert große Teile der österreichischen Erblande nicht unter der Landesherrschaft des jeweiligen Kaisers, sondern eines seiner Verwandten.

1 Kaiser und Reich um 1500

Seit 1477 wurden die Habsburger durch die Auseinandersetzung um die burgundische Erbschaft, von der sie neben der Franche-Comté im Wesentlichen die Niederlande behaupteten, in einen mit Unterbrechungen bis in die Mitte des 18. Jahrhunderts währenden Dauerkonflikt mit Frankreich gezogen. Kaiser Karl V. vereinigte 1519 schließlich unter seiner Herrschaft neben den burgundischen Landen die Kronen von Kastilien und Aragon mit ihren Nebenländern in Italien und dem rasch anwachsenden amerikanischen Kolonialbesitz. Die österreichischen Erblande trat Karl bereits 1521/22 an seinen Bruder Ferdinand ab, den Begründer der deutschen Linie des Hauses Habsburg. Seit 1556 Ferdinand I. die Nachfolge seines Bruders im Kaiseramt angetreten hatte, stand die Kaiserkrone in Personalunion mit den Kronen von Böhmen und Ungarn, die Ferdinand bereits 1526 erworben hatte. Für die Geschichte der habsburgischen Besitzungen erwiesen sich im 16. und 17. Jahrhundert die osmanische Bedrohung, das Vordringen der Reformation und dann die unter landesherrlicher Ägide vorangetriebene Gegenreformation als prägend, die mit einer Domestizierung der bis dahin sehr mächtigen und selbstbewussten Landstände einherging.

Bis zum Erlöschen der auf Karl V. zurückgehenden spanischen Linie der Habsburger im Jahr 1700 bestanden enge Verbindungen zwischen den beiden Zweigen des Hauses Österreich. Lange spielte die jüngere, deutsche Linie trotz der kaiserlichen Würde in dieser Beziehung die Rolle des Juniorpartners. Immer wieder wurde den Kaisern von reichsständischer Seite vorgeworfen, die Reichsinteressen dynastischen und landesherrlichen, österreichischen Belangen unterzuordnen.

Hinsichtlich der Stellung des Kaisers im Reich existierte kein Verfassungsdokument, das die kaiserlichen Kompetenzen systematisch aufgelistet hätte. Sie lassen sich vielmehr nur aus Aussagen in den sog. Reichsgrundgesetzen, wie der Goldenen Bulle oder dem Westfälischen Frieden, und verschiedenen Reichsgesetzen sowie aus der Regierungspraxis der einzelnen Kaiser erschließen. Denn vielfach handelte es sich um Gewohnheitsrechte, die – wenn überhaupt – erst mit erheblicher Verzögerung schriftlich fixiert wurden. Damit ist bereits angedeutet, dass die kaiserlichen Kompetenzen nicht statisch waren, sondern sich im Lauf der Zeit wandelten. Sie wurden immer wieder neu ausgehandelt, durch neuerlassene Normen definiert und eingeschränkt.

1.2 Der römisch-deutsche Kaiser

In diesem Zusammenhang kam den kaiserlichen bzw. königlichen Wahlkapitulationen besondere Bedeutung zu.[13] Die Wahlkapitulationen wurden vor der Wahl durch die Kurfürsten formuliert, nach dem Wahlakt durch den neuen König bzw. Kaiser beschworen und anschließend publiziert. Sie listeten, gegliedert in Kapitel, Grundsätze und Verpflichtungen auf, die der Neugewählte für seine Regierung zu beachten versprach, fixierten aber auch Einschränkungen der kaiserlichen Kompetenzen und Entscheidungsspielräume. Kurz: Sie sollten das neue Reichsoberhaupt daran hindern, eine Politik zu verfolgen, die den Intentionen der Kurfürsten widersprach. Ein solches Instrument war in den europäischen Wahlmonarchien nicht ungewöhnlich. In vielen geistlichen Fürstentümern des Reichs nutzte man es schon im 15. Jahrhundert. Es ist indes kein Zufall, dass die erste kaiserliche Wahlkapitulation 1519 bei der Wahl Karls V. verabschiedet wurde, denn diesem jungen, in den Niederlanden aufgewachsenen Habsburger, der zugleich über die Ressourcen des Spanischen Reichs verfügte, begegneten die deutschen Kurfürsten mit Skepsis. In der Wahlkapitulation erblickten sie ein Instrument, um Karl in das politische System des Reichs einzubinden.

Die Wahlkapitulationen enthielten allgemeine Bestimmungen, wie die Verpflichtung des Kaisers auf den Schutz der Kirche, die Bestätigung aller Rechte der Kurfürsten und Reichsstände oder die Einholung des kurfürstlichen Konsenses vor Eröffnung eines Kriegs oder vor Abschluss eines Bündnisses im Namen des Reichs. Zunehmend umfassten sie auch sehr konkrete Einzelverfügungen. Es wurde nicht bei jeder Wahl eine neue Kapitulation abgefasst, sondern das Vorgängerdokument wurde im Licht der vorangegangenen Regierung fortgeschrieben und ergänzt, etwa um dem neuen Reichsoberhaupt Maßnahmen, die bei seinem Vorgänger negativ aufgefallen waren, zu untersagen. Das hatte zur Folge, dass die Wahlkapitulationen im Laufe der Zeit immer komplexer und unübersichtlicher wurden, ja, manche Widersprüche enthielten. Diese Problematik wurde auch von den Zeitgenossen gesehen. 1711 verabschiedete der Reichstag das Projekt einer Beständigen Wahlkapitulation (*Capitulatio perpetua*), das zwar die folgenden Kapitulationen beeinflusste, aber ohne dass sich die Kurfürsten in ihrem exklusiven Recht, die Kapitulationen zu formulieren (*ius adcapitulandi*), von den auf Mitsprache pochenden sonstigen Fürsten und Ständen des Reichs einschränken ließen. Noch in den 1790er Jahren gab es Überlegungen zu einer grundlegenden Reform der Wahlkapitulation, die jedoch nicht umgesetzt wurden.

Die kaiserlichen Wahlkapitulationen waren normsetzende Dokumente von höchstem Rang. Die jeweils aktuelle Kapitulation wurde zu den Reichsgrundgesetzen gezählt. Da die Wahlkapitulation im Unterschied zu den anderen *Leges fundamentales* von Kaiser zu Kaiser fortgeschrieben wurde, kann sie als ein dynamisches Element der Reichsverfassung begriffen werden.

Gerade aufgrund der von Kaiser zu Kaiser fortgeschriebenen Bestimmungen der Wahlkapitulationen waren auch die Kompetenzen des Reichsoberhaupts alles andere als statisch. Manche Prärogativen, die Maximilian I. zu Beginn des 16. Jahrhunderts noch selbstverständlich in Anspruch genommen hatte – wie etwa die Verhängung der Reichsacht gegen einen Reichsstand –, wurden seinen Nachfolgern entweder vollständig abgesprochen oder sie wurden in ihrer Ausübung massiv eingeschränkt und an die Zustimmung der Kurfürsten oder aller Reichsstände gebunden. Im Einklang mit den Reichsjuristen des späten 17. und des 18. Jahrhunderts lassen sich drei Kategorien von kaiserlichen Rechten unterscheiden: Die größten Handlungsspielräume besaß das Reichsoberhaupt bei der Wahrnehmung der unbeschränkten kaiserlichen Reservatrechte (*Iura caesarea reservata illimitata*). Hierzu wurden die Ausübung der kaiserlichen Lehnsrechte, die Privilegienerteilung, die Verleihung des Postregals und die Schutzherrschaft über die jüdischen »Kammerknechte« gerechnet. Bei der Ausübung der beschränkten kaiserlichen Reservatrechte (*Iura caesarea reservata limitata*) war das Reichsoberhaupt an die Zustimmung der Kurfürsten gebunden. Dies betraf etwa die Einberufung des Reichstags, die Verleihung von Regalien und die Verfügung über heimgefallene Lehen. Die Komitialrechte (*Iura comitialia*) schließlich, wie die Gesetzgebung, die Erklärung von Krieg und Frieden und die Steuererhebung, durfte der Kaiser nur gemeinsam mit den auf dem Reichstag versammelten Reichsständen wahrnehmen. Nicht selten wurde freilich darüber gestritten, ob denn nun eine Kompetenz den Reservat- oder den Komitialrechten zuzurechnen sei. *Cum grano salis* ist im Verlauf der Frühen Neuzeit eine Verschiebung von den Reservat- zu den Komitialrechten zu beobachten, d.h., die Tendenz ging dahin, die kaiserlichen Prärogativen zu beschneiden. Schon die schriftliche Fixierung von Gewohnheitsrechten und etablierten Praktiken an sich bewirkte eine allmähliche Einschränkung der Handlungsspielräume des Reichsoberhaupts.

Trotzdem blieb der Kaiser ohne Frage der wichtigste Mann im Reich. Außerdem sollten weder die kaiserliche Amtsautorität noch das Potential der verbliebenen kaiserlichen Reservatrechte unterschätzt werden, wenn es darum ging, Einfluss auf die Reichseliten auszuüben und sich eine Klientel unter den Reichsständen aufzubauen. Mit deren Hilfe konnte es dann gelingen, auch die Komitialrechte für die kaiserliche Politik nutzbar zu machen. Genau darin lag eines der wesentlichen Potentiale des Kaiseramts.

Auch die Kompetenzen und Machtmittel, über die der Kaiser als Landesherr verfügte, ließen sich für die Reichsregierung einsetzen. Neben den materiellen Ressourcen, den Gütern, Pfründen, Ämtern, Ehren etc., die die Habsburger in den österreichischen und böhmischen Ländern, aber auch in ihren sonstigen Besitzungen zu vergeben hatten, ist hier nicht zuletzt daran zu denken, dass sie als Erzherzöge von Österreich Sitz und Stimme im Fürstenrat des Reichstags hatten, ja, hier alternierend mit Salzburg sogar das Direktorium ausübten. Außerdem verfügten sie über die böhmische Kurstimme bei Wahltagen, seit der Readmission der böhmischen Kur 1708 auch im Kurfürstenrat des Reichstags (s. S. 164).

Die enge Verflechtung zwischen reichs- und landesherrlich-habsburgischer Politik lässt sich auch an den Regierungsinstitutionen am Kaiserhof nachvollziehen. So besaß der königliche bzw. kaiserliche Hofrat als Beratungsgremium zunächst eine Allgemeinzuständigkeit, bevor er sich ab der zweiten Hälfte des 16. Jahrhunderts auf die Reichsangelegenheiten, d.h. insbesondere auf die Tätigkeit als Höchstgericht des Reichs (neben dem Reichskammergericht) und als Reichslehnshof, konzentrierte. Ähnliches gilt für die Reichshofkanzlei, die, gegliedert in eine deutsche und eine lateinische Abteilung, zunächst für den gesamten Schriftverkehr des Kaiserhofs zuständig war. Das änderte sich mit der Gründung der Österreichischen Hofkanzlei (1620), die in der Folge nicht nur alle im engeren Sinne österreichischen Belange, sondern auch einen Teil der auswärtigen Korrespondenz übernahm.[14] Das Kuriosum, dass die Reichshofkanzlei nie von einem Reichskanzler, sondern stets von einem Reichsvizekanzler geleitet wurde, erklärt sich daraus, dass sie formal dem Mainzer Kurfürsten als Reichserzkanzler *per Germaniam* unterstand, dieser aber selbst während seiner seltenen Anwesenheiten am Kaiserhof die Kanzleigeschäfte nicht persönlich führte. Die für das Finanzwesen verantwortliche Hofkammer, der Hofkriegsrat und der seit den 1520er Jahren als übergeordnetes politisches Beratungsgremium nachweisbare Geheime Rat behielten dauerhaft eine gemischte Zuständigkeit für Reichs- und österreichische Angelegenheiten.

1.3 Die Reichsstände

Es ist bereits deutlich geworden, dass der römisch-deutsche Kaiser alles andere als ein absoluter Herrscher war. Vielmehr war er bei der Reichsregierung in mannigfaltiger Hinsicht auf die Kooperation der Reichsstände angewiesen. Dabei handelte es sich um »Personen [...] oder Kommunen [...], die keiner anderen regionalen Obrigkeit unterstellt waren, selbst Steuern ans Reich entrichteten und deshalb im ausgehenden 15. Jahrhundert [...] ihr Teilnahmerecht am Reichstag durchgesetzt haben«.[15] In der Tat sind diese drei Kriterien – Reichsunmittelbarkeit, Reichssteuerzahlung sowie Sitz und Stimme im Reichstag – so ziemlich das einzige, was die ansonsten äußerst heterogenen Reichsstände gemeinsam hatten.

Charakteristisch für das frühneuzeitliche Reich war seine hierarchische Ordnung. Auch unter den Reichsständen bestanden erhebliche Rangunterschiede.[16] An ihrer Spitze rangierten die zunächst sechs bzw. mit Böhmen sieben Kurfürsten, die in ihrer Eigenschaft als Königs- bzw. Kaiserwähler sowie aufgrund ihrer durch die Goldene Bulle fixierten Vorrechte als »Säulen des Reichs« (Axel Gotthard)[17] eine Teilhabe an der Reichshoheit und einen qualitativen Vorrang (»Präeminenz«) gegenüber den übrigen Fürsten und Ständen des Reichs beanspruchten.

1.3 Die Reichsstände

Dieser Anspruch wurde von einem korporativen Selbstverständnis und einer kollektiven Reichspolitik getragen, die ihrerseits durch die sog. Kurvereine (z. B. Rhense 1338, Frankfurt 1558) vertraglich fixiert wurden. Dieses Selbstverständnis war bei den rheinischen Kurfürsten besonders ausgeprägt, deren Territorien eng benachbart und miteinander verflochten waren. Gerade für die Kurerzbischöfe mit ihren begrenzten Machtmitteln war das korporative Agieren des Kurkollegs von großer Bedeutung, um die eigenen Ansprüche gegenüber den anderen Fürsten durchsetzen zu können. Allerdings ging infolge der konfessionellen Spaltung im 16. Jahrhundert, der Aufnahme der Herzöge von Bayern (1623/28) und Braunschweig-Lüneburg (Hannover, 1692/1708) ins Kurkolleg sowie der zunehmenden Ausprägung von Sonderinteressen zumal bei den östlichen Kurfürsten die Geschlossenheit des Kurkollegs im Lauf der Zeit weitgehend verloren. Der gemeinsam hochgehaltene Anspruch auf Präeminenz gegenüber den anderen Fürsten bestand jedoch bis zum Ende des Reichs fort.

Der Mainzer Kurfürst verdient an dieser Stelle besondere Erwähnung. Als ranghöchster Erzbischof des Reichs beanspruchte er den Titel eines *Primas Germaniae* und war zugleich der vornehmste Fürst des Reichs nach dem Kaiser. Als Erzkanzler *per Germaniam* verfügte er über außerordentliche Prärogativen, die er im Verlauf der Frühen Neuzeit noch ausbauen konnte. Als Direktor des Kurkollegs schrieb er nicht nur die Wahl- und andere Kurfürstentage aus, sondern führte dort auch das Präsidium. Auch auf dem frühneuzeitlichen Reichstag übernahm er das Direktorium und stand der Reichstagskanzlei vor, die mit kurmainzischen Bediensteten besetzt wurde. Die Reichshofkanzlei leitete er, wie bereits erwähnt, nicht persönlich. Sie war ihm aber formal untergeordnet, sodass er u. a. eine Mitsprache bei der Auswahl des Kanzleipersonals einschließlich des Reichsvizekanzlers und ein Aufsichtsrecht über die Kanzlei beanspruchte. Ebenso unterstand ihm die Kanzlei des Reichskammergerichts. Er besaß die Aufsicht über die Frankfurter Bücherkommission, d. h. über die kaiserliche Buchzensur, und fungierte als Protektor der Reichspost. Diese keineswegs vollständige Liste mag genügen, um die vielfältigen Einflussmöglichkeiten zu verdeutlichen, die die Reichsverfassung dem Mainzer Kurfürsten – unabhängig von seiner begrenzten Machtposition als Territorialfürst – eröffnete. Wegen seiner hervorragenden Stellung wird er in der Forschungsliteratur auch als »Zweiter Mann im Reich« bezeichnet.[18] Dieser Begriff ist nicht zeitgenössisch, aber er charakterisiert die Position des Kurerzkanzlers recht anschaulich, die ihn zum wichtigen Ansprechpartner, aber auch zum potentiellen Gegenspieler des Kaisers prädestinierte.

Wesentlich zahlreicher und heterogener als das Kurkolleg war die Gruppe der Reichsfürsten. Am ranghöchsten waren die geistlichen Fürsten, die Erzbischöfe von Salzburg, Besançon, Magdeburg und Bremen, zahlreiche Bischöfe sowie die Hochmeister des Deutschen und des Johanniterordens. Zu den geistlichen Reichsständen zählten ferner die Reichsprälaten, eine Reihe von reichsunmittelbaren Fürstäbten und -äbtissinnen, die zumeist nur über sehr kleine Herrschaftsgebiete verfügten. Einige, wie die Regensburger Stifter St. Emmeram, Ober- und Niedermünster, konnten kein ihrer Landeshoheit unterstehendes Territorium aufbauen.

Die weltlichen Fürsten standen im Rang unter den geistlichen Fürsten, obwohl sie sie an Machtmitteln meist überragten. Unter ihnen waren die sog. altfürstlichen Häuser die vornehmsten. Einige, wie die bayerischen Wittelsbacher, die herzogliche Linie der Wettiner oder die Markgrafen von Brandenburg-Bayreuth (-Kulmbach) und -Ansbach, waren mit den weltlichen Kurhäusern eng verwandt und erhoben teilweise selbst den Anspruch auf die Kurwürde. Einer altehrwürdigen Abkunft konnten sich auch die Welfen rühmen, die mit Otto IV. sogar schon einmal einen Kaiser gestellt hatten, jedoch u. a. infolge zahlreicher Erbteilungen von anderen hochadligen Familien überflügelt worden waren und erst seit dem späten 17. Jahrhundert einen fulminanten Wiederaufstieg erleben sollten. Noch deutlicher stagnierte die machtpolitische Stellung der einstmals einflussreichen Askanier, die am Beginn der Neuzeit nur noch über das Herzogtum (Sachsen-)Lauenburg und das unter verschiedene Linien aufgeteilte Fürstentum Anhalt verfügten. Vergleichbar war ihre Situation derjenigen der mit den Zähringern verwandten Markgrafen von Baden, die aber ihre Position im 18. und frühen 19. Jahrhundert zu konsolidieren vermochten. Demgegenüber hatten die Landgrafen von Hessen schon im späten Mittelalter ihre Territorialherrschaft konsequent ausgebaut, ähnlich wie die Herzöge von Jülich, Berg und Kleve, die einen umfangreichen Territorienkomplex am Niederrhein schufen. Die Grafen von Württemberg wurden erst 1495 in den Herzogsrang erhoben.

Auch die Reichsgrafen, darunter die Häuser Hanau, Fürstenberg und Waldeck, gehörten dem Hochadel des Reichs an. Ehen zwischen fürstlichen und gräflichen Familien galten als standesgemäß. Manche Grafenhäuser oder wie im Haus Nassau einzelne Linien einer Familie wurden im Verlauf der Frühen Neuzeit durch den Kaiser in den Fürstenstand erhoben.

Schließlich gab es noch die Freien und die Reichsstädte. Während die Reichsstädte im engeren Sinne, wie Frankfurt, Ulm oder Aachen, ursprünglich Reichsgut gewesen waren, handelte es sich bei den Freien Städten um Kommunen, die sich im Spätmittelalter von der Herrschaft eines geistlichen Fürsten emanzipiert hatten, wie Köln, Straßburg oder Regensburg. Für die Frühe Neuzeit werden beide Gruppen meist unter der Bezeichnung »Freie Reichsstädte« oder kurz »Reichsstädte« zusammengefasst. Allerdings blieben bei vielen Freien Städten die Wurzeln als bischöfliche Städte dauerhaft präsent, weil die geistlichen Fürsten dort Hoheitsrechte behaupteten.

Die sich im 16. Jahrhundert formierende Reichsritterschaft wird nicht zu den Reichsständen gerechnet. Diese Niederadligen waren zwar reichsunmittelbar und zahlten Steuern direkt ans Reich, erhielten aber keinen Sitz im Reichstag. Auch die italienischen Reichsvasallen leisteten zumindest zeitweise Abgaben an Kaiser und Reich, waren mit Ausnahme des Herzogs von Savoyen aber nicht im Reichstag vertreten. Außerdem existierten als Überreste des mittelalterlichen Reichsguts noch einige Reichsdörfer, z. B. Soden und Sulzbach am Taunus oder die Talschaft Harmersbach.

In zahlreichen frühneuzeitlichen Quellen ist von »Kaiser und Reich« die Rede.[19] Diese Formel weist darauf hin, dass der Kaiser und die Reichsstände das frühneuzeitliche Reich gemeinsam trugen, und bringt zugleich den ständischen Anspruch auf die Beteiligung an der Reichsregierung zum Ausdruck. Gemäß den zeitgenössischen Vorstellungen sollten Kaiser und Stände dabei harmonisch zusammenwirken. Dieses Ideal wurde eindringlich im Zeremoniell und in den Repräsentationen des Reichs beschworen. Oft genug kam es aber auch zu Spannungen, die sich gelegentlich sogar in gewaltsamen Konflikten entluden. In der Tat waren langwierige und schwierige Aushandlungsprozesse um die Grenzen der kaiserlichen Autorität und die Behauptung der von den Reichsständen beanspruchten »Libertät« geradezu ein Signum der frühneuzeitlichen Reichsgeschichte. Spricht man für das Heilige Römische Reich deutscher Nation von einem kaiserlich-ständischen Dualismus, liegt der Akzent zumeist auf den kaiserlich-ständischen Spannungen. Darüber sollte man aber nicht den Aspekt der gemeinsamen Teilhabe von Kaiser und Ständen an der Reichshoheit vergessen, der für die frühneuzeitliche Reichsverfassung eine zentrale Bedeutung besaß.

Die Reichsstände nahmen dabei eine Doppelrolle ein, indem sie zum einen über den Reichstag und andere Institutionen an der Reichsgewalt partizipierten, zum anderen in ihren Territorien Landesherrschaft ausübten. Vielfach sahen sie sich dort ihrerseits mit Landständen konfrontiert, die *mutatis mutandis* ihnen gegenüber ähnliche Forderungen erhoben wie sie selbst gegenüber dem Kaiser (s. S. 254–256). Delikat war die Doppelrolle der Reichsstände aber auch deswegen, weil es Zielkonflikte zwischen einer effektiven Ausübung der Reichsregierung und einer Stärkung der landesherrlichen Stellung geben konnte. Keineswegs aber bestand, wie Teile der älteren Forschung suggeriert haben, immer und überall ein solcher Zielkonflikt. Für die Masse der kleineren Reichsstände erschienen ein funktionierendes Reich und eine stabile Landesherrschaft sowohl miteinander vereinbar als auch für ihre politische Existenz unabdingbar.

1.4 Der Reichstag

Als der Ort, an dem Kaiser und Reichsstände physisch zusammenkamen und – im Idealfall – gemeinsam handelten, hatte der Reichstag eine Schlüsselstellung in der frühneuzeitlichen Reichsverfassung inne. Dabei war der Reichstag eine junge Institution, die sich erst seit dem späten 15. Jahrhundert etablierte. Er wurde nicht förmlich gegründet, sondern hatte mit den vom Kaiser bzw. König einberufenen Hoftagen sowie an-

1.4 Der Reichstag

deren, ohne das Reichsoberhaupt, ja bisweilen gegen dessen Willen stattfindenden königs- bzw. kaiserlosen Tagen Vorläufer, aus denen er sich herausentwickelte. Die Reichsversammlung zu Worms 1495 – die erste, die Maximilian I. nach dem Tod seines Vaters Friedrich III. abhielt – gilt allgemein als der erste Reichstag im eigentlichen Sinne. Für diese Einstufung gibt es gute Gründe, denn in Maximilians Regierungszeit verfestigten sich Strukturen und Teilnehmerkreis der Reichstage. In Worms wurde der (dann allerdings nicht umgesetzte) Beschluss gefasst, künftig jährliche Versammlungen von König und Ständen abzuhalten. Die Entwicklung und Verfestigung des Reichstags waren jedoch zu diesem Zeitpunkt keineswegs abgeschlossen, sondern zogen sich bis weit ins 16. Jahrhundert hin.[20]

Eine wichtige Differenz zwischen den mittelalterlichen Hoftagen und dem frühneuzeitlichen Reichstag bestand in ihrem Teilnehmerkreis, der wiederum mit dem unterschiedlichen Stellenwert der Versammlungen in der Reichsverfassung zusammenhing. Die Hoftage, auf denen die Vasallen nach der Aufforderung des Königs bzw. Kaisers ihrer Verpflichtung zu Beratung und Unterstützung ihres Lehnsherrn nachkamen, kannten keinen festen Teilnehmerkreis. Dieser variierte vielmehr entsprechend dem Tagungsort, den anstehenden Themen und anderen Faktoren, wie den Persönlichkeiten der regierenden Fürsten, dynastischen Verbindungen und Patronageverhältnissen. Demgegenüber hatten in der Neuzeit alle Reichsstände das Recht und prinzipiell die Pflicht, zu jedem Reichstag zu erscheinen oder sich dort zumindest vertreten zu lassen. Zwar hatten auch schon die Hoftage der Konsensstiftung zwischen dem Reichsoberhaupt und den Großen des Reichs sowie dieser untereinander gedient, dieser Aspekt wurde aber in der Frühen Neuzeit noch wichtiger, als immer mehr kaiserliche Kompetenzen als *Iura comitialia* an die Zustimmung der Reichsstände gebunden wurden, also derjenigen Reichsunmittelbaren, die direkt zu den Reichssteuern veranlagt waren. Wer zu diesem Kreis gehörte, wurde im Wesentlichen durch die auf dem Wormser Reichstag 1521 verabschiedete Reichsmatrikel festgelegt, auch wenn sich in der Folge noch manche Veränderungen ergaben.

Ein zentrales Recht des Kaisers war es, den Reichstag mit Zustimmung der Kurfürsten auszuschreiben. Der Reichstag hatte also kein

Selbstversammlungsrecht. Die Entscheidung, ob bzw. wie oft diese Versammlung stattfand, lag also beim Reichsoberhaupt. Mit anderen Worten: Wenn der Kaiser der Auffassung war, das Reich ohne die Beteiligung der Reichsstände regieren zu können oder wenn er einen Reichstag für nachteilig hielt, konnte er sein Zusammentreten für unbestimmte Zeit verzögern. Nicht zuletzt damit (ferner auch mit der Entwicklung alternativer reichsständischer Beratungsforen, s. S. 86–88) hängt die ungleichmäßige Frequenz der Reichstage zusammen. In den ersten Jahrzehnten des 16. Jahrhunderts erreichte sie ihren Höhepunkt: In den 1520er Jahren fanden acht, in den 1540er Jahren sogar neun Reichstage statt. Zwischen 1570 und 1620 gab es jeweils nur ein bis zwei Reichstage pro Jahrzehnt, während der Regierung Ferdinands II. (1619–1637) keinen einzigen Reichstag. Ferdinand III. berief die letzten Reichstage alten Stils ein (1640/41 und 1653/54), bevor sich ab 1663 der Immerwährende Reichstag entwickelte (s. S. 150–155).

Auch der Tagungsort – mit wenigen, frühen Ausnahmen (Freiburg im Breisgau 1497/98, Trier 1512) immer eine Reichsstadt – war von den Präferenzen der jeweiligen Kaiser abhängig. Bis zur Regierung Maximilians II. trat der Reichstag mehrfach in den rheinischen Städten Worms oder Speyer (letztmals 1570) zusammen, doch um die Mitte des 16. Jahrhunderts profilierten sich Nürnberg, Augsburg und v. a. Regensburg als die wichtigsten Reichstagsstädte. Ab 1594 fanden sogar alle Reichstage in Regensburg statt, das verkehrsgünstig zu den habsburgischen Erblanden gelegen war und Katholiken wie Protestanten die Möglichkeit bot, ihren Glauben in angemessener Weise zu praktizieren.

Prinzipiell waren die Reichsstände zu persönlichem Erscheinen auf den Reichstagen verpflichtet. Diese boten darum immer auch die Gelegenheit für die Fürsten und Eliten des Reichs, einander und das Reichsoberhaupt kennenzulernen. Denn der Kaiser konnte sich zwar durch einen hochrangigen Beauftragten auf dem Reichstag vertreten lassen, doch diese Möglichkeit nutzten vor dem Immerwährenden Reichstag nur Karl V., der sich in den Phasen seiner Abwesenheit vom Reich und kurz vor seiner Abdankung durch seinen Bruder Ferdinand vertreten ließ, und der menschenscheue Rudolph II., der nur an den beiden ersten Reichstagen seiner Regierungszeit (1582, 1594) in Person teilnahm. Die Reisen zum und die Aufenthalte am Reichstag waren zweifellos

1.4 Der Reichstag

kostspielig, aber die Kaiser nutzten gern die Gelegenheit, durch ihre persönliche Autorität den Gang der Verhandlungen zu beeinflussen bzw. schnell auf aktuelle Entwicklungen zu reagieren. Ebenso wichtig war die Möglichkeit, die Beziehungen zu den Kurfürsten und Fürsten sowie deren Umgebungen zu pflegen und sich selbst vor der Reichsöffentlichkeit als Oberhaupt des Reichs zu inszenieren. Dazu dienten etwa Prozessionen und Gottesdienste, die die katholische Frömmigkeit der Habsburger in den Vordergrund rückten, feierliche Thronbelehnungen, die im 16. Jahrhundert noch am Rande von Reichstagen stattfanden und die Position des Kaisers als des obersten Lehnsherrn betonten, oder spektakuläre theatrale Inszenierungen, die die Sonderstellung des Kaiserhofs unter den deutschen Fürstenhöfen bekräftigen und das Publikum beeindrucken sollten.

Freilich konnten bei Reichstagen auch Konflikte in der Fürstengesellschaft des Reichs zutage treten, etwa wenn sich infolge der Reformation eine wachsende Zahl von Reichsständen der Teilnahme an katholischen Gottesdiensten und Prozessionen entzog. Barbara Stollberg-Rilinger hat vor dem Hintergrund ihrer Forschungen zu symbolischer Kommunikation in der Vormoderne gezeigt, dass man die Tragweite solcher Risse in der repräsentativen Fassade des Reichs nicht unterschätzen sollte.[21]

Vor diesem Hintergrund gewinnt auch die Frage, ob ein Fürst persönlich zum Reichstag reiste oder nicht, zusätzliches Gewicht. Rein technisch betrachtet, war es letztlich gleichgültig, ob ein Fürst sich durch Gesandte vertreten ließ; seine Stimme war dadurch nicht weniger wert. Letztlich konnte aber nur persönliche Anwesenheit die Handlungseinheit von Kaiser und Reichsständen – zumindest als Fiktion – zum Ausdruck bringen. Daher kann – unter Berücksichtigung anderer Faktoren wie Krankheit und Alter, dem Mangel an finanziellen Ressourcen oder auch der geographischen Distanz zum Tagungsort – die persönliche Teilnahme oder Nichtteilnahme ein Hinweis darauf sein, wie eng ein bestimmter Fürst in den Handlungsraum Reich eingebunden war. Durch seine Präsenz betonte er seinen Willen, die Reichspolitik aktiv mitzugestalten, seine Abwesenheit signalisierte dagegen Distanz. Bisweilen konnte das Fernbleiben geradezu einen deklaratorischen Charakter annehmen, wie 1555, als die Mitglieder der Häuser Wettin, Hohenzollern und Hessen sich parallel zum Augsburger Reichstag in

37

Naumburg trafen, um dort ihre Erbeinung zu erneuern, was von Ferdinand I. kritisiert wurde. Eine im Lauf der Zeit tendenziell steigende Zahl von Reichsständen verzichtete sogar darauf, eigene Gesandte zu schicken und ließ sich durch einen befreundeten Stand mitvertreten. Das konnte durch ein geringes Interesse an den Reichstagsverhandlungen begründet sein, ging häufig aber auf finanzielle Engpässe zurück.

Der Reichstag war hierarchisch in die drei Kurien des Kurfürstenrats, des Fürstenrats und des Städterats gegliedert, in denen wiederum eine strenge, freilich vielfach umstrittene Rangordnung herrschte.[22] Dass in den beiden höheren Gremien die geistlichen den Vorrang vor den weltlichen (Kur-)Fürsten besaßen, weist darauf hin, dass die Hierarchie des Reichs vom Grundsatz her eine Hierarchie der Ehre und nicht der Macht war. So rangierte im Fürstenrat der über ein winziges Territorium verfügende Bischof von Worms einige Plätze vor seinem Münsteraner Amtsbruder, der über das flächenmäßig größte geistliche Reichsfürstentum herrschte.

Im Fürstenrat bewirkten die Kuriatstimmen der Prälaten und Grafen eine Stimmengewichtung: Die einzelnen Prälaten und Grafen verfügten nicht über individuelle Virilstimmen, sondern waren über Sammelstimmen ihrer jeweiligen Korporation an der Willensbildung des Reichs beteiligt. Während die Prälaten seit 1582 über die Schwäbische und seit 1653 über die Rheinische Prälatenbank erst spät ihre Vertretung im Reichstag absicherten, waren die seit dem 15. Jahrhundert in einem Grafenverein zusammengeschlossenen Wetterauer Grafen schon seit 1495 im Reichstag vertreten. 1524 kamen die Schwäbische, 1641 die Fränkische und 1653 die Niederrheinisch-Westfälische Reichsgrafenbank hinzu.[23] Auch die Aufnahme der Reichsritterschaft in den Reichstag wurde zeitweise erwogen, letztlich aber nicht umgesetzt.

Durch Erbteilungen wurde im Fürstenrat die Zahl der Stimmen vermehrt, z. B. für die Herzöge von Sachsen aus der ernestinischen Linie der Wettiner. Durch den Erwerb von Territorien konnte ein Reichsstand aber auch Stimmen kumulieren, wie etwa der Kurfürst von Brandenburg, der im 17. Jahrhundert im Fürstenrat u. a. die Voten von Kleve, (Hinter-)Pommern, Minden, Halberstadt und Magdeburg führte. Bei den drei letztgenannten handelte es sich um frühere geistliche Fürstentümer, von denen infolge der Reformation und des Westfälischen Friedens etliche säkularisiert wurden. Signifikante Veränderungen im Fürstenrat ergaben sich aber auch durch die Rangerhöhung einiger Prälaten, z. B. der Pröpste von Berchtesgaden und Ellwangen, und diverser Grafen, z. B. Hohenzollern-Hechingen und -Sigmaringen sowie Ostfriesland, in den Fürstenstand, die dann eine Virilstimme erhielten. Solche Fürstungen waren ein probates Mittel für den Kaiser, um Anhänger zu belohnen und zugleich die Stimmenverhältnisse in der zweiten Reichstagskurie zu seinen Gunsten zu verändern. Allerdings sorgten die Stände dafür, dass die Hürden für die Zulassung solcher »neuer Fürsten« erhöht wurden.

Im Verlauf der Frühen Neuzeit änderte sich die Zusammensetzung auch der beiden anderen Kurien erheblich: Im Kurfürstenrat nahm während des Dreißigjährigen Kriegs der Herzog von Bayern den Platz des Pfalzgrafen bei Rhein ein, der aber nach 1648 infolge der Gründung der Achten Kurwürde ins Kurkolleg zurückkehrte, wenn auch auf dem niedrigsten Rang. 1708 war ein Jahr großer Veränderungen, weil Maximilian II. Emanuel von Bayern infolge der Reichsacht seine Kurwürde verloren hatte und die Pfalz infolgedessen ihren alten Rang zurückerhielt. Zugleich konnten Hannover, das bereits 1692 vom Kaiser zur Neunten Kur erhoben worden war, und Böhmen Sitze im Kurkolleg einnehmen. Bayern kehrte 1714 ins Kurkolleg zurück, doch 1777 verschmolzen aufgrund des Aussterbens der bayerischen Wittelsbacher die bayerische und die pfälzische Kur, sodass es dann wieder acht Kurfürsten gab.

Während das Kurkolleg im Lauf der Zeit also größer wurde, nahm die Zahl der im Städterat vertretenen Kommunen wegen der französischen Expansion in Lothringen und im Elsass sowie wegen der Mediatisierung von Reichsstädten durch deutsche Fürsten (z. B. Konstanz 1548, Donauwörth 1607) ab.

Eine wichtige Position innerhalb der einzelnen Kurien hatte der jeweilige Direktor inne. Im Kurfürstenrat lag das Direktorium beim Erzbischof von Mainz, der also nicht nur das Direktorium des Gesamtreichstags führte, sondern auch dessen vornehmste Kurie leitete. Im Direktorium des Fürstenrats alternierten der Erzbischof von Salzburg und der Erzherzog von Österreich, der kurioserweise seinen Sitz auf der geistlichen Bank hatte. Das Direktorium im Städterat kam der gastgebenden Stadt zu, ab 1594 also Regensburg.

Der Kaiser hatte qua Amt keinen Sitz in den Reichstagskurien, sondern war nur in seiner Eigenschaft als Erzherzog von Österreich im Fürstenrat vertreten. Strenggenommen nahm er an den eigentlichen Beratungen der Stände nicht teil. Er übte aber entscheidenden Einfluss aus, indem er durch seine Proposition, die bei der Reichstagseröffnung im Plenum aller Reichsstände verlesen wurde, die Beratungsgegenstände des Reichstags festlegte. Es gab stets einige Themen, die dem Kaiser besonders am Herzen lagen – wie klassischerweise die Finanz- bzw. Militärhilfe der Reichsstände – und andere, die für die Reichsstände oder einen Teil von ihnen sehr wichtig, dem Kaiser aber unbequem waren – wie die Rechtsstellung der Protestanten und ihre Ansprüche auf die geistlichen Güter. Daher bestand am Kaiserhof oft die Neigung, zunächst die eigenen Wunschthemen abhandeln zu lassen und dann den Reichstag unter einem Vorwand aufzulösen, bevor die Beratungen womöglich einen heiklen Verlauf nehmen konnten. Dementsprechend delikat war die Frage der Tagesordnung. In diesem Zusammenhang konnte der Kurfürst von Mainz als Reichstagsdirektor erheblichen Einfluss nehmen, denn aus seiner Kanzlei gingen die sog. Ansagezettel hervor, die die Stände zu den einzelnen Sitzungen einluden und dabei die zur Beratung anstehenden Tagesordnungspunkte benannten.

Die Reichstagsberatungen erfolgten üblicherweise innerhalb der einzelnen Kurien, und zwar in Form einer Umfrage. D. h., der jeweilige Direktor bat die Stimmberechtigten einzeln um ihre Meinungsäußerung zu dem durch die Ansage vorgegebenen Gegenstand. Dabei wurde eine feste Reihenfolge eingehalten, von den vornehmsten bis zu den geringsten Ständen. Im Fürstenrat wechselte man, beginnend mit der vornehmeren geistlichen, zwischen der geistlichen und der weltlichen Bank hin und her. Die Stände äußerten sich in Form einer Rede, in der sie Position bezogen und diese ausführlich begründeten – üblicherweise nahmen die Fürsten nicht selbst den Sitz in den Kurien ein, sondern ließen sich durch Räte, häufig Juristen, vertreten. Die vornehmsten Stände bezogen in ihren Reden oft sehr grundsätzlich Position und gaben so die Richtung der Beratungen vor, während sich die Nachstimmenden vielfach damit begnügten, dem einen oder anderen Vorredner beizupflichten. Die Reihenfolge gewährleistete eine informelle Stimmengewichtung, denn es waren in aller Regel die vorstimmenden Stände, die einen Beschluss vorstrukturierten. Trotzdem und trotz der Stimmenkumulationen war dies ein zeitaufwändiges Verfahren. Denn mit einer Umfrage war es in aller Regel nicht getan, sondern auf der Basis der Voten formulierte der Direktor eine Beschlussvorlage, die er erneut zur Umfrage stellte. Das wurde so lang fortgesetzt, bis entweder im Idealfall Einstimmigkeit oder zumindest eine klare Mehrheit erzielt werden konnte – oder sich herausstellte, dass die Voten diskrepant blieben und zumindest vorläufig kein Beschluss zustande kommen würde.

Nach dem vorläufigen Abschluss der Beratungen in den Kollegien traten die Direktoren von Kurfürsten- und Fürstenrat zur sog. Re- und Correlation zusammen, um die Ergebnisse abzugleichen. Wenn es Differenzen gab, wurden die Umfragen in den Kollegien wiederaufgenommen, dann fand eine erneute Re- und Korrelation statt. Das wurde so lange fortgeführt, bis man sich auf eine gemeinsame Position von Kurfürsten- und Fürstenrat einigen konnte. Den Reichsstädten blieb im Wesentlichen nur die Möglichkeit, den Entscheidungen der höheren Stände beizupflichten oder ihren Dissens zu erklären, zumal erst durch den Westfälischen Frieden (1648) bestätigt wurde, dass sie überhaupt ein Entscheidungsrecht (*votum decisivum*) und nicht nur eine beratende Stimme besaßen (s. S. 293).

Das gemeinsame Votum der Reichsstände, das sog. Reichsgutachten, wurde dem Kaiser vorgelegt. Erst wenn er ihm zustimmte, erhielt es Beschlusscharakter, es wurde zum Reichsschluss. Modifizieren konnte der Kaiser das Reichsgutachten allerdings nicht eigenmächtig, sondern es allenfalls zurück in die Kurien verweisen. Am Ende eines Reichstags wurden alle Reichsschlüsse zum sog. Reichsabschied zusammengefasst, der öffentlich verlesen und in Kopie den Reichsständen zur Kenntnis gegeben wurde. Das geschah letztmals 1654; deshalb heißt dieser Reichsabschied auch Jüngster (im Sinne von letzter) Reichsabschied.

Es dürfte deutlich geworden sein, dass das Beratungsverfahren des Reichstags nicht in erster Linie auf eine zügige Beschlussfassung abzielte. Vielmehr verknüpfte es in einer für die Frühe Neuzeit charakteristischen Weise technische und symbolische Verfahrenselemente. Die Entscheidungsfindung bildete die hierarchische Ordnung des Reichs ab und bekräftigte sie so. Zugleich war die Beschlussfassung konsensorientiert und spiegelte den alteuropäischen Rechtsgrundsatz wider, dass das, was alle betrifft, von allen gebilligt werden müsse (*Quod omnes tangit, ab omnibus approbari debet*). Zwar wurde dieses Prinzip beim deutschen Reichstag nicht so weitgehend und so konsequent angewendet wie beim polnischen Sejm, dessen Beschlüsse seit dem 16. Jahrhundert durch das *Liberum Veto* eines einzelnen Abgeordneten blockiert werden konnten. Durch Mehrheitsentscheidungen zustande gekommene Reichsschlüsse in wichtigen Fragen konnten aber erhebliches Konfliktpotential besitzen, v. a. dann, wenn die Entscheidungen gegen bedeutende Reichsstände getroffen wurden, die sich dann nicht daran gebunden fühlten. Dies war seit der Mitte des 16. Jahrhunderts z. B. mehrfach bei konfessionell aufgeladenen Fragen der Fall.

Das skizzierte Verfahren räumte den Direktoren der Kollegien und zumal dem kurmainzischen Reichstagsdirektorium erhebliche Einflussmöglichkeiten ein. Denn wie eine Ansage formuliert, die Voten nach einer Umfrage kollationiert, die Re- und Correlation durchgeführt und schließlich das Reichsgutachten bzw. der Reichsschluss formuliert wurden, lag in der Hand der Direktoren. Die anderen Stände konnten demgegenüber nur versuchen, indirekt Einfluss auf die Tagesordnung und die Abfassung der Beschlüsse zu nehmen, sei es, dass sie in ihren Voten oder auch außerhalb der Sitzungen die Beratung eines bestimmten Gegenstandes forderten, sei es, dass sie eine Nachbesserung von Beschlussvorlagen verlangten. In diesem Zusammenhang kam es immer wieder zu Beschwerden gegen die Direktoren, denen – häufig mit konfessionellen Untertönen – eine parteiliche Amtsführung vorgeworfen wurde. Derartige Beschuldigungen wurden insbesondere gegen das kurmainzische Reichstagsdirektorium erhoben, das nicht nur durch die Ansagen, sondern auch durch die sog. Diktatur die Tagesordnung des Reichstags maßgeblich beeinflussen konnte: Denn nur diejenigen Eingaben, die vom Reichstagsdirektorium angenommen und mittels Diktatur vervielfältigt und den Reichsständen zur Kenntnis gegeben wurden, konnten zum Gegenstand von Reichstagsberatungen werden, gemäß dem Grundsatz: *Quod non est in actis, non est in mundo.*[24]

Neben den Umfragen in den Kurien verfügte der Reichstag über weitere Möglichkeiten der Konsultation und Entscheidungsfindung. Das Plenum unter persönlicher Beteiligung von Kaiser, Kurfürsten und

1.4 Der Reichstag

Fürsten war v. a. feierlichen – in der Sprache der Zeit: solennen – Akten, wie der Reichstagseröffnung oder -verabschiedung und dem Empfang eines päpstlichen Legaten oder eines auswärtigen Botschafters, vorbehalten, die nicht zuletzt der Repräsentation des Reichs dienten. Demgegenüber bereiteten reichsständische Ausschüsse Beschlussvorlagen vor und halfen so, die Beratungen in den Kurien zu strukturieren und zu beschleunigen. Außerdem wurden im 16. Jahrhundert neue reichsständische Beratungsformen, wie der Ordentliche Reichsdeputationstag, geschaffen, die den Reichstag entlasteten und deren Arbeitsergebnisse zumindest partiell später als Reichsschlüsse angenommen wurden. Auch die zahlreichen informellen Treffen zwischen Kaiser, Fürsten und Räten am Rande oder schon im Vorfeld des Reichstags beeinflussten dessen Entscheidungsfindung erheblich.

In der frühneuzeitlichen Reichsverfassung nahm der Reichstag eine zentrale Stellung ein. Er verkörperte geradezu die ideale Handlungseinheit von Kaiser und Ständen und diente als das zentrale Forum der Herrschaftsaushandlung der Herstellung von Konsens unter den Trägern des Reichs. Im 16. Jahrhundert verabschiedete er eine Reihe wichtiger Reichsgesetze. Als Bühne der Reichsöffentlichkeit bildete er die hierarchische Ordnung des Reichs ab und befestigte sie so zugleich. Überdies war er ein Kontaktforum zwischen Kaiser, Reichsständen und Reichseliten und eine Informationsbörse von europäischem Rang.[25]

2 Das Zeitalter der »Reichsreform«

2.1 Die Reformdiskussionen des 15. Jahrhunderts

In einer Reihe von Quellen des 15. Jahrhunderts findet sich die Forderung nach einer *Reformatio* des Reichs. Daher müsste man eigentlich von einer »Reichsreformation« sprechen, wenn der Begriff der Reformation nicht durch die religiöse Reformation Martin Luthers und seiner Nachfolger »besetzt« wäre. Der alteuropäische Begriff *Reformatio* unterscheidet sich erheblich vom modernen Reform-Verständnis: Zwar geht es in beiden Fällen um die Abstellung von Missständen. Während aber eine moderne Reform dies zumeist erklärtermaßen durch neuartige, in die Zukunft weisende Lösungen zu erreichen sucht, propagierte die alteuropäische *Reformatio* die Rückkehr zu einer früheren, als »gut« imaginierten, gleichsam gottgegebenen, jedenfalls gottgefälligen Ordnung, von der die Menschen aufgrund von Sünden und Schwächen abgekommen seien. Ein dem modernen Verständnis vergleichbarer Fortschrittsgedanke ist jedenfalls nicht damit verknüpft. Dass eine alteuropäische *Reformatio* in der Realität dennoch Neuerungen und Weiterentwicklungen hervorbrachte, steht auf einem anderen Blatt.

Heinz Angermeier, der 1984 das Standardwerk zur Reichsreform zwischen 1410 und 1555 veröffentlicht hat, betont dementsprechend »ein gezieltes Bemühen nach Sicherung und Bewahrung« und sieht »im Vollzug der Reichsreform auch ein Ergebnis der Konsolidierung des alten Reichs«. Er bewertet die Reichsreform aber zugleich als »Prozeß der Verselbständigung, Vervollständigung und Verbesserung der Reichsverfassung«. Dementsprechend ordnet er sie als »Bewegung des Fortschritts«

ein, »aber nicht im Vergleich zur Entwicklung anderer Staaten, sondern nur im Hinblick auf den Zustand und das Selbstverständnis des Reichs selbst«.[1] Somit deutet er einen Entwicklungsvorsprung von Protonationalstaaten wie Frankreich oder England gegenüber dem Reich an.

Jüngere Arbeiten haben demgegenüber kritisch hinterfragt, ob eine Bewertung der Reichsreform unter modernisierungstheoretischen Gesichtspunkten, also im Hinblick auf die (nur partiell erfolgte) Entwicklung des Reichs in Richtung eines modernen Staates, angemessen sei.[2] Zugleich wurde darauf hingewiesen, dass die Diskussion über eine Reform des Reichs über die von Angermeier untersuchte Phase hinaus, ja letztlich bis 1806 andauerte.[3] Zugleich wurde stärker hervorgehoben, dass es sich bei der Reichsreform des 15. und 16. Jahrhunderts mitnichten um eine Reform aus einem Guss handelte. Vielmehr kamen in ihr Reaktionen auf spezifische Problemlagen und die Ergebnisse komplexer Aushandlungsprozesse zwischen Akteuren mit unterschiedlichen Interessen zum Tragen.

Die Vielfalt der Reformansätze, die sich keineswegs nur auf die Herrschaftsordnung bezogen, sondern auch gesellschaftliche und kirchliche Missstände ins Visier nahmen, wird schon in den Reformrufen des 15. Jahrhunderts deutlich. So propagierte die auf dem Konzil von Konstanz (1414–1418) entstandene Reformschrift, die der aus der Reichsstadt Schwäbisch Gmünd stammende und im Dienst des Kurfürsten von der Pfalz stehende Kleriker Job Vener verfasste, die Rückkehr zu verlorengegangenen alten Verhältnissen in Kirche und Reich. Der bedeutende Gelehrte Nikolaus von Kues präsentierte 1433/34 auf dem Konzil von Basel seine drei Bücher von der Eintracht (*De concordantia catholica*), von denen das dritte ein umfassendes Verfassungsreformprojekt für das Reich enthielt. Ebenfalls wurde 1439 die sich auf den kurz zuvor verstorbenen Kaiser Sigismund berufende, von einem unbekannten Autor auf Deutsch verfasste *Reformatio Sigismundi* in Basel vorgelegt, die ab 1476 mehrfach gedruckt wurde. Auch hier werden die Kirchen- und die Reichsreform in einem engen Zusammenhang betrachtet, und es finden sich neben zukunftsweisenden Ansätzen utopisch wirkende Überlegungen. Außer solchen umfassenden Reformplänen wurden, z. B. auf königlichen bzw. kaiserlichen Hoftagen, zahlreiche Lösungsvorschläge für konkrete Probleme formuliert.

Bei aller Vielfalt der Themen und Lösungsansätze lassen sich einige zentrale Anliegen der Reichsreformbewegung identifizieren, die von den zeitgenössischen Autoren immer wieder angesprochen wurden. Erstens intendierten sie die Wahrung bzw. Herstellung des Landfriedens, der in einigen Regionen des Reichs durch ein ausuferndes Fehdewesen schwer erschüttert war. Mit diesem Problem hing zweitens die Abstellung von Mängeln im Gerichtswesen eng zusammen. Denn solche Defizite leisteten der Neigung Vorschub, zur Selbsthilfe zu greifen, um sich die beanspruchte Genugtuung zu verschaffen, die man vor Gericht nicht zu erlangen vermochte. War doch einmal ein Urteil gegen einen Friedensstörer gefällt, fehlte es oft an Machtmitteln, um es auch durchzusetzen. Daraus ergab sich ein drittes Reformanliegen: die Stärkung der Wehrhaftigkeit des Reichs, sowohl um gegen innere Friedensstörer vorzugehen als auch um sich gegen äußere Feinde behaupten zu können. Ein viertes Thema war für alle Projekte von grundlegender Bedeutung: die Konsolidierung der finanziellen Basis des Reichs bzw. der Reichsregierung. Dieses Problem stellte sich mit besonderer Dringlichkeit, weil ein Großteil des früheren Reichsguts verloren und die ertragreichsten Regalien an die Reichsstände übertragen worden waren. Meist eher implizit lässt sich in einigen Reformprojekten kurfürstlicher bzw. reichsständischer Provenienz auch das Ziel erkennen, den Kaiser bzw. König zu kontrollieren. Demgegenüber gingen die Vorstellungen im Umkreis des Reichsoberhaupts in die entgegengesetzte Richtung und zielten vielmehr auf eine Stärkung der monarchischen Spitze des Reichs. Ein großer Teil der Reformdebatten auf den Reichstagen des späten 15. und frühen 16. Jahrhunderts drehte sich darum, tragfähige Kompromisse zwischen diesen unterschiedlichen Reformansätzen zu finden. Dass die Reichstage eine so zentrale Rolle in den Reichsreformdebatten spielten, ist bereits ein Hinweis darauf, dass die Reichsstände wesentliche Teile ihrer Vorstellungen durchzusetzen vermochten. Kein Reichstag erlangte in diesem Zusammenhang größere Bedeutung als der Wormser Reichstag von 1495.

2.2 Der Wormser Reichstag von 1495 und seine Ergebnisse

Es wäre eine unzulässige Verkürzung, die Entwicklung und die Ergebnisse der Reichsreformbewegung in der Zeit um 1500 allein als das Werk zweier Männer oder auch als das Resultat ihrer Konfrontation darzustellen. Dennoch erwiesen sich die spezifische Situation des Reichs unter Maximilian I., seine politischen Ziele und sein Regierungsstil ebenso wie die Reaktionen der Reichsstände unter der Führung des Mainzer Erzkanzlers Berthold von Henneberg als so prägend für die Reichsgeschichte, dass sie an dieser Stelle zumindest grob umrissen werden sollen.

Während Friedrich III. häufig vorgeworfen wurde, er vernachlässige die Belange des Reichs zugunsten der Angelegenheiten der österreichischen Erblande, wo er sich in eine lange und verlustreiche Konfrontation mit dem König von Ungarn verwickelt sah, verfolgte sein Sohn eine aktive Reichspolitik, die nach innen auf die Stärkung der monarchischen Prärogativen, nach außen auf die Behauptung der westlichen und südlichen Peripherien gegen das expandierende Frankreich abzielte.[4] Als Maximilian I. 1493 die Nachfolge seines Vaters als Reichsoberhaupt antrat, war er schon seit sieben Jahren Römischer König und hatte bereits zuvor umfangreiche Regierungserfahrung in den Niederlanden erworben, die infolge seiner Ehe mit Maria von Burgund (1477) an das Haus Habsburg gefallen waren. Er hatte nicht nur Kämpfe mit der französischen Krone um das burgundische Erbe, sondern nach Marias Tod (1482) auch heftige Auseinandersetzungen mit den selbstbewussten niederländischen Ständen auszustehen. Die Konfrontation mit Frankreich verschärfte sich seit dem Beginn der Italienischen Kriege nach dem Einmarsch Karls VIII. auf der Apenninenhalbinsel (1494). Maximilian I. suchte der französischen Expansion die Wiederaufnahme einer aktiven Reichsitalienpolitik entgegenzusetzen, die aus den Einkünften der habsburgischen Besitzungen unmöglich zu finanzieren war und für die er somit die Unterstützung der deutschen Reichsstände benötigte. Erhebliche Ressourcen beanspruchte auch der unglücklich verlaufende Konflikt mit den Schweizer Eidgenossen im desaströsen Schwabenkrieg/

2 Das Zeitalter der »Reichsreform«

Schweizerkrieg von 1499. Gemessen an ihren weitausgreifenden Zielen waren auch die Ergebnisse der Italienpolitik Maximilians I., die ihn tief in die wechselvolle Bündnispolitik der westeuropäischen Mächte hineinzog, lediglich durchwachsen. Von dem gescheiterten Romzug (1508) wurde bereits berichtet. Geradezu phantastisch mutet der Plan Maximilians von 1512 an, sich zum Papst wählen zu lassen. Zukunftsweisend war dagegen nicht nur die Annahme des Titels »Erwählter Römischer Kaiser«, sondern die geschickte Medialisierung des Kaisertums unter Nutzung der neuen Möglichkeiten des Buchdrucks, wie in dem Versroman *Theuerdank*, der Maximilians burgundische Brautfahrt literarisch verarbeitete, dem unvollendeten *Weißkunig*, der romanhaft die Regierungszeiten Friedrichs III. und Maximilians I. bis 1513 schilderte, und dem monumentalen Holzschnitt der *Ehrenpforte*. Außerdem leistete Maximilian durch die Gründung der Taxis-Post einer kommunikativen Verdichtung seines Herrschaftsbereichs Vorschub. Für das Haus Habsburg gewann schließlich die habsburgisch-jagiellonische Doppelhochzeit von 1515 größte Bedeutung, die den Weg zum Erwerb der böhmischen und der ungarischen Krone durch Maximilians Enkel Ferdinand I. (1526) eröffnete.

Maximlians wichtigster Gegenspieler unter den deutschen Reichsständen war der Mainzer Kurerzbischof Berthold von Henneberg.[5] Als nachgeborener Grafensohn war Berthold für eine Karriere in der Reichskirche vorgesehen und erwarb Domherrenpfründen in Straßburg, Mainz, Köln sowie Bamberg. Nach Studien in Erfurt und Padua war er geraume Zeit am Hof und im diplomatischen Dienst Friedrichs III. tätig, bevor er 1484 auf den Mainzer Erzstuhl gewählt wurde. 1494, also schon unter der Regierung Maximilians, übernahm er persönlich die Leitung der Reichshofkanzlei. Wie die Mehrzahl der deutschen Reichsstände lehnte Berthold von Henneberg die ausgreifende Italienpolitik des Königs und die – aus seiner Perspektive – damit einhergehende Vergeudung von Reichsressourcen ab. Er vertrat demgegenüber das Konzept einer Einbindung Maximilians in eine gemeinsam von König und Ständen getragene und auf den deutschen Reichsteil konzentrierte Reformpolitik. Es ging Berthold also weniger um einen Kampf gegen den König als darum, ihn zu einer Politik zu nötigen, die nach Hennebergs Überzeugungen den Interessen des Reichs entsprach – eine Konstella-

2.2 Der Wormser Reichstag von 1495 und seine Ergebnisse

tion, die in ähnlicher Weise noch mehrfach in der frühneuzeitlichen Reichsgeschichte auftreten sollte. Wie einige seiner Nachfolger auf dem Mainzer Erzstuhl erlebte aber auch Berthold von Henneberg am Ende seines Lebens die Diskrepanz zwischen seinen Ansprüchen und den begrenzten Ressourcen des Mainzer Erzstifts.

In den 1490er Jahren öffnete sich ein Zeitfenster für die Reichsreform. Der Wormser Reichstag von 1495, der erste, dem Maximilian I. als Reichsoberhaupt vorsaß, fand unter enormem Erwartungsdruck statt.[6] Die Reichsstände drängten darauf, nun endlich Ernst zu machen mit der Reichsreform. Auch der König stellte die Notwendigkeit von Reformen nicht in Abrede, war allerdings nicht gewillt, durch diese seine monarchischen Prärogativen begrenzen zu lassen. Da er jedoch, um dem französischen Einmarsch in Reichsitalien entgegentreten zu können, vorrangig an der militärischen bzw. finanziellen Unterstützung der Reichsstände interessiert war, zeigte er sich partiell verhandlungsbereit. Zugleich musste sich erweisen, inwieweit die Reichsstände bereit waren, ihren angestrebten größeren Einfluss auf die Reichsregierung gegebenenfalls mit einer effektiveren Kontrolle oder gar Einschränkung ihrer landesherrlichen Stellung zu erkaufen. Angesichts der unterschiedlichen Positionen und Interessen wurde bei den Wormser Verhandlungen kein Konsens erzielt – das wäre geradezu einer Quadratur des Kreises gleichgekommen. Dass zumindest ein Kompromiss gefunden werden konnte, war vor diesem Hintergrund gleichwohl ein großer Erfolg. Die zentralen Komponenten des Wormser Kompromisses waren die Verabschiedung des Ewigen Landfriedens, die Etablierung des Reichskammergerichts, die »Handhabung Friedens und Rechts« und der Gemeine Pfennig. Alle diese Errungenschaften waren mehr oder weniger eng miteinander verknüpft, und zumindest teilweise wurden sie prägend für die frühneuzeitliche Reichsgeschichte.

Der Ewige Landfrieden verpflichtete alle Reichsangehörigen, auf die Anwendung von Gewalt zur Durchsetzung eigener Rechtsansprüche zu verzichten.[7] Damit wandte er sich gegen das etablierte Rechtsmittel der Fehde, an deren Stelle verbindlich ein ordentliches Gerichtsverfahren treten sollte. Als Strafe für Landfriedensbrecher war unabhängig von ihrem Stand die Reichsacht vorgesehen, aus der sie erst dann wieder gelöst werden sollten, wenn die Geschädigten damit einverstanden waren.

Alle Reichsangehörigen wurden verpflichtet, gegen einen solchen Landfriedensbrecher vorzugehen. Es hatte im spätmittelalterlichen Reich einige Versuche gegeben, den Landfrieden zu sichern bzw. herzustellen. Diese hatten meist in Form eines Bundes von Herrschaftsträgern einer bestimmten Landschaft das Ziel eines regional begrenzten und zeitlich befristeten Landfriedens verfolgt. Der Ewige Landfrieden dagegen, der im Unterschied zu den spätmittelalterlichen Landfriedensbünden die Form eines Reichsgesetzes hatte, sollte, wie einst der Mainzer Reichslandfrieden von 1235, reichsweit und unbefristet gelten. Anders als dieses von Friedrich II. erlassene Reichsgesetz schränkte der Ewige Landfrieden die Fehde nicht nur ein, sondern schaffte dieses bislang als legitim anerkannte Rechtsmittel bedingungslos ab. Um ein so ehrgeiziges Ziel zu erreichen, war es essentiell, dass mit der Einrichtung des Reichskammergerichts und der Etablierung einer funktionsfähigen Reichsgerichtsbarkeit ein Instrument geschaffen wurde, das eine tatsächliche Alternative zur Fehde darstellte. Allerdings sollten noch Jahrzehnte vergehen, bis das Fehdeverbot flächendeckend gegenüber allen Herrschaftsträgern und insbesondere gegenüber »Fehdeunternehmern« wie Franz von Sickingen durchgesetzt werden konnte. Aber schließlich wurde doch gegen Landfriedensbrecher vorgegangen: 1519 bot der Überfall Herzog Ulrichs von Württemberg auf die Reichsstadt Reutlingen den Anlass für dessen Vertreibung aus seinem Land. Sickingen starb 1523, als seine Burg Nanstein nach dem Scheitern seiner Fehde gegen den Kurfürsten von Trier von einem gegen den Landfriedensbrecher ausgerückten Fürstenheer belagert wurde. Auch in späteren Zeiten ereigneten sich Verstöße gegen den Landfrieden, z. B. im Zuge der Grumbachschen Händel (1567), und noch der preußische Angriff auf Sachsen von 1756 wurde – wenn auch ohne großen Erfolg – als Landfriedensbruch geahndet. Insgesamt erwies sich der Ewige Landfrieden, der ebenso wie die Goldene Bulle in der Frühen Neuzeit zu den Reichsgrundgesetzen gezählt wurde, aber als Erfolg.

Die Errichtung des Reichskammergerichts war wie gesagt eine wesentliche Voraussetzung dieser Erfolgsgeschichte. Da den höchsten Reichsgerichten ein eigener Abschnitt dieses Buchs gewidmet ist (▶ Kap. 7.1 und ▶ Kap. 7.2), mögen an dieser Stelle einige kurze Ausführungen zur Gründung und zur Frühzeit des Reichskammergerichts genügen. Wegen

2.2 Der Wormser Reichstag von 1495 und seine Ergebnisse

einer verbreiteten Unzufriedenheit mit dem kaiserlichen bzw. königlichen Kammergericht vollzog der Wormser Reichstag den radikalen Schnitt, das Kammergericht als Höchstgericht des Reichs aus der alleinigen Verantwortung des Königs in die Mitverantwortung der Stände zu überführen, die in Zukunft die Mehrzahl der eigentlichen Richter (Assessoren) bestimmten. Die förmliche Gerichtshoheit verblieb beim König, der durch den Kammerrichter vertreten wurde. Dieser hatte aber an der eigentlichen Urteilsfindung keinen Anteil. Noch offenkundiger wurden die Neuausrichtung des Kammergerichts und seine Lösung aus dem beherrschenden Einfluss des Reichsoberhaupts dadurch, dass es künftig nicht mehr am Königshof, sondern in einer Reichsstadt seinen Sitz hatte. Nach zahlreichen Ortswechseln in den ersten drei Jahrzehnten seines Bestehens hatte es ab 1527 seinen Sitz dauerhaft in Speyer.

Dieser Schritt war sehr weitreichend, denn in Alteuropa zählte neben der Friedenswahrung die Rechtsprechung zu den vornehmsten Aufgaben eines Herrschers. Wie sehr Maximilian I. sich durch die Einschränkung dieser zentralen monarchischen Prärogative beeinträchtigt sah, zeigt sich daran, dass er etwa gleichzeitig mit der Gründung des Reichskammergerichts einen Hofrat ins Leben rief, um weiterhin über ein eigenes Gericht zu verfügen. In der Folge entwickelte sich das neue Gremium als Reichshofrat zu einem zweiten höchsten Reichsgericht neben dem Reichskammergericht, das ebenso wie dieses für Landfriedensbrüche und Klagen gegen Reichsstände zuständig war und als Appellationsinstanz fungierte.

Für das Reichskammergericht gilt ähnliches wie für die Unterdrückung des Fehdewesens: Es dauerte Jahre, ja, Jahrzehnte, bis es sich institutionell verfestigte und sich seine Rechtsprechung durchsetzte. Dann aber gewann es größte Bedeutung nicht nur für die Wahrung des Landfriedens, sondern auch für die Vereinheitlichung des Rechts und der Gerichtsverfassung im Reich und seinen Territorien.

Das entscheidende Mittel, mit dem Maximilians Zustimmung zu den in erster Linie den ständischen Vorstellungen entsprechenden Reformbeschlüssen von Worms gewonnen werden konnte, war die Einführung des Gemeinen Pfennigs, einer allgemeinen Reichssteuer in Form einer kombinierten Kopf-, Vermögens- und Einkommenssteuer. Der Gemeine Pfennig sollte sowohl das Kammergericht und die Exekutionen gegen

Landfriedensbrecher finanzieren als auch die von Maximilian geplanten militärischen Maßnahmen gegen Frankreich. In der Ordnung des Gemeinen Pfennigs wurde auch das Ziel einer Abwehr der Türkengefahr betont, ein in Alteuropa gängiges Argument, um eine so außerordentliche Maßnahme wie die Einführung einer derartigen Steuer zu legitimieren. Denn Steuern waren zu Beginn der Frühen Neuzeit noch keine allgemein anerkannte staatliche Einkunftsquelle. Vielmehr sollten Fürsten für ihre Aufwendungen auf die Erträge ihrer Kammergüter, also im Wesentlichen ihrer Domänen, und der Regalien zurückgreifen. Erhöhter Finanzbedarf erforderte eine besondere Begründung, und die Steuern, die ihn abdecken sollten, wurden von den Ständen in der Regel nur befristet bewilligt. Das galt auf der territorialen sowie auf der Reichsebene.

Allerdings konnten zahlreiche Reichsstände einer Steuer wenig abgewinnen, die dem Reich einen unmittelbaren finanziellen Zugriff auf ihre Untertanen ermöglicht und dem König erhebliche neue Ressourcen zur Verfügung gestellt hätte, die er trotz aller Kautelen womöglich doch gegen die Intentionen der Stände nutzen könnte. Dementsprechend bewilligte der Reichstag den Gemeinen Pfennig nicht unbefristet, sondern nur auf vier Jahre, sozusagen auf Probe. Neben der reichsständischen Opposition stand der Einführung des Gemeinen Pfennigs auch das Fehlen einer Reichsadministration zur Erhebung und Verwaltung der neuen Steuer entgegen. Infolgedessen war beabsichtigt, die Strukturen der einzigen Institution zu nutzen, die das gesamte Reichsgebiet erfasste: der Kirche mit ihren Pfarreien. Angesichts der verbreiteten Widerstände und der organisatorischen Schwierigkeiten scheiterte die Einführung des Gemeinen Pfennigs auf ganzer Linie, sodass er 1505 aufgegeben wurde. Stattdessen kehrte man zu dem älteren Konzept der von den Reichsständen zu entrichtenden Matrikularbeiträge zurück. Auch diese Mittel waren am Ende von den Untertanen aufzubringen; sie wurden aber nicht durch eine Reichsverwaltung eingezogen, sondern durch die jeweiligen territorialen Obrigkeiten erhoben, stärkten also deren Position.

Hinter der sperrigen Bezeichnung »Handhabung Friedens und Rechts« verbirgt sich eine Urkunde, auf deren Grundlage sich König und Reichsstände zur Sicherung der in Worms vereinbarten Reformmaßnahmen verpflichteten. Konkret vereinbarten sie, jährlich zusammenzukommen, um über die Angelegenheiten des Reichs sowie über Maßnahmen gegen etwaige Landfriedensbrecher zu beraten. Außerdem wurde König Maximilian, seinem in den Burgundischen Landen herrschenden Sohn Philipp und allen Reichsständen untersagt, Kriege zu beginnen oder Bündnisse zu schließen, die den Interessen des Reichs schaden könnten. Falls dank der Reichshilfe des Gemeinen Pfennigs Eroberungen gemacht werden sollten, sollten sie »dem gemainen Reich« (§ 8) vorbehalten sein[8] – auch dies eine Maßnahme zur dauerhaften Stärkung der Reichsregierung, die durch die Schaffung neuen Reichsguts eine sicherere materielle Basis erhalten sollte. Neben ergänzenden Bestimmungen zum Landfrieden enthielt die »Handhabung« auch die Verpflichtung Maximilians, von allen in seinem Besitz befindlichen Archivalien, die Reichsangelegenheiten betrafen, Abschriften anfertigen zu lassen und sie dem Kammergericht zu übergeben. Das war zum einen der Notwendigkeit geschuldet, dem Gericht die für seine Tätigkeit erforderlichen Dokumente zur Verfügung zu stellen. Dass aber zwei Reichsarchive am Königshof und am Sitz des Kammergerichts geschaffen wurden, zielte ebenso wie die Bestimmung der jährlichen Reichstage zum anderen darauf ab, die ständische Beteiligung an der Reichsregierung abzusichern und Maximilian von Alleingängen abzuhalten, die dem Reich schaden könnten. In der Tat hatte Berthold von Henneberg sogar eine noch weitergehende Einbindung des Königs durch die Etablierung einer ständischen Reichsregierung, eines Reichsregiments, beabsichtigt, ein Ansinnen, das Maximilian in Worms – noch – abzuwehren vermochte. Doch auch der Gedanke eines jährlichen Reichstags spiegelt den Ansatz einer königlich-ständischen Kooperation in der Reichsregierung wider. Zwar wurde dieser Teil der Wormser Bestimmungen nicht konsequent realisiert, aber das Konzept war zukunftsträchtig. Wenn man so will, wurde es in modifizierter Form infolge der Institutionalisierung des Immerwährenden Reichstags nach 1663 mit fast hundertsiebzigjähriger Verspätung umgesetzt.

2.3 Weitere Reformen – und ihre Grenzen

Nachdem die Reichstage von Lindau (1496/97) und Freiburg (1497/98) keine wesentlichen Neuentwicklungen hinsichtlich der Reichsreform gebracht hatten, markiert der Augsburger Reichstag von 1500 die – zumindest scheinbare – Vollendung des reichsständischen Reformprojekts, wie es Berthold von Henneberg und seine Anhänger vertraten. Maximilians Ansehen war schwer beschädigt, als er 1499 eine verheerende Niederlage im Schweizerkrieg erlitten und sich im selben Jahr Ludwig XII. von Frankreich in den Besitz des Herzogtums Mailand gesetzt hatte, ohne dass der Habsburger, der immerhin seit 1494 mit der Mailänder Prinzessin Bianca Maria Sforza verheiratet war, dies hätte verhindern können. Unter diesen Umständen musste der zudem unter gravierenden finanziellen Engpässen leidende König 1500 in Augsburg das zugestehen, was er 1495 in Worms noch hatte abwehren können: die Errichtung des Reichsregiments.

Dabei handelte es sich um eine ständische Reichsregierung, die eine Allgemeinzuständigkeit für die Reichsangelegenheiten besitzen sollte.[9] Das Reichsregiment war als ein ständiger Ausschuss der Reichsstände konzipiert, in dem neben den sechs Kurfürsten (außer Böhmen) je ein geistlicher und ein weltlicher Fürst, je ein Prälat und ein Graf, zwei Reichsstädte, je ein Vertreter Österreichs und Burgunds sowie jeweils ein Ritter oder gelehrter Jurist aus den ebenfalls in Augsburg neugebildeten sechs Reichskreisen einen Sitz hatten. Der König als solcher wurde beim Regiment durch einen Statthalter vertreten. Entsprechend einem Rotationsverfahren sollten jeweils ein Kurfürst sowie die beiden Fürsten, der Prälat und der Graf persönlich dem Reichsregiment beiwohnen. Dieses Gremium war also hochrangig besetzt und repräsentierte in seiner Zusammensetzung das Reich sowohl in seiner geographischen Ausdehnung als auch in seiner ständischen Zusammensetzung. Wie die Regimentsordnung von 1500 ausdrücklich festhielt, stellte es zugleich eine Weiterentwicklung der »Handhabung Friedens und Rechts« dar und trat an die Stelle der dort vorgesehenen jährlichen Reichstage, die in einem Notfall nicht schnell genug zusammentreten und die erforderlichen Entscheidungen treffen konnten. Um dem

2.3 Weitere Reformen – und ihre Grenzen

Reichsregiment eine vom König unabhängige, selbstständige und effiziente Regierung zu ermöglichen, erhielt es die Allzuständigkeit für sämtliche das Reich betreffende Angelegenheiten. Sein Sitz war in Nürnberg, wohin auch das Reichskammergericht verlegt wurde. Damit avancierte die Reichsstadt zur faktischen Hauptstadt des Reichs.

So ambitioniert das Konzept des Reichsregiments war, so grandios war sein Scheitern. Von Anfang an verharrte Maximilian, der sich geradezu einer Vormundschaft der Reichsstände unterstellt sah, in seiner Opposition gegen das Regiment und boykottierte die Zusammenarbeit, wo es anging. Hinzu kamen weitere gravierende Probleme: Die Neigung bei Kurfürsten und Fürsten, sich – auf eigene Kosten – beim Reichsregiment aufzuhalten und dafür die Angelegenheiten der eigenen Territorien zu vernachlässigen, war gering. Dieses Problem der Abkömmlichkeit war, wie die Regimentsordnung zeigt, durchaus vorhergesehen worden, konnte aber nicht befriedigend gelöst werden und ist ein Indiz dafür, dass die meisten Kurfürsten und Fürsten im Zweifelsfall die Belange des Reichs den eigenen Partikularinteressen unterordneten. Außerdem traten Engpässe bei der Bezahlung der übrigen Regimentsräte auf, da die dafür vorgesehenen Gelder nur schleppend und unvollständig eingingen. Als das Regiment dann noch aufgrund fehlender Machtmittel keine eigene Autorität aufbauen konnte bzw. das, was es an Autorität besaß, durch tagespolitische Fehler einbüßte, fiel es Maximilian im Jahr 1502 leicht, das Regiment aufzulösen, indem er das Reichssiegel vom vorsitzenden Kurfürsten Berthold von Henneberg zurückforderte. Der Reichserzkanzler wagte keinen ernsthaften Widerstand. Das Konzept einer Reichsreform auf der Basis einer Unterordnung des Königs unter die Stände und seiner Degradierung vom Oberhaupt zu einem ersten Magistrat des Reichs war damit schon nach wenigen Jahren gescheitert.

Als die Idee eines Reichsregiments im Jahr 1519 in der Wahlkapitulation Karls V. wiederaufgegriffen wurde, geschah dies unter veränderten Vorzeichen: Da absehbar war, dass Karl, der ja zugleich u. a. der Herrscher Spaniens war, häufig für längere Zeit vom Reich abwesend sein würde, um seine Regierungspflichten in seinen übrigen Herrschaftsgebieten wahrzunehmen, musste für diesen Fall Vorsorge getroffen werden. Die Kapitulation sah dafür die Einsetzung eines erneuerten Reichsregiments vor, das im Unterschied zum Ersten Reichsregiment von

1500 allerdings ausdrücklich nur während Karls Abwesenheit amtieren sollte – ein Fall, der 1521 eintrat. Zudem war der Einfluss des Kaisers im Zweiten Reichsregiment größer. Denn entsprechend der Regimentsordnung von 1521 hatte sein Statthalter eine starke Stellung im Regiment; zudem war Karl dort nicht nur durch zwei, sondern durch vier Räte vertreten. V. a. aber standen die Beschlüsse und Maßnahmen des Regiments unter dem Vorbehalt der kaiserlichen Zustimmung. Für Karl war das Regiment durchaus nützlich, weil es dazu dienen konnte, seinen Bruder Ferdinand, den er als Statthalter im Reich und beim Regiment zurückließ, einzubinden und unter Kontrolle zu halten. Die beiden Brüder, die voneinander getrennt in den Niederlanden bzw. in Spanien aufgewachsen waren, standen in den 1520er Jahren erst am Anfang ihrer Zusammenarbeit und beäugten einander zunächst skeptisch. Insgesamt waren beim Zweiten Reichsregiment die Reibungspunkte zwischen Kaiser und Ständen bzw. zwischen Kaiser und Regiment deutlich geringer als beim Ersten Reichsregiment. Man könnte auch sagen, dass an die Stelle eines konfrontativen ein kooperatives Regimentskonzept getreten war.

Dies trug dazu bei, dass das Reichsregiment, das seinen Sitz zunächst in Nürnberg, ab 1524 dann in Esslingen hatte, einige beachtliche Arbeitsergebnisse vorweisen konnte. So bereitete es wichtige Reichsgesetze wie die *Constitutio Criminalis Carolina* von 1532 vor. Schon 1524 hatte es eine Reichsmünzordnung ausgearbeitet, deren Umsetzung allerdings scheiterte. Ebenso fruchtlos blieben die Diskussionen über eine Neuausrichtung der Finanzierung des Reichs mittels einer Wiederbelebung des Gemeinen Pfennigs, der Erhebung von indirekten Reichssteuern oder von Reichsgrenzzöllen. Dieses Thema war für das Regiment unmittelbar wichtig, da es selbst unter einer dauernden Unterfinanzierung litt. Erneut stellte sich das Problem der Abkömmlichkeit der Kurfürsten und Fürsten, die persönlich am »Reichsrat« – wie das Regiment in den Quellen genannt wird – partizipieren sollten. Zudem war das Reichsregiment nicht in der Lage, die drängendsten Probleme der 1520er Jahre, die Glaubensspaltung sowie den Ritter- und den Bauernkrieg, zu lösen. Obwohl schon 1522 Forderungen nach einer Auflösung des Regiments erhoben worden waren, setzte es seine Tätigkeit bis zur Rückkehr Karls V. ins Reich 1530 fort. Durch die Wahl Ferdinands zum Römischen König

2.3 Weitere Reformen – und ihre Grenzen

Abb. 3: Titelblatt der *Constitutio Criminalis Carolina*, Ausgabe Frankfurt a. M. 1577.

wurde 1531 das Reichsregiment als Stellvertretung des Kaisers jedoch überflüssig und auch später nicht mehr aufgegriffen.

Von den Augsburger Reformbeschlüssen des Jahres 1500 erwies sich die Gründung der Reichskreise als wesentlich zukunftsträchtiger als die Installation des Reichsregiments. Die ausführliche Darstellung der Reichskreise soll einem späteren Kapitel vorbehalten bleiben (▶ Kap. 7.5), doch ist es im Kontext der Reichsreform erforderlich, auf einige grundlegende Aspekte ihrer Gründungsgeschichte hinzuweisen. Schon seit dem 14. Jahrhundert wurde immer wieder erwogen, das Reich in Kreise einzuteilen, die unterschiedlichen Zwecken dienen sollten – als Organisationen der regionalen Selbstverwaltung der Stände und der Landfriedenswahrung, als Steuerbezirke oder als Wahlkörperschaften. Auch diesbezüglich hatten sich die Diskussionen seit der Königswahl Maximilians I. intensiviert und konkretisiert. Die sechs im Jahr 1500 eingerichteten Kreise umfassten im Wesentlichen das deutsche Reichsgebiet ohne die habsburgischen und die kurfürstlichen Territorien und waren konzipiert als Wahlkörperschaften für die sechs ritterlichen bzw. rechtsgelehrten Mitglieder des Reichsregiments, ab 1507 dann für die Assessoren des Reichskammergerichts. 1512 wurden auch die habsburgischen und die kurfürstlichen Territorien in die Reichskreisorganisation einbezogen. Die nunmehr zehn Reichskreise sollten v. a. der Wahrung des Landfriedens dienen. Doch erst nachdem 1521 der Wormser Reichstag im Zuge der Erneuerung von Reichsregiment und Reichskammergericht die sechs Wahlkreise von 1500/1507 reaktiviert hatte, begannen sich die Reichskreise nach und nach zu institutionalisieren, die durch die Reichsschlüsse vorgesehenen Ämter zu besetzen und die ihnen zugedachten Aufgaben wahrzunehmen. Insbesondere die Bestrebungen zur Landfriedenswahrung spielten hierfür eine wichtige Rolle. Diese Komponente der Reichskreisverfassung wurde durch die Reichsexekutionsordnung von 1555 erneut aufgewertet, sodass die Reichskreise – mit deutlichen Abstufungen zwischen den einzelnen Kreisen – ab der Mitte des 16. Jahrhunderts zu einem wichtigen und lebendigen Element der Reichsverfassung wurden.

Um 1500 wurde folglich eine Fülle unterschiedlicher Reformansätze initiiert und z. T. erprobt, von denen sich aber nur ein Teil in der Praxis bewährte. Gemeinsam war diesen Ansätzen, dass sie im Wesentlichen auf reichsständische Initiativen zurückgingen und reichsständischen Vorstellungen von einem mehr oder minder gleichberechtigt von Kaiser und Ständen getragenen Reich entsprachen. Für einen stärker vom Kaiser- bzw. Königtum getragenen Reformansatz steht demgegenüber der Schwäbische Bund, der 1488 auf die Initiative Friedrichs III. gegründet wurde, um dem Vordringen des wittelsbachischen Einflusses nach Schwaben entgegenzutreten.[10] Auch er stand wie die Reichskreise in der Tradition des mittelalterlichen, auf die Landfriedenswahrung abzielenden Einungswesens. Es gelang dem Kaiser, die Herrschaftsträger im kaisernahen Südwesten des Deutschen Reichs in den Bund einzubeziehen und so die Kräfte der zum großen Teil mindermächtigen Fürsten, Grafen, Prälaten, Reichsstädte und Niederadligen zu bündeln und für die eigene Reichspolitik nutzbar zu machen.

Der zunächst nur für acht Jahre geschlossene, aber mehrfach verlängerte Schwäbische Bund bildete eine effektive Organisation aus. Jährlich fanden Treffen der verschiedenen Ständegruppen statt, auf denen die Bundeshauptleute, das militärische Führungspersonal, und die Delegierten für den Bundesrat gewählt wurden. Außerdem kontrollierten die Bundesversammlungen die Rechnungslegung und trafen Grundsatzentscheidungen über die Bundespolitik, bspw. über die Aufnahme neuer Mitglieder. Der als Leitungsgremium des Schwäbischen Bundes fungierende Bundesrat bestand aus den zunächst zwei, ab 1500 drei Bundeshauptleuten, denen die militärische Führung des Bundes oblag, und den 18 bzw. 21 von den ständischen Gruppen delegierten Räten. Von Anfang an gab es einen Bundesrichter, ab 1500 ein Bundesgericht aus drei Richtern, die von den ständischen Gruppen der Fürsten, des Adels und der Städte bestimmt wurden.

Die Veränderungen in der Bundesorganisation spiegeln die Entwicklung der Mitgliederstruktur wider. Zunächst bestand der genossenschaftlich verfasste Schwäbische Bund nur aus den 586 in der Gesellschaft des St. Jörgenschildes vereinigten Grafen, Prälaten und Rittern einerseits sowie aus 26, dann 32 Reichsstädten andererseits, während sich einige Fürsten ohne Mitgliedschaft in der Genossenschaft durch bilaterale Verträge mit ihr verbanden. Zu diesen Fürsten gehörte ab 1490 auch König Maximilian in seiner Eigenschaft als Graf von Tirol. Die Reorganisation von 1500, in deren Folge die Fürsten vollgültige Mitglieder des Schwäbischen Bundes wurden, waren durch das Fernbleiben zahlreicher bisheriger niederadliger und städtischer Mitglieder bei der Bundeserneuerung von 1496/97 und durch die Niederlage des Bundesheers gegen die Schweizer Eidgenossen von 1499 bedingt. In der Folge wuchs das Gewicht der fürstlichen Bundesmitglieder, zu denen Maximilian I. und Berthold von Henneberg sowie später u. a. der Landgraf von Hessen, der Kurfürst von der Pfalz und der Erzbischof von Salzburg gehörten. Durch den Beitritt der fürstlichen Mitglieder wurden die Ressourcen des Bundes vermehrt und sein geographischer Einflussbereich erheblich über Schwaben hinaus erweitert, doch interständische sowie seit den 1520er Jahren konfessionelle Spannungen zwischen den Mitgliedern führten dazu, dass er 1534 nicht mehr erneuert wurde. Bis dahin hatte er sich jedoch u. a. anderem im Landshuter Erbfolgekrieg (1504/05), bei der Vertreibung Herzog Ulrichs von Württemberg (1519) sowie im Bauernkrieg (1524–1526) als schlagkräftiges Militärbündnis sowie allgemein als effizientes Exekutionsinstrument gegen Landfriedensbrecher erwiesen, wie sonst keine andere Institution. Der Schwäbische Bund war kein willenloses Werkzeug der habsburgischen Politik, stand aber dem Einfluss des Königs bzw. Kaisers offen, den er in den Bundesorganen mit Unterstützung der mindermächtigen Bundesgenossen zur Geltung bringen konnte. 1548 versuchte Karl V. auf dem Augsburger Reichstag das Bundeskonzept wiederaufleben zu lassen und einen umfassenden Reichsbund unter kaiserlicher Kontrolle ins Leben zu rufen, scheiterte mit diesem Projekt aber an dem reichsständischen Desinteresse und Widerstand.

Vieles von dem, was am Ende des 15. Jahrhunderts und in der ersten Hälfte des 16. Jahrhunderts an Reformen umgesetzt wurde, insbesondere der Ewige Landfrieden, die Gründung des Reichskammergerichts und die Einrichtung der Reichskreise, prägte das Reich bis zu seinem Ende. Richtungsweisend war aber auch das Scheitern des Reichsregiments und des Gemeinen Pfennigs. Eine institutionelle Stärkung der Reichsregierung, auch wenn diese ständisch dominiert war, wurde von der Mehrzahl v. a. der mächtigeren Reichsstände nicht mitgetragen, wenn sie auf Kosten ihrer territorialherrlichen Autonomie zu gehen drohte.

Auch wenn die weitreichendsten Reformprojekte nicht umgesetzt wurden, war die Reichsreformbewegung alles andere als ergebnislos.

2.3 Weitere Reformen – und ihre Grenzen

Vielmehr besaß sie eine epochale Bedeutung für die frühneuzeitliche Reichsgeschichte. Sie führte zu einer deutlichen Verrechtlichung, Institutionalisierung und Intensivierung der Reichsaktivitäten und bewirkte infolgedessen eine Stabilisierung des Reichs nach innen und außen. Mit den Worten von Peter Moraw: Die »offene Verfassung« des spätmittelalterlichen Reichs wandelte sich in Richtung einer »gestalteten Verdichtung«,[11] freilich einer Verdichtung in Teilbereichen und mit Grenzen. Trotz mancher Kontinuitäten zum spätmittelalterlichen Reich wurde das Verhältnis zwischen dem Kaiser/König und den Reichsständen neu geordnet: Der Kaiser blieb das Oberhaupt, aber die deutschen Reichsstände wurden zu Mitträgern des Reichs, und der so entstehende kaiserlich-ständische Dualismus wurde durch die Herausbildung des Reichstags in institutionelle Formen gegossen. Ob das aus der Reichsreformbewegung hervorgegangene frühneuzeitliche Reich treffend als »komplementärer Reichs-Staat der deutschen Nation« charakterisiert ist,[12] ist in der deutschen Frühneuzeitforschung kontrovers diskutiert worden (s. S. 335–337). Letztlich waren es dann doch die größeren Territorialstaaten – und nicht das Reich –, die sich in einem langwierigen, im 16. Jahrhundert so noch kaum absehbaren Prozess zu modernen institutionellen Flächenstaaten entwickelten.

3 Kaiser, Reich und Reformation

3.1 Die Reformation als Herausforderung für Kaiser und Reich

Die Reformation ist nicht nur ein Thema der Kirchen-, sondern auch der allgemeinen und Verfassungsgeschichte der Frühen Neuzeit, denn in Alteuropa pflegten Gemeinwesen auch Sakralgemeinschaften zu sein. Es herrschte die Vorstellung, dass es nur *einen* wahren Glauben geben könne und dass für das Wohlergehen eines Gemeinwesens – sei es eine Stadt, ein Fürstentum, das Reich oder die gesamte *Christianitas* – dieser Glaube in rechter Weise praktiziert werden müsse. Religiöse Konflikte und Veränderungen beeinflussten alle Lebensbereiche und hatten nicht zuletzt erhebliche Auswirkungen auf politische Verfasstheit und Herrschaftsbeziehungen.

Das galt v. a. für das Heilige Römische Reich mit seiner heilsgeschichtlichen Aufladung und der langen Tradition einer besonderen Verpflichtung des Kaisers, als *Advocatus Ecclesiae* zum Schutz der Kirche zu wirken. Die kaiserliche Kirchenadvokatie hatte ihre Wurzeln in der Regierung Konstantins I. (306–337). Er bahnte den Weg dafür, dass das Christentum von einer verfolgten zu einer gleichberechtigten, dann privilegierten Glaubensgemeinschaft und schließlich zur Staatsreligion im Römischen Reich wurde. Ebenso begründete er durch sein Eingreifen in den nordafrikanischen Donatistenstreit und die christologischen Streitigkeiten seiner Zeit mit dem Höhepunkt des Ersten Ökumenischen Konzils von Nicäa (325) die Tradition, dass der Römische Kaiser berufen, ja verpflichtet sei, die dogmatische und organisatorische Einheit der Kirche zu gewährleisten. Grundsätzlich waren alle christlichen

3.1 Die Reformation als Herausforderung für Kaiser und Reich

Fürsten und Herrschaftsträger gehalten, Schismen und Häresien abzuwehren und das Kirchengut zu schützen. Die Verantwortung des kaiserlichen *Advocatus Ecclesiae* ging aber darüber hinaus. Immer wieder griffen Römische Kaiser und Könige in kirchliche Angelegenheiten ein, um Fehlentwicklungen insbesondere der Römischen Kirche zu beheben. Man denke etwa an die Synode von Sutri (1046), bei der Heinrich III. nicht nur ein Papstschisma beendete, sondern auch der Kirchenreform in Rom Vorschub leistete, und an das von Sigismund einberufene Konzil von Konstanz (1414–1418), das dem Großen Abendländischen Schisma (1378–1417) ein Ende setzte, mit der Verurteilung des Jan Hus dem eigenen Verständnis nach eine gefährliche Häresie bekämpfte und zugleich den Weg zu einer Kirchenreform bahnte, die dann freilich nur teilweise umgesetzt wurde. Die allgemeine Kirchenvogtei des Kaisers konnte unterschiedliche Akzente setzen: in Richtung eines Kirchenschutzes oder in Richtung einer Kirchenherrschaft. Auch die Päpste wussten dies sehr genau und beobachteten die kaiserliche Kirchenpolitik mit Misstrauen, v. a. wenn sie sich mit Forderungen nach einem Konzil verband.

Es war an der Kurie unvergessen, dass die beiden Konzilien von Konstanz und Basel (1431–1449), die die päpstliche Suprematie in der Kirche angegriffen und eine Unterordnung des Papstes unter das Ökumenische Konzil proklamiert hatten, auf Reichsboden getagt hatten. Neben dem Konziliarismus wurde das Reich aus päpstlicher Perspektive auch deswegen suspekt, weil sich in Böhmen mit dem Hussitismus dauerhaft eine in Lehre und Organisation von Rom getrennte Kirche etablierte. Umgekehrt verschärfte sich nördlich der Alpen die Kritik an der Kurie.

Schon im 15. Jahrhundert bestand also einiger Klärungsbedarf zwischen dem Reich und der Römischen Kirche. 1448 wurden durch das Wiener Konkordat wichtige Fragen geregelt. Es bestätigte das Bischofswahlrecht der deutschen Domkapitel, räumte dem Papst jedoch ein Widerspruchsrecht ein. Außerdem wurden dem Pontifex verschiedene Einkünfte aus dem Reich und das Recht zur Pfründenbesetzung in ungeraden Monaten (Papstmonate) zugebilligt, während dieses Recht in geraden Monaten (Kaisermonate) dem Reichsoberhaupt zustand. Dennoch wurden die Beschwerden gegen Rom immer lauter. U. a. wurden der Kurie überhöhte Gebühren- und Abgabenforderungen, simonistische Praktiken bei der Pfründenvergabe und Übergriffe in Justizangelegenheiten vorgeworfen. Seit der Mitte des 15. Jahrhunderts wurden die erstmals auf einer Mainzer Provinzialsynode zusammengestellten antirömischen *Gravamina Nationis Germanicae* immer wieder diskutiert und neu formuliert. Maximilian I. nutzte sie geschickt, um in den papstfeindlichen Phasen seiner Italienpolitik auf Reichstagen eine antirömische Stimmung zu erzeugen. 1519 wurden die *Gravamina* in die Wahlkapitulation Karls V. aufgenommen, und noch der Wormser Reichstag von 1521 sammelte 102 Beschwerden gegen die römische Kurie. In der Reformationszeit zerbrach die Gravaminabewegung dann aber. Während die Forderungen der Reformationsanhänger weit über die *Gravamina* hinausgingen, führten deren Angriffe dazu, dass die Altgläubigen die Reihen geschlossen hielten und ihre Beschwerden gegen die römische Kurie zurückstellten. Unter anderen Umständen hätte die Gravaminabewegung möglicherweise zur Etablierung einer in der Lehre katholischen, jedoch organisatorisch weitgehend von Rom unabhängigen Nationalkirche führen können, ähnlich wie das in Frankreich der Gallikanismus erstrebte und partiell auch erreichte. In der Reichskirche knüpfte in der zweiten Hälfte des 18. Jahrhunderts der Febronianismus an die spätmittelalterliche Gravaminabewegung an.[1]

Die Reformationszeit im Reich lief im Wesentlichen parallel mit der Regierungszeit Kaiser Karls V., der in mancherlei Hinsicht eine Ausnahmegestalt unter den frühneuzeitlichen Kaisern war.[2] Geboren im Jahr 1500 in Gent als Sohn Philipps des Schönen und Johannas von Kastilien, erhielt er in den Niederlanden unter der Leitung seiner Tante Margarethe von Österreich eine vorzügliche Erziehung. Mit 15 Jahren übernahm er die Regierung in den heimischen Niederlanden, im folgenden Jahr wurde er nach dem Tod seines Großvaters Ferdinand II. von Aragon Herrscher über die Länder der Kronen Kastilien und Aragon, einschließlich der Königreiche Neapel, Sizilien und Sardinien sowie der im Aufbau befindlichen mittel- und südamerikanischen Kolonien. Nach dem Tod Maximilians I. erbte er 1519 die österreichischen Erblande der Habsburger. Gegen manche Widerstände wurde er nicht zuletzt dank der finanziellen Unterstützung der Fugger in Frankfurt zu Maximilians Nachfolger als Reichsoberhaupt gewählt und 1520 in Aachen gekrönt. Vom

3.1 Die Reformation als Herausforderung für Kaiser und Reich

Beginn seiner Regierung im Reich an führte er den unter Maximilian I. geschaffenen Titel »Erwählter Römischer Kaiser«. Als letzter römisch-deutscher Kaiser ließ er sich 1530 aber auch vom Papst zum Kaiser krönen. Die Kaiserkrönung musste allerdings in Bologna stattfinden, weil seine Söldner 1527 im *Sacco di Roma* die Ewige Stadt schwer geplündert hatten. Karl vertrat die Tradition des Universalkaisertums, ein Konzept, in dem er durch seinen aus dem Piemont stammenden, 1530 verstorbenen Großkanzler Mercurino di Gattinara bestärkt wurde. Auch aus diesem Selbstverständnis speiste sich seine unverbrüchliche Treue zur alten Kirche. Ungeachtet dessen gestalteten sich die Beziehungen zu den Päpsten seiner Zeit häufig spannungsreich, was neben deren Misstrauen gegenüber seinen kirchenpolitischen Absichten v. a. mit ihren Verstrickungen in die europäische und italienische Machtpolitik zu tun hatte. Eine Ausnahmeerscheinung unter den frühneuzeitlichen Kaisern war Karl V. aber auch aufgrund seiner Abdankung im Jahr 1556.

Ebenso wie Karl prägt sein jüngerer, 1503 geborener Bruder Ferdinand die Reformationsgeschichte des Reichs. Anders als der ältere war er am Hof seines Großvaters Ferdinand von Aragon aufgewachsen, der geplant hatte, ihn zum Erben der iberischen Reiche einzusetzen. Als dann jedoch Karl die Regierung in Spanien antrat, schickte er seinen Bruder Ferdinand sicherheitshalber in die Niederlande. 1521/22 übertrug er ihm die Herrschaft über die österreichischen Erblande. In der Folge vertrat Ferdinand den Kaiser als dessen Statthalter im Reich. Nachdem sein Schwager Ludwig II. 1526 auf dem Schlachtfeld von Mohács gegen die Osmanen gefallen war, erwarb er die Kronen von Böhmen und Ungarn. Auch wenn er de facto nur die westlichen und nördlichen Teile Ungarns beherrschte, wurde er so zum Begründer der späteren habsburgischen Donaumonarchie. Seine Stellung im Reich wurde durch seine Wahl und Krönung zum Römischen König (1531) und damit zum voraussichtlichen Nachfolger seines Bruders befestigt. Trotz einiger innerfamiliärer Konflikte war er der wichtigste, stets loyale Helfer Karls V. und trat nach dessen Abdankung 1556 sein Erbe im Kaiseramt an, als er 1558 in Frankfurt zum Erwählten Römischen Kaiser proklamiert wurde. Während Karl V. die spanische Linie des Hauses Habsburg begründete, wurde Ferdinand der Stammvater des deutschen oder österreichischen Familienzweigs.

65

3 Kaiser, Reich und Reformation

Abb. 4: Kaiser Karl V. Porträt von Christoph Amberger, um 1532.

3.1 Die Reformation als Herausforderung für Kaiser und Reich

Nicht erst Karl V. und Ferdinand I. hatten sich mit der Reformation auseinanderzusetzen, schon Maximilian I. sah sich in seinen letzten Regierungsjahren mit ihren Anfängen konfrontiert.³ Von Beginn an hatte die Reformation neben der theologischen auch eine starke reichspolitische Komponente. Auslöser für die Formulierung der 95 Thesen des Wittenberger Augustinermönchs und Theologieprofessors Martin Luther im Jahr 1517 wurde eine Finanztransaktion: Um nicht nur Erzbischof von Magdeburg und Administrator der Diözese Halberstadt (1513), sondern auch Kurerzbischof von Mainz (1514) werden zu können, hatte der brandenburgische Prinz Albrecht große Summen aufwenden und sich bei den Fuggern verschulden müssen. Nur so war es ihm möglich, die päpstliche Zustimmung zu dieser kirchenrechtlich eigentlich verbotenen – allerdings keineswegs unüblichen – Bistumskumulation zu erhalten und die bei der Besetzung von Erzbistümern fälligen Palliengelder an die Kurie zu bezahlen. Diese Summen sollten nun durch den Verkauf von Ablassbriefen wieder hereingebracht werden. Dementsprechend wurde Albrecht von Brandenburg als für Wittenberg zuständiger geistlicher Oberhirte auch der Adressat von Luthers Thesen gegen den Ablassmissbrauch. Somit war der ranghöchste geistliche Fürst des Reichs von Anfang an in den Konflikt um Luther und seine Lehren verstrickt.

Nicht zuletzt reichspolitische Rücksichten führten zu einer Verschleppung des 1518 in Rom eröffneten Häresieprozesses gegen Luther: Angesichts der zunehmenden Gebrechlichkeit Kaiser Maximilians war absehbar, dass bald die Wahl eines Nachfolgers erforderlich werden würde. Während Maximilian die Wahl seines Enkels Karl möglichst noch zu seinen Lebzeiten anstrebte, favorisierte Papst Leo X. Luthers Landesherrn Kurfürst Friedrich III., den Weisen, von Sachsen als Nachfolger, weil er das machtpolitische Übergewicht eines Herrschers, der zugleich Kaiser und spanischer König war, in Italien fürchtete. So wurde Luther zwar auf dem Augsburger Reichstag von 1518 durch den päpstlichen Kardinallegaten Tommaso Cajetan verhört, aber rechtliche Maßnahmen wurden noch nicht gegen ihn ergriffen. Die Leipziger Disputation zwischen Luther und Johannes Eck begann im Juni 1519, noch vor der Kaiserwahl. Erst nachdem Karl V. gewählt worden war, wurde der römische Prozess zum Ende gebracht und 1520 die Bannandrohungsbulle gegen Luther publiziert. Der Reformator, der sich keinen Illusionen mehr darüber hingab, was er von der Kurie zu erwarten hatte, suchte in dieser Situation, u. a. mit der Schrift *An den christlichen Adel deutscher Nation von des christlichen Standes Besserung*, verstärkt den Rückhalt bei den Eliten des Reichs – ein Element, das den weiteren Verlauf der Reformation im Reich wesentlich prägen sollte. Dabei spielten Luther und andere proreformatorische Autoren auch die »nationale« Karte aus und knüpften an die u. a. durch die Gravaminabewegung kultivierten antirömischen bzw. anti-»welschen« Stereotypen an.

3.2 Das Reich und die Glaubensspaltung: Konflikte und Lösungsansätze

Entscheidend für die Geschichte der Reformation im Reich wurde der Wormser Reichstag von 1521. Entgegen den kurialen Erwartungen wurde der unterdessen von Leo X. gebannte Luther nicht ohne Weiteres geächtet, sondern erhielt freies Geleit nach Worms, um sich vor Kaiser und Reichsständen zu verantworten. Nachdem er den verlangten Widerruf verweigert hatte, ließ man ihn unbehelligt abreisen. Über die Luther-Sache wurde 1521 kein Reichsschluss gefasst. Erst nach der Verabschiedung des Reichstags erließ Karl V. mit Zustimmung der Mehrheit der noch anwesenden Reichsstände ein kaiserliches Edikt, das die Reichsacht über Luther und seine Anhänger verhängte und die Verbreitung seiner Schriften mit schweren Strafen bedrohte (Wormser Edikt). Seinem eigenen Verständnis nach erfüllte der Kaiser so seine Aufgabe als *Advocatus Ecclesiae* und *Defensor Fidei*, denn in dieser Funktion sah er sich zum Schutz der Kirche, zur Verteidigung des wahren Glaubens und zur Verfolgung von Irrlehren verpflichtet. Für die Vollstreckung des Wormser Edikts aber war Karl mangels einer eigenen Reichsexekutive auf die Mitwirkung der Stände angewiesen. Aufgrund seiner baldigen Abreise nach Spanien konnte er seine kaiserliche Autorität aber gegenüber den Reichsständen nicht effektiv zur Geltung bringen. Als er

3.2 Das Reich und die Glaubensspaltung: Konflikte und Lösungsansätze

1530 ins Reich zurückkehrte, hatte sich die Situation grundlegend verändert, hatten sich Entwicklungen vollzogen, die der Kaiser nicht mehr revidieren konnte.

Es war früh absehbar, dass nicht alle Reichsstände zur Umsetzung des Wormser Edikts willens und in der Lage sein würden, denn schon vor dem Reichstag hatte man gezögert, gegen den populären Reformator und Untertan des einflussreichen sächsischen Kurfürsten vorzugehen. Ohne auf große Hindernisse zu stoßen, schritten auch dank der neuen Druckmedien die Verbreitung der reformatorischen Lehren und die Diskreditierung der alten Kirche voran. Sie wurden von großen Bevölkerungsteilen mit Sympathie, oftmals geradezu begeistert aufgenommen. Nicht selten vermischten sich dabei religiöse, gesellschaftliche, wirtschaftliche und politische Anliegen. Das traf insbesondere auf den Ritterkrieg 1522/23 zu, auch bekannt als Sickingensche Fehde. Als Franz von Sickingen eine Fehde gegen den Erzbischof von Trier eröffnete, stilisierte er sich als Vorkämpfer der Reformation; in diesem Konflikt kamen aber auch grundsätzliche Spannungen zwischen dem Niederadel und den sich formierenden Fürstenstaaten zum Austrag. Daher wirkten bei der Niederwerfung der Ritter dezidiert altgläubige Fürsten wie der Trierer Kurfürst Richard von Greiffenklau zu Vollrads mit Sympathisanten der Reformation wie Landgraf Philipp von Hessen zusammen. Auch im Bauernkrieg (1524–1526) waren bei den Aufständischen reformatorische, soziale und wirtschaftliche Motive kaum zu trennen. Ähnlich wie gegenüber den Rittern wirkten bei der Niederschlagung des Bauernaufstands Fürsten mit unterschiedlichen Positionen in der Reformationsfrage einträchtig zusammen; eine wichtige Rolle spielte hier der Schwäbische Bund.

Die politische Krise der 1520er Jahre ist in ihrer Tragweite für die Geschichte der Reformation und die Entwicklung der Reichsverfassung kaum zu überschätzen. Der Ritterkrieg, der Bauernkrieg und die damit verknüpften Unruhen in zahlreichen Städten bewirkten, wie bereits angedeutet, eine Solidarisierung zwischen den fürstlichen Obrigkeiten im Reich. Glaubensdifferenzen traten angesichts der allen gemeinsamen Bedrohungen zumindest zeitweise in den Hintergrund. Zugleich ging die reformatorische Initiative mehr und mehr an die Obrigkeiten über. Ebenso groß wie bei vielen Untertanen die Enttäuschung über Martin

Luthers Positionierung im Bauernkrieg (*Wider die mordischen und reubischen Rotten der Bawren*, 1525) war bei dem Reformator das Entsetzen über die seiner Auffassung nach unzulässige, ja fatale Vermischung der Anliegen des Reichs Gottes mit den Belangen des Reichs der Welt durch die Bauern. Dadurch verstärkte sich bei Luther und anderen Reformatoren die Neigung, für ihre religiösen Anliegen angesichts der Verweigerungshaltung der kirchlichen Autoritäten und der kaum zu kontrollierenden Eigendynamiken in der Bevölkerung auf die weltlichen Obrigkeiten zu setzen. Zwar sollte man nicht schematisch eine frühe Gemeinde- einer späteren Fürstenreformation gegenüberstellen. Es ist aber zu konstatieren, dass seit der zweiten Hälfte der 1520er Jahre die fürstlichen und reichsstädtischen Obrigkeiten für den Fortgang der Reformation im Reich entscheidende Bedeutung errangen.

Ein weiterer wichtiger Faktor, der die reformatorischen Erfolge begünstigte, waren die Herausforderungen, denen sich die Habsburger zu stellen hatten. Während Karl V. lange durch seine Kriege gegen Frankreich und dessen Verbündete absorbiert war, rückte im Osten seit dem Fall Belgrads 1521 und der Schlacht von Mohács 1526 das Osmanische Reich auf die Reichsgrenze vor. Der Kaiserbruder Ferdinand hatte schwierige und wechselvolle Kämpfe um die böhmische und die ungarische Krone zu bestehen und wurde in einen langwierigen Konflikt mit den Osmanen hineingezogen. Von nun an bildete die Abhängigkeit der Habsburger von »Türkenhilfen« der Reichsstände ein Kontinuum der Reichs- und Reformationsgeschichte.

Aus den geschilderten Entwicklungen erklärt sich der neue Weg, den der Speyerer Reichstag von 1526, der wie alle Reichstage seit 1521 unter der Leitung Ferdinands stand, in der Reformationsfrage einschlug. Angesichts der inneren und äußeren Bedrohungen kam die altgläubige Reichstagsmehrheit den Anhängern der Reformation weit entgegen. § 4 des Speyerer Reichsabschieds gestand den Reichsständen zu, es bis zu einem Ökumenischen Konzil oder einer »Nationalversammlung« mit der Anwendung des Wormser Edikts so zu halten, wie sie es gegenüber Gott und dem Kaiser verantworten könnten. Dies signalisierte einen ersten Schritt zum Abschied von der Vorstellung, es könne nur einen wahren Glauben geben, und damit von dem Ideal der Glaubenseinheit. Denn faktisch legte der Reichsabschied die Entscheidung über die Unterdrückung oder die Einführung der Reformation in die Hände der einzelnen Reichsstände. Damit wurde – zumindest übergangsweise – konfessionelle Pluralität im Reich denkbar und zulässig. In der Tat stellte diese reichsrechtliche Legitimation durch den Speyerer Reichsabschied eine wichtige Voraussetzung für den Aufbau evangelischer Kirchentümer durch eine Reihe von Reichsständen dar. Unmittelbar nach dem Reichstag wurde in einigen Territorialstaaten, wie in der Landgrafschaft Hessen und dem Kurfürstentum Sachsen, die Reformation eingeführt und die kirchliche Organisation der landesherrlichen Kontrolle unterstellt. Damit wurden Fakten geschaffen, die später nicht mehr rückgängig zu machen waren.

Karl V. freilich war mit den Beschlüssen von 1526 nicht einverstanden und verlangte ihre Korrektur. Dementsprechend nahm der nächste Reichstag, der 1529 erneut in Speyer stattfand, mit der altgläubigen Mehrheit der Reichsstände die 1526 gemachten Zugeständnisse an die Anhänger der Reformation weitgehend zurück: Das Wormser Edikt wurde prinzipiell wieder reichsweit in Kraft gesetzt. Bereits durchgeführte reformatorische Maßnahmen sollten Bestand haben, weitere Neuerungen wurden aber untersagt. Zudem sollte die katholische Messe überall zugelassen werden. Noch entschiedener bezog der Reichstag Stellung gegen diejenigen evangelischen Gruppierungen, die sich theologisch besonders weit von der alten Kirche entfernt hatten, indem sie die Realpräsenz Christi im Abendmahl bestritten, sowie die Täufer.

Gegen den Mehrheitsentscheid legte eine qualifizierte Minderheit von sechs Fürsten und 14 Reichsstädten Protest ein. Andere Reichsstände, die mit der Reformation sympathisierten, schreckten vor diesem Schritt zurück. Eine solche *Protestatio* brachte nicht nur einen Dissens mit dem Mehrheitsvotum zum Ausdruck, sondern stellte eine Rechtsverwahrung dar, die besagte, dass man das Mehrheitsvotum als ungültig betrachte und ihm nicht nachzukommen gedenke. Dieser Schritt war deswegen bedeutsam, weil sich ihm zum einen die Bezeichnung »Protestanten« (zeitgenössisch: »Protestierende«) verdankt, sowie zum anderen wegen der zukunftsweisenden Begründung, dass in Glaubens- und Gewissensfragen Mehrheitsentscheidungen unzulässig seien. Da sich König Ferdinand weigerte, die Protestation anzunehmen und diese auch bei der Verlesung des Reichsabschieds unerwähnt blieb, appellierten die protestierenden Stände an den Kaiser. Große Wirkung entfaltete die Speyerer Protestation auch dadurch, dass sie durch Flugblätter und Flugschriften medial verbreitet wurde. Dieses erste offene Bekenntnis der Reformationsanhänger zur neuen Lehre leistete zudem einer neuen Strukturierung der Reichsstände Vorschub: nicht hierarchisch nach Kurfürsten, Fürsten und Städten, sondern nach Konfessions-»Parteien«.

Die harte Linie der habsburgischen Politik beim Speyerer Reichstag ist angesichts des sich zuspitzenden Konflikts mit dem Osmanischen Reich umso bemerkenswerter. Im April 1529, d. h. etwa um dieselbe Zeit, als der Reichstag endete, eröffnete Sultan Suleiman I. einen Feldzug gegen Ferdinands Besitzungen, und im folgenden Herbst wurde dessen Residenzstadt Wien durch ein türkisches Heer belagert. Obwohl die protestantischen Reichsstände ihre Unterstützung versagten und auch sonst die Hilfe aus dem Reich geringer ausfiel als erhofft, musste der Sultan die Belagerung im Oktober allerdings abbrechen.

Trotz dieses Abwehrerfolgs blieb die osmanische Bedrohung bestehen und erhöhte den Erfolgsdruck auf den Augsburger Reichstag von 1530. Auf ihn richteten sich auch deswegen besondere Erwartungen, weil es seit 1521 der erste Reichstag war, an dem der soeben von Papst Clemens VII. in Bologna zum Römischen Kaiser gekrönte Karl V. persönlich teilnahm. Die evangelischen Reichsstände stimmte hoffnungsvoll, dass Karl in seinem Ausschreiben zum Reichstag eine Verständigungsbereitschaft in der Glaubensfrage signalisiert hatte. Das erklärte Ziel des Reichstags war die Wiederherstellung der Kircheneinheit durch die Definition allgemein verbindlicher Glaubenssätze. Anders als seinerzeit in Worms ging es nicht mehr um die Bekämpfung einer als häretisch gebrandmarkten und äußerst populären, aber institutionell noch kaum verfestigten religiösen Bewegung. Denn mittlerweile hatten sich nicht nur in mehreren Territorien und Städten des Reichs evangelische Kirchentümer etabliert, sondern spätestens 1529 in Speyer auch eine evangelische Partei unter den Reichsständen. Schließlich erschien, nachdem trotz vager päpstlicher Versprechen immer noch kein Ökumenisches Konzil in Sicht war, der Reichstag als ein geeignetes und hinreichend legitimiertes Forum zur Klärung der Glaubensfrage.

Im Verlauf der 1520er Jahre war allerdings eine theologische Spaltung der Reformation deutlich geworden. Für die Reichsgeschichte

3.2 Das Reich und die Glaubensspaltung: Konflikte und Lösungsansätze

spielten die sich formierenden Hauptzweige der wittenbergisch-lutherischen und der oberdeutsch-helvetischen Reformation die wichtigste Rolle. Ein wesentlicher Dissens zwischen ihnen lag in der Abendmahlslehre vor. Während die Wittenberger zwar die katholische Transsubstantiationslehre ablehnten, aber die Realpräsenz Christi im Sakrament verfochten, verstanden die Oberdeutschen und Schweizer, wie Huldrych Zwingli, das Abendmahl als ein symbolisches Gedächtnismahl. Für theologisch weniger gebildete Menschen dürften andere Unterschiede, wie das radikale Bilderverbot der Oberdeutschen und ihre durch außerordentliche Schlichtheit gekennzeichneten Gottesdienste, deutlicher gewesen sein. Was alle reformatorischen Richtungen von den Altgläubigen unterschied, war der Sakramentsempfang unter beiderlei Gestalt – Brot *und* Wein – für die Gläubigen und nicht nur für die Kleriker.

Die theologische Spaltung der Reformation fand ihren Niederschlag auch bei den Augsburger Reichstagsverhandlungen.[4] Es wurden gleich drei evangelische Glaubensbekenntnisse vorgelegt, für die die jeweiligen Urheber und Unterstützer die Anerkennung durch Kaiser und Reich zu erhalten hofften. Von diesen Bekenntnisschriften erlangte diejenige größte Bedeutung, die in Abwesenheit des ja immer noch geächteten Martin Luther von den Wittenberger Theologen unter Führung Philipp Melanchthons ausgearbeitet wurde. Nicht umsonst wird sie als das Augsburger Bekenntnis (*Confessio Augustana*) bezeichnet. Die Mehrzahl der evangelischen Reichsstände unterzeichnete sie. Die *Confessio Augustana* betonte die Gemeinsamkeiten zwischen der altgläubigen und der lutherischen Theologie. Dennoch fand sie nicht die Billigung Karls V. und der katholischen Reichsstände, sondern wurde in einer Entgegnungsschrift katholischer Theologen, der *Confutatio*, als häretisch verworfen. Zwinglis *Fidei Ratio ad Carolum Imperatorem* und die von Martin Bucer und Wolfgang Capito ausgearbeitete *Confessio Tetrapolitana*, hinter der die vier Reichsstädte Straßburg, Memmingen, Lindau und Konstanz standen und die eine mittlere Linie zwischen der Wittenberger und der Schweizer Reformation repräsentierte, wurden erst gar nicht zum Gegenstand der Reichstagsberatungen.

Schließlich wurden die Verhandlungen über die Glaubensfrage abgebrochen und das Wormser Edikt erneuert. Statt der erhofften theologischen Einigung hatte der Augsburger Reichstag die Verfestigung der

3 Kaiser, Reich und Reformation

dogmatischen Unterschiede gebracht. Für die Anhänger der Reformation hatte sich die Situation sogar verschärft, da die Hoffnung auf die reichsrechtliche Anerkennung ihres Glaubensbekenntnisses geschwunden war und zugleich zu fürchten stand, dass nunmehr Karl V. seine kaiserliche Autorität in die Waagschale werfen würde, um den Protestantismus im Reich zurückzudrängen. Die Gefahr lag weniger darin, dass das Wormser Edikt mit zehnjähriger Verspätung nun doch flächendeckend konsequent angewendet werden würde, als darin, dass evangelische Reichsstände wegen der Säkularisation bzw. Übernahme geistlicher Güter und des Vorgehens gegen Amtsträger der alten Kirche vor den Reichsgerichten des Landfriedensbruchs angeklagt werden konnten. Derartige Anklagen gingen dann auch in großer Zahl beim Reichskammergericht ein. Angesichts der konfessionellen Zusammensetzung des Gerichts fielen seine Urteile regelmäßig gegen die evangelischen Reichsstände aus, die dementsprechend damit rechnen mussten, Opfer einer Reichsexekution zu werden.

Die Reaktion auf diese Bedrohung bestand in einem Verteidigungsbündnis von sechs Fürsten und Grafen sowie elf Städten, das am 27. Februar 1531 im thüringischen Schmalkalden unterzeichnet wurde. Auch wenn der Vertragstext den Defensivcharakter der Allianz betonte und hervorhob, dass sie nicht die Treueverpflichtung gegenüber Karl V. tangiere, war ihre antikaiserliche Stoßrichtung den Unterzeichnern und ihren Zeitgenossen bewusst. Es hatte einiger Überredungskünste der kursächsischen Juristen bedurft, bis sich die Theologen unter Luthers Führung zu der Anschauung durchgerungen hatten, dass im Fall eines Verfassungsbruchs durch den Kaiser die Reichsstände als Teilhaber an der Herrschaft im Reich zum Widerstand berechtigt seien. Das auf sechs Jahre befristete Militärbündnis versprach seinen Mitgliedern Schutz gegen jeglichen Angriff »umb das wort Gots, evangelischer lehr und unsers hailigen glaubens oder umb sachen willen, die aus dem wort Gots, evangelischer lere und dem hailigen glauben volgen«.[5] Diese offene Formulierung ließ dem Kurfürsten von Sachsen und dem Landgrafen von Hessen als den Hauptmännern des Bundes, also seinen politisch-militärischen Anführern, einen weiten Interpretations- und Handlungsspielraum.

Die Spannungen zwischen den Habsburgern, den altgläubigen und den protestantischen Reichsständen zeigten sich um dieselbe Zeit auch

3.2 Das Reich und die Glaubensspaltung: Konflikte und Lösungsansätze

anlässlich der Wahl des Kaiserbruders Ferdinand zum Römischen König, die im Januar 1531 nicht im mittlerweile evangelischen Frankfurt, sondern im katholischen Köln stattfand. Der Protest des einzigen lutherischen Kurfürsten, Johanns des Beständigen von Sachsen, blieb wirkungslos. Ende des Jahres kam es an der Peripherie des Reichs, in der Schweiz, zum ersten neuzeitlichen Konfessionskrieg zwischen den katholischen und den evangelischen Orten der Eidgenossenschaft. Während der Erste Kappeler Krieg (1529) ohne eigentliche Kampfhandlungen geblieben war, endete der Zweite Kappeler Krieg im Oktober 1531 mit einem Sieg der Altgläubigen, nachdem der Zürcher Reformator Zwingli in der Schlacht von Kappel das Leben verloren hatte.

Für die Habsburger indes rückte Anfang der 1530er Jahre der Konflikt mit dem Osmanischen Reich in den Vordergrund, da der Krieg gegen Frankreich 1529 mit dem Frieden von Cambrai zumindest vorläufig beendet worden war. Angesichts der andauernden militärischen Bedrohung Österreichs war ein Vorgehen gegen die protestantischen Reichsstände ausgeschlossen, weil Karl und Ferdinand auf deren Unterstützung angewiesen waren. Daher sah sich der Kaiser im Juli 1532 zur Einigung mit den Schmalkaldenern genötigt. Für ihr Versprechen der Türkenhilfe sicherte er ihnen zu, dass ihre reformatorischen Maßnahmen bis zu einem Konzil oder einer anderweitigen Regelung nicht als Landfriedensbruch verfolgt werden sollten. Einschlägige Reichskammergerichtsprozesse sollten suspendiert werden. Das war noch keine definitive reichsrechtliche Anerkennung des evangelischen Bekenntnisses, weswegen dieser Religionsfrieden meist als Nürnberger Anstand – im Sinne von Waffenstillstand – bezeichnet wird. Dennoch ermöglichte das kaiserliche Zugeständnis eine weitere Konsolidierung des Protestantismus auf territorialer wie auf Reichsebene. Die Stärke und das Selbstbewusstsein der Bundesfürsten offenbarten sich 1534, als der 1519 abgesetzte und inzwischen protestantisch gewordene Herzog Ulrich von Württemberg mit hessischer Unterstützung sein Territorium zurückgewann, das bis dahin unter der Herrschaft König Ferdinands gestanden hatte. Insgesamt erwies sich der Schutz, den das Bündnis seinen Mitgliedern gewährte, als effektiv. Zwar prozessierte das Reichskammergericht wegen der Entfremdung von Kirchengut weiterhin gegen evangelische Reichsstände, die Schmalkaldener aber weigerten sich seit 1534 grund-

3 Kaiser, Reich und Reformation

sätzlich und erfolgreich, seine Jurisdiktion in Religionsangelegenheiten anzuerkennen.

Derartige Erfolge vergrößerten die Anziehungskraft des Schmalkaldischen Bundes. Als er 1536 vorzeitig verlängert wurde, traten ihm zahlreiche neue Mitglieder bei, darunter die Herzöge von Pommern und Württemberg sowie die traditionell kaisertreuen Reichsstädte Frankfurt und Augsburg. Bis in die 1540er Jahre erfolgten weitere Beitritte. Der Allianz gehörten niemals alle evangelischen Reichsstände an – so hielten sich die bedeutenden Städte Nürnberg und Regensburg dauerhaft fern –, aber sie bündelte doch einen Großteil des politischen und militärischen Einflusses der Protestanten. Zugleich übte sie einen nicht zu unterschätzenden vereinheitlichenden Einfluss auf die evangelischen Bekenntnisse im Reich aus, indem 1535 das Bekenntnis zur *Confessio Augustana* zur Vorbedingung für den Bundesbeitritt erhoben wurde. Zwar kam die unter maßgeblicher Beteiligung Martin Bucers ausgearbeitete Wittenberger Konkordie den bisher an der helvetischen Reformation orientierten Ständen in wichtigen Punkten entgegen. Manche neue Bundesmitglieder, wie Frankfurt, sahen sich jedoch zu konfessionspolitischen Kurskorrekturen bewogen, um in die Allianz aufgenommen zu werden und der Bedrohung durch die gegen sie angestrengten Reichskammergerichtsprozesse zu entgehen.

Erneut wurde die Stärkung der evangelischen Positionen im Reich durch außenpolitische Ablenkungen der Habsburger erleichtert. Während Karl V. 1535 durch seinen spektakulären Tunisfeldzug sein Renommee als Kämpfer gegen die »Ungläubigen« auf einen Höhepunkt führte, konnte er in dem wieder ausgebrochenen Krieg mit Frankreich keine großen Erfolge feiern. Vielmehr musste er in den 1538 durch Papst Paul III. Farnese vermittelten Waffenstillstand von Nizza einwilligen. König Ferdinand war dauerhaft durch die Konflikte in und um Ungarn beansprucht.

Ab Ende der 1530er Jahre wurde ein neuer Anlauf zur Lösung der konfessionellen Frage unternommen. 1538 schlossen sich im Nürnberger Bund führende altgläubige Protagonisten im Reich – neben den Habsburgern die Herzöge von Bayern, Sachsen und Braunschweig-Wolfenbüttel – zusammen, um sich der protestantischen Allianz entgegenzustellen. Es kam aber vorläufig nicht zu einer militärischen Konfronta-

3.2 Das Reich und die Glaubensspaltung: Konflikte und Lösungsansätze

tion, sondern durch den Frankfurter Anstand von 1539 wurde die Suspension der Reichskammergerichtsprozesse gegen die Mitglieder des Schmalkaldischen Bundes unter der Voraussetzung bestätigt, dass keine weiteren Säkularisationen erfolgen und keine neuen Mitglieder in die Allianz aufgenommen werden würden. Umgekehrt sollte auch der Nürnberger Bund – der sich insgesamt als weit weniger effizient erwies als sein evangelisches Pendant – nicht erweitert werden. Zugleich wurde eine Wiederaufnahme der Bemühungen um eine theologische Einigung vereinbart. Da aber Paul III. immer noch zögerte, das von vielen Seiten geforderte Konzil einzuberufen, sollten Verhandlungen zwischen alt- und neugläubigen Theologen auf Reichsboden den Weg zur Beilegung des Glaubenskonfliktes bahnen. Doch 1540/41 scheiterten die Religionsgespräche in Hagenau, Worms und am Rande des Regensburger Reichstags, sodass die Aussicht auf eine theologische Einigung geringer war denn je.

Auch das 1545 endlich in dem südlich der Alpen gelegenen, jedoch rechtlich zum deutschen Reichsteil gehörigen Trient eröffnete Konzil konnte den Bruch nicht mehr heilen. Zwar machten die Konzilsväter Ernst mit der Kirchenreform und erfüllten damit Forderungen, die seit dem 15. Jahrhundert mit wachsender Dringlichkeit erhoben worden waren. Statt aber eine theologische Einigung mit den Protestanten anzustreben, setzten sie auf eine Profilschärfung in Dogma und Frömmigkeitspraktiken und damit auf eine Abgrenzung von den protestantischen »Häretikern«. Diese erkannten ihrerseits die vom päpstlichen »Antichrist« berufene Kirchenversammlung nicht als Ökumenisches Konzil an. Damit trugen die in drei Sitzungsperioden (1545–1549, 1551–1552 und 1562–1563) erarbeiteten Trienter Reformbeschlüsse letztlich nicht zur Überwindung, sondern zur Vertiefung der Spaltung bei.

Schon zu Beginn der ersten Sitzungsperiode des Konzils war die Option einer militärischen Lösung des Glaubenskonflikts im Reich in den Vordergrund gerückt: Das Vorspiel des Kriegs stellte 1542 die Besetzung des Herzogtums Braunschweig-Wolfenbüttel durch schmalkaldische Bundestruppen dar. Herzog Heinrich II., der Jüngere, der entschiedenste Verfechter des Katholizismus unter den norddeutschen Fürsten, wurde nach Konflikten mit den protestantischen Städten Braunschweig und Goslar gefangengenommen und in seinem Territorium die Reformation eingeführt. Das evangelische Bündnis hatte zwar seine militärische Stärke gezeigt, das Vorgehen in Braunschweig-Wolfenbüttel, das nicht durch den Allianzvertrag gedeckt war, wurde aber von manchen Bundesgenossen missbilligt. Zusätzlich war der Schmalkaldische Bund durch die Eheaffäre seines Hauptmanns Philipp von Hessen politisch geschwächt. Der Landgraf hatte mit widerwilliger Billigung evangelischer Theologen 1540 eine Zweitehe mit der Hofdame Margarethe von der Saale geschlossen, ohne sich von seiner ersten Gemahlin Christine von Sachsen zu trennen. Seine bigamistische Verbindung ließ sich nicht lange verbergen. Damit machte sich Philipp – unabhängig von dem schweren Imageschaden für die Reformation – in gefährlicher Weise angreifbar, denn Bigamie war nach der *Constitutio Criminalis Carolina* ein todeswürdiges Verbrechen. Gegen das Zugeständnis der Straffreiheit verpflichtete sich der Landgraf 1541 im Regensburger Geheimvertrag, kein Bündnis mit Frankreich einzugehen und ein Eingreifen des Schmalkaldischen Bundes in den bevorstehenden (Dritten) Geldrischen Erbfolgekrieg zu verhindern. Dass ihm auf diese Weise der Rücken freigehalten wurde, erleichterte es Karl V., 1543 das Herzogtum Geldern seinen niederländischen Herrschaftsgebieten anzugliedern und 1544 Franz I. von Frankreich zum Frieden von Crépy zu nötigen. Da 1545 auch Ferdinand I. einen Waffenstillstand mit dem Sultan schloss, waren die Voraussetzungen für ein militärisches Vorgehen gegen die Protestanten nunmehr gegeben. Aus kaiserlicher Sicht erschien dieses umso dringlicher, als sich in den 1540er Jahren der Kölner Kurfürst Hermann V. von Wied der Reformation zuwandte und somit eines der wichtigsten geistlichen Fürstentümer – und zugleich die Mehrheit im Kurkolleg – den Altgläubigen verlorenzugehen drohte.

Um dieselbe Zeit schwand ungeachtet der Konzilseröffnung die Hoffnung auf eine theologische Einigung. Zwar fand Anfang 1546 im Vorfeld eines Reichstags in Regensburg erneut ein Religionsgespräch statt, das jedoch abermals scheiterte. Während der Verhandlungen wurde die evangelische Seite durch den Tod Luthers, der selbst nicht in Regensburg war, am 18. Februar 1546 erschüttert. Karl V. hatte das Scheitern des Religionsgesprächs einkalkuliert und forcierte noch während der Verhandlungen die Vorbereitungen für ein bewaffnetes Vorgehen gegen den Schmalkaldischen Bund. Allianzen mit Papst Paul III., mit Herzog

3.2 Das Reich und die Glaubensspaltung: Konflikte und Lösungsansätze

Wilhelm IV. von Bayern und mit dem evangelischen Herzog Moritz von Sachsen aus der albertinischen Linie des Hauses Wettin stützten die Position Karls V. Angesichts der kaiserlichen Rüstungen eröffneten die Schmalkaldener im Sommer 1546 den Krieg und standen somit als Friedensbrecher da. Unter Berufung auf ihr Vorgehen gegen Heinrich II. von Braunschweig-Wolfenbüttel sprach Karl V. nunmehr die Reichsacht gegen die Bundeshauptmänner Philipp von Hessen und Kurfürst Johann Friedrich I. von Sachsen aus. Bis Jahresbeginn 1547 war Süddeutschland der kaiserlichen Kontrolle unterworfen. Bei der entscheidenden Niederlage der Schmalkaldener bei Mühlberg am 24. April 1547 geriet der sächsische Kurfürst in Gefangenschaft. Nach seiner Kapitulation wurde auch der hessische Landgraf in Haft genommen: Die Machtstellung Karls V. im Reich hatte ihren Höhepunkt erreicht.

Auf einem im selben Jahr in Augsburg eröffneten Reichstag sollte der militärische Sieg in einen dauerhaften politischen Erfolg umgemünzt werden.[6] Die Voraussetzungen dafür schienen günstig zu sein, denn die Reichstagsstadt stand unter der Kontrolle der spanischen Truppen Karls; daher wird der Reichstag von 1547/48 auch als der »geharnischte Reichstag« bezeichnet. Doch gerade die Stärke des Kaisers provozierte Misstrauen und Opposition auf verschiedenen Seiten. Karl selbst schwankte zwischen einer stärker kaiserlich oder einer stärker habsburgisch-dynastisch akzentuierten Politik. Die komplexe, auf das Erreichen von Konsens und Kompromissen ausgerichtete Geschäftsordnung des Reichstags erleichterte es den widerstrebenden Reichsständen zudem, die weitreichenden Pläne Karls V. ins Leere laufen zu lassen.

Ein zentrales Thema des Augsburger Reichstags war die Glaubensfrage. Die endgültigen dogmatischen Entscheidungen sollten dem Konzil vorbehalten bleiben, doch bis es so weit war, sollte eine von einer Theologenkommission ausgearbeitete Zwischenlösung den Weg zur Wiederherstellung der Kircheneinheit bahnen. Die katholischen Stände setzten sich mit ihrer Auffassung durch, dass dieses »Interim« ausschließlich den Protestanten aufzuerlegen sei. Schon das war ein Hinweis darauf, wie die Glaubensspaltung behoben werden sollte: durch die Rückführung der Abgefallenen in den Schoß der römischen Kirche. In der Tat war das Interim in seiner theologischen Essenz katholisch. Die einzigen nennenswerten Zugeständnisse an die Protestanten bestanden darin, dass verheiratete Geistliche, die das Interim akzeptierten, ihr Amt behalten konnten und dass den Gläubigen wie bisher das Abendmahl unter beiderlei Gestalt – in Brot und Wein – gereicht werden durfte. Der Aufschrei im protestantischen Deutschland war groß, und das Interim wurde nicht flächendeckend eingeführt. Manche Fürsten und Städte beugten sich, andere nahmen das Interim nur scheinbar oder in modifizierter Form an, wieder andere traten in offene Opposition.

Auf Widerstand, nicht nur bei den evangelischen Reichsständen, traf auch die weitere Agenda Karls V. für den Augsburger Reichstag, die auf eine nachhaltige Stärkung der kaiserlichen Position im Reich abzielte. Die Reichsstände akzeptierten die Reorganisation des Reichskammergerichts und die Neuordnung der Beziehungen der burgundischen Erblande Karls zum Reich im Burgundischen Vertrag. Außerdem bewilligte der Reichstag ein »Baugeld« für die Errichtung von Befestigungen an der ungarisch-osmanischen Grenze sowie einen »Vorrat« als Reichskriegskasse. Dagegen scheiterte der Kaiser mit seinem Projekt zur Errichtung eines Reichsbunds, der ihm nach dem Vorbild des Schwäbischen Bundes ein stehendes Heer zur Verfügung stellen sollte. Auch die Einführung einer ständigen, von der Bewilligung des Reichstags unabhängigen Reichssteuer wurde abgelehnt. Gegen den sog. Erbkaiserplan, der das habsburgische Kaisertum perpetuieren sollte und den Karl bis in die 1550er Jahre verfolgte, opponierten sogar die eigenen Verwandten. Namentlich König Ferdinand und dessen ältester Sohn Maximilian konnten einer »spanischen Sukzession« nichts abgewinnen. Denn nach Karls Plänen sollte sein eigener Sohn Philipp – und nicht dessen Cousin und Schwager Maximilian – Ferdinands Nachfolge als Reichsoberhaupt antreten und so ein Alternat der beiden habsburgischen Linien im Kaiseramt begründet werden. Dass diese Konstruktion Maximilian gegenüber seinem gleichaltrigen Vetter benachteiligt hätte, ist evident. Tatsächlich wäre, wenn Karl V. mit seinen Plänen erfolgreich gewesen wäre, Maximilian II. niemals Kaiser geworden, denn sein Vetter Philipp überlebte ihn um 22 Jahre. Im Familienpakt vom März 1551 sagte Ferdinand widerwillig zu, Philipps Wahl zum Römischen König zu unterstützen, doch wenige Monate später waren solche Projekte bereits passé.

3.2 Das Reich und die Glaubensspaltung: Konflikte und Lösungsansätze

Abb. 5: Kurfürst Kurfürst Moritz von Sachsen. Ausschnitt aus dem Ehebild von Lucas Cranach d. J., 1559.

Ein Hauptprofiteur des Schmalkaldischen Kriegs war Moritz von Sachsen, der während des Augsburger Reichstags als Preis für seine Unterstützung des Kaisers mit der sächsischen Kurwürde belehnt wurde. Außerdem musste sein Vetter Johann Friedrich von Sachsen den sog. Kurkreis mit Wittenberg, dem Ursprungsort der Reformation, an ihn abtreten. Moritz' Ansehen bei den Protestanten im Reich hatte wegen des »Verrats« an seinen Glaubensgenossen indes schwer gelitten. Verspottet als »Judas von Meißen«, war er bestrebt, seinen Imageschaden zu heilen und Kursachsen wieder zur Führungsmacht unter den evangelischen Reichsständen zu machen. Vorläufig aber blieb er gegenüber Karl V. loyal. Er

3 Kaiser, Reich und Reformation

führte in seinen Ländern das Interim ein, wenn auch in der von Melanchthon ausgearbeiteten, stärker die lutherische Theologie berücksichtigenden Form des Leipziger Interims. Vom Augsburger Reichstag 1550/51 wurde er sogar beauftragt, die Stadt Magdeburg, das Zentrum des Widerstands gegen das Interim, militärisch zu unterwerfen. Dieser Auftrag diente ihm als Deckmantel für umfangreiche Rüstungen. Parallel zu den militärischen liefen diplomatische Vorbereitungen für einen Aufstand gegen die Machtstellung Karls V. Moritz und der mit ihm kooperierende Markgraf Albrecht II. Alcibiades von Brandenburg-Kulmbach suchten nicht nur den Schulterschluss mit den opponierenden norddeutschen Fürsten, sondern sie sicherten sich im Vertrag von Chambord (Januar 1552) auch die Unterstützung König Heinrichs II. von Frankreich, dem sie zum Lohn das Reichsvikariat über die lothringischen Reichsstädte Metz, Toul und Verdun sowie über Cambrai versprachen. Um dieselbe Zeit wurde offenkundig, dass auf dem Trienter Konzil eine theologische Einigung, die den evangelischen Positionen auch nur einigermaßen Rechnung trug, nicht zu erwarten war.

Der im März 1552 ausbrechende Fürstenaufstand hatte jedoch nicht nur konfessionelle Wurzeln, sondern seine Protagonisten beanspruchten, die »teutsche Libertät« gegen die drohende »viehische spanische Servitut« zu verteidigen.[7] Karl V. wurde vom Ausbruch der Feindseligkeiten völlig überrascht und konnte sich der Gefangennahme nur durch die Flucht über die Alpen entziehen. Während französische Truppen bis zum Rhein vorstießen, unterwarfen die Kriegsfürsten große Teile des zuvor unter kaiserlicher Kontrolle stehenden Süddeutschlands. In dieser Situation schlug die Stunde für König Ferdinand, dem die deutschen Reichsstände ein größeres Vertrauen entgegenbrachten als seinem Bruder und dem es gelang, im August 1552 mit Moritz von Sachsen den Vertrag von Passau auszuhandeln. Während der sächsische Kurfürst das Bündnis mit Frankreich aufgab, sagte Ferdinand den Anhängern des Augsburger Bekenntnisses den Schutz des Reichslandfriedens und eine konfessionsneutrale Rechtsprechung des Reichskammergerichts zu. Eine endgültige Regelung sollte einem für 1553 anvisierten Reichstag vorbehalten bleiben.

Zunächst blieb die Lage im Reich jedoch offen und unsicher. Karl V., der den Passauer Vertrag nur widerwillig gebilligt hatte, versuchte durch einen Feldzug gegen Frankreich verlorenes Terrain gutzumachen, scheiterte jedoch 1553 bei der Belagerung von Metz. Im selben Jahr warf ein überkonfessionelles Bündnis den Markgrafen von Brandenburg-Kulmbach nieder, der unbeeindruckt vom Passauer Vertrag seit 1552 Krieg gegen die geistlichen Fürsten an Main und Rhein geführt hatte. In der entscheidenden Schlacht von Sievershausen fiel Moritz von Sachsen, der im sog. Markgräflerkrieg das Heer der gegen Albrecht Alcibiades verbündeten Fürsten befehligt hatte.

3.3 Der Augsburger Religionsfrieden

Erst ab Ende 1553 wurde der Reichstag ernsthaft vorbereitet. Erneut sollte König Ferdinand seinen kaiserlichen Bruder vertreten, der sich außerstande sah, die Verantwortung für die zu erwartende reichsrechtliche Anerkennung des Protestantismus zu übernehmen. Neben der Konfessionsfrage standen als weitere wichtige Themen die Verabschiedung einer Reichsexekutionsordnung gegen Landfriedensstörer und eine Revision der Reichskammergerichtsordnung auf der Tagesordnung. Es ging bei dem dann 1555 in Augsburg eröffneten Reichstag also um eine umfassende Befriedung und die Herstellung von Rechtssicherheit im Reich.

Seine für die deutsche, ja die europäische Geschichte überragende Bedeutung verdankt der Reichstag der Verabschiedung des Augsburger Religionsfriedens, eines wesentlichen Bestandteils (§§ 7–30) des Reichsabschieds von 1555.[8] Katholiken und Anhänger des Augsburger Bekenntnisses unter den Reichsständen sicherten sich gegenseitig den Schutz des Landfriedens zu. Kaiser, König und Katholiken versprachen, die Protestanten nicht aus religiösen Gründen gerichtlich zu belangen. Diese wiederum erkannten ihrerseits ausdrücklich die Existenz der geistlichen Fürsten und Institutionen sowie deren Besitzungen und Rechte an (§§ 15–16). Von nun an galt das erstmals 1526 in Speyer eingeführte Prinzip, das den Reichsständen die Entscheidung über ihr eigenes Bekenntnis sowie über das ihrer Untertanen übertrug, dauerhaft. Die Reichsjuristen sprachen später vom Reformationsrecht (*ius reformandi*) und prägten dafür die griffige Formel *Cuius regio, eius religio*.

Die folgenden Paragraphen beinhalteten jedoch einige wesentliche Einschränkungen dieser Wahlfreiheit. Sie wurde zum einen auf den Katholizismus und das Augsburger Bekenntnis beschränkt, während alle anderen Konfessionen vom Religionsfrieden ausgeschlossen wurden (§ 17). Zum anderen sollte das Reformationsrecht nicht für die geistlichen Fürsten gelten, denen zwar die persönliche Konversion zum Protestantismus freistand, die dann aber ihre geistlichen Ämter aufgeben mussten, um den Weg für die Wahl eines katholischen Nachfolgers freizumachen (§ 18). Um diesen Punkt, den sog. Geistlichen Vorbehalt (*Reservatum ecclesiasticum*), war in Augsburg lange gerungen worden, ohne eine Einigung erzielen zu können, sodass König Ferdinand kraft seiner kaiserlichen Vollmacht seine Aufnahme in den Reichsabschied durchgesetzt hatte. Ausdrücklich bestätigt wurde den evangelischen Reichsständen hingegen der Besitz aller Kirchengüter, die sie bei Abschluss des Passauer Vertrags (1552) besessen hatten (§ 19). Die Reichsstände sollten nicht die Untertanen andersgläubiger Mitstände zu ihrer eigenen Konfession »abpracticiren« und sie auch nicht gegen ihre legitime Obrigkeit in Schutz und Schirm nehmen (§ 23). Hingegen wurde den Untertanen ein Emigrationsrecht (*ius emigrandi*) aus konfessionellen Gründen zugestanden; sie mussten allerdings die üblichen Abzugsgelder zahlen (§ 24). Die Reichsritterschaft wurde in den Religionsfrieden eingeschlossen (§ 26), und diejenigen Reichsstädte, in denen beide reichsrechtlich anerkannte Glaubensgemeinschaften vertreten waren, sollten diesen bikonfessionellen Status dauerhaft bewahren (§ 27).

Die Regelungen des Augsburger Religionsfriedens ermöglichten einen dauerhaften Bikonfessionalismus im Heiligen Römischen Reich. Das Ziel, die Glaubenseinheit wiederherzustellen, wurde förmlich beibehalten (§ 25), aber nicht mehr engagiert verfolgt. 1557 endete mit einem letzten, abermals vergeblichen Treffen in Worms die Zeit der Religionsgespräche. Man hatte nicht nur die Aussichtslosigkeit der Bemühungen erkannt, durch Theologenkonferenzen die Kircheneinheit wiederherzustellen, sondern die Regelungen des Religionsfriedens stellten ein rechtliches Instrumentarium bereit, um die konfessionelle Pluralität im Reich,

3.3 Der Augsburger Religionsfrieden

die sich faktisch bereits in den 1520er Jahren etabliert hatte, politisch und gesellschaftlich zu bewältigen und zu gestalten. Auch später gab es Bestrebungen zur dogmatischen Einigung, doch das Regensburger Religionsgespräch von 1601 endete in einer die theologischen Fronten eher noch verhärtenden Polemik. Die Reunionsbemühungen der zweiten Hälfte des 17. Jahrhunderts standen unter gänzlich veränderten Vorzeichen.

Der Augsburger Religionsfrieden repräsentiert keinen »Masterplan«, sondern das Ergebnis eines zähen Ringens. Die 1555 gefundenen Regelungen waren auch nicht vollkommen neu, sondern knüpften an frühere Lösungsansätze an, etwa die von 1526, 1532 und v. a. 1552. Entscheidend war, dass an die Stelle der früheren Befristungen die Dauerhaftigkeit der Bestimmungen trat. Eine Voraussetzung für die Etablierung eines konfessionellen Pluralismus im Reich war dessen komplexe Struktur: Die Territorialisierung und die *Checks and Balances* der Reichsverfassung verhinderten ein kaiserliches »Durchregieren« und sicherten die Existenz der evangelischen Minderheit, die reichsrechtlich anerkannt wurde, auch wenn sie den Altgläubigen nicht völlig gleichgestellt war. Das Reformationsrecht stärkte die Position der Reichsstände in einem wesentlichen Punkt, und das Emigrationsrecht sicherte ein Mindestmaß an Gewissensfreiheit auch für die Untertanen.

Es wäre allerdings anachronistisch, wollte man den Augsburger Religionsfrieden einseitig als ein Zeugnis der Toleranz feiern. Wenn es 1555 um Toleranz ging, dann in dem traditionellen Sinne einer Duldung oder auch eines Ertragens von Andersgläubigen. Die Zeitgenossen des 16. Jahrhunderts taten sich schwer, das Ideal der Glaubenseinheit aller Christen aufzugeben. Außerdem galt der Religionsfrieden, wie gesagt, nur für die Katholiken und die Anhänger der *Confessio Augustana*. Als sich in der zweiten Hälfte des 16. Jahrhunderts eine Reihe von Reichsständen dem Calvinismus anschloss, stellte sich die Frage, ob auch für sie der Religionsfrieden galt oder nicht. Erheblichen Sprengstoff barg auch der Geistliche Vorbehalt, der für die Katholiken von größter Bedeutung war, um ihre Mehrheit im Kurfürsten- und Fürstenrat dauerhaft zu sichern. Um den Protestanten entgegenzukommen, hatte Ferdinand I. in einer nicht in den Reichsabschied eingegangenen, sondern bis 1575 geheim gehaltenen Erklärung an die Kurfürsten von

Mainz und Sachsen zugesichert, dass Adel und Städten in geistlichen Fürstentümern das protestantische Bekenntnis freistehen solle (*Declaratio Ferdinandea*). Die evangelischen Stände erkannten das *Reservatum ecclesiasticum* aber nicht an. Ähnlich heikel war die Kirchengüterfrage: Während die Katholiken den Religionsfrieden so interpretierten, dass den Protestanten ausschließlich diejenigen Kirchengüter eingeräumt würden, die sie bis 1552 eingezogen hatten, beanspruchten jene das Recht auf weitere Säkularisationen. Letztlich ging es darum, ob man den Religionsfrieden wie die katholische Seite als »interimistische Notverfassung, Ausnahmeverfassung und Übergangsverfassung« (Martin Heckel) oder, wie die Protestanten, als definitive Regelung verstand.[9]

Ungeachtet dieser offenen Fragen und Defizite wurde der Augsburger Religionsfrieden zu einem Reichsgrundgesetz, dessen Kernbestimmungen trotz der späteren Modifikationen durch den Westfälischen Frieden in Teilen bis zum Ende des Reichs in Kraft blieben.

3.4 Institutionelle Entwicklungen und Beschlüsse im Schatten des Konfessionskonflikts

Die Reformation und ihre Auswirkungen prägten die Geschichte des Reichs im 16. Jahrhundert und weit darüber hinaus. Es gab jedoch auch andere zukunftsträchtige Entwicklungen, die nicht oder nur bedingt mit der Kirchenspaltung und deren Folgen zusammenhingen. Hierzu zählt die Etablierung neuer Beratungs- und Beschlussorgane im Reich neben dem Reichstag und zu seiner Unterstützung.[10] Gerade infolge der Reformation, aber auch aufgrund von äußeren Bedrohungen, von Gefährdungen des Landfriedens und von gesellschaftlichen und ökonomischen Entwicklungen stieg der Regelungsbedarf im Reich deutlich an. In den 1520er Jahren hatte das Reichsregiment als ständisches Beratungsorgan zwischen den Reichstagen gedient, das dessen Beschlüsse vorzubereiten half; es wurde aber nach der Wahl Ferdinands I. zum Römischen König 1531 aufgelöst.

Ein neues Beratungs- und Beschlussforum war der Reichskreistag, der seit den 1530er Jahren des 16. Jahrhunderts eine gewisse Rolle spielte. Er gewährleistete eine flächendeckende Repräsentation des Reichs, indem auf ihm alle Reichskreise vertreten waren. Eine Sonderform des Reichskreistags war der Reichsmoderationstag. Seine Aufgabe war eine Überarbeitung der Reichsmatrikel, um diejenigen Reichsstände zu entlasten, die überproportional hohe Quoten zu den Reichssteuern beizutragen hatten. Hier eine allgemein akzeptierte Lösung zu finden, kam allerdings der Quadratur des Kreises gleich, denn die Entlastung des einen bedeutete zugleich die Mehrbelastung des anderen. Kein Wunder also, dass die Moderation der Reichsmatrikel ein Dauerproblem der Reichsgeschichte wurde, das niemals zu einer befriedigenden Regelung gelangte.

Auch der Ordentliche (*Ordinari*) Reichsdeputationstag, der durch den Augsburger Reichsabschied von 1555 geschaffen wurde, besaß zunächst ein präzise umrissenes Aufgabenfeld: die Landfriedenswahrung. Die Reichsexekutionsordnung, die im Reichsabschied nicht zufällig direkt an die Bestimmungen des Religionsfriedens anschloss, verfügte, dass im Fall eines Landfriedensbruchs, der weder durch den betroffenen Reichskreis noch durch die benachbarten fünf Kreise beizulegen war, der Mainzer Kurfürst als Reichserzkanzler einen Deputationstag nach Frankfurt a. M. ausschreiben sollte (§ 65). Durch die Reichsabschiede von 1555 und 1559 wurde ein fester Teilnehmerkreis definiert, zu dem neben den sechs Kurfürsten (außer Böhmen) Österreich, Würzburg, Münster, Bayern, Jülich, Hessen, Weingarten, Fürstenberg und die Reichsstädte Köln und Nürnberg gehörten; 1570 kamen Burgund, Konstanz, Braunschweig und Pommern als neue Deputierte hinzu. So sollte das Reich in seiner ganzen Fläche (d. h. alle Reichskreise) und in seinen unterschiedlichen Ständegruppen repräsentiert werden.

Anders als auf dem Reichstag bestanden auf dem Ordentlichen Reichsdeputationstag nur zwei Kurien, der Kurfürstenrat und der Fürstenrat, in welchem auch die Städte ihren Sitz hatten. Ursprünglich hatten die Vertreter der Kurfürsten gemeinsam mit denen der anderen Reichsstände beraten; 1564/70 hatten sie jedoch die Schaffung eines

Kurfürstenrats durchgesetzt und so ihren Vorrang vor den anderen Ständen betont. Während das Kurfürstenkolleg konfessionell paritätisch besetzt war, verfügten die Katholiken im Fürstenrat über eine deutliche Mehrheit. Als ausschreibender Fürst und auch wegen des für ihn günstig gelegenen Tagungsortes Frankfurt besaß der Mainzer Kurfürst eine Schlüsselstellung auf dem Deputationstag, während der Kaiser zwar Kommissare schicken, aber aus der Distanz seinen Einfluss weniger leicht zur Geltung bringen konnte. Immerhin kam Österreich das Direktorium im Fürstenrat zu. Trotz dieser Unterschiede kann man den Reichsdeputationstag als eine Art Reichstag im Kleinen beschreiben, der aufgrund seiner geringeren Größe und eines reduzierten Zeremoniells weniger zeit- und kostenintensiv als die Vollversammlung der Reichsstände war.

Das machte man sich seit den 1570er Jahren zunutze, als der Reichsdeputation immer wieder andere Aufgaben als Sicherheitsfragen übertragen wurden, wie die Moderation der Reichsmatrikel, das Münzwesen, das Gerichtswesen und Fragen der »Policey«. Die Beschlüsse des Deputationstags konnten als Deputationsabschiede oder als einzelne Reichsgesetze (z. B. Reichspoliceyordnung von 1577) publiziert werden. In der zweiten Hälfte des 16. Jahrhunderts leisteten die Deputationstage fruchtbare Arbeit und zeigten die Tendenz, ihre Zuständigkeit auf immer weitere Themenfelder auszudehnen. Ein Kernproblem blieb aber bestehen: War der Ordentliche Deputationstag hinreichend zur Verabschiedung allgemeinverbindlicher Regelungen legitimiert, oder mussten nicht grundsätzlich alle Reichsangelegenheiten auf dem Reichstag beraten und beschlossen werden? Denn der Reichstag war nach wie vor das einzige Gremium, in dem alle Reichsstände vertreten waren. Dieses Kardinalproblem der zweifelhaften Legitimation konnte letztlich alle Reichsversammlungen außerhalb des Reichstags treffen. Auch deshalb behielt dieser im 16. Jahrhundert seine überragende Bedeutung neben und über den anderen ständischen Beratungsforen, seien sie nun neuartig oder längst etabliert, wie die Kurfürstentage. Dass die Zahl der Reichstage im letzten Viertel des Jahrhunderts rückläufig war, ändert nichts an diesem Befund.

Wenngleich keineswegs alle Beratungen zu greifbaren Ergebnissen führten, war das 16. Jahrhundert die Zeit der großen Reichsgesetze, von denen einige ihre prinzipielle Gültigkeit bis zum Ende des Alten Reichs bewahrten. Das hatte damit zu tun, dass gesellschaftliche und wirtschaftliche Entwicklungen am Beginn der Neuzeit einen erhöhten Regelungsbedarf generierten, aber auch auf einen verstärkten Regulierungswillen der Obrigkeiten trafen. Auf Reichsebene wurde eine Reihe von Gesetzen erlassen, die zum einen auf reichsständische Initiativen und Vorbilder zurückgingen und zum anderen wiederum auf die Gesetzgebung in den Fürstentümern und Reichsstädten einwirkten. Man könnte auch formulieren: Das Reich stellte Rahmengesetze zur Verfügung, die auf territorialer Ebene durch spezifische Normen ergänzt und präzisiert wurden. Territoriale und Reichsgesetzgebung waren also in vielfacher Hinsicht miteinander verknüpft und ergänzten einander.

Besonders gut lässt sich das für den Bereich des Justizwesens nachvollziehen, wo die Gründung des Reichskammergerichts Vereinheitlichungen auf der institutionellen sowie auf der normativen Ebene beförderte. Diese betrafen auch das Strafprozessrecht, denn obgleich am Reichskammergericht grundsätzlich keine Strafprozesse geführt wurden, so war es doch als Appellations- und Revisionsinstanz auch mit Kriminalfällen konfrontiert. Der Weg von den ersten, 1498 auf dem Freiburger Reichstag angestellten Überlegungen bis hin zur Verabschiedung der ersten allgemeinen deutschen Strafrechtskodifikation durch den Regensburger Reichstag 1532 war lang.[11] Eine Basis für die sog. Peinliche Halsgerichtsordnung Karls V. oder *Constitutio Criminalis Carolina* bildete die Halsgerichtsordnung des Hochstifts Bamberg von 1507. In den 1520er Jahren leistete das Reichsregiment einen wichtigen Beitrag zur Ausarbeitung der *Carolina*. Und so entstand im Lauf von über drei Jahrzehnten die erste überregionale europäische Strafrechtskodifikation der Neuzeit, die tief von der römisch-rechtlichen Grundüberzeugung durchdrungen war, dass jedes Verbrechen ein Vergehen gegen das Gemeinwesen darstelle und daher von der legitimen Obrigkeit zu ahnden sei. Damit wurde jeder Art von Selbsthilfe eine Absage erteilt.

Gerade weil sie der Anwendung regionaler Normen und Praktiken reichlich Raum ließ, wurde die *Carolina* so wichtig. Es wäre verfehlt, sie einseitig unter modernisierungstheoretischen Gesichtspunkten zu würdigen und dabei die Strafrechtsvorstellungen des 19., 20. und 21. Jahrhunderts als Zielpunkt und Bewertungsmaßstab zugrunde zu legen.

Man findet in der *Carolina* zukunftsweisende Aspekte, so die erstmalige Definition von Straftatbeständen wie Vergewaltigung und Falschmünzerei oder die Festlegung von bei der Urteilsfindung zu berücksichtigenden mildernden Umständen wie Fahrlässigkeit, Minderjährigkeit oder geminderte Schuldfähigkeit der Delinquenten. Daneben stehen aber Elemente, die aus der Perspektive der Gegenwart zutiefst irritieren, im 16. Jahrhundert jedoch weitgehend unumstritten waren, wie die Definition des Straftatbestandes Schadenszauber oder die zwar reglementierte, aber für die Wahrheitsfindung als unverzichtbar angesehene Folter. So wurde in Strafrechtsfragen ein reiner Indizienprozess für unzureichend und ein Schuldbekenntnis des Angeklagten für unbedingt erforderlich gehalten – und das war eben nach Lage der Dinge bisweilen nicht anders als durch die (Androhung der) Folter zu erhalten. Die *Carolina* führte nicht zu einer grundlegenden Humanisierung des Strafvollzugs, und der Gedanke einer Resozialisierung der Delinquenten war ihr fremd. Bei ihrer Bewertung wird man schließlich beachten müssen, dass sich der hier vorgesehene Strafenkatalog und die Strafpraxis erheblich voneinander unterschieden. Das angegebene Strafmaß wurde keineswegs immer ausgeschöpft. Das in der *Carolina* präsentierte »Theater des Schreckens« (Richard van Dülmen) mit seinem Abhauen von Gliedmaßen, seinem Pfählen, Verbrennen, Ertränken usw. entfaltete seine Wirkung weniger durch seine regelmäßige Aufführung als durch seine Abschreckungsfunktion und die Überhöhung der mit der Kapitalgerichtsbarkeit betrauten Obrigkeit.

Das Beispiel der *Carolina* zeigt eindrucksvoll, dass die Reichsgesetze des 16. Jahrhunderts – wenn auch nicht eins zu eins im Wortsinne – die Reichsuntertanen erreichten. Das gilt vielleicht noch mehr für die Reichspoliceyordnung.[12] Denn unter »guter Policey« verstand man in der Frühen Neuzeit in einem sehr umfassenden Sinn die ideale Einrichtung eines Gemeinwesens. Das schloss u. a. die gesellschaftliche Stabilität, die Wirtschaftsordnung und die öffentliche Moral ein. Auch bei der 1530 auf dem Augsburger Reichstag beschlossenen Reichspoliceyordnung lassen sich erste Vorüberlegungen bis ins ausgehende 15. Jahrhundert zurückverfolgen. Ja, Policey-Angelegenheiten zählten zu den Dauerbrennern auf den Reichsversammlungen des 16. Jahrhunderts, die sich etwa, um nur wenige Beispiele zu nennen, mit der Abwehr von

Monopolen, der Sicherung von Warenqualitäten oder der Aufrechterhaltung der ständischen Ordnung befassten. 1548 und 1577 wurden Überarbeitungen der Reichspoliceyordnung beschlossen, die Fassung von 1577 blieb in wesentlichen Teilen bis zum Ende des Reichs in Geltung. Auch hier gilt, dass die Reichsgesetze die Territorialgesetzgebung beeinflussten und umgekehrt.

Weniger erfolgreich waren die Bestrebungen zu einer Regulierung des Münzwesens im Reich.[13] Die mangelnde Einheitlichkeit der Währungen und der Feingehalte stellte ein Problem für den überregionalen Handel und das Finanzwesen dar. Die Reichsmünzordnungen von 1524, 1551 und 1559 und der Reichsmünzabschied von 1566 suchten hier Abhilfe zu schaffen, gelangten aber nicht über Teilerfolge hinaus. Auf Drängen Kursachsens und anderer Reichsstände, die über ertragreiche Silbervorkommen verfügten, wurde der Reichstaler als neue große Silbermünze eingeführt, doch gelang es nicht, stabile Wechselverhältnisse zu den weiterhin geltenden Goldmünzen (Gulden) zu etablieren. Durch die Probierordnungen von 1551 und 1559 wurde die Aufsicht über das Münzwesen den Reichskreisen übertragen. Sie sollten gegen Kreisstände vorgehen, die entweder selbst Verstöße begingen oder Vergehen ihrer Untertanen ungeahndet ließen. Um eine bessere Kontrolle zu gewährleisten, sollte es in den einzelnen Kreisen nicht mehr als drei bis vier Münzstätten geben. Doch immer wieder unterliefen Kreisstände aufgrund ihrer spezifischen Interessen getroffene Vereinbarungen und prägten bspw. Münzen mit reduziertem Feingehalt aus. Unter diesen Bedingungen kam es bezüglich des Reichsmünzwesens immer wieder nur zu befristeten und regional begrenzten Lösungen. Daran konnten auch Kooperationen zwischen benachbarten Reichskreisen wenig ändern.

Ein Kardinalproblem der Reichsgeschichte des 16. Jahrhunderts war die äußere sowie innere Sicherheit. Hier wurden während der Regierungszeit Karls V. Verfahren und Strukturen etabliert, die mit einigen Modifikationen bis in die Zeit der französischen Revolutionskriege Bestand hatten. Nachdem das Projekt eines Gemeinen Pfennigs gescheitert war, erwies sich trotz aller Kritik und Probleme im Einzelnen die Wormser Reichsmatrikel von 1521 als eine tragfähige Berechnungsgrundlage für die von den Reichsständen in Form von Römermonaten zu erbrin-

3 Kaiser, Reich und Reformation

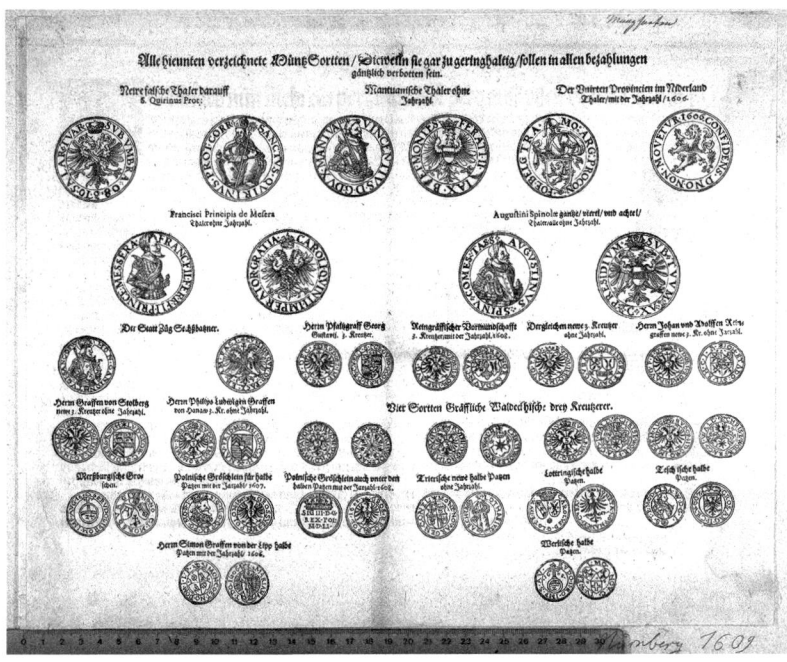

Abb. 6: Aufstellung des Nürnberger Rats über minderwertige Münzsorten, die aus dem Verkehr gezogen werden sollen, 1609.

genden finanziellen Leistungen bzw. zu stellenden Truppen.[14] Die Bezeichnung Römermonat leitet sich von den Romzügen der Kaiser ab, bei denen sie von den Reichsständen mit Truppen unterstützt wurden. Nach der Wormser Matrikel umfasste ein Römermonat ein Heer von 4 000 Berittenen und 20 000 Mann an Fußtruppen, bzw. die Summe von 128 000 Gulden, die veranschlagt wurde, um diese Armee einen Monat lang zu finanzieren. Die Matrikel führte, beginnend mit den Kurfürsten bis hinunter zu den Reichsstädten, für jeden einzelnen Reichsstand auf, wieviel er in Truppen bzw. Geld zu einem Römermonat beizutragen habe. Sie berücksichtigte die Leistungsfähigkeit der verschiedenen Stände, belastete aber die Reichsstädte unverhältnismäßig stark. So lag der kurfürstliche Anschlag, also die von einem Kurfürsten aufzubringende Quote, bei 60 Berittenen und 200 Mann zu Fuß bzw.

600 Gulden. Denselben Betrag sollten die Reichsstädte Nürnberg und Köln zahlen.
Wenn künftig die Kaiser die Unterstützung der Reichsstände bspw. in einem Türkenkrieg suchten, beriefen sie einen Reichstag ein und beantragten dort die Zahlung einer bestimmten Anzahl von Römermonaten. Oft erwiesen sich die Reichsstände als grundsätzlich zahlungsbereit, wenn auch nicht immer in der vom Reichsoberhaupt gewünschten Höhe und auch nicht bedingungslos. Gerade die evangelischen Reichsstände nutzten den Finanzbedarf des Kaisers immer wieder, um ihm ein Entgegenkommen in konfessionspolitischer Hinsicht abzunötigen.[15]

Die Reichshilfe, die seit 1522/30 durch die Reichskreise organisiert wurde, konnte, wie es die Wormser Matrikel vorsah, in unterschiedlicher Form, als Truppen oder Geld, bereitgestellt werden. Die Finanzhilfen konnten dabei für Soldzahlungen, aber auch für die Errichtung von Grenzbefestigungen (Baugelder) verwendet werden. Neben der »eilenden« Hilfe, die eine akute Gefährdungslage abwenden sollte, gab es die längerfristige »beharrliche« Hilfe.

Die Steuern wurden durch die Reichskreise in den Legstädten Augsburg, Frankfurt am Main, Nürnberg, Regensburg und Leipzig deponiert, wobei diese Reichsstädte häufig in Vorlage traten. Die Gelder wurden durch Pfennigmeister verwaltet, die zunächst fallweise, d. h. für jede einzelne erhobene Steuer, ernannt wurden. Seit den 1560er Jahren wurde das Reichspfennigmeisteramt kontinuierlich besetzt. Der wichtigere oberdeutsche Reichspfennigmeister mit Sitz in Augsburg war für die süd- und westdeutschen Reichskreise zuständig; der sächsische Reichspfennigmeister mit Sitz in Leipzig verwaltete die Reichshilfen aus dem Ober- und dem Niedersächsischen Reichskreis. Angesichts der häufigen Notwendigkeit, mit zahlungsunwilligen Reichsständen nachzuverhandeln, erforderte dieses Amt nicht nur organisatorisches, sondern auch diplomatisches Geschick, konnte seinen Inhabern aber Ehre und Anerkennung einbringen, wie etwa Zacharias Geizkofler, der während des Langen Türkenkriegs in den Jahren 1594 bis 1603 die stolze Summe von 12 Mio. Gulden einsammelte.[16]

Die Pläne Karls V., durch sein Reichsbundprojekt (1548) das Reichsheer auf eine neue Grundlage zu stellen und sich von den Bewilligungen des Reichstags unabhängig zu machen, scheiterten. Dasselbe Schick-

3 Kaiser, Reich und Reformation

sal erlitt das Projekt eines dem kaiserlichen Oberbefehl unterstellten Reichsheers, das der erfahrene Feldherr Lazarus von Schwendi auf der Basis seiner Erfahrungen als Befehlshaber der deutschen Truppen in Ungarn entwickelt hatte und das Maximilian II. dem Speyerer Reichstag von 1570 vorlegte: Jetzt und in Zukunft lehnten es die Reichsstände ab, das von ihnen gestellte bzw. finanzierte Heer der alleinigen Verfügung des Kaisers zu überlassen.[17]

Das Vorgehen gegen reichsinterne Friedensstörer wurde durch die Reichsexekutionsordnung von 1555 sogar ausdrücklich primär den in den Kreisen organisierten Reichsständen übertragen. Angesichts der jüngsten Erfahrungen etwa mit dem Markgräflerkrieg erschien eine solche, dezentralisierte Organisation von etwaigen Reichsexekutionen als das effektivste Mittel zur Landfriedenswahrung. Bei größer dimensionierten Gefahren war die gestaffelte Heranziehung weiterer Reichskreise vorgesehen, bis hin zur Beteiligung des gesamten Reichs im Rahmen eines von Kurmainz nach Frankfurt zu berufenden Reichsdeputationstags. Angesichts der Beunruhigung der westlichen Reichskreise durch die Kämpfe zwischen Spaniern und aufständischen Niederländern im Zuge des Achtzigjährigen Kriegs (1568–1648) sah der Speyerer Reichsabschied von 1570 die Anwendung des Instrumentariums der Exekutionsordnung auch auf Gefährdungen von außen vor. Zumindest de jure erfolgte die Landfriedenswahrung seit der Mitte des 16. Jahrhunderts gemäß dem Subsidiaritätsprinzip in Eigenregie der Reichsstände unter weitgehender Umgehung des Kaisers.

Es lässt sich also festhalten, dass ungeachtet der schwerwiegenden Verwerfungen durch die Konfessionsspaltung im 16. Jahrhundert der um 1500 begonnene Ausbau der Reichsinstitutionen fortgesetzt und für manche Probleme Lösungsansätze gefunden wurden, die vielleicht nicht in jeder Hinsicht befriedigen konnten, sich oft aber als nachhaltig erwiesen: Auf dem Wormser Reichstag von 1521 wurde nicht nur die Luthersache verhandelt, sondern auch die Reichsmatrikel beschlossen. 1530 scheiterte zwar in Augsburg die konfessionelle Einigung, aber es konnte die Reichspoliceyordnung verabschiedet werden. Es ist somit nicht angemessen, die Reichsgeschichte des 16. Jahrhunderts allein im Zeichen der Reformation und ihrer unmittelbaren Folgen zu betrachten und zu bewerten. Trotz der durch den Glaubenskonflikt hervorgerufenen Zerreißproben erwies sich die Reichsverfassung alles in allem als bemerkenswert stabil, ja, die institutionelle Verdichtung des Reichs wurde auf einigen Gebieten weiter vorangetrieben. Insbesondere behauptete und bewährte sich der Reichstag als Forum des Konfliktaustrags und des Aushandelns von Interessen zwischen Kaiser und Ständen.

4 Kaiser und Reich vom Augsburger Religionsfrieden zum Westfälischen Frieden

4.1 Vom Augsburger Religionsfrieden zum Dreißigjährigen Krieg

Verglichen mit den Religionskriegen in Frankreich, die von 1562 bis 1598 andauerten, waren der Schmalkaldische Krieg und der Fürstenaufstand von 1552 kurz auflodernde Strohfeuer gewesen. Noch bevor in Frankreich die konfessionellen Auseinandersetzungen in voller Schärfe ausbrachen, konnte im Reich der Augsburger Religionsfrieden ausgehandelt werden. Umso mehr bedarf es der Erklärung, warum die Friedensordnung von 1555 seit dem ausgehenden 16. Jahrhundert in die Krise geriet und schließlich kollabierte. Dafür genügt es nicht, auf die offenen Fragen bzw. strittigen Punkte des Religionsfriedens hinzuweisen. Denn diese entfalteten ihre zerstörerische Wirkung erst, als die maßgeblichen Akteure im Reich die Zuspitzung der Konflikte zuließen oder gar befeuerten, mit dem Ergebnis, dass das Reich und seine Institutionen ihre Integrationskraft weitgehend einbüßten.

In den Jahrzehnten unmittelbar nach 1555 war das noch anders gewesen. Auch Ferdinand I., der sich nach der Abdankung seines Bruders Karl (1556) ungeachtet des Widerspruchs Papst Pauls IV. 1558 in Frankfurt zum Kaiser proklamieren ließ, hielt am Religionsfrieden fest. Er ließ keinen Zweifel an seinem persönlichen katholischen Bekenntnis, kam aber den protestantischen Ständen in anderen Fragen entgegen und war um gewaltfreie Konfliktregelungen bemüht. So gelang es ihm, dem Kaiseramt eine Stellung über den Konfessionsparteien zu bewahren und eine aktive Reichspolitik zu treiben. Sein vielleicht größter Erfolg war es, dass er durch die Römische Königswahl seines ältesten Soh-

4.1 Vom Augsburger Religionsfrieden zum Dreißigjährigen Krieg

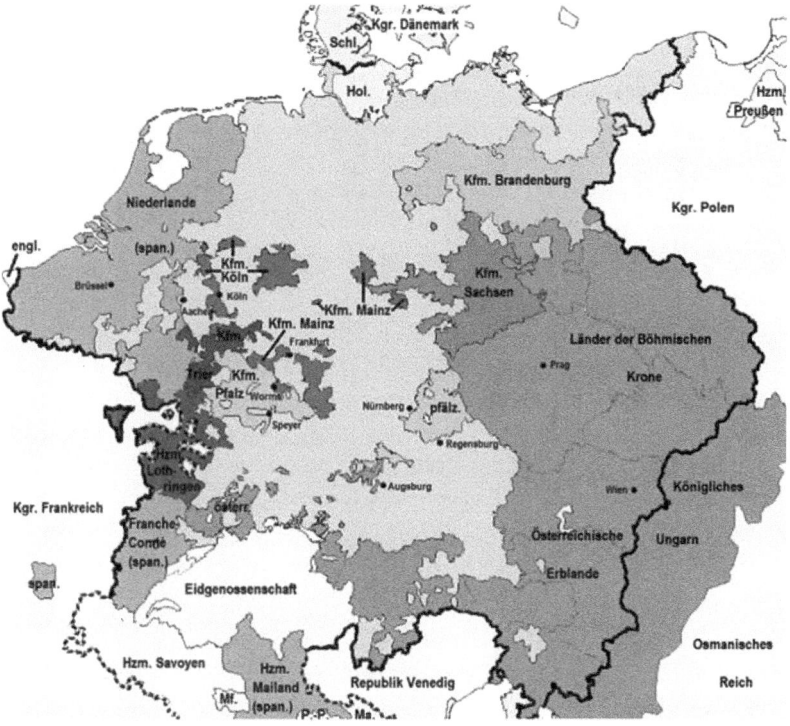

Abb. 7: Das Reich in der Mitte des 16. Jahrhunderts (1556).

Angegeben sind die Reichstags-, Wahl- und Krönungsstädte seit 1519, die kaiserlichen Residenzen seit 1519 sowie der Sitz des Reichskammergerichts seit 1527 (Speyer).

Abkürzungen:
engl.	englisch	Mf.	Markgrafschaft Monferrato
Hol.	Herzogtum Holstein		(zu Mantua)
	(dänisch)	österr.	österreichisch
Hzm.	Herzogtum	pfälz.	pfälzisch
Kfm.	Kurfürstentum	P.-P.	Herzogtum Parma-Piacenza
Kgr.	Königreich	Schl.	Herzogtum Schleswig (dänisch)
Ma.	Herzogtum Mantua	span.	spanisch

nes Maximilian 1562 die Nachfolge im Kaiseramt zu seinen Lebzeiten sichern konnte. Maximilian II., der persönlich starke Sympathien für den Protestantismus hegte, folgte im Wesentlichen dem Vorbild seines Vaters, und auch ihm gelang es, 1575 durch die Römische Königswahl *vivente Imperatore* der Nachfolge seines Sohnes Rudolph II. im Kaiseramt den Weg zu bereiten. Sowohl Ferdinand als auch Maximilian zeigten regelmäßig Präsenz im Reich: Sie schrieben Reichstage aus, an denen sie zusammen mit Teilen ihrer Familie und ihren Beratern persönlich teilnahmen und auf denen sie mit katholischen sowie evangelischen Reichsfürsten und deren Entourage zusammentrafen. In dieser Zeit waren die Reichstage nicht nur das vornehmste Entscheidungsgremium des Reichs, sondern auch der Ort des Kennenlernens und des Austausches der Reichseliten, der Vertrauensbildung, des Aushandelns von Herrschaft zwischen Kaiser und Reichsständen – und der Ort, an dem Konflikte gewaltfrei ausgetragen oder doch eingehegt wurden.[1]

Denn Konflikte gab es durchaus, die sich nicht zuletzt an unterschiedlichen Auslegungen des Religionsfriedens entzündeten. Insbesondere die von den Protestanten geforderte Freistellung des evangelischen Bekenntnisses zumal in geistlichen Territorien stieß bei den katholischen Reichsständen auf strikte Ablehnung – zumal sie nach dem Übertritt einer Reihe von Fürsten zum Protestantismus in der zweiten Hälfte der 1550er Jahre befürchteten, nach und nach in eine Minderheitenposition zu geraten. Allerdings verliefen die Fronten keineswegs immer klar an den konfessionellen Trennlinien, v. a. seit sich in der zweiten Hälfte des 16. Jahrhunderts der Dualismus Katholiken – Protestanten durch das Vordringen des Calvinismus im Reich in die spannungsreiche Trias Katholiken – Lutheraner – Reformierte umzuformen begann. Von entscheidender Bedeutung war, dass die konfessionell lange schwankende Kurpfalz, in der Kurfürst Ottheinrich erst 1557 definitiv die Reformation eingeführt hatte, unter seinem Nachfolger Friedrich III. calvinistisch wurde. Das war unter reichsrechtlichen Gesichtspunkten ein heikler Schritt, denn der Augsburger Religionsfrieden hatte ausdrücklich alle nicht-katholischen Bekenntnisse außer der *Confessio Augustana* vom Reichslandfrieden ausgeschlossen. Ob das kurpfälzische Bekenntnis mit dieser im Einklang stand, war zweifelhaft. Eine Gruppe lutherischer

4.1 Vom Augsburger Religionsfrieden zum Dreißigjährigen Krieg

Theologen, die nach ihrem Wortführer Philipp Melanchthon benannten Philippisten, betonten die Gemeinsamkeiten mit den Reformierten. Melanchthon hatte 1540 eine entsprechende Bearbeitung des Augsburger Bekenntnisses vorgelegt, die sog. *Confessio Augustana Variata*, die 1541 auch von Johannes Calvin unterzeichnet worden war. Demgegenüber hielten die sog. Gnesiolutheraner an dem unveränderten Wortlaut von 1530 fest, der *Confessio Augustana Invariata*. Ihre Bestrebungen, den unverfälschten lutherischen Glauben zu bewahren, gipfelten 1577 in der Verabschiedung der Konkordienformel und 1580 in der Unterzeichnung des Konkordienbuches, das alle »symbolischen Bücher«, d. h. Glaubensbekenntnisse, enthielt, die für lutherische Gläubige gültig sein sollten, darunter auch die *Invariata*. Auf das Konkordienbuch verpflichteten sich zahlreiche protestantische Obrigkeiten im Reich, mit dem Kurfürsten von Sachsen an der Spitze. Die Konkordienbewegung zielte jedoch nicht nur auf die Einheit der Lutheraner, sondern zugleich auf die Abgrenzung von den Calvinisten.

Diese Spaltung unter den deutschen Protestanten wollte sich Maximilian II. zunutze machen, als er auf dem Augsburger Reichstag von 1566 ein Einschreiten gegen die sich im Reich ausbreitenden »schädlichen Secten« betrieb. Sein Vorstoß richtete sich in erster Linie gegen die nun calvinistische Kurpfalz. Der Kaiser hatte durchaus Sympathien für den Protestantismus und machte den Evangelischen in seinen eigenen Erblanden beachtliche Zugeständnisse, aber der Calvinismus war für ihn eine Religion von potentiellen Aufrührern. Die Verbindungen des Heidelberger Hofs zu den französischen Hugenotten und den aufständischen Niederländern schienen diese Anschauung zu bestätigen. Eine Reihe wichtiger lutherischer Reichsstände, wie Kurbrandenburg und Württemberg, war bereit, Maximilians Argumentation zu folgen, dass die Kurpfalz nicht zu den Augsburger Konfessionsverwandten gehöre und somit nicht den Schutz des Landfriedens genieße. Schließlich jedoch setzte sich bei den protestantischen Ständen die Auffassung durch, trotz einiger Differenzen in der Abendmahlslehre sei der Kurpfälzer als Anhänger des Augsburger Bekenntnisses zu betrachten. Damit war der für Friedrich III. gefährliche Vorstoß des Kaisers gescheitert und die Frage der reichsrechtlichen Stellung des Calvinismus wenn auch nicht endgültig geklärt, so doch deutlich entschärft.

Für das Scheitern des kaiserlichen Vorstoßes war maßgeblich verantwortlich, dass Kurfürst August von Sachsen in dieser Frage Maximilian seine Gefolgschaft versagt hatte. Im Allgemeinen war er jedoch, wie schon bei der Aushandlung des Religionsfriedens, ein wichtiger Ansprech- und Kooperationspartner der Habsburger. In der Tat verkörpern Kurpfalz und Kursachsen nicht nur in konfessioneller, sondern auch in reichspolitischer Hinsicht die beiden Pole des deutschen Protestantismus: auf der einen Seite strukturelle Opposition und latente Widerstands- und Konfliktbereitschaft, auf der anderen Seite trotz manchen Dissenses im Einzelfall eine grundsätzliche Kaisertreue. Diese gegensätzlichen Konzepte beinhalteten auch eine Komponente der strukturellen Konkurrenz zwischen den Höfen von Heidelberg und Dresden: Während der Kurfürst von Sachsen über das Ursprungsland der Reformation herrschte, war sein Heidelberger Kollege der ranghöchste weltliche Fürst im Reich nach dem Kaiser.

Obwohl es also nicht an Spannungen fehlte, waren die unmittelbar auf den Religionsfrieden folgenden Jahrzehnte eine vergleichsweise ruhige Epoche der Reichsgeschichte. Das dürfte auch darauf zurückzuführen sein, dass diejenigen, die an der Einigung von 1552/55 mitgewirkt und die vorangegangenen Konfrontationen erlebt hatten, davor zurückscheuten, das Erreichte leichtfertig aufs Spiel zu setzen. Nach und nach trat die »Generation 1555« aber ab und machte jüngeren, weniger zum Ausgleich bereiten Akteuren Platz.

Als geradezu fatal erwies sich auf die Dauer der Amtsantritt Rudolphs II. als Kaiser im Jahr 1576, während dessen Regierung sich ein zunächst schleichender, dann geradezu galoppierender Verfall der kaiserlichen Autorität und des Ausgleichspotentials der Reichsverfassung vollzog. Diese Entwicklung ist nicht ausschließlich Rudolph anzulasten, doch dass er der falsche Mann am falschen Ort war, kann kaum bezweifelt werden. Der älteste Sohn Maximilians II. hatte einen Teil seiner Erziehung in Spanien erhalten und war, anders als sein Vater, ein überzeugter Katholik. Zwar konnte er weder auf Reichsebene noch in seinen Erblanden ein konsequentes Vorgehen gegen die Protestanten riskieren, denen er im Gegenteil manche Zugeständnisse machen musste. Wenn sich ihm die Möglichkeit bot, nutzte er jedoch die Gelegenheit zur Stärkung der eigenen Konfession. Selbst dann war er oft weniger ein Akteur als ein Reagierender, nichtsdestoweniger wurde im Laufe der Zeit der überkonfessionelle Anspruch des Kaiseramts immer zweifelhafter. Durch die Verlegung der Residenz von Wien nach Prag 1583 rückte der kaiserliche Hof geographisch dem Zentrum des Reichs näher, aber Rudolph II. vernachlässigte die Kommunikation mit den Reichseliten. Er nahm nur an den beiden ersten der fünf Reichstage seiner Regierungszeit persönlich teil, 1582 in Augsburg und 1594 in Regensburg. Schon Maximilian II. hatte über eine schwächere Machtbasis als Ferdinand I. verfügt – die Länder der Böhmischen Krone, Ober- und Niederösterreich sowie Habsburgisch-Ungarn –, während das sog. Innerösterreich mit der Hauptstadt Graz und Tirol mit den Vorlanden an seine jüngeren Brüder gefallen waren. Maximilian verzichtete auf eine neuerliche Erbteilung, aber Rudolph hatte mit den Aspirationen seiner sich unzureichend versorgt fühlenden jüngeren Brüder zu rechnen. Dies umso mehr, als er durch den Verzicht auf eine Heirat eine elementare Herrscherpflicht, nämlich die Sicherung der dynastischen Erbfolge, vernachlässigte. Vor diesem Hintergrund häuften sich im Reich die Krisenphänomene.

Eine neuralgische Region war das Niederrheingebiet. Dort kreuzte sich der Einfluss katholischer und evangelischer Mächte, und die konfessionelle Situation in einigen niederrheinischen Fürstentümern und Städten war lange offen. Bereits seit den 1560er Jahren waren der Aufstand und dann der Unabhängigkeitskampf der Niederlande, der eine deutliche konfessionelle Komponente besaß, eine Quelle der Unruhe für das benachbarte nordwestliche Reichsgebiet. Zugleich entwickelte der Dissens um die Geltung des Geistlichen Vorbehalts ein wachsendes Konfliktpotential.

Nach 1555 waren in einer Reihe norddeutscher Hochstifte Protestanten zu Bischöfen gewählt worden, ohne dass dies beanstandet worden wäre.[2] Der Kaiser erteilte den Gewählten die Belehnung gemäß der in der Frühen Neuzeit verbreiteten Handlungsmaxime der Dissimulation, nach der es in manchen Fällen klüger war, das Offensichtliche nicht wahrzunehmen, sondern den Schein zu wahren. Sogar der Papst bestätigte einige in ihrer Treue zur alten Kirche zweifelhafte Kandidaten, wie 1561 in Lübeck Eberhard von Holle. Als aber die *Professio Fidei*, das Bekenntnis zu den Glaubenslehren des 1563 abgeschlossenen Trienter

Konzils, für die päpstliche Bestätigung im Bischofsamt obligatorisch wurde, schwanden die Chancen von Protestanten, eine solche Konfirmation zu erhalten. Schließlich verzichteten sie von vornherein darauf, sie zu erbitten, und wurden demzufolge als »erwählte« – also weder geweihte noch vom Papst bestätigte – Bischöfe oder Bistumsadministratoren bezeichnet.

Auch Kaiser Rudolph II. verweigerte Protestanten, die auf einen Bischofsstuhl gewählt worden waren, die Investitur und damit die Anerkennung. Das war für die Protestanten umso irritierender, als eine steigende Zahl katholischer Fürstbischöfe dazu überging, unter stillschweigender Missachtung der *Declaratio Ferdinandea* ihr *ius reformandi* auszuüben und vorher geduldete evangelische Bevölkerungsgruppen unter Druck zu setzen. Dass nach jahrzehntelangem Vordringen der Reformation nunmehr die katholische Kirche sich stabilisierte und sich anschickte, verlorenen Boden gutzumachen, verunsicherte viele Protestanten.

Die ältere protestantische Historiographie hat diese Politik, die Gewaltmaßnahmen, das Werben um die andersgläubigen Untertanen und die Abstellung von Missständen in der Kirche einschloss, mit dem Begriff der »Gegenreformation« zu fassen gesucht, der den Akzent auf die repressiven Elemente legt. Der katholische Kirchenhistoriker Hubert Jedin hat demgegenüber das Begriffspaar »Gegenreformation und katholische Reform« geprägt.[3] Die jüngere Forschung spricht im Anschluss an Wolfgang Reinhard und Heinz Schilling von einer katholischen Konfessionalisierung, die parallel zu einer lutherischen oder calvinistischen Konfessionalisierung stattgefunden habe (s. S. 256).

Der Konflikt um die Durchsetzung oder Abschaffung des Geistlichen Vorbehalts war für Katholiken sowie Protestanten von größter Bedeutung. Für die einen ging es darum, die nach ihrem Verständnis wahre Kirche vor weiterem Schaden zu schützen und den katholischen Charakter des Reichs zu wahren. Für die anderen ging es um die Beseitigung einer sie diskriminierenden Klausel des Religionsfriedens. Für beide Seiten stand die Verfügung über die geistlichen Fürstentümer und die lukrativen kirchlichen Pfründen auf dem Spiel.

Eine neue Qualität erreichte dieser Streit im Kölner Krieg (1583–1588):[4] Erstmals wurde der Konflikt um die Geltung des Geistlichen

Vorbehalts mit letzter Konsequenz und mit allen Mitteln ausgefochten – und dies hatte erhebliche Auswirkungen auf das Reich als Ganzes. Das geistliche Kurfürstentum Köln hatte bereits in den 1540er Jahren unter Hermann V. von Wied einen ersten Reformationsversuch erlebt; dieser hatte jedoch angesichts der protestantischen Niederlage im Schmalkaldischen Krieg 1547 den Kölner Erzstuhl geräumt. Ab 1582 versuchte nun Kurfürst Gebhard Truchsess von Waldburg, seine Pläne zur Einführung des evangelischen Bekenntnisses und zur Säkularisation des Erzstifts umzusetzen, und heiratete Anfang 1583 seine Geliebte, die protestantische Stiftsdame Agnes von Mansfeld. Mit seinen Maßnahmen verstieß er nicht nur gegen den Geistlichen Vorbehalt, sondern auch gegen seine erzbischöfliche Wahlkapitulation. Rasch formierte sich unter Führung des Domkapitels Widerstand im Erzstift. Den Kontrahenten gelang es in sehr unterschiedlichem Maß, auswärtige Hilfe zu mobilisieren. Während der Kurfürst nur in der Kurpfalz sowie bei einigen reformierten Grafen Unterstützung fand, agierten die katholischen Mächte mit großer Entschiedenheit: 1583 exkommunizierte Papst Gregor XIII. Gebhard und erklärte ihn für abgesetzt; Rudolph II. verhängte über ihn die Reichsacht, und das Domkapitel wählte den bayerischen Prinzen Ernst zum neuen Erzbischof, der in den folgenden Jahren, auch dank spanischer Hilfe, das Kurfürstentum seiner Herrschaft unterwerfen konnte.

Die Folgen des Kölner Kriegs reichten weit über das Kurfürstentum hinaus. Zum ersten Mal war dem Geistlichen Vorbehalt mit letzter Entschiedenheit Geltung verschafft und damit ein für die Protestanten höchst gefährlicher Präzedenzfall geschaffen worden. Die katholische Mehrheit im Kurkolleg war gesichert und ein für die altgläubigen Restbestände im deutschen Nordwesten wichtiges Bollwerk behauptet worden. Dessen Bedeutung trug auch die Römische Kurie Rechnung, indem sie in Köln eine neue Nuntiatur einrichtete. Die Wahl eines Bayernprinzen in Kurköln begründete eine fast zweihundertjährige Tradition: Bis 1761 hatten durchgängig Wittelsbacher den Kölner Erzstuhl inne, in der Regel in Personalunion mit anderen Bistümern wie Lüttich, Münster, Osnabrück, Paderborn und Hildesheim. Eine solche Bistumskumulation widersprach zwar den Trienter Reformdekreten, doch erteilten die Päpste regelmäßig die erforderlichen Dispense, da sie in den katholischen Dynastien wichtige Verbündete erkannten, um die Position des Katholizismus im Reich zu stabilisieren. Auch im etwa gleichzeitig mit dem Kölner Krieg ausgebrochenen, jedoch wesentlich langwierigeren Straßburger Kapitelstreit (1583–1604) setzte sich letztendlich der katholische Prätendent Karl von Lothringen gegen seinen protestantischen Konkurrenten Johann Georg von Brandenburg als Bischof von Straßburg durch. In Norddeutschland wurde dagegen eine Reihe geistlicher Fürstentümer, mit den Erzstiften Bremen und Magdeburg an der Spitze, dauerhaft von Protestanten regiert, die meist den in dieser Region dominierenden Dynastien der Wettiner, Hohenzollern, Welfen und Oldenburger entstammten. Es kam also keineswegs überall zu einem katholischen »Rollback«, aber die rechtliche Position der evangelischen Bischöfe bzw. Bistumsadministratoren blieb prekär.

Seit den 1580er Jahren verweigerte Rudolph II. ihnen nicht nur die Investitur, sondern sogar den Lehnsindult, d. h. er erkannte sie nicht einmal vorläufig als legitime Inhaber der betreffenden Reichslehen an. Sie wurden nicht zu Reichstagen eingeladen, und ihren Vertretern wurde verwehrt, ihren Sitz im Fürstenrat einzunehmen. Als 1588 turnusmäßig der Magdeburger Administrator Joachim Friedrich von Brandenburg Mitglied der Visitationskommission für das Reichskammergericht werden sollte, akzeptierte Rudolph II. dies nicht, während die Protestanten auf seiner Zulassung bestanden – mit dem Ergebnis, dass die Kommission ihre Arbeit nicht aufnehmen konnte. Um dennoch eine Visitation zu ermöglichen, übertrug der Reichstag 1594 diese Aufgabe gegen die Opposition der vom Pfälzer Kurfürsten angeführten »korrespondierenden« Reichsstände auf eine Reichsdeputation. Als die Deputation jedoch sechs Jahre später mit ihrer altgläubigen Mehrheit die prokatholischen Urteile des Reichskammergerichts im sog. Vierklösterstreit bestätigte, stellten die protestantischen Deputierten ihre Mitarbeit unter Protest ein.

Der Vierklösterstreit berührte nämlich einen Grundsatzkonflikt:[5] Es ging um vier Klöster, die vom Markgrafen von Baden-Durlach, dem Grafen von Öttingen, der Reichsstadt Straßburg bzw. den Herren von Hirschhorn nach 1552 säkularisiert worden waren. Indem das Reichskammergericht die Restitution der Klöster dekretiert und sich die Deputation dieser Auffassung angeschlossen hatte, schickten sie sich an, die

4.1 Vom Augsburger Religionsfrieden zum Dreißigjährigen Krieg

katholische Interpretation des Religionsfriedens verbindlich zu machen, gemäß der den Protestanten keine Säkularisationen von Kirchengut über den 1552 erreichten Stand hinaus erlaubt sein sollten – mit unübersehbaren Konsequenzen für zahlreiche evangelische Reichsstände.

Ab 1600 waren somit keine Visitationen des Reichskammergerichts mehr möglich, das infolgedessen als allgemein anerkannte Rechtsprechungsinstanz ausfiel. Dem kaiserlichen Reichshofrat unterstellten die Evangelischen ohnehin – nicht ohne Grund – prokatholische Parteilichkeit. Die Konstituierung des Reichs als Rechtsgemeinschaft, eine der großen Errungenschaften der Reichsreform, war höchst gefährdet.

Stabilisierend wirkte sich in diesen Jahren der sog. Lange Türkenkrieg (1593–1606) aus. Angesichts der Bedrohung durch den »Erbfeind christlichen Namens« war eine Mehrzahl protestantischer Reichsstände bereit, wie schon 1594 und 1597/98, so auch auf dem Reichstag von 1603 die Konfessions- und Justizfrage zurückzustellen und dem Kaiser eine Türkenhilfe in Höhe von 86 Römermonaten zu bewilligen.

Kaum aber war 1606 in Zsitvatorok Frieden mit den Osmanen geschlossen worden und somit der äußere Druck weggefallen, steuerte die Krise der Reichsverfassung einem neuen Höhepunkt entgegen.[6] Angesichts der immer offensichtlicheren Unzulänglichkeiten Rudolphs II. formierte sich die Opposition innerhalb des Hauses Habsburg, an deren Spitze sich Erzherzog Matthias, einer der Brüder des Kaisers, stellte, der den Frieden mit dem Osmanischen Reich ausgehandelt hatte. 1608 verband er sich mit den Ständen Ober- und Niederösterreichs, Ungarns und Mährens und zwang Rudolph mit militärischen Mitteln, ihm die genannten Territorien abzutreten. Damit verblieben dem Kaiser nur noch Böhmen, Schlesien und die Lausitzen.

Gleichzeitig führte ein lokaler Streit in Donauwörth zu einer Verschärfung des Konfessionskonflikts im Reich. 1605 hatte der Reichshofrat dem Donauwörther Heiligkreuzkloster das Prozessionsrecht zugesprochen, ein Recht, das die katholische Minderheit in dieser mehrheitlich lutherischen Reichsstadt in durchaus provozierender Weise ausübte, indem sie mit fliegenden Fahnen durch das Stadtzentrum zog. 1606 und 1607 wurden die Prozessionen gewaltsam gestört – man spricht auch vom Donauwörther »Kreuz- und Fahnengefecht«. Darauf verhängte Rudolph II. die Reichsacht über die Stadt. War schon das für die evangelischen Reichsstände schwer erträglich, musste sie noch mehr irritieren, dass der Kaiser nicht den eigentlich zuständigen Obristen des Schwäbischen Reichskreises, den lutherischen Herzog von Württemberg, sondern den katholischen Herzog Maximilian I. von Bayern mit der Vollstreckung der Acht beauftragte. Dieser ließ Ende 1607 Donauwörth durch bayerische Truppen besetzen und stellte eine horrende Rechnung für die Exekution. Daraufhin erhielt er die Pfandherrschaft über die Stadt, so lange, bis diese ihre Schulden bezahlt habe. Im Ergebnis wurde Donauwörth eine rekatholisierte bayerische Landstadt.

Die Tatsache, dass sich Kaiser und Reichshofrat in dem Donauwörther Konflikt eindeutig auf die katholische Seite stellten und dabei nicht vor dem Bruch des Reichsrechts zurückschreckten, erschütterte das Vertrauen der mindermächtigen Reichsstände in ihren kaiserlichen Beschützer und verstärkte das Bedrohungsgefühl bei den Evangelischen im Reich. Das führte 1608 zur Sprengung des Reichstags durch die protestantische »Aktionspartei« (Moriz Ritter) unter kurpfälzischer Führung, die Regensburg unter Protest verließ, sodass die Versammlung ohne Reichsabschied auseinanderging.

Eine weitere Konsequenz der Donauwörther Affäre war, dass sich im Mai 1608 im ansbachischen Auhausen zunächst sechs calvinistische und lutherische Fürsten zu einem Verteidigungsbündnis zum Schutz der Reichsverfassung zusammenschlossen.[7] In der Folgezeit wuchs diese Allianz, die als Protestantische Union bezeichnet wird, auf bis zu neun fürstliche und 17 städtische Mitglieder an, darunter auch solche, die, wie die Reichsstadt Nürnberg, bislang als weitgehend kaisertreu gegolten hatten. Eine Führungsrolle spielte der Kurfürst von der Pfalz, der das Direktorium führte und dessen Minister Christian I. von Anhalt-Bernburg zum Generalleutnant der Bündnistruppen ernannt wurde. Am Heidelberger Hof gedachte man die Allianz zur Verfolgung der eigenen machtpolitischen Ambitionen zu nutzen, die zugleich durch Bündnisse mit Auswärtigen, namentlich England und der Republik der Vereinigten Niederlande, abgestützt werden sollten. Diesen Weg aber mochten manche Mindermächtige, die sich der Union nur aus einem akuten Bedrohungsgefühl angeschlossen hatten, nicht mitgehen.

Die Formierung des protestantischen Bündnisses provozierte Gegenreaktionen auf katholischer Seite. Hier ist bemerkenswert, dass nicht ein Habsburger, sondern Maximilian von Bayern die Führungsrolle übernahm. 1609 wurde zur Aufrechterhaltung des Landfriedens und der Reichsverfassung sowie zum Schutz des katholischen Glaubens in München vom Bayernherzog und einer Reihe geistlicher Fürsten die Katholische Liga gegründet. 1610 trat dem bayerischen oberländischen ein kurmainzisches rheinisches Bundesdirektorium an die Seite, aber die Führungsposition Maximilians, der zugleich als Bundesoberst fungierte, war unumstritten. Wie wichtig ihm diese Position und der Ausschluss der Habsburger waren, wurde ab 1614 deutlich, als er lieber die Liga eingehen ließ, als der von einigen geistlichen Fürsten gewünschten Aufnahme des Kaiserhauses zuzustimmen. 1617/19, im unmittelbaren Vorfeld bzw. in der Anfangsphase des Dreißigjährigen Krieges, wurde die Liga neu gegründet.

Schon 1609 brach ein neuer Konflikt aus, der das Reich und Europa an den Rand eines Kriegs brachte.[8] Im selben Jahr, in dem Spanien in einem zwölfjährigen Waffenstillstand die Unabhängigkeit der nördlichen Niederlande vorläufig anerkannte, starb mit dem geisteskranken Johann Wilhelm die Linie der Herzöge von Jülich, Kleve und Berg im Mannesstamm aus. Zwei der Erbprätendenten, Kurfürst Johann Sigismund von Brandenburg und Pfalzgraf Wolfgang Wilhelm von Neuburg, setzten sich handstreichartig in den Besitz des strategisch wichtigen Erbes am Niederrhein und suchten Unterstützung bei der Union, bei Frankreich und den Generalstaaten der Niederlande. Demgegenüber scheiterte Rudolph II. mit seinen Absichten, die Territorien durch seinen Vetter, den Passauer Fürstbischof Erzherzog Leopold, unter Sequester nehmen zu lassen. Infolge der Ermordung König Heinrichs IV. (1610) fiel die geplante französische Intervention am Niederrhein moderat aus. Auch Spanien und die Niederlande schickten Truppen und besetzten einige Städte, schreckten aber davor zurück, den eben geschlossenen Waffenstillstand wieder aufs Spiel zu setzen. Daher konnten sich die Possedierenden, Kurbrandenburg und Pfalz-Neuburg, behaupten, die allerdings nun ihrerseits miteinander in Konflikt gerieten und die Territorien im Vertrag von Xanten (1614) unter sich aufteilten: Der Pfalzgraf erhielt die Herzogtümer Berg und Jülich, der Kurfürst das Herzogtum Kleve sowie die Grafschaften Mark und Ravensberg.

Der Jülich-Klevische Erbfolgestreit war ein klassischer Sukzessionskonflikt, besaß aber auch eine konfessionelle Note. Aufgrund einer schwankenden Kirchenpolitik der Herzöge hatte sich in den niederrheinischen Territorien eine konfessionelle Gemengelage entwickelt, die je nachdem, welcher Erbe seinen Anspruch durchsetzte, in die eine oder andere Richtung verändert werden mochte. Die beiden Possedierenden waren zunächst Lutheraner, konvertierten aber 1613 in unterschiedliche Richtungen: Wolfgang Wilhelm von Neuburg wurde katholisch, Johann Sigismund von Brandenburg Calvinist. Damit wurden die andauernden Spannungen zwischen den Possedierenden konfessionell aufgeladen. Der Kaiser spielte in der Angelegenheit nur eine Nebenrolle. Sein Anspruch auf Sequestrierung der umstrittenen Gebiete wurde mit militärischen Mitteln beiseitegeschoben; auch am Xantener Vertrag war er im Gegensatz zu Frankreich, England und den Generalstaaten nicht beteiligt. Dass es noch nicht zum großen Krieg gekommen war, war jedenfalls nicht den Reichsinstitutionen zu verdanken, deren Konfliktregelungsmechanismen auf ganzer Linie versagt hatten.

Parallel zum Jülich-Klevischen Erbfolgestreit spielte sich der letzte Akt des habsburgischen Bruderzwists ab. Rudolph II. hatte sich bemüht, seine Stellung in den ihm verbliebenen Gebieten zu stabilisieren, und hatte den mehrheitlich evangelischen Ständen Böhmens und Schlesiens in den beiden Majestätsbriefen von 1609 umfangreiche Zugeständnisse bezüglich der protestantischen Religionsausübung und Kirchenorganisation gemacht. Zugleich versuchte er, sich durch Truppen des Passauer Bischofs Erzherzog Leopold abzusichern. Doch als 1611 der Streit mit Matthias erneut eskalierte, dieser seinerseits ein Heer nach Böhmen entsandte und auch die Unterstützung der Stände fand, zog sich das Passauer Kriegsvolk zurück. Rudolph wurde von seinem Bruder nun auch als König von Böhmen abgesetzt und fristete seine letzten Lebensmonate im Arrest auf dem Prager Hradschin – wohl die tiefste Erniedrigung des Römischen Kaisertums in der Neuzeit.

Nach Rudolphs Tod trat Matthias dessen Nachfolge als Kaiser an. Seine Wahl und Krönung in Frankfurt 1612 bildeten schon als solche ein stabilisierendes Element für die Reichsverfassung, nicht nur weil sie die agonale Phase der Regierung Rudolphs II. beendeten. Folgt man jüngeren kulturgeschichtlichen Forschungen, besaßen die Wahl- und

4.1 Vom Augsburger Religionsfrieden zum Dreißigjährigen Krieg

Krönungsfeierlichkeiten – die Solennitäten – und die damit verknüpften Rituale und zeremoniellen Elemente das Potential, die Reichsordnung nicht nur zu repräsentieren, sondern auch zu reproduzieren.[9] Matthias war der erste, der in Frankfurt zum Kaiser gewählt und gekrönt wurde. Seine Wahl und Krönung wurden bis zu einem gewissen Grad stilbildend für die nachfolgenden Krönungen. Zudem wurde an seiner Gemahlin Anna die erste neuzeitliche Kaiserinnenkrönung vollzogen. Daher soll an dieser Stelle eine »idealtypische« Skizze einer frühneuzeitlichen Kaiserwahl und -krönung nachgezeichnet werden.[10]

Unmittelbar nachdem der Tod des alten Kaisers bekanntgeworden war und der Mainzer Kurfürst den Wahltag ausgeschrieben hatte, setzten die umfangreichen Vorbereitungen für die Wahl und Krönung des neuen Kaisers ein. Die ersten zeremoniellen Großereignisse waren die feierlichen Einzüge der Kurfürsten bzw. der kurfürstlichen Gesandtschaften. Feierlich wurden auch die Delegationen Nürnbergs und Aachens empfangen, die die in diesen beiden Reichsstädten verwahrten Krönungsinsignien nach Frankfurt brachten. Nach dem Eintreffen aller Kaiserwähler konnten die offiziellen Beratungen auf dem Römer beginnen. Auch diese Beratungsphase war durch die Fahrten der kurfürstlichen Karossen von den Quartieren zum Römer und zurück sowie durch Visiten, Audienzen, Festlichkeiten etc. zeremoniell grundiert.

Erst wenn man sich über die zu wählende Person und die Wahlkapitulation einig geworden war, erfolgte die förmliche Kaiserwahl in der Wahlkapelle der Stiftskirche St. Bartholomäus. Hierbei handelte es sich somit letztlich um eine fingierte Wahl, oder, anders formuliert, bei der Wahl des Reichsoberhaupts waren das materielle und das symbolische Element – die Wahlentscheidung und das Wahlzeremoniell – zeitlich und räumlich getrennt. Dem förmlichen Wahlakt ging, wie in den alteuropäischen Wahlmonarchien üblich, eine Heilig-Geist-Messe voraus, um den göttlichen Segen für die Wahl und die Erleuchtung der Wähler durch den Heiligen Geist zu erbitten. Seit der Reformationszeit wurde das Bild der Eintracht des Kurkollegs dabei aber dadurch beschädigt, dass die evangelischen Kurfürsten bzw. Wahlgesandten bereits vor dem Höhepunkt der katholischen Messe, der von der protestantischen Theologie abgelehnten Wandlung (Transsubstantiation), ins Konklave der Wahlkapelle zogen. Ihre katholischen Kollegen hingegen folgten ihnen erst nach Ende der Messe. Nach der Wahl und Proklamation des neuen Kaisers wurde dieser auf den Thron gesetzt und hatte die Wahlkapitulation feierlich zu beeiden. Der Wahlakt endete mit einem Tedeum. Die Einbettung von Wahl und Krönung in Gottesdienste unterstrich, dass auch der Erwählte Römische Kaiser – und sogar in besonderer Weise – ein Monarch von Gottes Gnaden sei.

Abb. 8: Kaiser Matthias' Krönung und Salbung in der Frankfurter Stiftskirche St. Bartholomäus, in: Johann Theodor de Bry u. a.: *Electio et Coronatio* [...] *Matthiae I.* [...], Frankfurt a. M. 1612.

Einige Tage später erfolgte die Krönung. Sie begann mit dem feierlichen Zug des neugewählten Kaisers und der weltlichen Kurfürsten sowie ihres Gefolges zum Dom, wo sie von den geistlichen Kurfürsten empfangen wurden. Nach dem Hochamt (mit abermaligem Auszug der Protestanten) begann der eigentliche Krönungsakt, der im Wesentlichen den mittelalterlichen Krönungsordines folgte: Zunächst hatte der neue Kaiser sich öffentlich zu einigen grundlegenden Herrscherpflichten, wie dem Üben von Gerechtigkeit und dem Schutz von Witwen und Waisen sowie der Kirche zu bekennen. Anschließend salbte ihn der Mainzer Erzbischof. Nachdem er mit dem Krönungsornat bekleidet worden war, erfolgte die eigentliche Krönung mit anschließender Thronsetzung und wiederum einem Tedeum.

Der feierliche Krönungszug zum Römer eröffnete den weltlichen Teil der Feierlichkeiten, in deren Verlauf das Krönungsmahl im Kaisersaal des Römers eine zentrale Rolle spielte. Dabei handelte es sich nicht um ein Amüsement, sondern um ein Zeremonialmahl mit klar definierten Positionen und Aufgaben der einzelnen Akteure. Indem die Kurfürsten bzw. deren Stellvertreter die verschiedenen Erzämter ausübten, spielten sie bei diesem Ereignis die Rollen hochrangiger Amtsträger am Kaiserhof. Dabei wurden die ursprünglichen Aufgaben der Erzämter freilich in einen zeremoniellen Dienst transformiert. Bspw. versorgte der Kurfürst von Sachsen als Erzmarschall selbstverständlich nicht persönlich die Pferde des Kaisers, sondern er – bzw. in seiner Vertretung der Reichserbmarschall von Pappenheim – überbrachte dem Kaiser ein Silbergefäß, das er aus einem auf dem Römerberg eigens zu diesem Zweck aufgeschütteten Haferhaufen gefüllt hatte. Auch die anderen Erzämter wurden vor den Augen des Frankfurter Publikums als stellvertretender Reichsöffentlichkeit ausgeführt. Denn Solennitäten konnten nur dann ihre systemstabilisierende Wirkung entfalten, wenn sie vor den Augen der Öffentlichkeit stattfanden. Freilich konnte das Publikum auch die Ordnung stören: Regelmäßig und trotz aller Strafandrohungen kam es bei den Krönungsfeierlichkeiten zu Rangeleien, wenn die Zuschauer versuchten, eine der ausgeworfenen Krönungsmünzen oder ein Stück des Tuches zu erhaschen, das den Laufsteg vom Dom zum Römer bedeckte. Auch rund um den Weinbrunnen auf dem Römerberg und bei der Erstürmung der Ochsenbraterei kam es immer wieder zu Tumulten.

Die Wahltage und Krönungen wurden mit unterschiedlichen Medien – Krönungsdiarien, Kupferstiche, Gemälde etc. – breit innerhalb und außerhalb des Reichs kommuniziert und damit auch denjenigen nahegebracht, die diese Ereignisse nicht persönlich miterlebt hatten. Auf diese Weise wurde diese »Aufführung« des Reichs sozusagen multipliziert und konserviert, freilich in Anpassung an das spezifische Medium und

nicht selten idealisiert. In der medialen Bearbeitung konnten Schönheitsfehler, die den Ablauf gestört hatten, nachträglich retuschiert werden.
Matthias und sein Erster Minister, der Wiener Bischof und seit 1616 Kardinal Melchior Khlesl, waren bestrebt, die in Frankfurt inszenierte Wiederherstellung der Reichsordnung auch in materielle Politik umzusetzen.[11] Durch eine auf Ausgleich und Kompromisse mit den Protestanten setzende »Kompositionspolitik« versuchten sie verlorenes Vertrauen bei den Reichsständen wiederzugewinnen und Kaisertum und Reich aus der Krise zu führen. Diesem Ziel sollte 1613 auch Matthias' erster und einziger Reichstag dienen, der jedoch auf ganzer Linie scheiterte. Zwar konnte der Kaiser auf einige wichtige Reichsstände, wie Kurmainz und Kursachsen, zählen, die »Hardliner« auf beiden Seiten versagten ihm jedoch ihre Unterstützung. Anders als 1608 wurde immerhin ein Reichsabschied publiziert, gegen den jedoch die Korrespondierenden Stände unter kurpfälzischer Führung Protest einlegten. Diese Konstellation bestand im Wesentlichen während Matthias' gesamter Regierung fort. Er konnte einige Erfolge feiern, wie die Niederschlagung des Frankfurter Fettmilchaufstands (1612–1614/16) durch die von ihm bestellten Kommissare, Kurfürst Johann Schweikhard von Mainz und Ludwig V. von Hessen-Darmstadt, sodass sich zumindest in der Wahl- und Krönungsstadt des Reichs die kaiserliche Autorität durchsetzte. Aufs Ganze gesehen scheiterte Matthias' und Khlesls Kompositionspolitik jedoch an der mangelnden Verständigungsbereitschaft sowie am Misstrauen wichtiger Akteure im Reich. Insbesondere ihre Rekatholisierungspolitik in den böhmischen Ländern und Österreich nährte auf protestantischer Seite die Zweifel an den Absichten des Kaisers und seines Ersten Ministers.

Matthias' Position blieb auch in seinen Erblanden und in seiner Dynastie schwach. Schon vor seiner Kaiserwahl hatte er seine Cousine Anna von Tirol geheiratet. Die Hoffnung auf Nachkommen aus dieser Ehe und Sicherung der dynastischen Sukzession erfüllte sich jedoch nicht. In dem 1617 geschlossenen Oñate-Vertrag – benannt nach dem damaligen spanischen Botschafter in Wien – verzichtete König Philipp III. von Spanien als Oberhaupt der älteren Linie des Hauses Habsburg auf seine Erbansprüche und erhielt stattdessen einige italienische Reichslehen sowie die Aussicht auf die strategisch wichtigen österreichischen Besitzungen am Oberrhein. Spätestens nun war absehbar, dass Erzherzog Ferdinand von Innerösterreich Matthias' Nachfolge in dessen Erblanden und mutmaßlich auch im Kaisertum antreten würde. Das waren aus protestantischer Perspektive äußerst trübe Aussichten. Denn Ferdinand hatte sich in seinen Herrschaftsgebieten einen Namen als entschiedener und erfolgreicher Gegenreformator gemacht. Dessen ungeachtet nahmen ihn die böhmischen Stände 1617 als Matthias' Nachfolger im Königsamt an. Ferdinand und seine Vertrauten spielten in der Krise von 1618, die in den Dreißigjährigen Krieg mündete, eine führende Rolle am Wiener Hof.

4.2 Das Reich im Dreißigjährigen Krieg

Im Dreißigjährigen Krieg kam die Krise der Reichsverfassung, die sich seit dem ausgehenden 16. Jahrhundert entwickelt und immer mehr zugespitzt hatte, zum gewaltsamen Ausbruch. Der Dreißigjährige Krieg war aufgrund seiner vielfältigen europäischen Verknüpfungen mehr als ein »Teutscher Krieg«, zweifellos aber war das Reich der wichtigste Kriegsschauplatz, weshalb die Auswirkungen des Kriegs auf das Reich und seine Verfassung gewaltig waren.[12]

Der Dreißigjährige Krieg nahm seinen Ausgang im Königreich Böhmen, einem Gebiet, das nur locker in die Reichsverfassung eingebunden war, dessen Eliten freilich über zahlreiche Verbindungen in das engere Reich verfügten. Diese Verbindungen und die Tatsache, dass Böhmen zu den Kernbesitzungen der etablierten Kaiserdynastie zählte, trugen entscheidend dazu bei, dass ein regionaler Konfessions- und Verfassungskonflikt, der im Mai 1618 im Prager Fenstersturz zweier kaiserlicher Statthalter und ihres Sekretärs zum offenen Ausbruch kam, zu einem Flächenbrand im Reich führte.

Ebenso wie in Prag setzten sich auch in Wien die konfliktbereiten Kräfte durch. Der auf Verhandlungen mit den revoltierenden böhmischen Ständen setzende Kardinal Khlesl wurde gegen den Willen des alten Kaisers Matthias, der sich ähnlich wie sein Bruder schon zu Lebzeiten kaltgestellt sah, inhaftiert, während König Ferdinand und seine Parteigänger das Heft des Handelns in die Hand nahmen. Sowohl für die Aufständischen als auch für die Habsburger war die Zeit der Kompromisse vorbei. Nun musste sich entscheiden, ob ähnlich wie in den Niederlanden auch an der östlichen Peripherie des Reichs eine vom ständischen Widerstandsrecht getragene Staatsgründung erfolgen oder ob sich die monarchische Landesherrschaft der Habsburger stabilisieren würde. Für das Reich war der innerböhmische Konflikt auch deswegen so gravierend, weil an der böhmischen Kurstimme die katholische Mehrheit im Gremium der Kaiserwähler hing.

Früh suchten beide Konfliktparteien nach auswärtiger Unterstützung und Verbündeten. Die Böhmen fanden sie u. a. bei den protestantischen Ständen Ober- und Niederösterreichs, bei dem siebenbürgischen Fürsten Bethlen Gábor und v. a. bei Friedrich V. von der Pfalz.[13] Der junge, ehrgeizige Kurfürst, der seit 1613 mit der englischen Prinzessin Elisabeth Stuart verheiratet war, träumte, bestärkt von seinem Ersten Minister Christian von Anhalt, von einer europäischen Machtstellung des Hauses Pfalz und ließ sich im Vertrauen auf die Hilfe seines königlichen Schwiegervaters Jakob I. und der Protestantischen Union auf das böhmische Abenteuer ein, als ihm die Stände die Veitskrone anboten. Andere Kandidaten hatten abgewunken, wie der sächsische Kurfürst Johann Georg I., bzw. waren nicht zum Zuge gekommen, wie Herzog Karl Emanuel I. von Savoyen. Heikel war, dass die Absetzung König Ferdinands und die Wahl Friedrichs im August 1619 parallel zum Frankfurter Wahltag erfolgten, auf dem Ferdinand – mit der pfälzischen Kurstimme – einstimmig zum Römischen Kaiser gewählt und anschließend gekrönt wurde.

Ferdinand II. konnte sich wesentlich umfangreichere und zuverlässigere Hilfe sichern als seine böhmischen Gegenspieler. Nicht zuletzt die spanischen Verwandten schickten Geld und Truppen. Mit der Verwicklung der Kurpfalz in den Konflikt wuchs das spanische Interesse an dem Konflikt. Denn um die Verbindungswege zwischen Italien und den Spanischen Niederlanden, die sog. Spanische Straße, offenzuhalten, war es nicht nur wichtig, dass das Kaiseramt dem Haus Habsburg erhalten blieb, sondern auch erstrebenswert, bei Gelegenheit eigene Stützpunkte am Rhein zu erwerben. Dies umso mehr, als man zu Recht mit einem Wiederaufflammen des spanisch-niederländischen Kriegs nach dem Auslaufen des zwölfjährigen Waffenstillstands 1621 rechnete. Mindestens ebenso wichtig wie die spanische wurde aber ab 1619 die Hilfe Bayerns und der neugegründeten Liga. Auf dem Rückweg von der Krönung in Frankfurt nach Wien schloss der neue Kaiser mit dem bayerischen Herzog Maximilian I. den Vertrag von München, in dem er sich die militärische Unterstützung der Liga sicherte und sich dafür zur Erstattung der bayerischen Kosten verpflichtete, notfalls auch durch die Abtretung eigener Territorien. Nicht schriftlich fixiert wurde die Zusage, die pfälzische Kurwürde auf die bayerischen Wittelsbacher zu übertragen. Damit ging Ferdinand II. auf eine alte Ambition der Bayernherzöge ein. 1329 hatten die Wittelsbacher im Hausvertrag von Pavia das Alternieren der Kurwürde zwischen der pfälzischen (rudolfinischen) und der bayerischen (wilhelminischen) Linie vereinbart. Doch durch die Goldene Bulle von 1356, die die Kur dauerhaft den Pfälzern zusprach, büßten die bayerischen Wittelsbacher das Königswahlrecht ein. Nun bot sich Maximilian I. die Gelegenheit, diesen Verlust rückgängig zu machen. Für eine solche Kurübertragung von der einen Linie einer Dynastie auf die andere bot die Translation der sächsischen Kurwürde von den ernestinischen auf die albertinischen Wettiner 1547 einen Präzedenzfall. Ebenso wie die Annahme der böhmischen Krone durch Friedrich V. waren der Münchner Vertrag und seine Folgen wesentlich für die Ausweitung des Konflikts über Böhmen hinaus verantwortlich und auch dafür, dass sich seine Beilegung so schwierig gestalten sollte. Denn Ferdinand II. musste daran gelegen sein, die bayerischen Ansprüche durch anderweitige Erwerbungen abzugelten, um die eigenen Besitzungen zu schonen.

Ferdinand II. gelang es, die Unterstützung Johann Georgs I. von Sachsen zu gewinnen, der den Aufstand der Böhmen gegen ihren legitimen Herrscher missbilligte und die schon traditionelle kaisertreue Politik seines Hauses fortsetzte.[14] Eine klare Frontstellung *der* Katholiken gegen *die* Protestanten bestand demnach nicht. Während also die zwischenzeitlich extrem bedrohte Position Ferdinands sich auch dank des Nimbus der Kaiserkrone zu festigen begann, wurde die Lage Friedrichs V. zuse-

Abb. 9: Kurfürst Maximilian I. von Bayern. Gemälde von Joachim von Sandrart, 1643.

hends schwierig. Weder erfüllte sich seine Hoffnung auf englische Unterstützung, noch konnte er auf die Hilfe der Union zählen, die vielmehr im Juli 1620 in Ulm mit der Liga ein Neutralitätsabkommen schloss. Die Schlacht am Weißen Berge (18. November 1620) entschied den böhmischen Konflikt zu Ferdinands Gunsten. Die habsburgische Herrschaft in den Ländern der Böhmischen Krone war wiederhergestellt und wurde in den folgenden Jahren abgesichert. Den Anführern der Aufständischen wurde der Prozess gemacht, 1621 wurden im »Prager Blutgericht« 27 Todesurteile vollstreckt. Die Köpfe von zwölf Delinquenten wurden an den Altstädter Brückenturm genagelt – eine im 17. Jahrhundert nicht ungewöhnliche Maßnahme, um die Wirkung des »Theaters des Schreckens« zur Warnung der Untertanen über den Tag der Exekution hinaus zu verlängern. Mindestens ebenso folgenreich waren die Besitzkonfiskationen, die die Aufständischen trafen, von denen sich viele der Verfolgung durch Flucht entzogen. Ein Teil der konfiszierten Güter gelangte in die Hand loyaler, katholischer Adliger aus den deutschen Erblanden der Habsburger. Im Ergebnis erfolgte also ein partieller Elitenaustausch in Böhmen. Zugleich wurde eine entschlossene Rekatholisierungspolitik durchgeführt: Evangelischen Untertanen blieb letztlich nur die Wahl zwischen Konversion und Emigration. Mit diesen Maßnahmen widersprach Ferdinand II. zwar den Erwartungen an einen gnädigen Herrscher, bewegte sich aber nach seinem eigenen Herrschaftsverständnis im Rahmen des Rechts, denn – so die Interpretation des Kaisers und seiner Minister – durch ihren Aufstand hatten die Böhmen alle Privilegien verwirkt. Den Majestätsbrief von 1609 schnitt Ferdinand persönlich in zwei Teile und erklärte ihn so für ungültig. Besiegelt wurde der böhmische Verfassungsumsturz durch die im Jahr 1627 von Ferdinand erlassene Verneuerte Landesordnung, die die Rechte der böhmischen Stände massiv einschränkte und die Erbmonarchie des Hauses Habsburg festschrieb. Vergleichbare Maßnahmen erfolgten auch in Mähren sowie in Ober- und Niederösterreich, während Schlesien und die Lausitzen dank des sächsischen Schutzes glimpflicher davonkamen. Über alle Wechselfälle hinweg konnten die Habsburger diese Erfolge der frühen Kriegsjahre behaupten und ihre landesherrliche Position in einem Großteil ihrer Erbländer substanziell stärken. Das hatte auch Rückwirkungen auf ihre Stellung als Kaiser.

Ein zweites langfristig wirksames Ergebnis der frühen Kriegsjahre war die Übertragung der pfälzischen Kurwürde auf Maximilian I.[15] Noch während die Kämpfe in Böhmen tobten, marschierten spanische Truppen in der Kurpfalz ein. Die Protestantische Union beschloss 1621 ihre Selbstauflösung, und bis 1622 waren alle Länder des flüchtigen »Winterkönigs«, über den Ferdinand II. wegen Majestätsverbrechen 1621 die Reichsacht verhängt hatte, von Spanien bzw. Bayern besetzt. Damit waren die machtpolitischen und – jedenfalls aus Ferdinands und Maximilians Sicht – rechtlichen Voraussetzungen für die Kurübertragung geschaffen. Nachdem dem Bayernherzog vom Kaiser die Kurwürde schon 1621 im Geheimen zugestanden worden war, wurde er auf dem Regensburger Fürstentag 1623 feierlich mit ihr belehnt. Um den protestantischen Kurfürsten von Sachsen und Brandenburg die Zustimmung zu erleichtern, erfolgte die Kurübertragung allerdings zunächst nur *ad personam*. Ferdinand II. sprach schließlich 1628 Maximilian und seinen Nachkommen die erbliche Kurwürde mitsamt der Oberpfalz und der rechtsrheinischen Kurpfalz zu. Friedrich V. und seine Nachkommen sollten dagegen von allen Amnestieregelungen ausgeschlossen bleiben. Indem der Kaiser Maximilians Ambitionen auf diese Weise befriedigte, konnte er auch die bis dahin wegen der nicht bezahlten Kriegskosten bestehende bayerische Pfandherrschaft über Oberösterreich beenden. Da aber die pfälzischen Wittelsbacher an ihren Ansprüchen festhielten und dafür immer wieder Unterstützer fanden, erwies sich die Pfalzfrage als ein gravierendes Friedenshindernis.

Unübersehbar verschoben sich durch die Kurübertragung die Gewichte in der Reichsverfassung. Zum einen bestand im Kurkolleg nun eine klare Mehrheit von vier bzw. fünf zu zwei Stimmen zugunsten der Katholiken. Zum anderen nahm Ferdinand II. seine kaiserlichen Prärogativen in einem Umfang und mit einer Durchschlagskraft wahr, wie das seit Jahrzehnten kein Kaiser mehr vermocht hatte. Nicht nur protestantische Reichsstände sahen dieses neue kaiserliche Selbstbewusstsein mit Unbehagen, dessen machtpolitisches Fundament eine durch Albrecht von Wallenstein aufgebaute stattliche kaiserliche Armee war. Als Christian IV. von Dänemark als Generalobrist des Niedersächsischen Reichskreises 1625 in den Krieg eintrat, um die dänische Einflusssphäre in Norddeutschland zu sichern, unterlagen seine Heere gegen die kaiserlichen und ligistischen Truppen, die bis nach Jütland vordrangen. Der Frieden von Lübeck (1629) besiegelte den kaiserlichen Sieg und steigerte Ferdinands Machtstellung noch weiter.

Mit dieser Verschiebung der Kräfteverhältnisse im Reich rückte auch eine Umgestaltung der konfessionellen Landkarte zugunsten der Katholiken in den Bereich des Möglichen. Bereits in den ersten Kriegsjahren hatten flächendeckend in den kaiserlichen Erblanden und in den pfälzischen Territorien, punktuell aber auch andernorts Rekatholisierungsmaßnahmen stattgefunden. Mit dem am 6. März 1629 erlassenen Restitutionsedikt strebte Ferdinand nunmehr eine Grundsatzlösung für die aus dem Augsburger Religionsfrieden resultierenden Streitpunkte an, die das Reich seit Ferdinand I. beschäftigten:[16] Das Recht der Landesherren zur Einziehung reichsmittelbarer Kirchengüter wurde bestritten. Alle seit 1552 säkularisierten bzw. protestantisch gewordenen Kirchengüter sollten an die katholische Kirche zurückfallen. Das galt auch für reichsunmittelbare geistliche Güter, denn der Geistliche Vorbehalt wurde ausdrücklich bestätigt. Die *Declaratio Ferdinandea* wurde außer Kraft gesetzt. Zudem wurde festgehalten, dass der Religionsfrieden nur für die Katholiken und die Anhänger der *Confessio Augustana Invariata* gelte, womit reformierte Reichsstände befürchten mussten, aus dem Landfrieden ausgeschlossen zu werden. Schließlich wies der Kaiser das Reichskammergericht an, bei seiner Rechtsprechung das Edikt anzuwenden. Beim Reichshofrat, dessen Gutachten für Inhalt und Formulierung des Edikts maßgeblich waren, stand das ohnehin außer Frage.

Das Restitutionsedikt hob den Religionsfrieden nicht auf, interpretierte ihn aber in einem katholischen Sinn und erklärte diese Interpretation aus kaiserlicher Machtvollkommenheit für verbindlich. Die Bestimmungen des Edikts waren für die Protestanten im Reich desaströs. Dass Ferdinand den unmissverständlichen Anspruch erhob, ohne Beteiligung der Reichsstände aus eigener Machtvollkommenheit allgemein verbindliche Normen erlassen bzw. bestehende Reichsgesetze authentisch interpretieren zu können, irritierte auch manchen katholischen Reichsstand.

Bald wurden die Restitutionen in Angriff genommen, denen das Edikt seinen Namen verdankt. Wenn es für das gesamte Reich konsequent umgesetzt worden wäre, hätten zwei Erzbistümer, sieben Bistümer und über 500 Klöster an die katholische Kirche zurückgegeben werden müssen – Kirchengüter, die meist seit Jahrzehnten protestantisch waren. So weit kam es zwar nicht, doch auch die tatsächlich vollzogenen Restitutionen trafen einige evangelische Reichsstände schwer, wie den Herzog von Württemberg, den Markgrafen von Baden-Durlach sowie eine Reihe von Reichsstädten. Das Haus Habsburg sollte unmittelbar profitieren, denn für Erzherzog Leopold Wilhelm, den jüngeren Sohn Ferdinands II., waren u. a. das Erzstift Magdeburg und das Hochstift Halberstadt vorgesehen. Auch die bayerischen Wittelsbacher sollten eine ansehnliche »Gewinnbeteiligung« erhalten.

Allerdings wurde das Restitutionsedikt schon bald von den militärischen und politischen Entwicklungen eingeholt. Bereits beim Regensburger Kurfürstentag von 1630 musste Ferdinand die Grenzen seiner kaiserlichen Gewalt erfahren. Die Kurfürsten nötigten ihn, seinen Generalissimus Wallenstein zu entlassen und dessen Truppen, sofern sie nicht abgedankt wurden, dem Oberbefehlshaber der Ligatruppen Tilly zu unterstellen. Sie verweigerten Ferdinand zudem die so dringend gewünschte Wahl seines gleichnamigen Sohnes zum Römischen König und den Rückhalt gegenüber Frankreich im Mantuanischen Erbfolgekrieg (1628–1631), in den Ferdinand vornehmlich auf Betreiben Spaniens mit der Entsendung eines Heers nach Oberitalien eingegriffen hatte. Auch die Krönung seiner zweiten Gemahlin Eleonora Gonzaga zur Römischen Kaiserin, die eigentlich die kaiserliche Würde erhöhen und die Einheit von Kaiser und Kurfürsten zelebrieren sollte, konnte das Scheitern des Kurfürstentags kaum verdecken.

Noch während des Kurfürstentags landete König Gustav II. Adolf von Schweden in Pommern. Sein Eingreifen war primär durch sein Streben nach der Ostseeherrschaft (*Dominium Maris Baltici*) motiviert, wurde aber mit großem Erfolg publizistisch als Rettungsaktion für die bedrängten deutschen Protestanten vermarktet. In der Tat veränderte der nun beginnende Siegeszug Gustav Adolfs, der die schwedischen Truppen bis nach Bayern führte, die militärische Lage im Reich binnen eines Jahres von Grund auf. Auch der Mainzer Erzkanzler Anselm Casimir Wambolt von Umstadt suchte nach Möglichkeiten, durch ein Abrücken vom Restitutionsedikt eine gütliche Einigung der katholischen und evangelischen Reichsstände zu erreichen, um so dem schwedischen Vormarsch die Grundlage zu entziehen.[17] Doch die Verhandlungen des

4.2 Das Reich im Dreißigjährigen Krieg

Abb. 10: Kaiser Ferdinand II. mit seiner zweiten Gemahlin Eleonora Gonzaga. Graphik aus dem Klebeband Nr. 1. der Fürstlichen Waldeckschen Hofbibliothek Arolsen, o. D.

zu diesem Zweck anberaumten sog. Frankfurter Kompositionstags wurden 1631 durch das Herannahen der Schweden beendet. Selbst bislang so kaisertreue evangelische Reichsstände wie Kursachsen schlossen sich nun teils *nolens volens* dem Schwedenkönig an. An die Stelle der kaiserlich-katholischen war eine schwedisch-protestantische Vorherrschaft im Reich getreten.

Erneut erfolgte eine Umverteilung geistlicher Güter – nunmehr unter umgekehrten konfessionellen Vorzeichen. Gustav Adolf stattete verdiente Minister, Generäle und Anhänger äußerst großzügig mit katholischem Kirchengut aus. Symbolträchtig war die Übertragung des Mainzer Erzstifts an den schwedischen Reichskanzler Axel Oxenstierna. Was letztlich die Pläne Gustav Adolfs in Bezug auf das Reich waren – Strebte er die

Kaiserkrone an? Wollte er die Wiederherstellung oder den Umsturz der Reichsverfassung? – muss wegen seines frühzeitigen Todes auf dem Schlachtfeld von Lützen 1632 Spekulation bleiben. Oxenstierna versuchte, die schwedische Vorherrschaft in der Mitte und im Süden Deutschlands 1633 durch den Heilbronner Bund auf eine feste Grundlage zu stellen.[18] Dieser Bund war eine Defensivallianz der evangelischen Stände im Kurrheinischen, Fränkischen, Schwäbischen und Oberrheinischen Reichskreis unter schwedischer Hegemonie und stand unter Oxenstiernas Vorsitz.

Infolge der Schlacht von Nördlingen (1634), in der ein kaiserlich-spanisches Heer die Schweden und ihre Verbündeten entscheidend schlug, veränderten sich die Kräfteverhältnisse im Reich abermals. Aus einer neuerlichen Position der Stärke heraus suchte Ferdinand II. den Ausgleich mit den protestantischen Reichsständen. Einmal mehr war Kursachsen der wichtigste Ansprechpartner, mit dem am 30. Mai 1635 der Frieden von Prag geschlossen wurde; die übrigen Reichsstände wurden eingeladen, dem Frieden beizutreten. Der Ausgleich mit Johann Georg I. war dem Kaiser einiges wert: Er trat dem Kurfürsten nicht nur die schon seit 1623 in sächsischer Pfandschaft befindlichen Lausitzen ab, sondern akzeptierte auch, dass Johann Georgs Sohn August statt des Erzherzogs Leopold Wilhelm das Erzstift Magdeburg erhalten sollte.

Dem Vertrag lag das Konzept einer Einigung des Reichs hinter seinem Kaiser zugrunde, um mit vereinten Kräften die auswärtigen Mächte vom Reichsboden zu vertreiben. Im Zeichen dieser Einigung war Ferdinand II. zu einigen Zugeständnissen bereit: Das Restitutionsedikt wurde nicht förmlich aufgehoben, aber für vierzig Jahre ausgesetzt. Den Protestanten wurde der Besitz der Kirchengüter nach dem Stand des »Normaljahrs« 1627 bestätigt. D. h., dass die Restitutionen der ersten Kriegsdekade den Katholiken verblieben, aber die Generallösung von 1629 zur Disposition gestellt wurde. Für den weltlichen Besitzstand sollte das Jahr 1630 die Richtschnur sein. Die Reichsstände, die gegen den Kaiser gekämpft hatten, wurden bis auf wenige Ausnahmen amnestiert. Alle Sonderbündnisse wurden verboten, sodass sich Liga und Heilbronner Bund auflösen mussten. Die Reichsstände behielten zwar ihre eigenen Truppenkontingente, die jedoch alle unter kaiserlichem Oberbefehl stehen sollten. Auf diese Weise sollte *ein* schlagkräftiges Reichsheer geschaffen werden.

Durch den Prager Frieden gelang Ferdinand II. nach den Katastrophen der frühen 1630er Jahre eine eindrucksvolle Stärkung seiner kaiserlichen Stellung. Im Dezember 1636 vermochte er in Regensburg seine Erfolge durch die Wahl seines Sohnes Ferdinand zum Römischen König zu krönen, die die Kurfürsten 1630 noch verweigert hatten. Wenige Monate später, im Februar 1637, verstarb der Kaiser in Wien.

An der Bewertung Ferdinands II. und seiner Regierung schieden und scheiden sich die Geister.[19] War er der Wiederhersteller des Kaiseramts oder betrieb er einen Umsturz der Reichsverfassung im Sinne eines kaiserlichen Absolutismus? Wie bei den meisten schwierigen Fragen wird auch in diesem Fall nur eine differenzierte Antwort dem Problem gerecht. Eine erste grundlegende Unterscheidung ist bezüglich Ferdinands Politik in den habsburgischen Landen und im Reich zu treffen. Dass er in Österreich und den Ländern der Böhmischen Krone die landesfürstlichen Prärogativen deutlich gestärkt und mit einer vielfältigen Palette gegenreformatorischer Maßnahmen die Vorherrschaft des Katholizismus wiederhergestellt hat, ist nicht zu bezweifeln. Zu diesem Vorgehen sah er sich gerade auch durch den Ständeaufstand berechtigt; eine völlige Ausschaltung oder gar Abschaffung der Stände hat er freilich weder durchgeführt noch intendiert.

Die Bindung an das Recht – bzw. an das, was er als solches anerkannte – prägte auch Ferdinands Reichspolitik. Immer wieder berief er sich bei seinen Handlungen auf das Reichsrecht und das Reichsherkommen. Wenn er über Friedrich V. und verschiedene andere Fürsten die Reichsacht verhängte, die pfälzische Kur auf die bayerischen Wittelsbacher übertrug oder mit dem Restitutionsedikt den unmissverständlichen Anspruch erhob, der höchste Richter sowie der oberste Gesetzgeber im Reich zu sein, nahm er die kaiserlichen Prärogativen allerdings wesentlich extensiver wahr als seine Vorfahren. Wollte man nach Parallelen suchen, müsste man bis in die Zeit Karls V. zurückgehen. Singulär ist bei Ferdinand, dass er als einziger neuzeitlicher Kaiser keinen einzigen Reichstag abhielt – ein starkes Indiz dafür, dass er den Dualismus Kaiser – Reich im Sinne einer Überordnung des Kaisers über das Reich bzw. die Reichsstände interpretierte, so wie er es auch im Prager Frieden bezüglich des Reichsheers durchsetzte. Gleichwohl traf Ferdinand II. in der Regel keine Entscheidungen im Alleingang. Vielmehr versuchte er insbesondere die Kurfürsten in seine Politik einzubinden. Auch mit lutherischen Reichsständen kooperierte er eng, neben Kursachsen ist hier Hessen-Darmstadt zu nennen. Zum Zeitpunkt seiner scheinbar größten Machtentfaltung 1629 war er in höchstem Maß von Wallenstein abhängig, mit dessen Person sich einige der umstrittensten Aktionen Ferdinands verbinden – wie die Ernennung des böhmischen Adligen zum Herzog von Mecklenburg und die Ächtung des abgesetzten Generalissimus, der 1634 in Eger ermordet wurde.[20] Mit den Kurfürsten dagegen suchte der Kaiser immer wieder nach Kompromissen und wich, wie 1630, im Konfliktfall vor ihrer gemeinsamen Front zurück. Verglichen mit der unmittelbaren Vorkriegszeit gelang Ferdinand II. alles in allem eine deutliche Festigung der kaiserlichen Position. Dem eigenen Verständnis nach hat er die Reichsverfassung nicht umgestürzt, wohl aber in einem ausgesprochen kaiserlichen Sinne interpretiert. Manche Reichsstände erlebten seine Regierung als eine Abfolge von Verletzungen ihrer Freiheiten. Aus ihrer Perspektive geriet die Reichsverfassung völlig aus den Fugen und eine Abstellung der eingerissenen Mängel war dringend erforderlich. Welche dieser Deutungen sich durchsetzen würde, musste sich erst noch erweisen.

4.3 Der Westfälische Frieden und die Reichsverfassung

Die Regierung Ferdinands III. stand ebenso wie die seines Vaters im Zeichen des Dreißigjährigen Kriegs. Allerdings wurde er v. a. – und zwar anfangs durchaus widerwillig – zum Kaiser des Westfälischen Friedens.[21] Zunächst schien sich das Konzept des Prager Friedens zu bewähren, da die kaiserlichen Armeen beachtliche militärische Erfolge gegen die schwedischen Truppen feiern konnten. Doch langsam verschoben sich die Kräfteverhältnisse. Das lag nicht zuletzt daran, dass Frankreich

1635 auf der Seite Schwedens offen in den Krieg eintrat. Anlass dafür war die Gefangennahme des unter französischem Schutz stehenden Trierer Kurfürsten Philipp Christoph von Sötern durch spanische Truppen; er wurde später an den Kaiser überstellt. Spanien dagegen, dessen militärische und finanzielle Unterstützung in den vergangenen Jahren für die österreichischen Habsburger essentiell gewesen war, geriet zunehmend selbst in Bedrängnis.

Je länger der Krieg dauerte, je größer die Belastungen wurden und je geringer die Aussichten der Habsburger auf einen Sieg über Frankreich, Schweden und ihre Verbündeten waren, desto mehr drängte eine wachsende Zahl von den Reichsständen auf den Frieden und setzte Ferdinand III. auch politisch unter Druck. Um das Reich unter seiner Führung zu einen und sich die andauernde Reichshilfe für den Krieg zu sichern, berief der Kaiser erstmals seit 1613 wieder einen Reichstag. Der Regensburger Reichstag von 1640/41 beriet über viele Themen, darunter das dringende Problem einer Justizreform, deren Vorbereitung einem Ordentlichen Reichsdeputationstag übertragen wurde. Letztlich aber stand die Friedensfrage im Vordergrund. Um die Unterstützung der Reichsstände nicht zu verlieren, sah sich Ferdinand genötigt, der Aufnahme von Friedensverhandlungen zuzustimmen. 1641 legte der Hamburger Präliminarvertrag die Rahmenbedingungen für den eigentlichen Friedenskongress fest, der in den westfälischen Bischofsstädten Münster und Osnabrück stattfinden und zu einem allgemeinen Frieden führen sollte, unter Beteiligung aller Verbündeten auf beiden Seiten, insbesondere Spaniens und der Vereinigten Niederlande.[22]

Ferdinand III. ging davon aus, dass der Reichsfriedensschluss allein vom Kaiser auszuhandeln sei, und zwar getrennt mit den Hauptgegnern Frankreich und Schweden. Am Kaiserhof hoffte man, nach einem akzeptablen Frieden mit dem einen Feind den anderen zu einem günstigen Vertrag zwingen zu können. Diese Vorstellungen konnte Ferdinand letztlich nicht durchsetzen. Zwischen den Verhandlungen mit Frankreich in Münster und denen mit Schweden in Osnabrück gab es eine formale Trennung, und am Ende wurden auch zwei gesonderte, freilich in wesentlichen Teilen gleichlautende Friedensverträge geschlossen. Doch letztlich handelte es sich um *einen* Friedenskongress an zwei benachbarten Orten, zwischen denen ein reger Austausch stattfand. Für den Kaiser noch gravierender war, dass Schweden und Frankreich seine Auffassung, er allein sei berechtigt, für das Reich Frieden zu schließen, dadurch wirksam torpedierten, dass sie alle Reichsstände zur Teilnahme an den Verhandlungen einluden. Ferdinand III. versuchte noch, den Teilnehmerkreis auf die Kurfürsten oder die Ordentliche Reichsdeputation und damit auf ein mutmaßlich leichter zu kontrollierendes Gremium zu beschränken, musste aber schließlich das Unvermeidliche hinnehmen. Am Ende waren alle Reichsstände und manche, die wie die Städte Erfurt und Magdeburg die Reichsstandschaft zumindest beanspruchten, sowie die Landstände einiger Territorien durch Bevollmächtigte in Münster und/oder Osnabrück vertreten. Organisiert wurden ihre Beratungen in reichstagsähnlichen Formen, mit getrennten Kurien der Kurfürsten, Fürsten und Städte. Bei der Zulassung der Reichsstände zu den Friedensverhandlungen handelte es sich keineswegs »nur« um eine Verfahrensfrage, denn damit war eine Vorentscheidung über das Mitspracherecht der Stände in wichtigen Reichsangelegenheiten getroffen. Indem die Botschafter der europäischen Mächte die Gesandten der Kurfürsten – nicht aber die der Reichsfürsten – im Zeremoniell fast wie ihresgleichen behandelten, akzeptierten sie zugleich die Präeminenz der Kaiserwähler vor den übrigen Reichsständen.

Angesichts der Fülle der zur Regelung anstehenden Fragen und der Verzögerungstaktiken der kriegführenden Mächte, die auf eine für sie günstige Entwicklung der militärischen Lage hofften, verwundert es nicht, dass sich die 1643 allmählich beginnenden eigentlichen Friedensverhandlungen bis 1648 hinzogen. Entscheidende Fortschritte erreichte der Erste Minister des Kaisers, Maximilian von Trauttmansdorff, der von Ende 1645 bis Mitte 1647 in Westfalen war. Doch erst als die österreichischen Finanzen völlig erschöpft waren, die militärische Lage für die Kaiserlichen aussichtslos wurde, die Schweden im Herbst 1648 in Böhmen einmarschierten, ja sogar die Prager Kleinstadt besetzten und Ferdinand III. zudem befürchten musste, dass die Reichsstände notfalls ohne ihn Frieden schließen würden, rang er sich zum Friedensschluss ohne Einbeziehung seines Verwandten und Verbündeten König Philipp IV. von Spanien durch. Während Spanien 1648 in Münster mit den Vereinigten Niederlanden Frieden schloss, wurde sein Krieg mit Frankreich in Westfalen nicht beendet, sondern dauerte bis 1659 an.

4.3 Der Westfälische Frieden und die Reichsverfassung

Die Friedensverträge von Osnabrück (*Instrumentum Pacis Osnabrugense*, IPO) mit Schweden und von Münster (*Instrumentum Pacis Monasteriense*, IPM) mit Frankreich, die beide am 24. Oktober 1648 in Münster unterzeichnet wurden, waren das Ergebnis langwieriger Aushandlungsprozesse zum Ausgleich vielfältiger, oft einander widersprechender Kollektiv- und Einzelinteressen.[23] Das merkt man ihnen auch an. Einige Punkte blieben offen, und die Vertragstexte enthalten nicht nur manche Formelkompromisse, sondern sogar offene Widersprüche, über die man dissimulierend hinwegsah, in der Hoffnung, bei günstiger Gelegenheit der eigenen Position Geltung zu verschaffen. Trotz alledem sind die Leistungen und die Bedeutung des Westfälischen Friedens nicht gering zu schätzen, der nach den Verwerfungen des Dreißigjährigen Krieges, ja, schon seit der Zeit Rudolphs II., das Reich und seine Verfassung wieder in eine Balance brachte.

Zu den Besonderheiten des Westfälischen Friedens gehört, dass er neben den Artikeln, die den Ausgleich zwischen Kaiser und Reich einerseits und den europäischen Kronen andererseits betrafen, zahlreiche Bestimmungen zu den Rechten einzelner Reichsstände und zur allgemeinen Reichsverfassung enthält. Das war dadurch begründet, dass Schweden und Frankreich auf dem Friedenskongress die Interessen ihrer Verbündeten vertraten, wie die Karl Ludwigs von der Pfalz, des ältesten Sohnes des verstorbenen Winterkönigs, oder die der Landgräfinregentin von Hessen-Kassel Amalie Elisabeth, aber auch dadurch, dass Schweden stets als Verteidiger des deutschen Protestantismus aufgetreten war und diesem Anspruch Genüge tun musste. Schließlich hatten beide Kronen ein großes Interesse daran, die Gewichte in der Reichsverfassung so zu justieren, dass dem Kaiser eine Mobilisierung der Ressourcen des Reichs für eine europäische Machtpolitik des Hauses Habsburg künftig erschwert wurde. Hier trafen sich – und zwar jenseits aller konfessionellen Differenzen – die Interessen der schwedischen und der französischen Krone sowie zahlreicher Reichsstände. Einige protestantische Fürsten verfolgten weitergehende Ziele und strebten die radikale Beschneidung der kurfürstlichen und kaiserlichen Prärogativen an. Eine Gruppe katholischer Stände tat sich demgegenüber schwer, den Protestanten Zugeständnisse in Bezug auf das Kirchengut und die Bekenntnisfreiheit zu machen.

Auch wenn der Dreißigjährige Krieg v. a. in seiner zweiten Hälfte kein Konfessionskrieg war, waren doch konfessionelle Gegensätze für seinen Ausbruch und Verlauf maßgeblich mitverantwortlich. Daher nahmen konfessionelle bzw. konfessionsrechtliche Regelungen erheblichen Raum in den Friedensverträgen ein.²⁴ Diese zielten darauf ab, die im Augsburger Religionsfrieden offengebliebenen bzw. seit 1555 neu aufgeworfenen Fragen einer einvernehmlichen, dauerhaften Lösung zuzuführen. Kennzeichnend für die politischen und rechtlichen Vorstellungen der Frühen Neuzeit ist, dass der Augsburger Religionsfrieden keineswegs aufgehoben, sondern förmlich bestätigt wurde (Art. V, § 1 IPO), obwohl die Modifikationen des Westfälischen Friedens einen Teil seiner Bestimmungen de facto aufhoben. Grundlegende Bedeutung hatte die Festlegung eines Stichtags, des 1. Januar 1624, der den konfessionellen Besitzstand festschrieb. Das betraf sämtliche Kirchengüter, nicht nur die geistlichen Fürstentümer, sondern auch landsässige Klöster, einzelne Pfründen in Domkapiteln und Kollegiatstiften, Pfarrkirchen, Schulen, die daran hängenden Posten, wie die des Schulmeisters oder des Küsters, das Recht, Glocken zu läuten, bestimmte Abgaben zu erheben usw. Mit einer solchen Normaljahrsregelung griff man auf ein Instrument zurück, das schon im Prager Frieden angewandt worden war. Allerdings mussten die Katholiken statt 1627 nun 1624 als Normaljahr akzeptieren (Art. V, § 2 IPO) – hier schlug sich die Verschlechterung der militärischen Lage für die kaiserliche Seite nieder. In der Kurpfalz sollte der konfessionelle Vorkriegsstand wiederhergestellt werden (Art. IV, § 6 IPO). Ausgenommen von der Normaljahrsregelung waren die kaiserlichen Erblande, für die Ferdinand III. sozusagen freie Hand behielt. Nur der großen evangelischen Bevölkerungsgruppe in Schlesien wurde eine begrenzte Bekenntnisfreiheit zugestanden.

Das Normaljahr war auch die Richtschnur für das Recht, öffentlich oder nichtöffentlich Gottesdienst feiern zu dürfen (*Exercitium publicum* bzw. *Exercitium privatum*), und stellte so einen Bestandsschutz für konfessionelle Minderheiten dar, soweit sie 1624 existiert hatten. Damit war das förmlich bestätigte landesherrliche Reformationsrecht weitgehend ausgehöhlt: Es stand einem Fürsten weiterhin frei zu konvertieren, er durfte aber nicht mehr seine Untertanen zwingen, ihm auf diesem Weg zu folgen. Eine bis dahin bestehende Diskriminierung der Protestanten wurde dadurch abgeschafft, dass der Geistliche Vorbehalt, also die Regel, dass der Inhaber eines geistlichen Amtes bei einer Konversion dieses Amt aufgeben musste, künftig für beide Konfessionen gelten sollte (Art. V, § 15 IPO). Letztlich lag das in der Konsequenz der Normaljahrsregelung. Zugleich wurde bestimmt, dass die evangelischen Bistumsadministratoren nunmehr als Reichsstände mit allen Rechten anerkannt werden sollten (Art. V, § 21 IPO).

Detailliert wurden die konfessionellen Verhältnisse für die vier paritätischen Reichsstädte Augsburg, Biberach, Ravensburg und Dinkelsbühl festgelegt (Art. V, §§ 3–11 IPO). Eine Sonderregelung galt auch für das Hochstift Osnabrück, wo sich künftig katholische Bischöfe und evangelische Administratoren aus der Dynastie der Welfen in der Regierung abwechseln sollten (Art. XIII, § 1 IPO). Die Ausgestaltung des Osnabrücker Alternats regelte die »Immerwährende Kapitulation« (*Capitulatio Perpetua*), die 1650 auf dem über die Umsetzung des Westfälischen Friedens beratenden Nürnberger Exekutionstag verabschiedet wurde.[25] Der Fall Osnabrück zeigt besonders gut, wie schwierig die Aushandlungsprozesse auf dem westfälischen Friedenskongress waren. So galt es, die komplexe konfessionelle Gemengelage im Hochstift, die Ansprüche des gegenwärtigen Bischofs Franz Wilhelm von Wartenberg, eines illegitimen Abkömmlings des Hauses Wittelsbach, der zudem auf dem westfälischen Kongress die Position des kurkölnischen Prinzipalgesandten bekleidete, und die Notwendigkeit, für die Welfen eine Entschädigung für Rechtstitel zu finden, deren Umsetzung ihnen verwehrt worden war, miteinander zu versöhnen.

Auch für konfessionelle Minderheiten, die 1624 nicht die freie Religionsausübung besessen hatten, bot der Westfälische Friede mit dem grundsätzlich verbürgten Recht zur Hausandacht (*Devotio domestica*) und einem im Vergleich zum Augsburger Religionsfrieden verbesserten Emigrationsrecht (Art. V, §§ 34, 36–37 IPO) zumindest einen Basisschutz. Allerdings galt dieser Minderheitenschutz nach wie vor nur für Katholiken und Anhänger des Augsburger Bekenntnisses.

Art. VII, § 1 des Osnabrücker Friedensvertrags stellte klar, dass die Calvinisten den Augsburger Konfessionsverwandten zuzurechnen seien, und schob damit allen künftigen Versuchen, sie aus dem Religionsfrieden auszuschließen, einen Riegel vor. Zugleich setzte er fest, dass ein Landesherr nach einem Konfessionswechsel vom Luthertum zum Calvinismus oder umgekehrt nicht seine Untertanen nötigen durfte, diesen

Schritt mitzuvollziehen. Der Bestandsschutz der Normaljahrsregel galt also auch innerprotestantisch.

Auf Reichsebene sollte die bis dahin bestehende strukturelle Minderheitenposition der Protestanten in eine »vollständige und gegenseitige Gleichheit« (*aequalitas exacta mutuaque*, Art. V, § 2 IPO) umgewandelt werden, wobei Lutheraner und Reformierte hier gemeinsam das Corpus der Augsburger Konfessionsverwandten (*Corpus Evangelicorum*) bildeten. In denjenigen Reichsinstitutionen, für die das praktikabel erschien, wie dem Ordentlichen Reichsdeputationstag, dem Reichskammergericht oder den kaiserlichen Kommissionen, sollte eine numerische Gleichheit von katholischen und evangelischen Mitgliedern hergestellt werden. Für den Reichstag musste man eine andere Lösung finden. Denn das Recht auf Sitz und Stimme in dieser vornehmsten Reichsinstitution war so eng mit der auf Herkommen und alten Rechtstiteln beruhenden und durch den Eintrag in der Reichsmatrikel bekräftigten Reichsstandschaft verknüpft, dass man weder ein paar zusätzliche protestantische Reichsstände kreieren noch einige katholische Stände nötigen konnte, ihre Stimme ruhen zu lassen. Stattdessen verfiel man auf den Ausweg – und kam damit einer alten Forderung der Evangelischen nach –, dass im Reichstag Mehrheitsentscheidungen in Konfessionsfragen ausgeschlossen sein sollten. Vielmehr sollten Katholiken und Protestanten in solchen Fällen in zwei konfessionelle Corpora auseinandertreten (*itio in partes*) und als Corpora eine gütliche Einigung aushandeln (*amicabilis compositio*, Art VII., § 52, IPO). Der schon im Augsburger Religionsfrieden enthaltene Gewaltverzicht wurde nachdrücklich bestätigt.

Die konfessionsrechtlichen Regelungen gehören zweifellos zu den bedeutendsten Leistungen des Westfälischen Friedens. Die größten Probleme konnten dauerhaft gelöst werden – wie schon 1555 unter Ausklammerung der theologischen Wahrheitsfrage. Eine zukünftige Wiedervereinigung der Konfessionen wurde nicht förmlich ausgeschlossen, war aber kaum mehr als eine Nebenklausel im Vertragstext wert. Katholiken und Protestanten waren nunmehr weitgehend gleichberechtigt; auch die Positionen der Untertanen waren reichsrechtlich gesichert – und damit im Zweifelsfall gegen den Landesherrn vor den Reichsgerichten einklagbar.

4.3 Der Westfälische Frieden und die Reichsverfassung

Die Bedeutung der Normaljahrsregelung kann nicht hoch genug eingeschätzt werden. Indem die konfessionellen Verhältnisse auf dem Stand des 1. Januars 1624 eingefroren wurden, wurde ein gewaltiges Konfliktpotential beseitigt. Zwar gab es bei der konkreten Umsetzung noch manchen Streit, weil sich im Einzelfall oft nicht sicher feststellen ließ, wie denn genau die Besitzverhältnisse am 1. Januar 1624 gewesen waren – oder weil der aktuelle Besitzer nicht geneigt war, das aufzugeben, was er in Händen hatte. Erneute Kriegsgefahr resultierte aus diesen Konflikten aber nicht. Problematischer wurde mit der Zeit etwas anderes: dass nämlich die rechtlichen Besitzstände von 1624 in vielen Fällen im 18. Jahrhundert nicht mehr mit den sich wandelnden politischen und sozialen Verhältnissen übereinstimmten. Dann wurde das Normaljahr bisweilen weniger genutzt, um einen Minderheitenschutz zu gewährleisten als um die *beati possidentes* in ihren privilegierten Positionen zu bestätigen. Dauerhaft reichsrechtlich ungesichert blieb ohnehin die Position radikalprotestantischer Gruppen, wie der Täufer.

Mit einem Fragezeichen mag man auch die *aequalitas exacta mutuaque* versehen, denn noch immer waren einige Vorteile auf der Seite der Katholiken. Sie besaßen eine komfortable Mehrheit in den beiden oberen Reichstagskurien, und ihre Majorität im Kurkolleg stellte dauerhaft sicher, dass auch der Kaiser katholisch sein würde. Dass die konfessionellen Corpora als Element der Reichsverfassung eingeführt bzw. anerkannt wurden, trug dazu bei, die konfessionelle »Sollbruchstelle« zwischen den Reichsgliedern aktuell zu halten, die in veränderter Weise im 18. Jahrhundert erneut eine erhebliche Rolle in der Reichsgeschichte spielen sollte.

Eine Minderheit der katholischen Reichsstände unter Führung Franz Wilhelms von Wartenberg widersetzte sich mit Unterstützung des Nuntius Fabio Chigi, des nachmaligen Papstes Alexander VII., den Zugeständnissen an die Protestanten. Ebenso wie der Nuntius legte auch Papst Innozenz X. Protest gegen den Westfälischen Frieden ein. Dieser Protest kam nicht unerwartet, sodass man vorsorglich in den Vertragstext eine Antiprotestklausel eingefügt hatte, durch die alle Einreden gegen den Frieden von vornherein für wirkungslos erklärt wurden. Auch in Rom dürfte die Vergeblichkeit des Protestes niemand überrascht haben. Aber der Papst sah sich zu seinem Schritt verpflichtet, der freilich nur einmal mehr die Säkularisierung des Reichs- und des Völkerrechts bzw. die Tatsache demonstrierte, dass auch so fromme katholische Fürsten wie Ferdinand III. oder Maximilian I. ihre Politik unabhängig von den Vorgaben aus Rom gestalteten.

Ähnlich wichtig wie die konfessionsrechtlichen Regelungen des Westfälischen Friedens waren seine Aussagen zur Position der Reichsstände. Ihnen bestätigte er nicht nur in allgemeiner Form alle Rechte und ihre Landeshoheit (Art. VIII, § 1 IPO), sondern auch das Stimmrecht (*ius suffragii*) in allen Reichsangelegenheiten, insbesondere bei der Gesetzgebung, in Fragen von Krieg und Frieden sowie bei der Ausschreibung von Steuern. Alle Beschlüsse in den genannten Bereichen wurden für die Zukunft an die Zustimmung der auf dem Reichstag versammelten Reichsstände gebunden (Art. VIII, § 2 IPO). In demselben Paragraphen wurden ausdrücklich auch das Bewaffnungsrecht (*ius armorum*) und das Bündnisrecht (*ius foederis* der Reichsstände bekräftigt, innerhalb des Reichs sowie mit Auswärtigen, wobei sich die Allianzen nicht gegen Kaiser und Reich richten durften. Bestätigt wurde auch das bis dahin umstrittene Entscheidungsrecht (*votum decisivum*) der reichsstädtischen Kurie im Reichstag. Alle diese Bestimmungen des Westfälischen Friedens schufen keine völlig neuen Sachverhalte. Indem sie aber das Herkommen festschrieben, sicherten sie die Reichsstände gegen Machtverschiebungen innerhalb der Reichsverfassung zugunsten des Kaisers, wie sie während des Dreißigjährigen Kriegs zeitweise gedroht hatten.

Auch zahlreiche Einzelbestimmungen des Westfälischen Friedens hatten erhebliche Auswirkungen auf die Reichsverfassung. Hierzu zählt die Einrichtung einer Achten Kurwürde zugunsten der Pfälzer Wittelsbacher – auch dies einer der zahlreichen Kompromisse des Westfälischen Friedens: Maximilian von Bayern, der als armierter Fürst über die bessere Ausgangsposition verfügte und sich als potentieller Rivale des Hauses Österreich im katholischen Lager auch des französischen Wohlwollens sicher sein durfte, konnte die ursprünglich pfälzische erste (bzw. nach Böhmen zweite) weltliche Kurwürde mitsamt der Oberpfalz behalten. Dagegen erhielt Karl Ludwig von der Pfalz für sich und seine Nachfolger die Kurpfalz zurück, an die eine neue Kurwürde mitsamt dem ebenfalls neugeschaffenen Erzschatzmeisteramt angebunden wurde. Er war somit zwar Mitglied im exklusiven Kreis der Kaiserwähler, nahm aber den niedrigsten Rang ein. Mit der Schaffung der Achten Kurwürde hatte man schweren Herzens erstmals die geheiligte Siebenzahl im Kurkolleg überschritten. Allerdings sollte die Achte Kurwürde erlöschen, wenn eine Linie der Wittelsbacher aussterben und die andere ihr Erbe antreten würde, was 1777 tatsächlich eintrat. Ebenso wie die pfälzische Kurlinie wurden auch alle anderen Gegner des Kaisers amnestiert und restituiert; hier galt der Vorkriegsstand als Maßstab. Ausnahmen von der Amnestie gab es anders als 1635 nicht.

Aus den Notwendigkeiten eines Interessenausgleichs resultierte auch die Säkularisation einer stattlichen Anzahl von schon vor dem Krieg evangelisch gewordenen geistlichen Fürstentümern. Die meisten von ihnen fielen an Kurfürst Friedrich Wilhelm I. von Brandenburg, nämlich Minden, Halberstadt, Kammin und die Anwartschaft auf Magdeburg, sobald der derzeitige Administrator August von Sachsen gestorben sein würde, was erst 1680 eintrat. Für diese neuen Besitzungen, in denen einige geistliche Institutionen, darunter die Domkapitel, fortbestanden, erhielt der Kurfürst weltliche Herrschaftstitel als Fürst bzw. Herzog in Magdeburg und die dazugehörigen Stimmen im Reichstag, was seinen Einfluss im Fürstenrat deutlich verstärkte. Allerdings stellten diese Neuerwerbungen Friedrich Wilhelms bestenfalls einen Trostpreis für den ihm entgangenen Teil Pommerns dar. Denn kraft alter Erbverbrüderungen hätte er 1637 beim Aussterben des Herzogshauses der Greifen ganz Pommern erben müssen, das jedoch zu diesem Zeitpunkt von Schweden besetzt war; letztlich sprach der Westfälische Frieden ihm nur Hinterpommern zu.

Da Schweden bei den Friedensverhandlungen nicht nur auf einer finanziellen Satisfaktion für die entstandenen Kriegskosten, sondern auch auf einer territorialen Entschädigung bestand und die stärkeren militärischen Argumente hatte, erhielt es durch den Osnabrücker Friedensvertrag Vorpommern mit Stettin und damit den wirtschaftlich attraktiveren Teil Pommerns, dazu Wismar mit den vorgelagerten Inseln Poel und Walfisch, das Erzstift Bremen und das Stift Verden. Während die Herzöge von Mecklenburg für Wismar mit den kleinen Hochstiften Schwerin und Ratzeburg entschädigt wurden, die sie ohnehin schon kontrollierten, waren Bremen und Verden sozusagen frei verfügbar: Ihr früherer Administrator, der dänische Prinz Friedrich – ab 1648 König

Friedrich III. von Dänemark und Norwegen –, hatte sie bereits 1645 im Frieden von Brömsebro, der den dänisch-schwedischen Torstenssonkrieg (1643–1645) beendet hatte, an Schweden abtreten müssen. Dank dieser territorialen Gewinne kontrollierte Schweden die Mündungen von Weser, Elbe und Oder und verfügte über lukrative Zollrechte. Zudem erhielt Königin Christina als Herzogin von Pommern und Bremen sowie Fürstin von Verden Sitz und Stimme im Fürstenrat des Reichstags.

Der Friedensvertrag von Münster sprach auch Frankreich ansehnliche territoriale Gewinne zu.[26] Dazu zählten mit den Hochstiften und Reichsstädten Metz, Toul und Verdun einige Gebiete, die der Allerchristlichste König seit einem knappen Jahrhundert ohnehin schon besaß; hinzukamen die bis dahin habsburgischen Besitzungen und Rechte im Elsass. Zu diesen Rechten zählte die alte Landvogtei im Elsass, von der allerdings nicht ganz klar war, wie weit sich ihre Rechte nicht zuletzt über die Dekapolis, die zehn elsässischen Reichsstädte (außer Straßburg), erstreckten. Die betreffenden Ausführungen des Friedensvertrags von Münster spiegeln die verschiedenen Verhandlungsstufen wider und sind widersprüchlich formuliert. Denn die französischen Gesandten waren darauf bedacht, ihrem König möglichst umfangreiche Ansprüche im Elsass zu verschaffen. Die elsässischen Reichsstände dagegen versuchten, jeden Schatten von ihrer Reichsstandschaft abzuwenden, den eine Unterordnung unter Frankreich mit sich zu bringen drohte. Wieder einmal folgte man dem Grundsatz der Dissimulation und ließ die derzeit unauflösbaren Widersprüche im Vertragstext stehen. Wie weit Frankreich seine Herrschaft im Elsass über die dortigen Reichsstände auszudehnen versuchen und ob ihm das gelingen würde, musste somit die Zukunft erweisen. Wertvoll für Frankreich waren auch das Besatzungsrecht in Philippsburg und der Besitz Breisachs. Dank dieser beiden rechtsrheinischen Brückenköpfe konnten französische Truppen bei Bedarf rasch ins Kerngebiet des Reichs vorrücken.

Zudem stand beiden Kronen durch den Westfälischen Frieden eine rechtliche Intervention im Reich offen. Indem zentrale Fragen der Reichsverfassung in den Verträgen von Münster und Osnabrück geregelt wurden, wurden diese Regelungen zu einem Bestandteil des europäischen Völkerrechts und Frankreich sowie Schweden zu Garantiemächten der

4.3 Der Westfälische Frieden und die Reichsverfassung

Reichsverfassung, die bei Verfassungsbrüchen angerufen werden konnten. Allerdings erhielt der französische König im Unterschied zur schwedischen Königin seine Erwerbungen zu souveränem Besitz, d.h. sie schieden aus dem Reich aus. Am französischen Hof zog man in Erwägung, die elsässischen Gebiete als Reichslehen zu erwerben, um so mit der Reichsstandschaft noch weitergehende Einflussmöglichkeiten zu erhalten. Doch dass Ludwig XIV. damit ein Vasall des Kaisers geworden wäre, hielt man letztlich für unvereinbar mit der Würde eines Allerchristlichsten Königs. In Wien dagegen legte man keinen Wert auf eine noch engere Einbeziehung Frankreichs in das Reichssystem. Auch die Republik der Vereinigten Niederlande, die schon im Januar ihren Frieden mit Spanien gemacht hatte, und die Schweizer Eidgenossenschaft schieden 1648 faktisch aus dem Reich aus.

Von erheblicher Bedeutung ist auch, was die Westfälischen Friedensverträge *nicht* regelten. So wurden radikale Forderungen der Kronen sowie einer Gruppe evangelischer Fürsten zwar erwähnt, aber eben nicht bewilligt, sondern zurückgestellt. Zu diesen *negotia remissa*, die auf dem nächsten Reichstag entschieden werden sollten, zählten die Römische Königswahl *vivente Imperatore*, die die protestantische Aktionspartei und die Kronen gern abgeschafft hätten, die Forderung nach einer Beständigen Wahlkapitulation, die nicht nur durch die Kurfürsten, sondern durch den gesamten Reichstag formuliert werden sollte, und die Neuregelung des Reichsachtverfahrens (Art. VIII, § 3 IPO). Ebenfalls aufgeschoben wurden die Herstellung der Parität im Ordentlichen Reichsdeputationstag, die Erneuerung der Reichsmatrikel und die Klärung der Frage, ob Mehrheitsbeschlüsse in Steuerfragen gültig seien. Überhaupt konnten die reichsständischen Akteure ihre Maximalziele kaum durchsetzen. Das galt selbst für einen über beachtliche Truppen verfügenden, armierten Reichsstand wie Hessen-Kassel. Es behauptete den territorialen Vorkriegsstand, einschließlich der zwischenzeitlich von Hessen-Darmstadt bestrittenen Marburger Erbschaft und des Reichsstifts Hersfeld. Die Absichten auf das Hochstift Paderborn und andere reichskirchliche Gebiete konnten aber nicht realisiert werden, sondern wurden mit einer von den betroffenen geistlichen Fürsten aufzubringenden Entschädigungssumme von 600 000 Reichstalern abgegolten (Art. XV IPO).

Indem die Maximalforderungen der protestantischen Aktionspartei in Westfalen nicht bewilligt wurden, war damit zu rechnen, dass es über diese Punkte noch zu Konflikten kommen würde. Absehbar war, dass Kaiser und Kurfürsten versuchen würden, sie bis zum Sankt-Nimmerleins-Tag zu vertagen und letztlich in der Versenkung verschwinden zu lassen. Überhaupt konnten sich, gemessen an den schwierigen Rahmenbedingungen, die Ergebnisse des Westfälischen Friedens aus kaiserlicher Perspektive durchaus sehen lassen. Verglichen mit dem Vorkriegsstand hatten die Habsburger ihre Position in ihren deutschen und böhmischen Erblanden substanziell und dauerhaft gestärkt. Territoriale Verluste hatten vermieden werden können, sieht man von den schon früher an Kursachsen abgetretenen Lausitzen und dem Elsass mit Breisach einmal ab. Letzteres ging nicht zu Lasten des Kaisers, sondern der Tiroler Nebenlinie der Habsburger. Zwar waren die reichsständischen Rechte – sowohl der Stände als Korporation wie auch der Einzelstände – in den Friedensverträgen festgeschrieben worden und damit die Grauzonen, in denen der Kaiser seine Handlungsspielräume effizient nutzen konnte, kleiner geworden. Eine ausdrückliche Beschränkung der kaiserlichen Prärogativen hatte jedoch kaum stattgefunden. Auch die Kurfürsten hatten die von ihnen beanspruchte Präeminenz im Wesentlichen behaupten können.

Vieles in den Friedensverträgen von Münster und Osnabrück war wie gesagt nicht neu. Oft bestätigten sie nur das, was lange vor 1618 bereits dem Reichsherkommen entsprach. Gleichwohl waren die Unterschiede zwischen dem Reich des 16. und frühen 17. Jahrhunderts und dem Reich nach 1648 unübersehbar. Schon die stärkere Normierung der Reichsverfassung war ein solcher Unterschied. Weitere Differenzen und deren Entwicklungen sollen im folgenden Kapitel dargestellt werden.

Unstrittig ist die enorme Wertschätzung, derer sich der Westfälische Friede zeitgenössisch und bis weit ins 18. Jahrhundert erfreute. Für diejenigen, die den Dreißigjährigen Krieg erlebt hatten, war der Frieden ein hohes Gut, das sie keineswegs aufs Spiel setzen wollten. Johann Gottfried Meiern, der Herausgeber der Friedensakten, pries ihn als »Grund-Feste«, auf der »die Sicherheit, die Ruhe und die Freyheit beydes der Religion und des Staats, dieses mächtigen Reichs bestehe«.[27]

Nachdem nationalistische Historiker des 19. und frühen 20. Jahrhunderts den Frieden im Gegenteil als nationales Unglück verdammt hatten, ist die jüngere Forschung zu einer positiven Einschätzung zurückgekehrt und würdigt ihn als »ein ›Fundamentalgesetz‹ von säkularer Bedeutung«.[28]

5 Kaiser und Reich nach dem Westfälischen Frieden

5.1 Der Weg zum Immerwährenden Reichstag

Die ersten eineinhalb Dezennien nach dem Westfälischen Frieden lassen sich in mehr als einer Hinsicht als Nachkriegszeit charakterisieren: Große Teile des Reichs waren schwer vom Krieg gezeichnet. Auch die Akteure der Reichspolitik standen unter dem Eindruck der Katastrophe. Viele waren bestrebt, einen neuen Krieg auf Reichsboden um – fast – jeden Preis zu vermeiden. Schließlich galt es noch manche offengebliebene Frage und die Umsetzung der Friedensbestimmungen zu regeln.

Das vordringlichste Problem war zweifellos die Abdankung der Armeen; allein die schwedischen Truppen zählten etwa 60 000 Mann. Solange diese im Land blieben und sich aus dem Land ernährten, stand der Frieden lediglich auf dem Papier – es ist kein Zufall, dass die meisten Friedensfeste im Reich erst nach dem Abzug der Truppen stattfanden. Um die Amnestie- und Normaljahrsbestimmungen umzusetzen, waren zahlreiche Restitutionen erforderlich. Es war damit zu rechnen, dass die protestantische Aktionspartei versuchen würde, die *negotia remissa* auf die Tagesordnung zurückzuholen. Wie würde sich unter diesen Voraussetzungen die Reichsverfassung entwickeln? Würde sie ihren hierarchischen Charakter bewahren oder würde sie sich zu einem föderalen System entwickeln? Welche Rolle würden Frankreich und Schweden künftig in der Reichspolitik spielen? Und schließlich: Würde der Frieden überhaupt halten? Der andauernde spanisch-französische Krieg zog das westliche Reichsgebiet immer noch in Mitleidenschaft. Und 1651 versuchte der Brandenburger Kurfürst vergeblich, sich handstreichartig in den Besitz des Herzogtums Berg zu setzen (»Düsseldorfer

Kuhkrieg«). Angesichts der Vielzahl offener Fragen gewannen die Entwicklungen der unmittelbaren Nachkriegszeit große Bedeutung für die Zukunft des Reichs. In der Tat erfolgten in den eineinhalb Jahrzehnten nach 1648 wichtige Weichenstellungen für die letzten 150 Jahre der Reichsgeschichte. Größte Bedeutung für die Umsetzung des Westfälischen Friedens besaß der Nürnberger Exekutionstag (1649/50), auf dem sich erneut zahlreiche Gesandte des Kaisers, der Kronen und der Reichsstände versammelten.[1] Einige von ihnen waren direkt von Münster oder Osnabrück in die fränkische Reichsstadt gereist, zu ihnen stießen führende Militärs wie der schwedische Generalissimus Karl Gustav von Pfalz-Zweibrücken, der nachmalige König Karl X. Gustav. Denn die Nürnberger Versammlung war mit militärischen Fragen wie Abrüstung, Satisfaktion und Abzug der Truppen beschäftigt. Im Juni 1650 konnte der Exekutionshauptrezess unterzeichnet werden. Dieser Vertrag regelte die Modalitäten für die Zahlung der 5 Millionen Reichstaler an schwedischen Satisfaktionsgeldern, die im Osnabrücker Friedensvertrag vereinbart worden waren und die die drei Rheinischen Reichskreise, der Ober- und der Niedersächsische, der Schwäbische sowie der Fränkische Reichskreis aufzubringen hatten. Außerdem fixierte er einen Zeitplan für den Abzug bzw. die Demobilisierung der Truppen der verschiedenen Mächte – insgesamt dürfte es sich um 125 000 bis 150 000 Mann gehandelt haben. Zudem handelte der Nürnberger Exekutionstag eine Reihe von Restitutionsangelegenheiten ab.

Mit erheblicher Spannung sah man aber auch dem nächsten Reichstag entgegen, der nach den Bestimmungen des Westfälischen Friedens die in Münster und Osnabrück noch offengebliebenen Verfassungsfragen regeln sollte. Der Reichstag hätte eigentlich schon im Oktober 1649 zusammentreten sollen, wurde von Ferdinand III. aber erst für Oktober 1652 nach Regensburg ausgeschrieben und Ende Juni 1653 schließlich eröffnet.[2] Dass sich Reichsversammlungen verzögerten, war an sich nicht ungewöhnlich, ein Aufschub von fast vier Jahren war jedoch erheblich. In erster Linie schuf der Kaiser aber vor der Reichstagseröffnung Fakten. Er bemühte sich sehr um die Kurfürsten und traf mit der Mehrzahl von ihnen im Vorfeld des Reichstags in Prag zusammen, auch mit dem eben erst restituierten Karl Ludwig von der Pfalz. Diese neugeschmiedete Allianz von Kaiser und Kurfürsten bewährte sich: Während sich in Regensburg schon die Reichsstände bzw. ihre Gesandten versammelt hatten, wurde im Mai 1653 in Augsburg der älteste Kaisersohn Ferdinand zum Römischen König gewählt. Damit schien den Habsburgern das Kaiseramt für eine weitere Generation sicher. Während die Wahl Ferdinands IV. außerhalb der Reichstagsstadt durchgeführt wurde, um so zu unterstreichen, dass die Römische Königs- bzw. Kaiserwahl auch nach dem Westfälischen Frieden in die exklusive Zuständigkeit der Kurfürsten fiel, und um die Fürsten im Wortsinn auf Distanz zu halten, fand die Krönung des Römischen Königs in Regensburg statt. Wenige Wochen später wurde seine Stiefmutter Eleonora Gonzaga-Nevers, die dritte Gemahlin Ferdinands III., ebenfalls in Regensburg zur Römischen Kaiserin gekrönt. Die Krönungsfeierlichkeiten, die erstmals im Rahmen eines Reichstags stattfanden, boten dem Kaiser eine glänzende Gelegenheit, um die Hierarchie des Reichs und die herausragenden Positionen, die er und seine Familie in dieser Rangordnung besetzten, unter Einbeziehung der zahlreich anwesenden fürstlichen Personen zu inszenieren – was allerdings einige Präzedenzstreitigkeiten mit sich brachte. Überhaupt nutzte Ferdinand alle ihm zu Gebote stehenden Möglichkeiten, um Kurfürsten, Fürsten und Reichseliten sowie die Reichsöffentlichkeit mit den Mitteln barocker Prachtentfaltung, z. B. durch die Aufführung der Oper »L'inganno d'amore« von Antonio Bertali, zu beeindrucken.

Als erste allgemeine Reichsversammlung nach dem Westfälischen Frieden sollte der im Juni 1653 eröffnete Reichstag nicht nur die 1648 offengebliebenen Fragen klären, sondern auch die wiedergefundene Eintracht von Kaiser und Ständen und die hierarchische Ordnung des Reichs repräsentieren und reproduzieren. Das konnte in sinnfälliger Weise bei den eher seltenen Plenarsitzungen des Reichstags geschehen, zumal bei seiner feierlichen Eröffnung:

Der Kaiser thronte als Reichsoberhaupt an der Frontseite des Tagungssaals auf einem Sessel, der auf einem Podest unter einem Baldachin platziert war, ihm zur Seite – aber nicht unter dem Baldachin und auch nicht in Sesseln, sondern auf Bänken und zwei Stufen niedriger – saßen die Kurfürsten. An den Seitenwänden hatten, leicht erhöht, aber unterhalb der Kurfürsten, die Bänke der Fürsten ihren Platz, wobei die

Abb. 11: Verlesung der kaiserlichen Proposition beim Reichstag. *Abriß der Solennitet, wie es auff Reichs-Tagen bey ablesung der Kayserlichen Proposition gehalten wird.* Kupferstich von Peter Troschel, 1675.

vornehmeren geistlichen Fürsten dem Kaiser zur Rechten saßen, die weltlichen Fürsten ihm zur Linken. Die ranghöchsten Fürsten saßen dem Kaiser am nächsten. Durch eine Schranke von den höheren Reichsständen getrennt, saßen die Vertreter der Reichsstädte dem Kaiser gegenüber, und zwar ohne jede Erhöhung. So jedenfalls das ideale Bild einer Reichstagseröffnung, das durch Druckgraphiken auch denjenigen vermittelt wurde, die an dem Ereignis selbst nicht teilnehmen konnten.

Auch auf dem Reichstag setzte Ferdinand III. auf die Kooperation mit den Kurfürsten und der katholischen Majorität im Fürstenrat und konnte so die Initiativen der fürstlich-protestantischen Opposition in Schach halten, die ihrerseits Rückhalt beim schwedisch-vorpommerschen Reichstagsgesandten fand. Von den *negotia remissa* wurde in Regensburg nur die Herstellung der Parität des Ordentlichen Reichsdeputationstags abgearbeitet. Im Fürstenrat der Deputation war das relativ leicht, indem Sachsen(-Altenburg), Brandenburg(-Kulmbach), Mecklenburg(-Schwerin), Württemberg, die Wetterauer Grafen, das (evangelische) Straßburg und das (katholische) Überlingen zu neuen Deputierten ernannt wurden. Schwieriger war die Lage im Kurfürstenrat. Einige protestantische Fürsten plädierten dafür, die Trennung von Kurfürstenrat und Fürstenrat beim Deputationstag aufzuheben und einen weiteren evangelischen Deputierten zu bestimmen. Gegen diesen Vorschlag und auch gegen die Option, einen evangelischen Fürsten im Kurfürstenrat zuzulassen, wehrten sich die Kurfürsten allerdings entschieden, denn beide Lösungen hätten ihre Präeminenz beeinträchtigt. Schließlich einigte man sich darauf, dass im Bedarfsfall im Kurfürstenrat eine zusätzliche Stimme (*votum supernumerarium*) zwischen den evangelischen Kurfürsten alternieren sollte.

Andere wichtige Ergebnisse des Reichstags von 1653/54 waren die Verabschiedung einer neuen Reichskammergerichtsordnung und Regelungen für das reichsständische Schuldenwesen. Das Recht der Reichsstände, Steuern zu Verteidigungszwecken zu erheben, wurde bestätigt. Eine Reihe von »neuen« Reichsfürsten, vielfach erbländische Adlige, deren Verdienste um das Haus Habsburg vom Kaiser durch diese Standeserhöhung belohnt worden waren, erhielt Sitz und Stimme im Fürstenrat und verstärkte dort die prokaiserliche Partei. Gleichzeitig wurden aber Regeln für die Aufnahme neuer Fürsten festgelegt, die für die Zukunft einen »Pairsschub« zugunsten des Kaisers verhindern sollten: Ihre Zulassung wurde nicht nur an die Zustimmung aller Reichstagskollegien, sondern auch an den Besitz eines »fürstenmäßigen« reichsunmittelbaren Besitzes geknüpft.[3]

Insgesamt konnten sich die Ergebnisse des ersten Nachkriegsreichstags durchaus sehen lassen. Anders als 1608 und 1613 war die zentrale Institution des Reichs wieder in der Lage zu Interessenausgleich und Entscheidungsfindung. Um die Bestimmung des Westfälischen Friedens einzuhalten, dass die *negotia remissa* auf dem ersten Reichstag nach dem Friedensschluss erledigt werden sollten, wurde der Reichstag 1654 nicht förmlich aufgelöst, sondern auf 1656 vertagt. Gleichwohl gab es einen förmlichen Reichsabschied, der später als Jüngster Reichsabschied bezeichnet wurde, weil es der letzte überhaupt war, was freilich 1654 noch niemand ahnen konnte. In den Reichsabschied wurde der gesamte Westfälische Friede inseriert, der damit förmlich Bestandteil des Reichsrechts wurde. Alles in allem konnte Ferdinand III. mit dem Ergebnis des Reichstags zufrieden sein, denn seine kaiserliche Autorität war in Regensburg konsolidiert worden. Für den Kaiser ebenso wie für die Kurfürsten war erfreulich, dass die heiklen Themen der Römischen Königswahl *vivente Imperatore* und der Beständigen Wahlkapitulation aufgeschoben wurden. Seine kaiserlichen Prärogativen hatte Ferdinand dadurch unterstrichen, dass er ohne Beteiligung des Reichstags aus eigener Machtvollkommenheit eine neue Reichshofratsordnung erlassen hatte. Außerdem war die Position des Kaisers als oberster Lehnsherr durch einige während des Reichstags vollzogene Thronbelehnungen bekräftigt worden. Ferdinand III. hatte der schwedischen Königin die Investitur mit ihren neuerworbenen Reichsgebieten und damit die Zulassung zum Fürstenrat erst dann erteilt, als sie sich mit dem Kurfürsten von Brandenburg auf den Grenzverlauf in Pommern geeinigt hatte.

Als ein entscheidender Faktor für die Erfolge der kaiserlichen Politik in Augsburg und Regensburg erwies sich die enge Kooperation mit dem Mainzer Kurerzkanzler. Der aus einer bis dahin nicht besonders hervorgetretenen reichsritterlichen Familie stammende Johann Philipp von Schönborn war 1642 zum Fürstbischof von Würzburg und 1647 zum Erzbischof von Mainz gewählt worden; 1663 sollte dann noch die

5 Kaiser und Reich nach dem Westfälischen Frieden

Wahl zum Bischof von Worms folgen. Auch wenn Schönborn nicht der Kandidat des Hauses Habsburg für den Mainzer Erzstuhl gewesen war, kam es in den folgenden Jahren zu einer fruchtbaren Kooperation zwischen Wien und Mainz. Sowohl Ferdinand III. als auch Johann Philipp strebten nach den Zerrüttungen des Kriegs eine Festigung des Reichs durch die Wiederherstellung des Vertrauens zwischen Haupt und Gliedern an – um eine in diesen Jahren häufig verwendete Metapher aufzugreifen. Ohne ihre spezifischen Interessen zu vernachlässigen, stellten sie sich dezidiert und demonstrativ auf den Boden der Westfälischen Friedensordnung. Für den »deutschen Salomo« Johann Philipp blieb die Erhaltung des »so theuer und mühsam erworbenen lieben Friedens« – wie er stets betonte – ein zentrales Anliegen seiner Politik.[4] Solange er sich in diesem Punkt mit dem Wiener Hof einig sah, funktionierte die Zusammenarbeit prächtig, als aber das Haus Österreich aus seiner Sicht den Frieden gefährdete, kam es zum Konflikt: Schönborn schlüpfte in die Rolle seines Vorgängers Berthold von Henneberg und wurde zum Anführer der Gegner des Kaisers unter den Reichsständen, nicht im Sinne einer Fundamentalopposition, sondern um das Reichsoberhaupt zu einer Politik zu zwingen, die nach Schönborns Überzeugung den Reichsinteressen entsprach.

Die »Parifikation«, also die Herstellung der konfessionellen Parität im Reichsdeputationstag, die der Reichstag von 1653/54 mit einiger Mühe bewältigt hatte, war auch deswegen so wichtig, weil dieses Gremium im Anschluss die noch unerledigten Restitutionsfälle abarbeiten sollte.[5] Noch bevor der Deputationstag im Oktober 1655 in Frankfurt eröffnet wurde, hatte die kaiserliche Politik allerdings einen herben Rückschlag erlitten, als im Juli 1654 der junge Römische König Ferdinand IV. an den Blattern verstorben war. Zudem wurde auf dem Deputationstag die Restitutionsthematik alsbald von Beratungen über Sicherheitsfragen überlagert, die Ferdinand III. vergeblich zu verhindern versuchte. Konkret ging es dabei um den Nordischen Krieg 1655–1660, an dem als Verbündeter Schwedens von Anfang an Kurbrandenburg teilnahm, während sich Österreich ab 1656 immer mehr auf der Seite des von König Karl X. Gustav angegriffenen Polens positionierte. Zugleich leistete Ferdinand III. dem von Frankreich bedrängten Spanien gegen das ausdrückliche Verbot des Friedens von Münster Militärhilfe.

Dadurch entstand eine Konfliktsituation, die gefährlich an die letzte Phase des Dreißigjährigen Kriegs erinnerte. Da zudem die westlichen Reichsteile vom spanisch-französischen Krieg tangiert wurden und später auch die schwedischen Besitzungen im Reich zum Kriegsschauplatz wurden, schien der »so teuer erkaufte Friede« ernsthaft bedroht.

Als der Niedersächsische Reichskreis angesichts der Gefährdungen durch den Nordischen Krieg 1656 ein Hilfsgesuch an den Deputationstag richtete und sich Schweden, Frankreich sowie der mit Frankreich verbündete Herzog von Modena über Österreich beklagten, setzte der um den Reichsfrieden besorgte Johann Philipp von Schönborn als Direktor des Deputationstags diese Beschwerden gegen den ausdrücklichen Wunsch des Kaisers auf die Tagesordnung. Darüber kam es zu einer ernsthaften Verstimmung zwischen Wien und Mainz. Mitten in dieser kritischen Situation verstarb überraschend Ferdinand III. (2. April 1657). Das folgende Interregnum war eines der längsten und konfliktreichsten der gesamten frühneuzeitlichen Reichsgeschichte.[6]

Der habsburgische Kandidat für den Kaiserthron war der älteste überlebende Kaisersohn Leopold (Ignaz), der ursprünglich für eine Karriere in der Reichskirche vorgesehen gewesen war. Ferdinand III. hatte ihn nach dem Tod Ferdinands IV. in aller Eile zum König von Ungarn und von Böhmen krönen lassen und hatte für ihn auch eine Römische Königswahl *vivente Imperatore* angestrebt, dieses Projekt aber nicht mehr umsetzen können. Gravierender als die Jugend des Prinzen – er war 1640 geboren – waren die wachsenden Irritationen im Reich gegenüber der friedensgefährdenden Politik des Wiener Hofs. Daher suchte man nach Ersatzkandidaten für die Kaiserkrone. Die von der französischen Diplomatie sondierte Kandidatur Ludwigs XIV. erwies sich rasch als chancenlos, und der junge bayerische Kurfürst Ferdinand Maria winkte ab. Eine Zeitlang verfolgte Schönborn die Wahl des Bischofs von Straßburg und Passau und früheren Statthalters der Spanischen Niederlande Erzherzog Leopold Wilhelm, des jüngeren Bruders Ferdinands III. Seine Wahl hätte aus der Sicht des Erzkanzlers den Charme gehabt, dass Leopold Wilhelm als Habsburger für Österreich akzeptabel, als Kaiser ohne nennenswerte eigene Hausmacht aber auf die Kooperation mit den Ständen angewiesen gewesen wäre. Angesichts von Leopold Wilhelms Alter hätte man damit rechnen können, dass die nächste

Abb. 12: Johann Philipp von Schönborn, Kurfürst von Mainz. Kupferstich, in: Caspar Merian: *Beschreibung und Abbildung Aller Königl. und Churfürstl. Ein-Züge, Wahl und Crönungs-Acta* [...], Frankfurt a. M. 1658.

Kaiserwahl nicht allzu lange auf sich hätte warten lassen. Tatsächlich starb der Erzherzog 1662. Da Leopold Wilhelm sich jedoch gegenüber seinem Neffen loyal zeigte und sich auch von den übrigen Fürsten, die zur Diskussion standen, letztlich keiner als wählbar erwies, lief schließlich alles auf König Leopold hinaus.

Den Wahltag beschäftigten aber auch zahlreiche andere Probleme, wie der Nordische und der spanisch-französische Krieg, die auch die Sicherheit des Reichs beeinträchtigten. Projekte wie die einer kurfürstlichen Friedensvermittlung zwischen Frankreich und Spanien kamen zwar nicht zum Zuge, der Verlauf der Kämpfe beeinflusste den Gang der Verhandlungen in Frankfurt aber durchaus. Leopolds Wahl wurde schließlich auch durch die Geburt eines spanischen Infanten erleichtert, die die Aussicht einer Sukzession Leopolds in den Ländern des katholischen Königs erst einmal in den Hintergrund rücken ließ.

Im Reich selbst brachen anlässlich des Wahltags die Konflikte zwischen den Kurfürsten und den übrigen Reichsständen, namentlich den altfürstlichen Häusern, wieder auf. Die Mehrheit der Kurfürsten vertrat mit nachdrücklicher Unterstützung Österreichs die Auffassung, dass nach den Bestimmungen der Goldenen Bulle der Ordentliche Deputationstag mit Beginn des Wahltags aufzulösen sei. Die Fürsten forderten dagegen mit Hinweis auf die kritische Sicherheitslage und ihr *ius suffragii*, dass die *Ordinari* Deputation versammelt bleiben müsse. Auf diese Weise wollten sie auch ihren Anspruch auf Beteiligung an der Formulierung der Wahlkapitulation durchsetzen. Das lag durchaus in der Konsequenz des Westfälischen Friedens (Art. VIII, § 1 IPO), nach dem allein die Gesamtheit der im Reichstag versammelten Stände allgemeine Reichsgesetze verabschieden durfte – und die Wahlkapitulation wurde ja zu den Reichsgrundgesetzen gezählt. Allerdings scheiterten die Fürsten mit ihren Forderungen. Auf Betreiben Johann Philipps von Schönborn, der die Fürsten nicht brüskieren wollte, wurde der Deputationstag zwar nicht förmlich aufgehoben, seine Beratungen wurden jedoch suspendiert. Auch ihr exklusives Recht auf Formulierung der Wahlkapitulation (*ius adcapitulandi*) behaupteten die Kurfürsten und nahmen von den Fürsten lediglich unverbindliche Monita entgegen. Deren Verärgerung mündete nach langen Verhandlungen 1662 in die Gründung eines Fürstenvereins der Häuser Pfalz-Neuburg, Braunschweig-Lüneburg, Hessen und Württemberg, der die Aufgabe hatte, die fürstlichen Ansprüche durchzusetzen.[7]

Auch innerhalb des Kurkollegs traten Konflikte auf. Unmittelbar aus dem Westfälischen Frieden resultierte der bayerisch-pfälzische Vikariatsstreit, der sich um die Frage drehte, ob das Reichsvikariat mit der ersten bzw. zweiten weltlichen Kurwürde an Bayern gefallen oder bei der Pfälzer Kurlinie verblieben sei. Beide Wittelsbacher Kurfürsten beanspruchten, der legitime Reichsvikar zu sein, doch Ferdinand Maria von Bayern fand insgesamt größere Anerkennung. Ihm kam zugute, dass sein kursächsischer Mitvikar Johann Georg II. ihn anerkannte. Bei einer Sitzung im Frankfurter Römer ließ sich der frustrierte Karl Ludwig von der Pfalz durch den kurbayerischen Wahlgesandten Johann Georg Öxle so sehr provozieren, dass er ein Tintenfass nach ihm schleuderte.

Außerdem war das Recht, den Römischen König bzw. Kaiser zu krönen, bereits seit langem zwischen den Kurfürsten von Mainz und Köln strittig. Gemäß der Goldenen Bulle lag das Krönungsrecht beim Kölner Erzbischof. Doch konnte das noch gelten, wenn die Krönungen nicht mehr in dem zur Erzdiözese Köln gehörenden Aachen, sondern in dem Mainz unterstehenden Frankfurt stattfanden? Durch Vermittlung des päpstlichen Nuntius beim Wahltag wurde im Krönungsstreit folgender Vergleich geschlossen: Für Krönungen auf dem Gebiet einer der beiden Erzdiözesen war der jeweilige Erzbischof zuständig. Lag der Krönungsort weder in der Mainzer noch in der Kölner Erzdiözese, sollten die beiden Erzbischöfe das Krönungsrecht alternierend ausüben, wobei der Kölner den Anfang machen sollte. Dieser Vergleich war für den Mainzer günstig, da ihm nun erstmals ein förmliches Krönungsrecht zugesprochen worden war. Zudem bestand angesichts des faktischen Aufstiegs Frankfurts zum regulären Krönungsort die Aussicht, dass er dieses Recht häufig würde ausüben können. Angesichts dessen konnte Johann Philipp von Schönborn seinem Kölner Amtsbruder Maximilian Heinrich von Bayern großzügig die Krönung Leopolds überlassen.

Das wichtigste Thema des Wahltags neben der eigentlichen Kaiserwahl war aber die Frage, wie es gelingen könnte, den neuen Kaiser von einer die Sicherheit des Reichs gefährdenden Außenpolitik abzuhalten. Für dieses Problem wurde eine Doppellösung gefunden: Einerseits musste sich der am 18. Juli 1658 gewählte und am 1. August gekrönte

Leopold in Art. 14 seiner Wahlkapitulation ausdrücklich verpflichten, jegliche Einmischung in den spanisch-französischen Krieg zu unterlassen. Andererseits sorgte der Abschluss des Ersten Rheinbunds dafür, dass der neue Kaiser dieses Versprechen auch hielt.[8] In dieser am 14. August 1658 in Frankfurt geschlossenen Defensivallianz verschmolzen die 1652 gegründete protestantische Hildesheimer Allianz und die katholische Rheinische Allianz von 1654. Außerdem traten ihr Ludwig XIV. von Frankreich und Karl X. Gustav von Schweden bei – letzterer vorläufig nur für Bremen und Verden und nicht für das unmittelbar vom Krieg bedrohte Vorpommern. Der Bundeszweck war die Aufrechterhaltung des Westfälischen Friedens und die Verteidigung der »teutschen Libertät«, notfalls auch mit militärischen Mitteln. Auch wenn das selbstverständlich im Vertragstext so nicht deklariert wurde, besaß der Rheinbund damit eindeutig eine antikaiserliche Stoßrichtung. Denn es war ja v. a. das Haus Österreich, von dem man Ende der 1650er Jahre Bedrohungen für das Reich, seinen Frieden und seine Verfassung erwartete.

Der Abschluss des Rheinbunds, dem zeitweise alle geistlichen Kurfürsten, später auch Kurbrandenburg, und wichtige Fürsten, darunter alle Linien des Welfenhauses, Hessen-Kassel, Hessen-Darmstadt, Württemberg und Münster, angehörten, war einer der größten politischen Erfolge Johann Philipps von Schönborn. Seine Gesandten in Frankfurt führten nun nicht nur den Vorsitz beim wiedereröffneten Reichsdeputationstag, sondern auch im ständigen Bundesrat des Rheinbunds. Zugleich markiert der Abschluss des Rheinbunds einen Höhepunkt des französischen Einflusses im Reich. Am Mainzer Hof gab man sich keinen Illusionen darüber hin, dass Frankreich andere, nicht primär am Wohl des Reichs orientierte Interessen verfolgte, in der Ära des 1661 verstorbenen Kardinals Jules Mazarin und in den ersten Jahren der Alleinregierung Ludwigs XIV. erschien die französische Außenpolitik aber nicht aggressiv expansiv.

Kaum war Leopold I. gewählt, gekrönt und von Frankfurt nach Wien abgereist, steuerte er auf einen Konflikt mit Johann Philipp von Schönborn und den Rheinbundfürsten zu, indem er die Verlegung des wiedereröffneten Reichsdeputationstags, der aus kaiserlicher Perspektive fast als eine vom Reichserzkanzler geführte reichsständische Gegenregierung wie einst das Reichsregiment erscheinen mochte, in eine von

Wien aus gesehen günstiger gelegene Stadt – zunächst Nürnberg, später kamen Augsburg und Regensburg ins Spiel – verlangte. Das Ziel, Reichsdeputation und Bundesrat des Rheinbunds voneinander zu trennen und erstere aus dem unmittelbaren Einflussbereich des Mainzer Kurfürsten zu entfernen, war offensichtlich. Daher verweigerte eine starke Minderheit der Deputierten die Zustimmung zur Verlegung des Deputationstags. Infolge des sog. Translationsstreits existierten 1662 schließlich zwei konkurrierende und kaum handlungsfähige Rumpfdeputationen in Frankfurt und Regensburg.[9] Zur selben Zeit wurden die Beziehungen zwischen Mainz und Wien weiter belastet, als Johann Philipp von Schönborn als Kurerzkanzler und Vorsteher der Reichshofkanzlei nach dem Tod des Reichsvizekanzlers Ferdinand Sigismund Kurtz 1659 seinen Ersten Minister Johann Christian von Boineburg auf diesen einflussreichen Posten bringen wollte. Boineburg, dem man am Kaiserhof eine Hauptverantwortung für Schönborns antiösterreichische Politik anlastete, konnte Kurfürst Johann Philipp nicht durchsetzen, wohl aber den Mainzer Generalvikar Wilderich von Walderdorff (1660). Dieser konnte in Wien allerdings nicht in den engeren Regierungszirkel vordringen, vielmehr verlor die Reichshofkanzlei während seiner Amtszeit erheblich an Einfluss zugunsten der Österreichischen Hofkanzlei.

Um dieselbe Zeit veränderte sich auch die sicherheitspolitische Lage. Während der Pyrenäenfrieden (1659) und der Frieden von Oliva (1660) den spanisch-französischen bzw. den Nordischen Krieg beendeten, kündigte sich in Siebenbürgen und Ungarn nach jahrzehntelanger Ruhe an der Grenze zum Osmanischen Reich ein neuer Türkenkrieg an. Da Leopold I. für die Verteidigung seiner Erblande dringend auf Hilfe aus dem Reich angewiesen war, verschlechterte sich seine Verhandlungsposition in den Auseinandersetzungen mit dem Kurerzkanzler und den Rheinbundfürsten und insbesondere im Translationsstreit. Am Ende sah sich Leopold genötigt, einen Reichstag einzuberufen, aus dem dann der Immerwährende wurde.

Angesichts seiner überragenden Bedeutung für die letzten eineinhalb Jahrhunderte der Reichsgeschichte sollen die Entwicklungen, die zum Immerwährenden Reichstag führten, hier noch einmal gebündelt umrissen werden: Durch den Reichsabschied von 1654 wäre Kaiser Ferdinand III. verpflichtet gewesen, den Reichstag 1656 wiederaufnehmen –

in der zeitgenössischen Terminologie »reassumieren« – zu lassen. Angesichts der erwähnten, für das Haus Österreich gefährlichen reichspolitischen Entwicklungen unterließ er das aber, denn er hatte von einem Reichstag Kritik an seiner Politik und nachteilige Beschlüsse hinsichtlich der *negotia remissa* zu befürchten. Stattdessen fungierte der Frankfurter Reichsdeputationstag als eine Art Ersatzreichstag im Kleinen. Nach seiner Suspension während des Wahltags sollte er die Beratungen wiederaufnehmen, doch der Konflikt des Kaisers mit Kurmainz und seinen Parteigängern um die Verlegung der Deputation brachte ihre Arbeit zum Erliegen. Als der Translationsstreit sich festgefahren hatte, erschien die Berufung des Reichstags als ein Mittel, um diesen Konflikt ohne Gesichtsverlust für einen der Kontrahenten zu lösen. Doch der Widerwille am Kaiserhof gegen den Reichstag war so groß, dass es einer Zuspitzung der Türkengefahr bedurfte, bis ihn Leopold I. am 8. Februar 1662 ausschrieb, und zwar nicht als neuen Reichstag, sondern als Wiederaufnahme desjenigen von 1653/54. Die Genugtuung, dass vor der Reichstagseröffnung die wiedervereinigte Reichsdeputation noch einige Zeit beraten sollte, gönnten die misstrauischen Opponenten dem Kaiser nicht.

Die Versammlung, die am 20. Januar 1663 in Regensburg eröffnet wurde, war weniger glanzvoll als die von 1653/54.[10] Es handelte sich zunächst um einen reinen, wenngleich durchaus hochrangigen Gesandtenkongress. Leopold selbst ließ sich durch den Salzburger Erzbischof Guidobald von Thun als Prinzipalkommissar vertreten. Erst als sich die Lage in Ungarn noch weiter zuspitzte, kamen um die Jahreswende 1663/64 der Kaiser sowie einige Kurfürsten und Fürsten, darunter der Reichserzkanzler, persönlich nach Regensburg. Im Mai 1664, nachdem der Reichstag eine Türkenhilfe von 100 Römermonaten bewilligt hatte, reiste Leopold I. wieder ab, ebenso die übrigen Kurfürsten und Fürsten.

Die Gesandten aber blieben und setzten ihre Beratungen über die *negotia remissa*, zumal die Beständige Wahlkapitulation, fort, ohne freilich diesen Auftrag des Westfälischen Friedens erfüllen zu können. Durch die Entwicklung zum reinen Gesandtenkongress wurde der Reichstag überhaupt erst perpetuierbar, was in den 1660er Jahren noch kritisch beurteilt wurde. Mehrfach wurde angedacht, die Versammlung aufzulösen. Doch allmählich gewöhnte man sich an die Existenz eines Immerwährenden Reichstags, es etablierte sich unter den Reichsständen und

Reichseliten ein Konsens darüber, dass eine solche ständige Reichsversammlung sinnvoll und wünschenswert sei. Selbst der Wiener Hof rückte von seiner reichstagsfeindlichen Haltung ab und lernte den Regensburger Gesandtenkongress mit seiner – dank der kleinen, meist katholischen Stände – strukturell prokaiserlichen Mehrheit als ein Instrument der österreichischen Reichspolitik zu schätzen. Im Lauf der Zeit bewilligte der Reichstag dem Kaiser immer wieder namhafte Militärhilfen, erwies sich aber auch als Forum zur Konsensstiftung, zur Rechtfertigung der kaiserlichen Politik vor der Reichsöffentlichkeit und zur Agitation gegen die Feinde des Hauses Österreich als ausgesprochen nützlich.

Der Kaiser war in seinen verschiedenen Rollen besonders prominent beim Immerwährenden Reichstag vertreten. An der Seite des Prinzipalkommissars, der als Repräsentant des Kaisers stets fürstlichen Ranges war, war ein Konkommissar für das operative Geschäft zuständig. Hinzu kam die österreichische Gesandtschaft – bisweilen mit einem Prinzipal- und Nebengesandten –, die auch deswegen sehr wichtig war, weil Österreich ja alternierend mit Salzburg das Direktorium im Fürstenrat führte. Seit 1708 gab es zusätzlich die kurböhmische Gesandtschaft.[11]

Für die knapp 150 Jahre von 1663 bis 1806 sind insgesamt 152 kurfürstliche und 339 fürstliche Reichstagsgesandte bekannt.[12] Diese Zahlen erscheinen absolut gesehen auf den ersten Blick nicht gering, sie sind insbesondere für die Fürsten aber auch nicht gerade hoch, denn 1792 gab es immer noch 63 Voten in der zweiten Reichstagskurie. Dass es nicht noch mehr Reichstagsgesandte gab, ist zum einen durch Stimmenkumulationen zu erklären – 1792 führte etwa der König von Preußen neben der brandenburgischen Stimme im Kurkolleg im Fürstenrat die Voten von Magdeburg, Halberstadt, Hinterpommern, Minden, Kammin und Ostfriesland, seit dem Erlöschen der fränkischen Nebenlinie der Hohenzollern 1791 auch die Stimmen von Brandenburg-Ansbach und Brandenburg-Kulmbach (-Bayreuth). Zum anderen wuchs die Zahl der Reichsstände, die auf eine kostspielige eigene Reichstagsgesandtschaft verzichteten und sich damit begnügten, dem Vertreter eines befreundeten Reichsstands ihr Votum zu übertragen. In der dritten Reichstagskurie saßen als Bevollmächtigte der Reichsstädte schließlich fast ausnahmslos Bürger und Einwohner Regensburgs. Im 18. Jahrhundert waren durchschnittlich 36 bis 42 stimmführende Reichstagsgesandte vor Ort. Dabei ist nicht das übrige Gesandtschaftspersonal mitgerechnet, das umso zahlreicher ausfiel, je hochrangiger der Auftraggeber war. Außerdem gab es die Vertreter auswärtiger Mächte, die sich am Reichstag akkreditieren ließen oder ohne förmliches Mandat als Berichterstatter fungierten. Regensburg selbst vermochte aufgrund der umfangreichen Privilegien und Abgabenbefreiungen nur bedingt direkte finanzielle Vorteile aus der Anwesenheit der Gesandten zu ziehen, doch ergaben sich stimulierende Effekte für Luxusgewerbe, Buchdruck usw. Vielfältig waren auch die kulturellen Auswirkungen auf die Reichsstadt, und das nicht erst im 18. Jahrhundert, als verschiedene Vertreter der Aufklärung unter den Reichstagsgesandten das Vordringen neuen Gedankenguts in die Donaustadt förderten.[13]

Denn die Reichstagsgesandtschaften waren durchaus hochkarätig mit Hoch- und Niederadligen sowie gelehrten Juristen besetzt. Für einige von ihnen wurde die Regensburger Zeit zu einem Sprungbrett für ihre spätere Karriere, wie für den später sehr einflussreichen österreichischen Hofkanzler Johann Paul Hocher, der in den Anfangsjahren des Immerwährenden Reichstags der österreichischen Reichstagsgesandtschaft angehörte. Für andere war Regensburg der Endpunkt ihrer Karriere, den manche nicht als glanzvoll empfinden mochten. Sicher haben die z.T. recht langen Anwesenheiten der Etablierung eines Korpsgeistes bei den Reichstagsgesandten Vorschub geleistet. Das konnte auch Eigeninitiativen oder gar Eigenmächtigkeiten der grundsätzlich an die Weisungen ihrer Auftraggeber gebundenen Gesandten begünstigen.

Die Entstehung des Immerwährenden Reichstags wird von der Forschung mit Fug und Recht als eine der wichtigsten Entwicklungen der Reichsverfassung nach dem Westfälischen Frieden gewürdigt. Letztlich lag die Etablierung einer ständigen Versammlung der Reichsstände in der Konsequenz des durch die Verträge von Münster und Osnabrück verbürgten reichsständischen *ius suffragii*. Institutionen wie der Ordentliche Reichsdeputationstag konnten die Zeit zwischen den Reichstagen überbrücken, litten aber immer unter einem Legitimationsdefizit, weil nicht alle Reichsstände dort vertreten waren.[14]

Die von der älteren Forschung kritisch gesehene Leistungsbilanz des Immerwährenden Reichstags bewerten jüngere Arbeiten positiver.[15]

Tatsächlich gab es keinen Reichsabschied mehr, wohl aber zahlreiche Reichsschlüsse von übergeordneter Bedeutung, nicht zuletzt in Fragen von Krieg und Frieden, aber auch zu wirtschaftlichen und gesellschaftlichen Themen. Reichsgesetze wie die großen Ordnungen des 16. Jahrhunderts wurden vom Immerwährenden Reichstag freilich nicht mehr ausgearbeitet, mit der einzigen Ausnahme der Reichshandwerksordnung, die nach jahrzehntelanger Vorbereitung 1731 auf Drängen der reichsstädtischen Kurie verabschiedet wurde.[16]

Der Immerwährende Reichstag hat zweifellos seinen Platz in der Geschichte partizipatorischer Strukturen. Das »Parlament des Alten Reichs« (Walter Fürnrohr)[17] war er aber nicht, sondern eine ständische Versammlung, deren Mitglieder weder gewählt wurden noch über ein freies Mandat verfügten, sondern weisungsgebunden waren. Daher führt auch kein direkter Entwicklungsstrang von Regensburg zur Frankfurter Paulskirche, nach Weimar oder zum heutigen deutschen Bundestag. Größere strukturelle Gemeinsamkeiten ließen sich (wenn man schon einen – notwendigerweise hinkenden – Vergleich wagen will) mit den Vereinten Nationen erkennen, insofern als Regensburg weniger der Ort im Reich war, an dem die maßgeblichen Entscheidungen getroffen wurden – das geschah an den führenden Höfen –, wohl aber ein Ort des Konfliktaustrags, des Ausgleichs, der Information und der Herstellung von Öffentlichkeit.[18] Damit leistete der Immerwährende Reichstag fraglos einen wichtigen Beitrag zum Zusammenhalt des Reichs.

Kulturgeschichtliche Forschungen haben in den letzten Jahren aber auch auf Defizite des Immerwährenden Reichstags im Vergleich mit den traditionellen Reichstagen hingewiesen, da er als Ort der persönlichen Begegnung von Kaiser und Reichsständen ausfiel.[19] Angehörige der Reichseliten fand man in Regensburg durchaus, aber es waren in aller Regel Männer aus der »zweiten Reihe«, da die führenden Minister nicht dauerhaft von den Höfen abkömmlich waren. Wenn Kaiser und Fürsten sich nicht mehr begegneten, bedeutete das nicht nur eine Abschwächung persönlicher Bindungen. Auch die hierarchische Struktur des Reichs wurde durch die Regensburger Gesandten und das zurückgenommene Reichstagszeremoniell weniger eindrücklich als früher dargestellt – und dadurch auch nicht mehr so stark befestigt, wie es möglich gewesen war, als Kaiser, Kurfürsten und Fürsten noch in Person erschienen waren. Der Kaiser legte zwar großen Wert darauf, sich durch einen Prinzipalkommissar fürstlichen Rangs vertreten zu lassen, der umfangreiche zeremonielle und repräsentative Aufgaben wahrnahm. Doch während es sich dabei in den Anfängen des Immerwährenden Reichstags um vornehme geistliche Fürsten gehandelt hatte, stammten seit 1743/48 die Prinzipalkommissare alle aus dem neufürstlichen Haus Thurn und Taxis – und damit aus einer ausgesprochenen Aufsteigerfamilie, die allerdings den Vorteil hatte, im Dienst der kaiserlichen und der eigenen Repräsentation die finanziellen Engpässe des Wiener Hofes mittels der eigenen, wohlgefüllten Schatulle überbrücken zu können.

5.2 Der Wiederaufstieg des Kaisertums

Der Ausblick auf den Immerwährenden Reichstag im 18. Jahrhundert ist der Darstellung der chronologischen Entwicklung vorausgeeilt. Zurück also in die 1660er Jahre und damit in die schwierigen Anfangsjahre der Regierung Leopolds I., in denen sich der Kaiser mit dem Argwohn gegen die habsburgische Machtpolitik konfrontiert sah und seinerseits den Absichten führender Reichsstände misstraute.[20] Dank der Militärhilfe des Reichs und des Rheinbunds siegte der kaiserliche General Graf Raimondo Montecuccoli 1664 zwar über die osmanische Hauptarmee, aber Leopold verzichtete auf die Ausnutzung dieses Sieges. Vielmehr schloss er kurz nach der Schlacht den Verlustfrieden von Eisenstadt, in dem er u. a. die im Vorjahr durch die Türken eroberte Festung Neuhäusel preisgab. Handlungsleitend für diesen v. a. in Ungarn unpopulären Schritt war insbesondere der Wunsch, die Rheinbundtruppen, bei denen sich auch ein französisches Kontingent befand, aus den eigenen Ländern zu entfernen.

Wie schwach Leopolds Position in dieser Zeit war und wie stark die Stellung Ludwigs XIV. im Reich, wird auch daran deutlich, dass Rheinbundtruppen 1664 an der Unterwerfung des nach Reichsfreiheit strebenden Erfurt unter die kurmainzische Herrschaft mitwirkten (»Erfurter Reduktion«). 1668 vermittelten nicht kaiserliche Kommissare, sondern

Gesandte der Könige von Frankreich und Schweden das *Laudum Heilbronnense*, das den sog. Wildfangstreit zwischen Karl Ludwig von der Pfalz und einer Koalition seiner Nachbarn beendete. In diesem Konflikt ging es darum, dass der auf die Peuplierung seiner durch den Krieg entvölkerten Lande erpichte Kurfürst einen alten Rechtstitel auf »Wildfänge« geltend machte, also Personen, deren Unterstellung unter eine andere Landeshoheit nicht klar belegt war – und das war für die Nachbarn der Kurpfalz, deren Territorien ebenfalls unter Bevölkerungsmangel litten, fatal.

Das Jahr 1668 markiert einen Umschwung hinsichtlich des französischen Einflusses im Reich.[21] 1667/68 war die westliche Peripherie des Reichs, der Burgundische Reichskreis, erneut Schauplatz eines spanisch-französischen Krieges, des sog. Devolutionskriegs. Mit fadenscheinigen Rechtstiteln beanspruchte Ludwig XIV. zugunsten seiner spanischen Gemahlin Maria Theresia aus dem Erbe seines 1665 verstorbenen Schwiegervaters Philipp IV. die Spanischen Niederlande. Nur durch eine niederländisch-englisch-schwedische Tripelallianz konnte er 1668 zum Frieden von Aachen genötigt werden, in dem er auf einen Teil seiner Eroberungen verzichtete. Der Devolutionskrieg wurde vielerorts nur als das Präludium zu einer drohenden Auseinandersetzung um das spanische Erbe angesehen, für den Fall, dass der kranke König Karl II. kinderlos sterben würde. Leopold I. schätzte zu diesem Zeitpunkt seine eigene Position als schwach ein und ließ sich 1668 auf einen Geheimen Teilungsvertrag mit Ludwig XIV. ein, obwohl er von den eigenen Erbansprüchen und denen seiner spanischen Gemahlin Margarethe Theresia, der Halbschwester der französischen Königin, überzeugt war.

Im selben Jahr kündigte sich jedoch durch die Nichtverlängerung des Rheinbunds eine Reduzierung des französischen Einflusses im Reich an, die wesentlich mit dem Abrücken Ludwigs XIV. von der Hegemoniepolitik durch Protektion und moderate, strategische Erwerbungen zusammenhing, wie sie die Kardinalpremiers Richelieu und Mazarin verfolgt hatten. Die neue Politik Frankreichs setzte vermehrt auf Einzelbündnisse mit armierten Reichsständen, d.h. mit Fürsten, die über ein stehendes Heer verfügten. Auch für die Reichsstände verlor ein Schutzbündnis mit der französischen Garantiemacht an Attraktivität, da sie nicht mehr dem Kaiser, sondern dem Allerchristlichsten König einen Umsturz der westfälischen Friedensordnung zutrauten. Nach der französischen Besetzung Lothringens 1670 gelangte auch der alte Johann Philipp von Schönborn zur Erkenntnis, dass die Sicherheit des Reichs nicht länger mit, sondern gegen Frankreich zu gewährleisten sei, und wurde zum Architekten der 1671/72 geschlossenen und gegen die französische Expansion gerichteten, allerdings kurzlebigen Marienburger Allianz.

In der Tat eröffnete Ludwig XIV. 1672 im Bündnis mit Kurköln und Münster den Angriff auf die Republik der Vereinigten Niederlande. Damit begann der sog. Holländische Krieg (1672–1678/79), der den Westen des Reichs schwer traf und infolge der schwedisch-brandenburgischen Kämpfe auch den Nordosten in Mitleidenschaft zog. Der Frieden von Nimwegen (1678/79) sprach Frankreich die zum Burgundischen Reichskreis zählende Franche-Comté sowie Gebiete in den Spanischen Niederlanden zu, bestätigte seine elsässischen Besitzungen und überließ ihm Freiburg anstelle von Philippsburg als rechtsrheinischen Brückenkopf. Noch größere Verluste brachte dem Reich die anschließende Reunionspolitik Ludwigs XIV. Gestützt auf zweifelhafte, aber durch französische Sondergerichte anerkannte Rechtstitel erhob der Sonnenkönig Ansprüche auf große Teile des linksrheinischen Reichsgebiets und nötigte die betroffenen Reichsstände, die französische Souveränität anzuerkennen. Diese Politik führte zur Angliederung des gesamten Elsass und großer Gebiete im pfälzischen Raum an Frankreich. Ein Fanal war 1681 die Inbesitznahme von Straßburg. Während sich bei Verhandlungen in Frankfurt 1682 eine Reichsdeputation noch dem französischen Drängen auf die Bestätigung der Annexionen widersetzte, sahen sich zwei Jahre später Kaiser und Reich genötigt, im Regensburger Stillstand die Reunionen für 20 Jahre anzuerkennen.

Der Grund für dieses Entgegenkommen war der Große Türkenkrieg (1683–1699), der mit der zweiten Belagerung Wiens durch ein osmanisches Heer begann. Mit der Entsatzschlacht am Kahlenberg wendete sich das Blatt, und die kaiserlichen Heere stießen in den Folgejahren zeitweise bis nach Serbien vor. Der Frieden von Karlowitz (1699) brachte den österreichischen Habsburgern schließlich den Großteil Ungarns ein. Parallel wurde seit 1688 wieder mit Frankreich Krieg geführt (Pfälzischer Erbfolgekrieg/Neunjähriger Krieg, 1688–1697), in dessen Anfangsphase die französischen Heere im deutschen Südwesten im großen Stil eine Strategie der verbrannten Erde verfolgten und Städte wie Heidelberg, Worms und Speyer in Schutt und Asche legten – und damit den Reichstag 1689 bewogen, das Reichskammergericht von Speyer in das sichere Wetzlar zu verlegen. Dieser Krieg endete infolge der Anstrengungen der antifranzösischen Großen Allianz 1697 im niederländischen Rijswijk mit dem ersten Verlustfrieden Ludwigs XIV. Er behielt das Elsass, musste aber alle anderen Reunionen, die rechtsrheinischen Brückenköpfe und das Herzogtum Lothringen räumen. Auch der Spanische Erbfolgekrieg (1701–1713/14) wurde teilweise auf Reichsboden ausgefochten. Die 1701 wiedergegründete Große Allianz unter Führung des Kaisers, Großbritanniens und der Vereinigten Niederlande brachte Frankreich zeitweilig an den Rand einer Niederlage. 1714 endete der Krieg aber für das Reich im Frieden von Baden mit dem Status quo ante.

Die andauernden Kriege und Konflikte mit Frankreich und dem Osmanischen Reich bewirkten eine neuerliche Verschiebung der Konstellationen im Reich. Was in den 1650er und frühen 1660er Jahren noch undenkbar gewesen wäre, geschah nun regelmäßig: Das Reich, d.h. die übergroße Mehrheit der Reichsstände, folgte seinem Kaiser in den Krieg gegen den Allerchristlichsten König: 1674, 1689 und 1702 erklärte der Reichstag Frankreich den Reichskrieg – und das, obwohl es im Spanischen Erbfolgekrieg primär um die dynastischen Interessen des Hauses Habsburg ging. Der französischen Diplomatie fiel es immer schwerer, Fürsten zu finden, die bereit waren, gegen entsprechende Subsidienzahlungen eine »dritte Partei« zu formieren, die formal neutral war, faktisch aber ein geschlossenes Vorgehen von Kaiser und Reich gegen Frankreich verhindern sollte. Stattdessen führte die französisch-osmanische Bedrohung dazu, dass sich die Stände um den Kaiser scharten. Obwohl Leopold I. selbst keinerlei militärische Neigungen hatte und niemals seine Truppen in Person anführte – vor der Belagerung von Wien war er 1683 bis nach Passau geflohen –, konnte er sich als Türkensieger und als Beschützer des Reichs gegen den *Mars Christianissimus* Ludwig XIV. (Gottfried Wilhelm Leibniz) feiern lassen.[22] Zahlreiche publizistische Erzeugnisse, die teilweise vom Wiener Hof lanciert wurden, förderten einen prokaiserlich grundierten Reichspatriotismus. Ein Bündnis mit dem

»Reichsfeind« Frankreich wurde für die Reichsstände nicht ganz unmöglich, aber zunehmend heikel. Mit anderen Worten: Der äußere Druck beförderte eine Einigung des Reichs hinter seinem Kaiser, der als einziger willens und imstande schien, die Gefahren abzuwehren.

Die militärischen Abwehrerfolge gegen Frankreich waren u. a. einer Reform des Reichsmilitärwesens zu verdanken. 1668 und 1679 scheiterten zwar Pläne des Kaiserhofs zur Reorganisation der Reichsverteidigung, die *cum grano salis* eine Wiederbelebung des Konzepts des Prager Friedens von 1635 darstellten. Danach sollten die Stände über eine Reichskriegskasse ein stehendes Reichsheer finanzieren, das unter der alleinigen Befehlsgewalt des Kaisers stehen sollte. Auf dem Höhepunkt der französischen Reunionspolitik verabschiedete der Reichstag aber 1681 eine neue Reichsdefensionalordnung, der zufolge ein durch die Reichskreise organisiertes Reichsheer von 40 000 Mann aufgestellt werden sollte.[23] Zweifellos war der militärische Wert der Kreiskontingente unterschiedlich, weil nicht immer alle Kreisstände ihre Verpflichtungen erfüllten und die tatsächlich gestellten Truppen oft sehr heterogen, bisweilen sogar untauglich waren; dennoch sollten sie sich im Pfälzischen und im Spanischen Erbfolgekrieg durchaus bewähren. Gebündelt wurden die militärischen Kräfte der Kreise auch durch die Kreisassoziationen (1697 Frankfurter Kreisassoziation, 1702 Nördlinger Kreisassoziation).

Daneben spielten für den Kaiser Bündnisse mit einzelnen armierten Reichsständen stets eine wichtige Rolle, die er allerdings oft teuer bezahlen musste. Nicht nur im Reichskrieg gegen Frankreich, sondern auch gegen den »Erbfeind des christlichen Namens« zog eine Reihe von Reichsfürsten persönlich ins Feld, wie der »Türkenlouis« Markgraf Ludwig Wilhelm von Baden-Baden, der Schwiegersohn Leopolds I., der »Blaue Kurfürst« Max II. Emanuel von Bayern, Leopolds Schwager Karl V. von Lothringen oder – mit geringeren Erfolgen – der sächsische Kurfürst Friedrich August I. (August der Starke). Man sieht: Es gelang Leopold I. in erheblichem Maße, die finanziellen und militärischen Ressourcen des Reichs zu mobilisieren. Voraussetzungen dafür waren, dass die Interessen von Kaiser und Reich identisch waren bzw. als identisch wahrgenommen wurden und dass der Kaiser den Reichsfürsten für ihr Engagement etwas bieten konnte – und sei es das symbolische Kapital der Ehre (Pierre Bour-

Abb. 13: Kaiser Leopold I. Johann Georg Walther: *Serenissimus, Potentissimvs Atq[ue] Invictissimvs Princeps Ac Dominvs, Dominvs Leopoldvs I, Romanorvm Electvs Imperator Semper Avgvstvs* [...], Frankfurt a. M. vor 1697.

dieu).²⁴ Die Kontrolle über ihre Truppen gaben die Reichsstände allerdings nicht aus der Hand.

Die auswärtige Bedrohung spielte also eine entscheidende Rolle für den Wiederaufstieg des Kaisertums seit den 1670er Jahren. Es kamen jedoch weitere Faktoren hinzu. Nach den schwierigen Anfängen seines Kaisertums konnte Leopold I. dadurch erhebliche Erfolge verbuchen, dass er sich einerseits eindeutig auf den Boden der westfälischen Friedensordnung stellte, andererseits die der kaiserlichen Politik verbliebenen Handlungs- und Gestaltungsspielräume überaus geschickt und kreativ nutzte. Dabei kam ihm zugute, dass seit den 1670er Jahren die Interessen des Hauses Österreich mit denen des Reichs bzw. der Mehrzahl der Reichsstände weitgehend kompatibel waren. Leopold verfolgte die traditionelle kaiserliche Patronagepolitik, indem er seine Klienten unter den mindermächtigen Reichsständen und in der Reichsritterschaft schützte, ihre Privilegien erneuerte und erweiterte, ihnen Güter in den kaiserlichen Erblanden oder einträgliche Posten in den Reichs- oder erbländischen Institutionen oder im Reichsheer übertrug usw. Durch Gütererwerb und Eheverbindungen kam es zu einer partiellen Verschmelzung von Reichs- und erbländischem Adel.²⁵

Leopold festigte auch die Verbindungen des Hauses Habsburg zu den vornehmsten Familien des Reichs: Er selbst heiratete 1676 in dritter Ehe die Pfalz-Neuburgerin Eleonore Magdalena, seine Halbschwester Eleonore heiratete in zweiter Ehe 1678 Karl V. von Lothringen. Seine andere Halbschwester Maria Anna Josepha wurde im selben Jahr mit dem neuburgischen Thronfolger und späteren Pfälzer Kurfürsten Johann Wilhelm vermählt. Leopolds einzige Tochter aus seiner ersten, spanischen Ehe, Erzherzogin Maria Antonia, heiratete 1685 Kurfürst Max II. Emanuel von Bayern, und seine beiden Söhne wurden mit Welfinnen vermählt: Joseph 1699 mit Wilhelmine Amalie von Braunschweig-Lüneburg und Karl 1708, nach dem Tod des Vaters, mit Elisabeth Christine von Braunschweig-Wolfenbüttel – die erste und einzige Ehe eines römisch-deutschen Kaisers mit einer Konvertitin.²⁶

Frömmigkeit und Kirchenpolitik spielten ebenfalls eine wichtige Rolle im Leben und in der Regierung Leopolds I. sowie für den Wiederaufstieg des Kaisertums. Leopold war einer der herausragenden Vertreter der *Pietas austriaca*, der ostentativen barock-katholischen Frömmigkeit, wobei sich in seinem Fall persönlicher Glaube und Erfordernisse der Herrschaftsrepräsentation besonders überzeugend ergänzten. Mangels österreichischer Erzherzöge, die für eine Karriere in der Reichskirche zur Verfügung standen, lancierte er mit beachtlichem Erfolg Mitglieder der verschwägerten Häuser Lothringen und Pfalz-Neuburg auf eine Reihe von Bischofsstühlen.[27] Neu war, dass er zeitweise die v. a. vom Wiener Neustädter Bischof Cristobál de Rojas y Spinola betriebenen Versuche einer Reunion der Protestanten im Reich und in Ungarn mit der katholischen Kirche unterstützte und auf diese Weise sein Amt als *Advocatus Ecclesiae* ausfüllte. Rojas y Spinola war auch ein wichtiger Akteur in den Bestrebungen des Wiener Hofs, eine antifranzösisch ausgerichtete Reichswirtschaftspolitik zu etablieren, für die Ingomar Bog den Begriff des »Reichsmerkantilismus« geprägt hat.[28] So verabschiedete der Reichstag 1676 ein Einfuhrverbot für französische Manufakturerzeugnisse. 1689 beschloss der Reichstag auf kaiserliches Betreiben sogar eine totale Handelsblockade gegenüber Frankreich. Diese wurde freilich in der »Commercien-Verordnung« von 1693 wesentlich gelockert. In ähnlicher Weise entschärfte man die zu Beginn des Spanischen Erbfolgekriegs (1703) gegen die bourbonischen Reiche verhängte völlige Handelssperre zwei Jahre später durch eine »Commercien-Ordnung«.

Unter Leopold I. wurde auch das kaiserliche Gesandtschaftswesen innerhalb und außerhalb des Reichs ausgebaut. Der Kaiser war fortan nicht nur am Reichstag, dem Reichskammergericht und den wichtigsten Höfen, sondern auch bei den Reichskreisen und in strategisch wichtigen Reichsstädten, wie Frankfurt und Hamburg, dauerhaft vertreten.[29] Das vergrößerte nicht nur die kaiserlichen Einflussmöglichkeiten in den verschiedenen Regionen des Reichs, sondern mit den neugeschaffenen Posten konnten auch Klienten versorgt und enger ans Kaiserhaus gebunden werden, wie etwa die Kurtzrock. Mitglieder dieser aus Thüringen stammenden und 1707 in den Reichsfreiherrnstand erhobenen Familie hatten u. a. die kaiserlichen Residentenposten in Bremen und Hamburg inne.

Anders als seinem Vater in Münster und Osnabrück gelang es Leopold I., bei den Reichsfriedensschlüssen seiner Regierungszeit ein weitgehendes kaiserliches Alleinvertretungsrecht durchzusetzen. Nicht nur am Reichstag, sondern gerade auch am eigenen Hof, etwa bei der Investitur von Reichsfürsten, nutzte er Zeremoniell und Titelwesen zur Selbstdarstellung, zur Integration von Reichsständen und -eliten und zur Befestigung bzw. Modifikation der hierarchischen Reichsstruktur. Auch nahm der Kaiser durch den Reichshofrat sein Amt als oberster Richter wahr. Mehr als dies sein Vater und dessen drei Vorgänger vermocht hatten, wurde Leopold im Lauf der Zeit zu einer über den Parteien stehenden Integrationsfigur. Diese Position erstreckte sich auf das gesamte Haus Österreich als nunmehr unbestrittenes Kaiserhaus. Niemals wurde das deutlicher als im Jahr 1690, als die Kurfürsten in Augsburg den elfjährigen Kaisersohn Joseph zum Römischen König wählten – zum ersten und einzigen Mal in der Frühen Neuzeit einen Minderjährigen. Wenige Tage vor Josephs Königskrönung wurde seine Mutter Eleonore Magdalena zur Kaiserin gekrönt.[30]

Allerdings wurde in Leopolds Spätzeit durch die Expansion Österreichs, seinen machtpolitischen Aufstieg und seine partielle Herausentwicklung aus dem Reich neuen Spannungen der Boden bereitet. Konfliktträchtig und folgenreich war die Schaffung der Neunten Kurwürde (1692).[31] Seit dem Westfälischen Frieden besaßen die Katholiken eine klare Mehrheit im Kurkolleg mit vier bzw. bei Kaiserwahlen fünf zu drei Stimmen. 1685 verschärfte sich das konfessionelle Ungleichgewicht durch den Übergang der pfälzischen Kurwürde an die katholische Linie Neuburg – nunmehr waren Sachsen und Brandenburg die einzigen protestantischen Kurfürsten. In dieser Situation wurde von welfischer Seite nicht uneigennützig der Gedanke vorgebracht, durch die Schaffung einer weiteren evangelischen Kur das katholische Übergewicht abzumildern. Bis dahin hatten die Welfen zur ersten Reihe derjenigen Fürsten gehört, die die kurfürstliche Präeminenz bekämpften, allerdings ohne großen Erfolg. Nun vollzogen sie eine Strategieänderung und versuchten, selbst in den exklusiven Zirkel der Kaiserwähler vorzudringen. U. a. der hannoversche Hofrat und -bibliothekar Gottfried Wilhelm Leibniz bemühte sich, den welfischen Anspruch historisch-rechtlich zu unterfüttern.[32] Er argumentierte, dass die Welfen einst zu den Kaiserwählern gehört hätten, ihnen dieses Recht aber im späten Mittelalter genommen worden sei. Es gehe also letztlich darum, ein altes Unrecht wiedergutzumachen. Solche rechtlich-historischen Gründe waren wichtig, um einen derartigen Anspruch zu legitimieren. Um den zögernden Leopold I. zu überzeugen, waren aber andere, handfeste Argumente mindestens ebenso wirksam. Durch den Zweifrontenkrieg gegen Frankreich und das Osmanische Reich war der Kaiser in steigendem Maß auf die Unterstützung der armierten Reichsstände angewiesen und damit erpressbar geworden. Herzog Ernst August von Braunschweig-Lüneburg-Calenberg (-Hannover) nutzte die Gelegenheit. Nachdem er zeitweise in einem Bündnis mit Ludwig XIV. gestanden hatte, bot er Leopold I. nunmehr Finanz- und Militärhilfe für die ersehnte Rangerhöhung an. Auf dieser Basis wurde am 22. März 1692 der Kurtraktat geschlossen, der Ernst August eine neue, die Neunte, Kurwürde versprach. Zwar gehörte das Standeserhöhungsrecht zweifellos zu den kaiserlichen *Iura reservata*, ob der Kaiser aber auch zur Schaffung einer neuen Kurwürde berechtigt war, musste zweifelhaft sein, zumal 1654 die Aufnahme neuer Fürsten in den Fürstenrat an die Zustimmung aller Reichstagskollegien gebunden worden war. Es gelang dem Kaiser immerhin, im Kurkolleg eine knappe zustimmende Mehrheit zu organisieren, worauf er am 19. Dezember 1692 den hannoverschen Gesandten mit der Kurwürde belehnte. Etliche Fürsten opponierten allerdings gegen diese Entscheidung. Zu den heftigsten Gegnern gehörte die ältere, Wolfenbütteler Linie des Welfenhauses. Unbeeindruckt davon, dass sich 1697 durch die Konversion des sächsischen Kurfürsten Friedrich August I. das katholische Übergewicht weiter verstärkt hatte, hielt die Opposition bis ins 18. Jahrhundert an. Sie formierte sich in Fürstenvereinen, und zeitweise versuchte die französische Diplomatie, sie gegen den Kaiser zu instrumentalisieren. Erst 1708 fand Hannovers Introduktion in den Kurfürstenrat statt, und zwar unter Bedingungen, die für die Habsburger ausgesprochen vorteilhaft waren: Um zu verhindern, dass jemals eine protestantische Mehrheit im Kurkolleg entstehen könnte, und so den Bedenken der katholischen Reichstagsmehrheit Rechnung zu tragen, wurde zum einen die Readmission Böhmens beschlossen. Kurböhmen – und damit der Kaiser – verfügte nun über eine reguläre Stimme im Kurfürstenrat des Reichstags. Zum anderen sollte, falls beide katholische Kurlinien der Wittelsbacher aussterben sollten, eine zusätzliche katholische Stimme (*votum supernumerarium*) die altgläubige Mehrheit im Gremium der Kaiserwähler sicherstellen.

5.2 Der Wiederaufstieg des Kaisertums

Insofern konnten sich die Vorteile, die der Kaiserhof aus der Transaktion mit Hannover gezogen hatte, durchaus sehen lassen: Neben der 1692 dringend benötigten Finanz- und Militärhilfe schlug dauerhaft der habsburgische Sitz in der vornehmsten Reichstagskurie zu Buche. Auch Hannovers Aufstieg zu einer zweiten Führungsmacht im deutschen Norden, die in der Lage schien, den wachsenden brandenburgisch-preußischen Einfluss auszubalancieren, war im kaiserlichen Interesse. Zudem verlor der fürstliche Kampf gegen die kurfürstliche Präeminenz, der um die Mitte des 17. Jahrhunderts die Ruhe im Reich zeitweise schwer beeinträchtigt hatte, deutlich an Schwungkraft, nachdem mit Pfalz-Neuburg und Hannover zwei Hauptprotagonisten der altfürstlichen Partei die Seiten gewechselt hatten. Ob allerdings Hannover dauerhaft zu kontrollieren bzw. kaisertreu sein würde, musste von Anfang an fraglich erscheinen. Zudem wurde 1708 per Reichsschluss festgehalten, dass etwaige künftige Kurfürstenerhebungen nicht als Alleingang des Kaisers, sondern mit Zustimmung des gesamten Reichstags zu erfolgen hätten.

Wenngleich sich bereits andeutete, dass der machtpolitische Aufstieg einiger Reichsstände – mit Österreich selbst an der Spitze – zu einem Problem für den Zusammenhalt des Reichs werden könnte, lässt sich insgesamt doch festhalten, dass das Reich nach den verschiedenen Krisen und Erschütterungen des 17. Jahrhunderts am Ende der Regierungszeit Leopolds I. als konsolidiert gelten konnte. Mit dem Immerwährenden Reichstag hatte sich die Versammlung von Kaiser und Reichsständen in der Konsequenz des Westfälischen Friedens weiterentwickelt. Ein Zerfall des Reichs – wenn er denn jemals wirklich gedroht hatte – war abgewendet, und das Kaisertum hatte einen beispiellosen Wiederaufstieg erlebt. Wie dauerhaft diese Konsolidierung sein würde, musste das neue Jahrhundert erweisen.

5.3 Entfremdungen und das Wiederaufleben alter Konflikte

Trotz ihrer kurzen Dauer markiert die Regierungszeit Josephs I. (1705–1711) einen Höhepunkt des kaiserlichen Einflusses im frühneuzeitlichen Reich und zugleich einen Gezeitenwechsel.[33] Joseph hatte persönlich noch als Römischer König 1703 an der erfolgreichen Belagerung der französischen Festung Landau teilgenommen und übernahm die Regierung mitten im Spanischen Erbfolgekrieg (1701–1713/14). An seinen Regierungsantritt knüpften sich vielfältige Hoffnungen auf eine dynamischere Herrschaftsausübung, als sie der stets bedächtige, in seinen letzten Jahren geradezu phlegmatische Leopold praktiziert hatte. Tatsächlich herrschte in den Jahren nach 1705 Aufbruchstimmung am Wiener Hof und im Reich. So ging der neue Kaiser wesentlich entschlossener gegen die Anhänger Frankreichs unter den Reichsständen (Kurbayern und Kurköln) sowie den italienischen Reichsvasallen vor. Er verhängte über sie die Reichsacht und Strafen, die bis zum Lehensentzug reichten. Nachdem sein Onkel Johann Wilhelm von der Pfalz entsprechenden Druck ausgeübt hatte, übertrug er 1708 die Oberpfalz mit der zweiten weltlichen Kur zurück an die Pfalz. Dass im selben Jahr Hannovers Introduktion und Böhmens Readmission in den Kurfürstenrat erfolgten, wurde bereits berichtet. In Italien sicherte sich Joseph das bereits 1701 für heimgefallen erklärte Herzogtum Mailand sowie 1708 Mantua nach Ächtung und Tod des letzten Gonzaga-Herzogs. Er scheute nicht einmal vor einem Krieg mit dem aus Wiener Perspektive allzu frankophilen Papst Clemens XI. zurück. Der Reichskrieg gegen Frankreich, in dem sich eine Reihe von Reichsständen über ihre Verpflichtungen gemäß der Reichsdefensionalordnung hinaus engagierte, schien 1709 die Früchte in Form der Rückgabe Straßburgs und der Errichtung eines linksrheinischen Festungsgürtels, der sog. Reichsbarriere, zum Schutz gegen Frankreich zu tragen. Allerdings wurden die damaligen Friedensverhandlungen aufgrund überzogener Forderungen der antibourbonischen Großen Allianz ergebnislos abgebrochen.

So eindrucksvoll die Erfolge Josephs I. auch waren – der neue, dynamische Zug der kaiserlichen Politik mochte zugleich irritieren. Die In-

5.3 Entfremdungen und das Wiederaufleben alter Konflikte

teressen des Reichs und des Hauses Habsburg bzw. der Großmacht Österreich, die in der zweiten Hälfte des 17. Jahrhunderts über lange Phasen hinweg identisch oder zumindest kompatibel gewesen waren, entwickelten sich auseinander. Das war kein linearer Prozess, doch immer deutlicher zeichnete sich ab, dass Österreich zur eigengewichtigen Großmacht wurde, die in einer engen Verbindung zum übrigen Reich stand und dieses als Einflussbereich beanspruchte, notfalls – ohne dass das damals schon jemand in den Sinn gekommen wäre – allerdings auch ohne das Reich existieren konnte. Die Kohäsionskräfte zwischen Kaiser und Reich(-sständen), die unter Leopold I. wirksam gewesen waren, nahmen langsam ab.

Aber nicht nur Österreich, sondern auch eine Reihe anderer Territorialstaaten wuchs aus dem Reich hinaus bzw. einige deutsche Dynastien entwickelten europäische Ambitionen, die sie unabhängig vom Reich und zunehmend auch auf dessen Kosten verfolgten. Diese »Herausentwicklung« aus dem Reich geschah auf unterschiedlichen Ebenen, die man vereinfachend wie folgt charakterisieren könnte: Zum einen erfolgte in den betreffenden Territorien durch den Ausbau von Regierung, Verwaltung und Militär eine staatliche Verdichtung, die diese Territorien langfristig befähigte, sich zu modernen Staaten zu entwickeln, die auch ohne das Reich existieren konnten. Das war um 1700 so noch nicht absehbar, aber schon jetzt zeigte sich, dass sie schwerer als ihre kleineren Mitstände dazu zu bewegen waren, sich an die Normen der Reichsverfassung zu halten. Als etwa Kurfürst Friedrich III. von Brandenburg 1698 das reichsunmittelbare evangelische Damenstift Herford besetzen ließ, erwirkte die Äbtissin Charlotte Sophie von Kurland zwar einen kaiserlichen Schutzbrief.[34] Angesichts der Drohung des Berliner Hofs, seine Truppen aus dem Spanischen Erbfolgekrieg abzuziehen, verzichtete Leopold I. aber darauf, seinen Schutz effektiv auszuüben. Nur in extremen Fällen und unter günstigen Konstellationen konnte ein mächtiger Fürst für Verstöße gegen das Reichsrecht zur Rechenschaft gezogen werden, wie die Kurfürsten von Bayern und Köln während des Spanischen Erbfolgekriegs, die aufgrund ihrer gegen Kaiser und Reich gerichteten Bündnisse mit Frankreich wegen Hochverrat und Landfriedensbruch geächtet wurden (1706). Auch hier war freilich die Vertreibung aus ihren Territorien nicht die Folge der Acht, sondern letztere wurde erst verkündet, als sich die beiden Wittelsbacher längst im französischen Exil befanden.[35]

Dies verweist zum anderen darauf, dass die betreffenden Fürsten im Unterschied zu der überwiegenden Masse der kleinen und mittleren Reichsstände das durch den Westfälischen Frieden verbürgte *ius foederis* extensiv nutzten und eine europäische Bündnispolitik betrieben. Dabei strapazierten sie die Klausel, gemäß der reichsständische Bündnisse nicht gegen Kaiser und Reich gerichtet sein dürften, aufs äußerste. Wie das Haus Habsburg erwarben sie Territorien oder ganze Königreiche jenseits der Reichsgrenzen: 1697 wurde Kurfürst Friedrich August I. von Sachsen als August II. zum König von Polen gewählt. Dafür nahm er sogar die Konversion zum Katholizismus in Kauf, obwohl dieser Glaubenswechsel seine Position gegenüber seinen sächsischen lutherischen Untertanen und als Haupt des *Corpus Evangelicorum* auf Reichsebene schwer beschädigte. 1701 krönte sich Kurfürst Friedrich III. von Brandenburg mit Zustimmung des Kaisers, der auf die brandenburgische Unterstützung im Spanischen Erbfolgekrieg angewiesen war, als Friedrich I. in Königsberg zum König in Preußen. Dort herrschten seine Vorfahren bereits seit 1618, zunächst als polnische Vasallen, ab 1657/60 als souveräne Herzöge. 1714 wurde Kurfürst Georg Ludwig von Hannover durch dynastische Erbfolge nach dem Ausschluss der katholischen Stuarts vom Thron als Georg I. König von Großbritannien. Erbprinz (ab 1730 Landgraf) Friedrich von Hessen-Kassel schließlich war König von Schweden, nachdem zwischen 1654 und 1720 eine Linie des Hauses Pfalz-Zweibrücken diese Krone getragen hatte. Kurfürst Max Emanuel von Bayern hatte noch weitergehende Ambitionen und konnte sich zeitweise gute Aussichten auf das Erbe der spanischen Habsburger ausrechnen; letztlich aber scheiterte dieses Projekt und führte in die Katastrophe von Vertreibung, Acht und Absetzung während des Spanischen Erbfolgekriegs. Auch der Plan, notfalls im Tausch gegen Bayern ein italienisches Königreich aus der spanischen Erbmasse zu gewinnen, ließ sich nicht umsetzen. Eine bloße Chimäre blieb der Gedanke einer armenischen Krone für die Pfalz-Neuburger.

Gleichwohl ist festzuhalten, dass alle weltlichen Kurfürsten, dazu zeitweilig noch Hessen-Kassel, nach einer Königskrone strebten – und zwar notwendigerweise außerhalb des Reichs, denn ein König war

5.3 Entfremdungen und das Wiederaufleben alter Konflikte

souverän und unterstand keiner anderen weltlichen Macht.[36] Eben das machte die Königswürde so attraktiv für die deutschen Kurfürsten. Im Reich hatten sie den höchstmöglichen Rang erreicht – jedenfalls solange die böhmische Königs- und die Kaiserkrone fest in der Hand der Habsburger waren. Souveräne konnten sie nur jenseits der Reichsgrenzen werden. Waren sie aber Könige, dann waren sie bis auf einen Ehrenvorrang dem Kaiser gleichgestellt. Selbst wenn sie für ihre Reichsgebiete noch dessen Vasallen waren, untergrub der Aufstieg mehrerer Kurfürsten zur Königswürde die hierarchische Ordnung des Reichs. Langfristig konnte es dazu kommen und kam es dazu, dass das Reich und seine Verfassung nicht mehr als ehrwürdiger, nützlicher und erhaltenswerter, eigentlich gar nicht in Frage gestellter Rahmen für die eigene Herrschaft wahrgenommen wurden, sondern als entbehrlich, schließlich gar als lästiges Korsett, das es zu sprengen galt. Am Ende stand die Zerstörung des Reichs durch seine mächtigsten Glieder. Aber erneut sei betont: Das war eine sehr langfristige Entwicklung, deren Verlauf zu Beginn des 18. Jahrhunderts noch nicht absehbar war.

Während des Spanischen Erbfolgekriegs erschien der Zusammenhalt des Reichs vielmehr als gefestigt. Das zeigte sich, als 1711 Kaiser Joseph I. überraschend starb und sein Bruder Karl, der eigentlich als spanischer König vorgesehen war, im selben Jahr ohne größere Probleme in Frankfurt zum Römischen Kaiser gewählt und gekrönt wurde. Unter Karl VI. erreichten die Herrschaftsgebiete der österreichischen Habsburger ihre größte Ausdehnung. Die Hoffnung Karls auf die spanische Krone scheiterte zwar endgültig in den Friedensschlüssen von Utrecht, Rastatt und Baden (1713/14), doch immerhin konnte er sich aus dem spanischen Erbe die südlichen Niederlande – den Rest des Burgundischen Reichskreises – und den Großteil der einst spanischen Besitzungen in Italien sichern, darunter das Herzogtum Mailand, das Kernland Reichsitaliens. Den Frieden mit Frankreich handelte der Kaiser de facto auch für das Reich im Alleingang aus, denn der Reichsfrieden von Baden unterschied sich von dem österreichisch-französischen Frieden von Rastatt im Wesentlichen nur durch die Sprache: Während Letzterer französisch abgefasst war, bediente sich der Friedensvertrag von Baden der zweiten »amtlichen« Reichssprache Latein.

Nach einem weiteren Türkenkrieg (1716–1718) gewann Karl VI. im Frieden von Passarowitz noch das Banat, Teile Serbiens und die Kleine Walachei. Dem machtpolitischen Aufstieg der Habsburger entsprach der weitere Ausbau Wiens zu einer würdigen Kaiserstadt. Die Dimensionen von Versailles erreichten die Habsburger mit keinem ihrer Schlösser. Nicht nur aus Geldmangel, sondern auch aufgrund abweichender Repräsentationsstrategien hielt man an der Hofburg als Residenzschloss fest: Denn der Anspruch des Hauses Österreich auf Vorrang unter den christlichen Herrschern gründete auf der dynastischen Tradition und besonders auf der des Römischen Kaisertums. Aus dieser Tradition heraus tat man sich mit Brüchen in der Herrschaftsrepräsentation schwer. Die integrierende Funktion der Kaiserkrone war nicht nur für das Reich als solches, sondern auch für die »monarchische Union von Ständestaaten« des Hauses Habsburg (Otto Brunner) von erheblicher Bedeutung.[37] Die scheinbar unauflösliche Verbindung von Reich und Kaiserhaus verdeutlichte eindringlich der Neubau des Reichskanzleitraktes der Hofburg (1723–1730), zu dem auch die Reichsstände und -vasallen einen finanziellen Beitrag leisteten. Der Reichskanzleitrakt bietet zugleich ein Beispiel für den unter Karl VI. blühenden »Kaiserstil«, der maßgeblich durch Johann Bernhard Fischer von Erlach, dessen Sohn Joseph Emanuel und Johann Lukas von Hildebrandt geprägt und auch außerhalb von Wien rezipiert und adaptiert wurde. Man sollte den Begriff »Kaiserstil« nicht unreflektiert verwenden. Er bringt aber treffend zum Ausdruck, wie sehr die Repräsentation des letzten männlichen Habsburgers trotz aller Rekurse etwa auch auf die verlorene spanische Krone im Zeichen der römischen Kaiserwürde stand.[38]

Der äußere Glanz des Kaisertums wurde im Lauf der Regierung Karls VI. allerdings immer mehr verdunkelt, insbesondere durch die dynastische Krise der Habsburger. Karl VI. hatte schon 1713, noch bevor seine Frau Elisabeth Christine von Braunschweig-Wolfenbüttel überhaupt ein Kind geboren hatte, versucht, durch die sog. Pragmatische Sanktion klare Verhältnisse zu schaffen. Dieses Hausgesetz bestätigte die Unteilbarkeit der habsburgischen Besitzungen und räumte Karls eigenen Nachkommen beiderlei Geschlechts den Vorrang vor den Töchtern seines älteren Bruders Joseph I. und deren Nachfahren sowie allen übrigen Verwandten ein. Karl erreichte es mit großer Beharrlichkeit und

5.3 Entfremdungen und das Wiederaufleben alter Konflikte

Abb. 14: Reichskanzleitrakt der Wiener Hofburg, errichtet 1723 bis 1735.

z. T. erheblichen Zugeständnissen auch, dass die Pragmatische Sanktion von den Ständen der habsburgischen Länder, den europäischen Mächten und 1732 vom Reichstag anerkannt wurde. Bedenklich mochte aber stimmen, dass Kurfürst Karl Albrecht von Bayern, seit 1722 Gemahl der Erzherzogin Maria Amalie, der jüngeren Tochter Josephs I., das Erbfolgegesetz nicht anerkannt und dass auch Frankreich seine Anerkennung mit einer salvatorischen Klausel bezüglich der Rechte Dritter versehen hatte. Die zunehmende Fixierung auf die Sukzessionsproblematik bzw. das Bestreben, um jeden Preis die Erbfolge seiner 1717 geborenen ältesten Tochter Maria Theresia zu sichern, machten Karl VI. zusehends erpressbar.

Zwar nahm Karl VI. seine kaiserlichen Prärogativen selbstbewusst und oft erfolgreich wahr, wenn er etwa in den Frankfurter Verfassungsstreit intervenierte und durch seine Kommissare die politische Ordnung der Reichsstadt nicht unerheblich modifizierte. Wenn er in kaiserfernen Regionen gegen größere Reichsstände vorgehen wollte, war er jedoch vollkommen von der Kooperation der regionalen Führungsmächte abhängig, die dabei stets auch ihre eigenen Interessen verfolgten, wie Hannover und Brandenburg-Preußen bei der Reichsexekution gegen Herzog Karl Leopold von Mecklenburg-Schwerin, der 1728 zugunsten seines Bruders Christian Ludwig II. abgesetzt wurde. Eine so selbstbewusste kaiserliche Politik stieß auch auf Kritik, zumal man gleichzeitig beobachtete, dass die Reichsbelange im engeren Sinne immer mehr den Interessen von Dynastie und Großmacht Österreich untergeordnet wurden. Genau zu dem Zeitpunkt, als die dynastische Krise des Hauses Österreich es erfordert hätte, die kaiserliche Klientel im Reich zu pflegen, wuchs also die Unzufriedenheit mit dem Kaiserhaus.

Den rückläufigen Stellenwert des Reichs in der Politik des Wiener Hofs im 18. Jahrhundert kann man gut am sinkenden Einfluss der Reichsvizekanzler festmachen. Schon im 17. Jahrhundert stand die Reichshofkanzlei in Konkurrenz zur Österreichischen Hofkanzlei, die zunehmend auch die auswärtige Korrespondenz des Kaiserhofs an sich zog. In der Spätzeit Leopolds I. gelang es dem Reichsvizekanzler Dominik Andreas von Kaunitz einiges von dem verlorenen Boden wieder gut zu machen. Eine interessante Konstellation trat 1705 ein, als der Mainzer Erzkanzler Lothar Franz von Schönborn seinen Neffen Friedrich Karl von Schönborn auf den Posten des Reichsvizekanzlers brachte. Während der Regierung Josephs I. und in der Frühzeit Karls VI. gehörte der eng mit Prinz Eugen von Savoyen befreundete Friedrich Karl zu den einflussreichsten Ministern am Wiener Hof.[39] Der Bauherr des neuen Reichskanzleitraktes sah aber seit den 1720er Jahren seinen Einfluss schwinden. 1729 wurde er Fürstbischof in Würzburg und Bamberg und verwaltete von nun an die Reichskanzlei meist aus der Ferne – nicht zu deren Vorteil. 1734 resignierte er zugunsten seines Stellvertreters Johann Adolf von Metsch, eines Konvertiten aus Anhalt, unter dem der Bedeutungsverlust der Reichskanzlei offenbar wurde. Nach dem Intermezzo von Johann Georg von Königsfeld während der Regierungszeit des Wittelsbachers Karl VII. (1742–1745) folgte 1745 mit Rudolf Joseph von Colloredo ein österreichischer Adliger, der schon Metschs Stellvertreter gewesen war. 1788 wurde sein Sohn Franz de Paula Gundaker von Colloredo der letzte Reichsvizekanzler überhaupt, dessen Eignung für diese Aufgabe Karl Otmar von Aretin überaus kritisch beurteilt hat.⁴⁰ Seit 1753 stand die Reichskanzlei vollends im Schatten der von Wenzel Anton von Kaunitz-Rietberg, dem Enkel des einstigen Reichsvizekanzlers, geleiteten Staatskanzlei. Auch wenn der Reichsvizekanzler immer noch ein vornehmer Minister am Wiener Hof war und auch zum Staatsrat, dem höchsten Regierungsgremium, herangezogen wurde, wurden auf diesen Posten nur noch Männer aus der zweiten Reihe gebracht, die kaum in der Lage waren, den Reichsinteressen Gehör zu verschaffen. Insbesondere konnten sie keinen maßgeblichen Einfluss auf die Außenbeziehungen des Wiener Hofes nehmen – und die Außenpolitik wurde im 18. Jahrhundert als der vornehmste Politikbereich überhaupt betrachtet.

Nach diesem Ausblick nun aber zurück in die Zeit Karls VI.: Ein anderes Signum seiner Regierung war eine Reaktualisierung des Konfessionskonflikts im Reich.⁴¹ In diesem Zusammenhang spielte der Pfälzer Religionsstreit, der seine Wurzeln im ausgehenden 17. Jahrhundert hatte, eine besondere Rolle. Im Jahr 1685 hatte mit Kurfürst Philipp Wilhelm die katholische Linie Pfalz-Neuburg die Nachfolge in der Kurpfalz angetreten. Infolge des Dreißigjährigen Kriegs bestand hier eine komplexe konfessionelle Konstellation mit einer calvinistischen Mehrheit, aber nennenswerten lutherischen und katholischen Minderheiten. Philipp Wilhelm hatte sich verpflichtet, die Stellung der calvinistischen Kirche zu respektieren, doch in den durch Frankreich reunierten bzw. während des Pfälzischen Erbfolgekriegs besetzten Gebieten wurden in den 1680er und 1690er Jahren umfangreiche Rekatholisierungsmaßnahmen durchgeführt. In Art. IV des Rijswijker Friedensvertrags (1697) setzte König Ludwig XIV. einen Bestandsschutz für die Katholiken in den Gebieten durch, die an die Kurpfalz zurückgegeben werden mussten. Die empörten Protestanten im Reich argwöhnten beim Zustandekommen der sog. Rijswijker Klausel nicht zu Unrecht ein unheiliges Zusammenspiel der französischen, kurpfälzischen, päpstlichen und kaiserlichen Diplomatie. 1698 führte Kurfürst Johann Wilhelm flächendeckend das Simultaneum für Calvinisten, Katholiken und Lutheraner in der Pfalz ein. Dadurch wurde der Katholizismus zum gleichberechtigten Bekenntnis im Kernland des deutschen Calvinismus. Die Pfälzer Reformierten riefen die Hilfe der evangelischen Reichsstände an, die nicht nur bei Johann Wilhelm Protest einlegten, sondern auch an Kurfürst

Friedrich III. von Brandenburg (ab 1701 König Friedrich I. in Preußen) appellierten. Dieser verhängte nun seinerseits Repressalien gegen die Katholiken in Magdeburg, Halberstadt und Minden. Doch erst, als er die Zustimmung der Protestanten für die Rückübertragung der Oberpfalz und der zweiten weltlichen Kur brauchte, lenkte Johann Wilhelm ein und erließ die mit Kurbrandenburg abgestimmte Pfälzer Religionsdeklaration, nach der das Simultaneum abgeschafft und das Pfälzer Kirchengut im Verhältnis Fünf zu zwei Stimmen zwischen Calvinisten und Katholiken aufgeteilt wurde; die Lutheraner gingen leer aus. Unter Johann Wilhelms Bruder und Nachfolger Karl Philipp flammte der Konflikt 1719 erneut und heftiger auf, als der Kurfürst die Heidelberger Heiliggeistkirche, die vornehmste Kirche des deutschen Calvinismus, zur Gänze als katholische Hofkirche beanspruchte und den Heidelberger Katechismus wegen der darin enthaltenen Schmähungen gegen den Papst und die katholische Kirche einziehen ließ. Der calvinistische Kirchenrat appellierte an das *Corpus Evangelicorum* im Reichstag, das die Wiederherstellung des ursprünglichen Konfessionsstands in der Pfalz forderte. Erneut griffen Brandenburg-Preußen und nun auch Kurhannover zu Repressalien gegen die katholischen Minoritäten in ihren Territorien. Stärker noch als um 1700 eskalierte die Pfälzer Affäre zu einem reichsweiten Flugschriftenstreit.

1720 konnte Kaiser Karl VI. den Konflikt beilegen, indem er seine Stellung als über den Konfessionsparteien stehender oberster Richter im Reich zur Geltung brachte und seinen Onkel Karl Philipp zum Nachgeben nötigte. Trotz dieses Erfolgs weist der Pfälzer Religionsstreit jedoch auf für den Kaiser problematische Entwicklungen der Reichsverfassung hin: Erst durch diesen Konflikt verfestigte sich das durch den Westfälischen Frieden grundgelegte *Corpus Evangelicorum*, das in der zweiten Hälfte des 17. Jahrhunderts noch kaum in Erscheinung getreten war, zu einer dauerhaften Kontroll- und Schutzorganisation der Protestanten im Reich. Die zwischenzeitlich in den Hintergrund getretene Spaltung der Reichsstände in Konfessionsparteien wurde dadurch erneut betont und letztlich zementiert und überlagerte tendenziell die alte, hierarchische Struktur des Reichs. Der Konfessionskonflikt wurde dabei verstärkt durch ein latentes Bedrohungsgefühl der Protestanten, die sich durch eine Reihe von Fürstenkonversionen in den vornehmsten deutschen Dynastien – Wittelsbach, Wettin, Württemberg, Hessen usw. – in die Defensive gedrängt sahen. In dieser Situation fiel es Brandenburg-Preußen und Hannover-Großbritannien, die nach dem Übertritt des traditionell kaiserfreundlichen sächsischen Kurhauses zum Katholizismus zwar nicht das förmliche Direktorium, aber doch die politische Führung im *Corpus Evangelicorum* übernommen hatten, leicht, durch eine konfessionelle Aufladung primär politischer Konflikte die protestantischen Reichsstände auf ihre Seite zu bringen, im Reichstag ggf. eine *itio in partes* zu erzwingen und Mehrheitsentscheidungen zu unterbinden bzw. schon durch entsprechende Drohungen unliebsame Beschlüsse zu verhindern. Dass der Kaiser und die katholischen Reichsstände die Legitimität des *Corpus Evangelicorum* als Institution sowie seiner Forderungen regelmäßig bestritten, half da wenig.

Ein neues Phänomen waren Rekurse an den Reichstag, die sich gegen missliebige Urteile der Reichsgerichte, zumal des Reichshofrats, richteten, häufig unter dem Vorwurf konfessioneller Parteilichkeit. Das konnte darauf hinauslaufen, dass den Höchstgerichten des Reichs der Reichstag als neue, oberste Instanz übergeordnet und deren Rechtsprechung in politisch sensiblen Fällen ausgehebelt wurde. Damit wurde gleichzeitig implizit die höchstrichterliche Kompetenz des Kaisers in Zweifel gezogen. Überhaupt hatte die Rekonfessionalisierung der Reichspolitik im 18. Jahrhundert eine deutlich antikaiserliche Spitze. Es war wenig hilfreich, dass Karl VI. und seine Nachfolger betonten, dass sie über den Konfessionsparteien stünden und dass sie bzw. der Reichshofrat sich um eine konfessionsneutrale Rechtsprechung bemühten: Ein Generalverdacht der Parteilichkeit bestand stets und wurde von den Gegnern des Hauses Österreich immer wieder angeheizt. Durch diese erneute Wahrnehmung bzw. Darstellung des Reichsoberhaupts als Kopf der katholischen Konfessionspartei schwand die Integrationskraft des Kaiseramts, und die evangelischen Reichsstände – oder jedenfalls ein erheblicher Teil von ihnen – gerieten erneut in eine strukturelle Opposition zum Kaiser. Die Anführer dieser Opposition waren die europäischen Mächte Brandenburg-Preußen und Hannover-Großbritannien, die die Gelegenheit nutzten, ihre machtpolitischen Konflikte mit dem Haus Österreich ins Reich und in seine Institutionen zu tragen. Als sich Preußen 1726 im Vertrag von Wusterhausen und Großbritannien 1731 im sog. Zweiten Wiener Vertrag mit Karl VI. verbündeten, trat diese für den Zusammenhalt des Reichs hochgefährliche Konstellation vorläufig in den Hintergrund, als eine Art »Sollbruchstelle« im Reichsgefüge blieb sie aber bestehen und erlangte in der zweiten Jahrhunderthälfte neue Bedeutung.

In den 1730er Jahren wurde die Position des Kaisers zudem durch zwei verlorene Kriege, den Polnischen Thronfolgekrieg (1733–1735/38), den der Reichstag gegen die Stimmen der wittelsbachischen Kurfürsten von Köln, Bayern und der Pfalz zum Reichskrieg erklärt hatte, und den Türkenkrieg 1737–1739, schwer erschüttert. Infolge dieser Kriege verlor Österreich einen erheblichen Teil der territorialen Erwerbungen aus dem Spanischen Erbfolgekrieg und aus dem Türkenkrieg 1716–1718. Die Mängel der österreichischen Kriegführung, die deplorablen Ergebnisse der Friedensschlüsse von Wien (1735/38) und Belgrad (1739), aber auch das Vorgehen der österreichischen Diplomatie, die 1735 beim Abschluss des Wiener Präliminarfriedens die Reichsstände faktisch vor vollendete Tatsachen stellte, vermehrten die Unzufriedenheit mit dem Kaiserhaus. Das Bedrohungsszenario, das in der Zeit Leopolds I. die Reichsstände an die Seite des Kaisers gebracht hatte, verfing nicht mehr. 1737 bewilligte der Reichstag zwar 50 Römermonate an Türkenhilfe und 1740 noch einmal 50 Römermonate zur Sicherung der neuen Grenze gegen das Osmanische Reich, als eine existentielle Bedrohung wurde dieses aber auch nach dem verlorenen Krieg nicht mehr wahrgenommen. Als Karl VI. überraschend am 20. Oktober 1740 erst 55-jährig starb und das Haus Habsburg damit im Mannesmann erlosch, zeigte sich die Schwäche Österreichs in aller Deutlichkeit.[42]

6 Das Alte Reich in seiner Spätphase

6.1 Das Kaisertum Karls VII.

Ein theoretischer Vorteil von Wahl- gegenüber Erbmonarchien lag darin, dass es in ihnen nicht zu dynastisch bedingten Erbfolgekonflikten kommen konnte. Dass das Heilige Römische Reich dennoch massiv und mit erheblichen, langfristigen Auswirkungen durch den Österreichischen Erbfolgekrieg (1740–1748) beeinträchtigt wurde, zeigt einmal mehr, wie sehr das Haus Habsburg sich als *die* Kaiserdynastie etabliert hatte. Durch die Pragmatische Sanktion und durch die 1736 geschlossene Ehe seiner Erbtochter Maria Theresia mit Herzog Franz Stephan von Lothringen hatte Karl VI. Vorkehrungen getroffen, um seinen Nachkommen in weiblicher Linie die Nachfolge in den Erbreichen und im Römischen Kaisertum zu sichern. Franz Stephan, der infolge des Wiener Friedens sein Stammland gegen die Toskana eintauschen musste, wurde allerdings eher halbherzig zum Nachfolger im Kaiseramt aufgebaut. Denn immer noch hegte man am Wiener Hof die Hoffnung, dass Karl VI. aus einer zweiten Ehe nach einem etwaigen Tod der häufig kränkelnden Kaiserin Elisabeth Christine vielleicht doch noch einen Sohn haben könnte oder dass einer seiner Enkel zu seinen Lebzeiten das regierungsfähige Alter erreichen würde. Außerdem schien angesichts des Lebensalters des Kaisers die Zeit nicht zu drängen.

Der überraschende Tod Karls VI. stürzte daher zugleich mit dem Haus Österreich auch das Reich in eine Krise.[1] Es begann nicht nur der Weg in den Österreichischen Erbfolgekrieg, sondern auch eines der längsten Interregna der frühneuzeitlichen Reichsgeschichte. Erstmals seit 1438 ging aus dem Ringen um die Krone des Heiligen Römischen

Reichs kein Mitglied des Hauses Österreich als Sieger hervor. Die Ursachen dafür waren vielfältig. Zum einen ist an die gewachsene Unzufriedenheit im Reich mit Karl VI. zu erinnern, zum anderen schien Österreichs Zukunft nach den verlorenen Kriegen der 1730er Jahre, nach dem erfolgreichen preußischen Überfall auf Schlesien, der Ende 1740 den Österreichischen Erbfolgekrieg auslöste, und angesichts der Bildung einer deutlich überlegen scheinenden gegnerischen Koalition mit den Bourbonenkronen Frankreich, Spanien und Neapel-Sizilien an der Spitze aufs höchste gefährdet. Außerdem war der Großherzog der Toskana, der im deutschen Reichsteil nicht begütert war (sieht man von der linksrheinischen Grafschaft Falkenstein und seiner Mitregentschaft in den Erblanden seiner Gemahlin ab), eben doch kein »geborener« Kandidat für den Kaiserthron, sondern nur der Schwiegersohn des letzten Kaisers. Eine ähnliche Konstellation hatte es letztmals 1438 bei der Wahl Albrechts II. gegeben.

Ein ausgesprochen starker Gegenkandidat stand mit Kurfürst Karl Albrecht von Bayern bereit. Er hatte trotz der Pragmatischen Sanktion und trotz der Verzichtserklärung seiner Gemahlin Maria Amalie seine Ansprüche auf das habsburgische Erbe niemals aufgegeben und machte sie unter Berufung auf das Testament Kaiser Ferdinands I. auch jetzt geltend. Selbst wenn dies ein fadenscheiniger Rechtstitel war, wurde er nach einigem Zögern von Frankreich unterstützt, das ihm auch im Kampf um die Römische Kaiserkrone massive Wahlhilfe leistete. Auch Friedrich August II. von Sachsen/August III. von Polen, der Ehemann Maria Josephas, der älteren Tochter Josephs I., erhob anfangs Ansprüche auf Teile des österreichischen Erbes, seine Kandidatur für den Kaiserthron verfolgte er aber nicht ernsthaft.

Der Wittelsbacher Karl Albrecht, der endlich die Gelegenheit gekommen sah, mit den zu Königen aufgestiegenen Kurfürsten von Sachsen, Brandenburg und Hannover gleichzuziehen und sie sogar zu überrunden, konnte demgegenüber scheinbar sicher auf gleich drei Kurstimmen aus der eigenen Dynastie zählen, neben der eigenen bayerischen auf die kurkölnische seines Bruders Clemens August sowie auf die kurpfälzische. Das war eine vergleichsweise neue Konstellation, denn erst 1724 hatte die wittelsbachische Hausunion dem jahrhundertealten Konflikt zwischen der bayerischen (wilhelminischen) und der pfälzischen (rudolphinischen) Linie der Dynastie ein Ende gesetzt und so den gemeinsamen Einfluss im Reich und seinen Institutionen deutlich gesteigert – bis 1732 hatten die Wittelsbacher sogar über eine vierte Kurstimme verfügt, als Franz Ludwig von Pfalz-Neuburg Kurfürst von Trier (1716–1729) und dann von Mainz (1729–1732) gewesen war. Ein nicht zu unterschätzender Faktor bei der Bewerbung Karl Albrechts um die Kaiserwürde war, dass er der vornehmsten katholischen Familie im Reich nach den Habsburgern entstammte, die mit Ludwig IV., dem Bayern, über eine eigene Kaisertradition verfügte. Außerdem war er der Schwiegersohn eines Kaisers. Das waren Punkte, die in der Frühen Neuzeit einen würdigen Bewerber um die Kaiserkrone ausmachten.

Trotz allem war Karl Albrechts Kandidatur kein Selbstläufer, zumal Maria Theresia mit ebenso großem Engagement die Kaiserwahl ihres Mannes betrieb. Es bedurfte einigen französischen Drucks, um die Kurfürsten von Mainz und Trier, die eigentlich zu Franz Stephan tendierten, für Karl Albrecht zu gewinnen; auch der eigene Bruder Clemens August von Köln zögerte länger als gedacht. Schließlich wählte aber selbst der mit Österreich verbündete Georg August von Hannover (Georg II. von Großbritannien) den Wittelsbacher, der somit im Januar 1742 einstimmig als Karl VII. zum Kaiser gewählt wurde. Die böhmische Kurstimme Maria Theresias war gegen den österreichischen Protest von der Wahl ausgeschlossen worden, weil das Wahlrecht einer Frau angezweifelt wurde. Zudem wurde Maria Theresias Anspruch auf Böhmen von Karl Albrecht angefochten, der sich nach der Eroberung Prags im Dezember 1741 zum böhmischen König hatte krönen lassen.

Mit der Kaiserkrönung Karls VII. durch seinen eigenen Bruder Clemens August von Köln – der Mainzer Erzbischof hatte ihm dieses Recht ausnahmsweise überlassen – erreichte das Haus Wittelsbach, der traditionelle Rivale Habsburgs im katholischen Lager, ein langgehegtes Ziel, vor dem man aber bisher immer wieder zurückgeschreckt war. Zum ersten Mal seit 1437 war ein Nichthabsburger Kaiser. Daran knüpften sich nicht nur auf wittelsbachischer Seite große Hoffnungen. Angesichts der aufgestauten Unzufriedenheit mit der Selbstherrlichkeit des Hauses Österreich erwartete man von Karl VII., dass er ein »ständischer Kaiser« sein werde, abhängiger von den Reichsständen und zugleich offener für ihre Wünsche.

Am Ende war das Kaisertum Karls VII. jedoch eine einzige Enttäuschung. Von Anfang an stand er unter erheblichem militärischen Druck Österreichs, und er wurde zweimal aus Bayern vertrieben. Nicht nur der Kaiser und mit ihm der Reichshofrat, sondern auch der von den Kriegshandlungen bedrohte Reichstag wichen nach Frankfurt aus. Bestrebungen Friedrich Karls von Schönborn, eine Aussöhnung zwischen Maria Theresia und Karl VII. herbeizuführen, hatten nicht den erwünschten Erfolg, sondern zogen dem ehemaligen Reichsvizekanzler lediglich den Unwillen der Habsburgerin zu. Die Diskontinuität im Kaiseramt stellte Karl VII. auch vor andere Probleme: Das Reichsarchiv lagerte in Wien; Maria Theresias Bereitschaft, es herauszugeben, hielt sich in Grenzen. Die Sonderung von Reichs- und österreichischem Archivgut stellte auch ein nicht zu unterschätzendes praktisches Problem dar und wurde bis zum Tod Karls VII. nur zum geringen Teil umgesetzt. Außerdem hatte der Wittelsbacher Kaiser seinen Reichshofrat qualifiziert zu besetzen. Üblicherweise übernahm ein neuer Kaiser die Mehrzahl der Reichshofräte seines Vorgängers, die meisten Reichshofräte Karls VI. scheuten jedoch vor einem Wechsel nach München bzw. Frankfurt zurück. Dennoch gelang es dem Wittelsbacher schließlich, geeignetes Personal zu finden.

Gravierender war die völlige politische und militärische Abhängigkeit Karls VII. von Frankreich und Preußen, sodass er seinen Schutzmächten erhebliche Zugeständnisse machen musste – bspw. Friedrich II. in Bezug auf das Zeremoniell der kaiserlichen Investituren. Die traditionelle kaiserliche Klientel wurde verunsichert durch Überlegungen, Karl VII. durch die Säkularisation der Bayern benachbarten Hochstifte Augsburg, Eichstätt, Freising und Passau sowie die Mediatisierung der Reichsstädte Augsburg, Regensburg und Ulm eine Territorialbasis zu verschaffen, die einem Kaiser angemessen war. Derartige Projekte wurden zunächst von Preußen formuliert und von Karl VII. bereitwillig aufgegriffen. Der Kaiser erweiterte die Liste der zu säkularisierenden geistlichen Fürstentümer noch um Bamberg, Salzburg und Würzburg. Als diese Pläne bekannt wurden, war dies natürlich Wasser auf den Mühlen der österreichischen Propaganda.

Als Karl VII. 1745 starb, wiederholte sein Sohn Maximilian III. Joseph trotz französischen Drängens das Kaiserabenteuer seines Vaters nicht, sondern schloss am 22. April 1745 mit Maria Theresia den Frieden von Füssen, in dem er u. a. ihrem Mann Franz Stephan seine Kurstimme zusagte. Das Experiment eines ständischen Kaisertums war kläglich gescheitert, und mit der im selben Jahr erfolgten Wahl Franz' I. wurde das Haus Habsburg(-Lothringen) als Kaiserdynastie bestätigt.

6.2 Das Reich und der österreichisch-preußische Dualismus

Auf den ersten Blick schienen 1745 bzw. spätestens 1748, nach dem Ende des Österreichischen Erbfolgekriegs, die Verhältnisse der Zeit Karls VI. wiederhergestellt. Die Kaiserwürde und mit ihr der Reichshofrat und die Reichshofkanzlei waren in die Wiener Hofburg zurückgekehrt. Die Kurfürsten von Brandenburg und der Pfalz, die 1745 Franz I. nicht mitgewählt hatten, hatten ihn nachträglich anerkannt. Mit dem Frieden von Aachen waren 1748 auch die Kampfhandlungen an der westlichen Peripherie des Reichs und in Reichsitalien beendet. Das Haus Österreich hatte territoriale Einbußen erlitten, jedoch seinen Status als europäische Großmacht und führende Dynastie im Reich behauptet. Zudem war dank der wachsenden Kinderschar Maria Theresias und Franz' I. die dynastische Krise der Kaiserdynastie beendet und die Transformation des Hauses Habsburg in das Haus Habsburg-Lothringen erfolgreich vollzogen.

Sieht man indes genauer hin, stellen sich die Veränderungen durchaus gravierend dar: Franz I. war als Großherzog der Toskana ein Kaiser ohne nennenswerte eigene Hausmacht im Reich.[2] Um seine kaiserliche Autorität zur Geltung bringen zu können, war er weitgehend von seiner Gemahlin abhängig. Damit verlor das Kaisertum erheblich an Eigengewicht. Zwar kooperierten Franz I. und Maria Theresia bzw. die ihnen unterstellten Reichs- bzw. österreichischen Institutionen meistens, wenn es aber zu Differenzen kam, pflegte sich in aller Regel Maria Theresia durchzusetzen.

Auch Maria Theresia lag nichts ferner, als auf die Kaiserwürde für ihr Haus zu verzichten. Dass sie sich im Gegensatz zu ihrer Cousine Maria Amalie, der Ehefrau Karls VII., nicht zur Kaiserin krönen ließ, hing vielmehr damit zusammen, dass sie diese Krone, anders als die ungarische und die böhmische, nicht aus eigenem Recht, sondern als Gemahlin des Kaisers empfangen hätte. Der Kaiserinnentitel stand ihr auch ohne Krönung zu, und selbstverständlich führte sie ihn auch. Dass sie im Unterschied zu den früheren Kaiserinnen auch als Kaiserin-Königin bezeichnet wurde, deutet aber ebenfalls darauf hin, dass die Erbköniginnentitel nicht hinter dem erheirateten Kaiserinnentitel verschwinden sollten. Auch als Erzherzogin von Österreich und Königin von Böhmen betrieb Maria Theresia Reichspolitik, aber das meinte zusehends nicht mehr Politik *des* Reichs oder *für* das Reich, sondern Politik *im* Reich, in den Reichsinstitutionen, gegenüber den Reichsständen. Und mit diesen, gerade mit der traditionellen kaiserlichen Klientel und deren, wie man es in Wien empfand, Illoyalität im Österreichischen Erbfolgekrieg, war man in der Hofburg vielfach unzufrieden. Das bedeutete nicht, dass man die Klientelpolitik im Reich aufgegeben hätte. Die wechselseitigen Loyalitäten hatten sich aber gelockert, was die Hemmungen minderte, die Belange der Klienten gegenüber den österreichischen Großmachtinteressen zurückzustellen. Interessant erschienen die Klienten unter den Reichsständen v. a. deshalb, weil man sie gegen den Preußenkönig in Stellung zu bringen hoffte. Die zunehmende Polarisierung zwischen Österreich und Preußen überlagerte immer deutlicher die alte hierarchische Reichsordnung, die auch durch die Krise des Reichslehnswesens seit der Mitte des 18. Jahrhunderts immer fragwürdiger wurde (s. S. 186).

In diesem Zusammenhang ist bemerkenswert, dass schon im Umfeld der Kaiserwahl Franz' I. am Wiener Hof über den Wert der römisch-deutschen Kaiserkrone für Österreich reflektiert wurde. Ein vermutlich von Reichsvizekanzler Colloredo abgefasstes Gutachten betonte den Nutzen, den sowohl das Reich als auch die Habsburgermonarchie von ihrem »gemeinschaftlichen Aneinanderhang« hätten, argumentierte aber v. a. *ex negativo*, indem es die Gefahren für Österreich bei einer Trennung vom Reich hervorhob. Damit deutete das Memorandum zugleich an, dass ein dauernder Verlust der Kaiserwürde die Zugehörigkeit der Erblande zum Reich zur Disposition stellen würde. Ein ambitioniertes Reformprogramm zur Stärkung des kaiserlichen Einflusses entwarf die Schrift nicht.[3]

Die verbliebenen Möglichkeiten und die Grenzen der kaiserlichen und österreichischen Reichspolitik zeigten sich deutlich während des Siebenjährigen Kriegs (1756–1763), als Österreich, diesmal an der Seite Frankreichs, Russlands und Schwedens, erneut gegen das nun mit Großbritannien verbündete Preußen kämpfte. Im Januar 1757 führte die Wiener Diplomatie durch Mehrheitsentscheid in allen Reichstagskurien einen Reichsschluss herbei, der den preußischen Überfall auf Kursachsen im Vorjahr als Landfriedensbruch verurteilte, gegen Friedrich II. die Reichsexekution verhängte und dafür 30 Römermonate bewilligte. Eine Reichsachterklärung gegen Preußen erwies sich dagegen rasch als illusorisch und wurde daher auch nicht ernsthaft verfolgt. Zudem erlitt die Reichsarmee zusammen mit einem französischen Heer im selben Jahr bei Roßbach eine vernichtende Niederlage gegen die Preußen, was ihr Ansehen als »Reißaus-Armee« bis in die Forschungsliteratur des 20. Jahrhunderts nicht ganz zu Recht dauerhaft beschädigte.[4]

Der von Maria Theresia und Staatskanzler Kaunitz aus machtpolitischen Erwägungen herbeigeführte Umsturz der Bündnisse (*Renversement des Alliances*) von 1756 erwies sich für die Reichspolitik des Wiener Hofs langfristig als nachteilig. Zwar hatten in der Geheimen Konferenz Franz I. und Reichsvizekanzler Colloredo mehrfach ihre Bedenken gegen ein Bündnis mit dem französischen »Erbfeind« akzentuiert, wie üblich hatten sich aber die Kaiserin und ihr Staatskanzler durchgesetzt. Durch die Neugruppierung der europäischen Mächte traten an die Stelle der gemischtkonfessionellen Bündnisse Frankreich – Preußen und Österreich – Großbritannien die konfessionell homogenen Allianzen Frankreich – Österreich und Großbritannien – Preußen. Friedrich II. war gewiss kein Herrscher, dem das Wohl des Protestantismus besonders am Herzen gelegen hätte, aber die neue Konstellation ließ sich trefflich propagandistisch ausschlachten. Und das tat der Preußenkönig, indem er, z. T. mithilfe gefälschter Dokumente, den Mächtekonflikt als Religionskrieg darstellte, den Österreich und Frankreich gegen das evangelische Deutschland führten.[5] Auch über den Siebenjährigen Krieg hinaus blieb der sich nunmehr etablierende österreichisch-preußische Dualismus konfessionell aufgeladen. Doch auch jenseits der konfessionellen Komponente machte das französische Bündnis den Wiener Hof angreifbar, denn dank der früheren eigenen Propaganda war das Feindbild Frankreich in der Reichsöffentlichkeit etabliert und konnte nun von Preußen propagandistisch genutzt werden. Spätestens nachdem sich die neue Großmacht Preußen im Siebenjährigen Krieg gegen eine an Ressourcen weit überlegene Allianz hatte behaupten können, avancierte Friedrich II., nunmehr »der Große«, zu einer Art »Gegenkaiser« (Karl Otmar von Aretin), der sich den Schutz des deutschen Protestantismus und der deutschen Freiheiten gegen die Herrschsucht des Wiener Hofes auf die Fahnen geschrieben hatte.[6]

Die Politik des neuen Kaisers Joseph II. erleichterte es Friedrich, diese Pose mit Erfolg einzunehmen.[7] Der älteste Sohn Franz' I. und Maria Theresias wurde 1764 einstimmig in Frankfurt zum Römischen König gewählt und anschließend in Anwesenheit seines Vaters gekrönt. Schon im nächsten Jahr trat der zugleich fromme und aufgeklärte, sehr gut auf sein Herrscheramt vorbereitete, aber charakterlich schwierige Prinz nach dem überraschenden Tod seines Vaters die Regierung als Kaiser an. In den habsburgischen Erblanden war er dagegen, wie sein Vater Franz I., nur der Mitregent Maria Theresias – allerdings mit der Aussicht, einmal der Souverän zu sein. Da Maria Theresia die Zügel der Herrschaft in der Hand behielt, vermochte er bis zu ihrem Tod (1780) v. a. durch das Kaiseramt eigene Akzente zu setzen. Er versuchte auch einige in den Reichsinstitutionen eingerissene Missstände abzustellen. Mehr als einmal fand er dabei in Friedrich II. einen Widersacher, der ihn faszinierte und den er zugleich als Konkurrent wahrnahm.

Dass Joseph II. sein Kaiseramt durchaus ernstnahm, beleuchten nicht nur seine diesbezüglichen Ausführungen in einer Denkschrift von 1766 über die künftige Politik des Hauses Österreich, sondern auch ein Fragenkatalog zur Reichsregierung, den er um dieselbe Zeit Reichsvizekanzler Colloredo und Staatskanzler Kaunitz vorlegte.[8] Die Reichsstände sollten, so Joseph, zur Einsicht gelangen, dass eine Stärkung der kaiserlichen Autorität in ihrem eigenen Interesse liege. Freilich dürfe die kaiserliche Reichspolitik der Habsburgermonarchie »keinen allzu beschwerlichen Aufwand« verursachen. In ähnlicher Weise markieren die Antworten der beiden Minister die geschrumpften kaiserlichen

Einflussmöglichkeiten und die reduzierte Bereitschaft zum Engagement im Reich. Während Colloredo immerhin über die Möglichkeiten zur Stützung der kaiserlichen Klientel und die Bedeutung der Reichsjustiz reflektierte, machte Kaunitz im Wesentlichen eine Kosten-Nutzen-Rechnung aus österreichischer Perspektive auf.

Einige der Anregungen Colloredos griff Joseph auf. Recht erfolgreich war er mit der Reform des Reichshofrats, die darauf abzielte, dessen Leistungsfähigkeit zu erhöhen und die Korruption abzustellen. Ohne Konflikte mit den betroffenen Reichshofräten, aber auch mit dem Reichsvizekanzler ging das freilich nicht ab. 1767 begann die längst überfällige Reichskammergerichtsvisitation, die sich bis 1776 hinzog. Der Reichstag beschloss eine Erhöhung der für die Unterhaltung des Reichskammergerichts vorgesehenen Reichssteuern (ohne jedoch sicherstellen zu können, dass diese »Kammerzieler« wirklich bezahlt wurden), weitergehende Reformbemühungen scheiterten aber an der Obstruktionspolitik des von Brandenburg-Preußen und Hannover-Großbritannien angeführten *Corpus Evangelicorum*. Doch auch die eigene Mutter stellte sich dem Kaiser mehrfach in den Weg, bspw. als er seine oberherrlichen Ansprüche über die Republik Genua und ihre Reichslehen durchsetzen wollte, Maria Theresia aber seine Maßnahmen aus Rücksicht auf den französischen Bundesgenossen, der gleichzeitig der Schutzherr Genuas war, stoppte.

Seinerseits verprellte Joseph in steigendem Maß die traditionellen kaiserlichen Klienten, besonders als er 1780 seiner Mutter als Herrscher der habsburgischen Erblande nachgefolgt war. Er strich zahlreiche Privilegien und Pensionen, verstieß mit seiner landesherrlichen Kirchenpolitik gegen elementare Interessen der geistlichen Fürsten (s. S. 190) und schockierte die Mindermächtigen im Reich, als er 1772 an der Ersten Teilung Polens partizipierte und sich so eine Machtpolitik zu eigen machte, die unter Berufung auf »Konvenienz« und das Gleichgewicht der Kräfte unter den Großmächten die Rechte Mindermächtiger mit Füßen trat. Wenn ein preußischer König das tat, war das schon schlimm genug, wenn aber der Römische Kaiser, der traditionelle Patron der kleinen Reichsstände, so agierte, drohte die Ordnung des auf Recht und Herkommen, und nicht auf Macht, gegründeten Reichs aus den Fugen zu geraten.

Allgemein ist in der zweiten Hälfte des 18. Jahrhunderts eine Krise des Reichszeremoniells zu konstatieren, die, wie insbesondere Barbara Stollberg-Rilinger mit ihren Forschungen gezeigt hat, eine massive Sinnkrise des Reichs implizierte.[9] Bislang erfüllte das Reichszeremoniell drei zentrale, miteinander verwobene Elemente: In erster Linie nach außen gerichtet, aber auch zur Selbstvergewisserung demonstrierte es erstens die Hoheit von Kaiser und Reich. Es stellte zweitens die Reichshierarchie mit dem Kaiser an der Spitze dar und befestigte sie dadurch. Drittens diente es der Zurschaustellung bzw. Herstellung von Eintracht zwischen Kaiser und Reichsständen im Allgemeinen bis hin zur Konstruktion eines Kollektivakteurs Kaiser und Reich. Die in der Krise des Reichszeremoniells zutage tretende Sinnkrise des Reichs lässt sich auf verschiedenen Ebenen nachvollziehen.

Die Erschütterung der hierarchischen Ordnung des Reichs zeigte sich deutlich in der Krise der Reichslehnsordnung.[10] Diese hatte unter Karl VII. begonnen, als der Wittelsbacher dem Preußenkönig Friedrich II. bezüglich der Investituren mit seinen Reichslehen Zugeständnisse gemacht hatte, die bald auch die anderen Kurfürsten einforderten. Unter Franz I. und Joseph II., die auf den alten Formen der Belehnung beharrten, ließen sich nur noch geistliche und mindermächtige weltliche Fürsten belehnen. Weltliche Kurfürsten und mächtigere Fürsten leisteten zwar noch die Mutung, erkannten damit die Lehnsbindung ihrer Territorien an das Reich an und sicherten sich so gegen eine Klage wegen Felonie (Untreue/Verrat) ab. Den mit der Investitur verbundenen Lehnseid zu leisten und damit eine Treuepflicht gegenüber dem kaiserlichen Oberherrn anzuerkennen, waren sie jedoch nicht mehr bereit. Am Ende seiner Regierung schaffte Joseph II. die Demutsgeste des Kniens der Reichsvasallen bei Investituren – und damit einen besonders anstößigen Teil des Lehnszeremoniells – grundsätzlich ab. Den Widerstand der Investiturverweigerer konnte er so aber nicht überwinden. Dieser Boykott der Thronbelehnungen durch die vornehmsten weltlichen Glieder des Reichs höhlte dessen hierarchische Ordnung weiter aus.

Nachdem der Reichstag durch die Entwicklung zum Immerwährenden Reichstag manches von seinem früheren Glanz eingebüßt hatte und auch nicht mehr der Ort einer persönlichen Begegnung von Kaiser und Fürsten war, verloren auch die Wahltage und die Römischen Kaiser- bzw. Königskrönungen an Bedeutung.[11] Am altehrwürdigen Wahl- und Krönungszeremoniell hielt man fest, doch die Schönheitsfehler bei seiner Aufführung wurden immer unübersehbarer. Wichtige Akteure glänzten durch Abwesenheit bzw. entzogen sich. Gravierend war das Fernbleiben der Kurfürsten, die in zunehmendem Maß ihre vornehmste Prärogative, eben das Recht, das Reichsoberhaupt zu wählen, nicht mehr persönlich wahrnahmen. Das galt insbesondere für die weltlichen Kurfürsten. Geradezu gespenstisch mochte es anmuten, wenn beim Krönungsmahl im Kaisersaal des Römers die Plätze der ferngebliebenen Kurfürsten leer blieben. Auch die Gelegenheit zur persönlichen Begegnung zwischen Kaiser und Kurfürsten entfiel. Ein weiteres Stück der Präsenzkultur, die die Reichsverfassung noch im 16. und partiell bis ins 17. Jahrhundert geprägt hatte, war verschwunden. Hinzu kam, dass auch dem Publikum bei diesen »Aufführungen des Reichs«, dem bei den Zeremonien die wichtige Aufgabe zukam, Öffentlichkeit her- und darzustellen, die altehrwürdigen Riten zunehmend unbegreiflich und damit letztlich fragwürdig wurden. Bekannt sind die – allerdings erst Jahrzehnte nach dem Erlebnis in *Dichtung und Wahrheit* (Buch 5) aufgeschriebenen – Erinnerungen Johann Wolfgang von Goethes an die Römische Königskrönung von 1764, in denen er sich ironisch-mitleidig über den sich mit dem übergroßen Krönungsornat abmühenden Joseph II. äußert und den Krönungsornat mit einer »Verkleidung« vergleicht. Mit anderen Worten: Im Jahrhundert der Aufklärung war das ehrwürdigste Element des Reichszeremoniells dabei, sich zu einem Kuriosum zu entwickeln. Wenn sich aber maßgebliche Akteure von den rituellen Elementen von Wahl und Krönung distanzierten und diese für wachsende Teile der Eliten nurmehr eine Kuriosität darstellten, hatten sie ihre systemstabilisierende Funktion eingebüßt.

Vieles spricht dafür, dass die Solennitäten des Reichs, die im 16. und 17. Jahrhundert ein wichtiges stabilisierendes Element des Reichs gewesen waren, zumal infolge eines schleichenden Verlusts an Präsenzkultur im 18. Jahrhundert ihre Aufgabe einer »kollektive[n] Sinnzuschreibung« (Barbara Stollberg-Rilinger) nicht mehr in gleicher Weise zu erfüllen vermochten.[12] Die Fassade der etablierten Reichsordnung wurde zunehmend brüchig. Der machtpolitischen Desintegration des Reichs

6 Das Alte Reich in seiner Spätphase

Abb. 15: Krönungsmahl Josephs II. in Frankfurt am Main 1764. Anonymes Gemälde aus der Schule von Martin van Meytens.

in der zweiten Hälfte des 18. Jahrhunderts entsprach eine für den Zusammenhalt des Reichs ebenso gefährliche Zeremonialkrise. Zudem trug Joseph II. wesentlich dazu bei, die Stellung des Kaisers als Wahrer des Rechts und Beschützer der Mindermächtigen zu unterminieren. Seit den 1760er Jahren zeichnete sich die nächste große Erbfolgekrise im Reich ab, da weder die bayerische noch die pfälzische Kurlinie der Wittelsbacher legitime männliche Nachkommen hervorgebracht hatte. Durch entsprechende Hausverträge wurde zwar die Erbfolge innerhalb der Dynastie geregelt, doch war zweifelhaft, ob diese Regelungen widerstandslos umsetzbar sein würden. Auch am Wiener Hof bereitete man sich auf den Eintritt des Erbfalls vor, schwankte aber zwischen zwei Optionen: Seit dem frühen 18. Jahrhundert hatte es immer wieder Pläne gegeben, durch einen Tausch der Österreichischen Niederlande und Bayerns die österreichischen Erblande vorteilhaft abzurunden und die Wittelsbacher an die westliche Peripherie des Reichs zu verpflanzen, möglicherweise verbunden mit der Verleihung des von ihnen so dringend gewünschten Königstitels. Ein solcher Ländertausch war die eine Handlungsoption, die man in Wien erörterte. Die andere lief darauf hinaus, Bayern ganz oder teilweise als heimgefallenes Lehen ohne eine Gegenleistung einzuziehen. Als 1777 Kurfürst Maximilian III. Joseph von Bayern starb, entschied man sich für eine Zwischenlösung. Ein Ländertausch sollte stattfinden, doch Karl Theodor von der Pfalz, der entsprechend den Bestimmungen des Westfälischen Friedens nun Kurfürst von Bayern wurde, während die 1648 eingeführte Achte Kurwürde erlosch, sollte lediglich mit österreichischem Streubesitz abgespeist werden. Während es gelang, den kurpfälzischen Vertreter in Wien zur Zustimmung zu diesem Plan zu nötigen, legte der nächste Erbberechtigte, der Herzog von Pfalz-Zweibrücken, Protest beim Reichstag ein und richtete einen Hilfsappell an Preußen. Darauf eröffnete Friedrich II. zum wiederholten Mal, nunmehr aber als Wahrer des Reichsrechts, den Kampf gegen Österreich.[13]

Der Bayerische Erbfolgekrieg (1778/79) war militärisch nicht sehr ereignisreich, doch der ihn abschließende Frieden von Teschen kam für Joseph II. einem Desaster gleich. Schon die Art und Weise, wie der Friede zustande kam – durch das Eingreifen Maria Theresias nämlich, die Schlimmeres verhüten wollte und über den Kopf ihres Sohnes hinweg

Kontakt mit Friedrich II. aufnahm –, war peinlich für den Kaiser. Doch auch die Friedensbestimmungen waren nachteilig: Österreich durfte das Innviertel behalten, musste aber seinerseits die preußische Erbfolge in den Markgrafschaften Brandenburg-Bayreuth und -Ansbach und damit die künftige Präsenz des Rivalen im Süden des Reichs akzeptieren – 1791 sollte König Friedrich Wilhelm II. tatsächlich die fränkischen Hohenzollern beerben. Garantiert wurde der Friede durch die Vermittler Frankreich und Russland, sodass nun auch die östliche Flügelmacht Europas zu den Garanten der Reichsverfassung zählte. Joseph II. war aber als Friedensstörer vor der Reichs- und europäischen Öffentlichkeit bloßgestellt, während sich Preußen und die Vermittler als Schützer der Reichsverfassung in Szene setzen konnten. Da Joseph II. seine Tauschpläne nicht aufgeben mochte, blieb diese Konstellation bis zum Ende seiner Regierung erhalten.

Durch seine Kirchenpolitik brachte Joseph weitere Unruhe ins Reich. Er versagte nicht nur den febronianischen Projekten der deutschen (Erz-)Bischöfe, die auf eine größere Unabhängigkeit von Rom, den Aufbau einer episkopalistischen deutschen Nationalkirche und als Fernziel die Union mit den deutschen Protestanten abzielten, seine Unterstützung in ihren Auseinandersetzungen mit der römischen Kurie (s. S. 269 f.). Vielmehr schädigte er durch die österreichische Diözesanneuordnung zahlreiche deutsche Fürstbischöfe schwer. Denn durch die neugeschaffenen bzw. neu zugeschnittenen österreichischen Landesbistümer wurden den deutschen Bischöfen die österreichischen Teile ihrer Diözesen entzogen. Besonders hart traf es Passau, das mit Ober- und Niederösterreich den größten Teil seines Sprengels einbüßte, sowie Salzburg.

In ähnlicher Weise wurde die Reichskirche durch die Gründung der Münchner Nuntiatur 1784 geschädigt, denn der neue Nuntius, der für alle Territorien Karl Theodors von Bayern und der Pfalz zuständig war, war vom Papst mit so umfangreichen Fakultäten ausgestattet worden, dass die Errichtung der Nuntiatur der Gründung eines Erzbistums für die pfalz-bayerischen Länder gleichkam, zum Schaden der eigentlich zuständigen Ortsbischöfe. Die Allianz von Landesfürsten und Kurie bereitete nicht nur der febronianischen Aufbruchstimmung in der Reichskirche ein Ende, sondern griff deren Stellung und Struktur in einer Weise an, wie dies seit der Reformation nicht mehr geschehen war. Dies war für die geistlichen Fürsten umso bedrohlicher, als sie sich auf den Schutz des Kaisers offenbar nicht mehr verlassen konnten. Angesichts der bedrohlichen Entwicklungen wurden seit den 1770er Jahren an einer Reihe kleinerer Höfe Überlegungen angestellt, wie die Mindermächtigen im Reich vor Österreichs und Preußens Expansionsbestrebungen geschützt werden könnten. Gemäß der Triasidee sollte das »Dritte Deutschland« – also das Deutschland der Mindermächtigen – seine Kräfte in einem Verteidigungsbündnis zur Aufrechterhaltung der Reichsverfassung bündeln, um so den Absichten der Großmächte entgegentreten zu können. Da in den 1780er Jahren durch die fortbestehenden Tauschpläne Josephs II. die Gefahren, die von Österreich ausgingen, größer zu sein schienen, näherten sich die kleineren Fürsten Preußen an. 1785 schlossen zunächst Brandenburg-Preußen, Sachsen und Hannover ein Dreikurfürstenbündnis zur Aufrechterhaltung des Status quo im Reich, dem sich in den Folgejahren zahlreiche kleine und mittlere Reichsstände anschlossen, darunter der Mainzer Kurerzkanzler Friedrich Karl Joseph von Erthal und sein Koadjutor Karl Theodor von Dalberg. Auch wenn die meisten geistlichen Fürsten sich dann doch nicht zu einem Beitritt zum sog. Fürstenbund entschließen konnten, zeigt dies, wie groß das Misstrauen gegen Joseph II. mittlerweile geworden war. Friedrich von Preußen war der Schutz der mindermächtigen Stände nicht wirklich ein Anliegen – der Fürstenbund ersetzte ihm vielmehr lediglich die europäische Allianz, über die er zu diesem Zeitpunkt nicht verfügte –, doch einmal mehr konnte er sich als Wahrer der Reichsverfassung gegen den Kaiser und das Haus Habsburg in Szene setzen.[14] Für das Reich und seine Verfassung war der Fürstenbund insofern von Bedeutung, als er den bayerisch-niederländischen Tausch dauerhaft verhinderte und den Status quo im Reich konservierte. Insofern griff er Konzepte wieder auf, die schon bei der Gründung des Ersten Rheinbundes handlungsleitend gewesen waren. Zu den Reichsreformplänen der mindermächtigen Reichsstände leistete er dagegen keinen Beitrag.

Das Reich steckte am Ende der Regierungszeit Josephs II. und bei Beginn der Französischen Revolution unübersehbar in einer Krise. Auch wenn die etablierten Reichsinstitutionen, wie Reichstag, Reichsgerichte und Reichskreise, fortbestanden, war die Reichsverfassung erschüttert:

Preußen und nun auch Österreich zeigten sich immer weniger interessiert am Reich. Das Ansehen des Kaisers bei den Ständen war geschwunden, die Reichsinstitutionen waren durch den österreichisch-preußischen Dualismus teilweise gelähmt. Durch das Vordringen der Machtpolitik im Reich wurde die alte Reichshierarchie ausgehöhlt und die Existenz der Mindermächtigen im Reich bedroht. Zugleich lässt sich eine »Sinnkrise« des Reichs beobachten. In der Retrospektive könnte man feststellen, dass mit der Mehrzahl der genannten Phänomene die finale Krise des Reichs in den 1740er Jahren ihren Anfang nahm. Gleichwohl wurden trotz aller Probleme die Existenz und die Existenzberechtigung des Reichs bis in die 1790er Jahre kaum infrage gestellt. Dass es dann doch so weit kam, war den Revolutions- und den Napoleonischen Kriegen geschuldet.

6.3 Das Ende des Reichs

Von Anfang an tangierten die Auswirkungen der Französischen Revolution auch das Reich.[15] Mit den Revolutionen in Lüttich und den Österreichischen Niederlanden wurde schon 1789 die westliche Reichsperipherie von Unruhen erschüttert, deren Niederwerfung einige Mühe bereitete. Die Aufhebung der Feudalrechte durch die Nationalversammlung (August 1789) und der Neuzuschnitt der französischen Diözesen nach landeskirchlichen Grundsätzen bescherten auch einigen Reichsständen beträchtliche Einbußen, darunter den geistlichen Kurfürsten, dem Fürstbischof von Speyer, den Herzögen von Pfalz-Zweibrücken und Württemberg sowie dem Landgrafen von Hessen-Darmstadt. Schließlich stellte der Umsturz der politischen und gesellschaftlichen Verhältnisse in Frankreich die altständische Gesellschaftsordnung in ganz Europa infrage. Diese Herausforderung betraf das Reich in besonderer Weise, das geradezu eine Verkörperung ständischer Prinzipien war. Bestehende Bedrohungsperzeptionen an den deutschen Höfen wurden durch französische Emigranten angeheizt, die sich besonders zahlreich am Koblenzer Hof des mit dem französischen Königshaus eng verwandten Trierer Kurfürsten Clemens Wenzeslaus von Sachsen einfanden, sodass »Coblentz« zum Feindbild französischer Revolutionäre avancierte. Durch die Radikalisierung der Revolution und die Angriffe auf das Königspaar wurde die dynastische und monarchische Solidarität herausgefordert. Die Konflikte und Drohungen eskalierten, und im April 1792 erklärte Frankreich Österreich den Krieg.

Die französische Kriegserklärung erfolgte während des zweiten Interregnums, das das Reich in kurzer Zeit erlebte. Als 1790 Joseph II. gestorben war, hinterließ er seinem Bruder und Nachfolger Leopold, der bis dahin als Peter Leopold schon einige Regierungserfahrung als Großherzog der Toskana gesammelt hatte, ein schwieriges Erbe.[16] Leopold musste nicht nur für Ruhe in den Provinzen der Habsburgermonarchie sorgen, die sich infolge der hektischen Reformen Josephs z.T. im offenen Aufstand befanden. Auch im Reich musste er verlorenes Terrain und verlorengegangenes Vertrauen zurückgewinnen und erst einmal seine Wahl zum Kaiser erreichen. Letzteres glückte ihm v.a. infolge eines Ausgleichs mit Preußen in der Konvention von Reichenbach (Juli 1790). Dadurch war die Gefahr einer erneuten militärischen Konfrontation Preußens und Österreichs vorerst abgewendet. Jedoch zeichnete sich die Perspektive ab, dass das Arrangement der deutschen Großmächte nach dem Vorbild der Ersten Teilung Polens auf Kosten der Mindermächtigen im Reich erfolgen könnte. Interessanterweise wurde auf dem Frankfurter Wahltag von 1790, aus dem am 30. September Leopold II. als Erwählter Römischer Kaiser hervorging, intensiv über eine Reform der Reichsverfassung beraten. Dies zeigt, dass man die Reformbedürftigkeit des Reichs erkannt hatte und dass zumindest Teile der Eliten eine solche Reform anstrebten, das Reich also noch keineswegs aufgegeben hatten. Leopold II. trug zu einer Konsolidierung des Reichs bei, indem er einiges Vertrauen zurückgewann, das sein Bruder verspielt hatte. Viel konnte er in seiner nur knapp zweijährigen Regierungszeit als Kaiser allerdings nicht bewirken. Der äußere Druck durch die Konfrontation mit dem revolutionären Frankreich trug aber dazu bei, dass die Kaiserwahl seines ältesten Sohnes als Franz II. weitgehend reibungslos verlief. In der Tat waren der Wahltag von 1792 und der anschließende Mainzer Fürstentag, auf dem das Vorgehen gegen Frank-

6 Das Alte Reich in seiner Spätphase

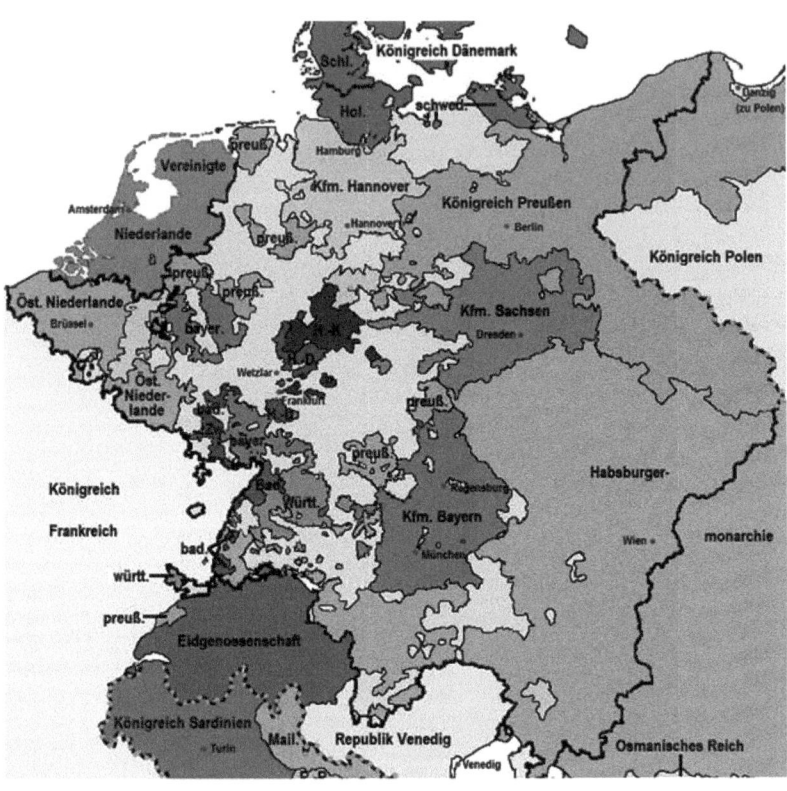

Abb. 16: Das Reich am Ende des 18. Jahrhunderts (1792).

Abkürzungen:
Bad.	Markgrafschaft Baden	Öst.	Österreichische
bad.	badisch	P.-P.	Herzogtum Parma-Piacenza
bayer.	bayerisch	preuß.	preußisch
H.-D.	Landgrafschaft Hessen-Darmstadt	Schl.	Herzogtum Schleswig (dänisch)
		schwed.	schwedisch
H.-K.	Landgrafschaft Hessen-Kassel	Württ.	Herzogtum Württemberg
		württ.	württembergisch
Hol.	Herzogtum Holstein (dänisch)	Zw.	Herzogtum Zweibrücken
Kfm.	Kurfüstentum		
Mail.	Herzogtümer Mailand und Mantua (habsburgisch)		

reich abgestimmt wurde, die glänzendste Fürstenversammlung, die das Reich seit langem erlebt hatte. Die dort zur Schau gestellte Einigkeit zerbrach allerdings rasch an den harten politisch-militärischen Realitäten, die sich völlig anders entwickelten, als das in Wien, Berlin, Mainz und an anderen Höfen erwartet worden war.

Bekanntlich scheiterte der prognostizierte militärische Siegeszug gegen die französischen Revolutionäre schon in der Kanonade von Valmy (20. September 1792). Gut einen Monat später war Mainz französisch besetzt, und die Revolutionstruppen rückten bis nach Frankfurt vor, bevor sie um die Jahreswende wieder zurückgedrängt wurden. Anfänglich war die Bereitschaft unter den Reichsständen groß, den deutschen Großmächten in den Krieg gegen das revolutionäre Frankreich zu folgen. 1793 erklärte der Reichstag – zum letzten Mal – den Reichskrieg gegen Frankreich und bewilligte bis 1795 die stolze Summe von 230 Römermonaten. Auch in den 1790er Jahren gab es, wie einst im Spanischen Erbfolgekrieg, Bestrebungen, die Kräfte der Mindermächtigen im Reich zu bündeln und so auch ein größeres Gewicht gegenüber den immer rücksichtsloser auftretenden deutschen Großmächten zu erhalten. Nicht zuletzt die seit der Übernahme der Markgrafschaften Brandenburg-Bayreuth und -Ansbach durch Preußen vorangetriebene Mediatisierungspolitik in Franken beunruhigte viele Mindermächtige. Doch weder die Überlegungen zu einer neuen Kreisassoziation noch der Wilhelmsbader Fürstenbund (1794) führten zum Erfolg. Angesichts der strukturellen militärischen Unterlegenheit gegenüber den französischen Revolutionsheeren wurde vielmehr das Drängen der desillusionierten Reichsstände auf einen Friedensschluss immer stärker.

1795 schloss Preußen in Basel einen Separatfrieden mit Frankreich und schied somit eigenmächtig aus dem Reichskrieg aus.[17] Gravierend für das Reich, seine Verfassung und seinen Zusammenhalt war, dass Preußen durch die Preisgabe seiner Besitzungen auf dem linken Rheinufer gegen die Aussicht auf Entschädigungen einen gefährlichen Präzedenzfall schuf. Zudem wurde ohne Konsultation der betroffenen Reichsstände eine norddeutsche Neutralitätszone geschaffen, d h., nicht nur Preußen, sondern alle dort ansässigen Reichsstände nahmen nicht länger am Reichskrieg teil. Die Hildesheimer Versammlungen der norddeutschen Stände (1796/97) können sogar als eine Art Gegenreichstag betrachtet werden. Durch die Teilung in eine preußische und eine österreichische Einflusszone fand die Solidargemeinschaft des Reichs ihr faktisches Ende. In den Berliner Verträgen von 1796 wurde zudem festgelegt, wie Preußens Entschädigung für die Verluste auf dem linken Rheinufer erfolgen sollte: durch umfangreiche Säkularisationen geistlicher Fürstentümer. Wenn man etwa an den Westfälischen Frieden und an die Pläne zur besseren territorialen Ausstattung Karls VII. in den 1740er Jahren denkt, war dies ein nicht ganz neuer Gedanke, dessen Umsetzung aber völlig neue Dimensionen erreichen sollte.

Österreich führte mit den dazu gezwungenen süddeutschen Reichsständen den Krieg gegen Frankreich allein weiter und verspielte durch die rücksichtslose Behandlung der Stände und der Bevölkerung in den von ihm kontrollierten Gebieten die letzten Reste des dort noch vorhandenen reichspatriotischen Potentials. Schon 1796 schlossen verschiedene süddeutsche Reichsstände nach dem Beispiel Preußens Separatfriedensverträge mit Frankreich. Als 1797 der französische General Napoleon Bonaparte von Oberitalien her bis in die Steiermark vorstieß, sah sich schließlich auch Franz II. genötigt, in den Frieden von Campo Formio (17. Oktober 1797) zu willigen. Dabei handelte es sich nicht um einen Reichsfriedensschluss, sondern um einen österreichisch-französischen Vertrag. Doch wenn der Souverän Österreichs, der in Personalunion Römischer Kaiser war, einen Friedensvertrag schloss, hatte dies üblicherweise Auswirkungen auf das Reich. Es stand zu erwarten, dass dieses Abkommen ähnlich wie 1714 der Vertrag von Rastatt das Vorbild für den Reichsfrieden abgeben würde. Daher war es für die Integrität und die Ordnung des Reichs noch schwerwiegender als die Vereinbarungen von Basel, wenn nun auch Franz II. in die Abtretung des linken Rheinufers an Frankreich einwilligte und dem Grundsatz der Entschädigung der depossedierten weltlichen Fürsten durch Säkularisationen zustimmte. Durch die Räumung der noch von österreichischen Truppen gehaltenen Festung Mainz wurden zudem Fakten geschaffen. Gleichzeitig verzichtete Franz zusammen mit der österreichischen Lombardei auch auf seine kaiserlichen Lehnsrechte in Italien. So gab das Oberhaupt des Reichs wesentliche Grundlagen der bisherigen Reichsverfassung preis. Indem er als Entschädigung für die österreichischen Verluste den Großteil der neutralen Republik Venedig akzeptierte, partizipierte er zugleich an einem weiteren Akt der Gewaltpolitik der Großmächte gegenüber Mindermächtigen unter dem fadenscheinigen Deckmantel des Konvenienzprinzips.

Dem Frieden von Campo Formio sollte der Reichsfriedensschluss folgen. 1798 stimmte auch die Reichsfriedensdeputation auf dem Rastatter Friedenskongress der Entschädigung der auf dem linken Ufer depossedierten weltlichen Fürsten durch Säkularisationen grundsätzlich zu. Bevor aber der Friede geschlossen werden konnte, wurde 1799 der Kongress durch den Rastatter Gesandtenmord und den Ausbruch des Zweiten Koalitionskriegs gesprengt. Nach der erneuten Niederlage Österreichs und seiner Verbündeten griff der Reichsfrieden von Lunéville (1801) auf die Rastatter Vorarbeiten zurück, indem er die faktisch längst vollzogene Abtretung des linken Rheinufers und den Grundsatz der Entschädigung durch Säkularisationen bestätigte. Dass die alte Reichsordnung an ihr Ende gekommen war, deutete sich auch in der Form des Friedensvertrags an: Erstmals wurde ein Reichsfriedensvertrag nicht in der »Reichssprache« Latein, sondern in französischer Sprache verfasst und damit der Ehrenvorrang des Reichs abgetan. Zudem war in dem Vertrag nicht mehr von einem Heiligen Römischen Reich (»Saint-Empire romain«), sondern von einem »Empire germanique« die Rede.[18]

Wie und in welchem Umfang genau die Säkularisationen zu Entschädigungszwecken durchgeführt werden sollten, war in Rastatt nicht festgelegt worden. Diese Aufgabe wurde einer außerordentlichen Reichsdeputation übertragen, an der aus dem Kurkolleg Mainz, Böhmen, Sachsen und Brandenburg sowie aus dem Fürstenrat der Deutsche Orden, Bayern, Hessen-Kassel und Württemberg teilnahmen. Die eigentlichen Entscheidungen wurden allerdings nicht von der Deputation getroffen. Vielmehr übernahm sie im Wesentlichen einen von Frankreich und Russland vorgelegten Entschädigungsplan, der das Ziel des nunmehrigen Ersten Konsuls der Französischen Republik Napoleon Bonaparte erkennen lässt, die kaiserliche Klientel im Reich zu dezimieren und stattdessen leistungsfähige deutsche Mittelstaaten zu schaffen. Diese würden dem kaiserlichen Einfluss weniger zugänglich sein, vielmehr Frankreich als nützliche Verbündete und zugleich als Pufferstaaten gegenüber Österreich dienen. Erstaunlicherweise setzte der Wiener Hof den französischen Plänen weder energischen Widerstand noch alternative Konzepte entgegen, sondern nahm als unabänderlich hin, was so alternativlos wohl gar nicht gewesen wäre. Durch ihre ungeschickte Politik verspielten Franz II. und seine Minister jegliche Chancen, von der alten Reichsverfassung mehr als ein Gerippe zu erhalten. Auch die meisten geistlichen Reichsstände hatten sich zu diesem Zeitpunkt faktisch selbst aufgegeben – man sollte diesen für 1802/03 gültigen Befund allerdings nicht allzu weit in die Vergangenheit zurückprojizieren. Die weltlichen Fürsten hingegen, die auf Entschädigungen und Gebietsgewinne hofften, antichambrierten beim Ersten Konsul Napoleon. Die einzigen engagierten Opponenten unter den Reichsständen gegen die zu erwartende Umgestaltung des Reichs waren die Kurfürsten von Sachsen und Hannover – letzterer als König von Großbritannien auch auf europäischer Ebene einer der Hauptgegner des napoleonischen Frankreich. Doch vergeblich: Die Säkularisationen und Mediatisierungen begannen schon 1802, noch bevor im Februar 1803 der Reichsdeputationshauptschluss förmlich als Reichsgesetz verabschiedet war.[19]

Entsprechend dem der außerordentlichen Reichsdeputation übertragenen Auftrag schuf der Reichsdeputationshauptschluss eine Entschädigungsmasse zur Schadloshaltung der weltlichen Fürsten, die auf dem linken Rheinufer Territorien verloren hatten. Mit Ausnahme von Kurmainz, das nach Aschaffenburg-Regensburg transferiert wurde, des Deutschen und des Johanniterordens wurden alle geistlichen Fürstentümer säkularisiert. Zugleich verloren bis auf Hamburg, Bremen, Lübeck, Frankfurt, Augsburg und Nürnberg alle Reichsstädte ihre Unabhängigkeit. Die durch die Herrschaftssäkularisationen und Mediatisierungen gewonnene Entschädigungsmasse überstieg deutlich die linksrheinischen Verluste. So wäre es durchaus denkbar gewesen, zumindest die geistlichen Kurfürsten von Köln und Trier zu erhalten, indem man sie nach Münster bzw. Würzburg-Bamberg transferiert hätte. Es gab derartige Pläne, aber sie waren wegen der mangelnden kaiserlichen Unterstützung nicht durchsetzbar. Die großen Gewinner waren Preußen, das seinen westfälischen Besitz u. a. mit Münster und Paderborn kräftig ausbauen konnte, Bayern, das anstelle der Kurpfalz große Teile Frankens und Schwabens erhielt, Württemberg, das für den Verlust Mömpelgards und anderen Streubesitzes üppig entschädigt wurde, und Baden, das dem Ziel eines geschlossenen Territorialstaats ein gewaltiges

Stück näher kam. Insgesamt wurden die größeren weltlichen Fürsten erheblich gestärkt, die traditionelle kaiserliche Klientel jedoch substanziell geschwächt. Die österreichischen Gewinne konnten das kaum ausgleichen, denn sie beschränkten sich im Wesentlichen auf die schon vorher unter habsburgischem Einfluss stehenden Hochstifte Trient und Brixen, während Salzburg an die bisherige Linie Habsburg-Toskana fiel und der bislang österreichische Breisgau den aus Modena vertriebenen Habsburg-Este überlassen werden musste.

Zusätzlich zu den Herrschaftssäkularisationen verfügte der Reichsdeputationshauptschluss vornehmlich auf Betreiben Bayerns eine umfassende Vermögenssäkularisation. Von ihr profitierten alle verbliebenen Landesherren und Reichsstädte, auch diejenigen, die kein Land links des Rheins verloren hatten. Sie erhielten das Verfügungsrecht über das Vermögen aller landsässigen geistlichen Institutionen, das zur Finanzierung von Gottesdienst, Unterricht und sonstigen dem Allgemeinwohl dienenden Zwecken, aber auch zur Sanierung der Staatsfinanzen herangezogen werden konnte. Garantiert wurde lediglich das Vermögen der Pfarrgemeinden, um eine flächendeckende Seelsorge zu gewährleisten. Damit wurde zugleich die bis dahin geltende Normaljahrsregel des Westfälischen Friedens *ipso facto* außer Kraft gesetzt.

Diese Maßnahme bewirkte einen Umsturz der politischen, sozialen, ökonomischen und kulturellen Verhältnisse im ganzen Reich. Auch wenn viele Werte verschleudert wurden, waren die sich formierenden Anstaltsstaaten die Hauptprofiteure dieser größten Vermögensumschichtung der deutschen Geschichte. Sie erlangten nicht nur einen Grad der Kontrolle über ihre jeweiligen Landeskirchen, wie er vorher zumindest im katholischen Raum undenkbar gewesen wäre, sondern die Erwerbungen an Territorien und Vermögen stimulierten Reformprozesse, die zu einem signifikanten Ausbau von Regierung und Verwaltung – also einer staatlichen Verdichtung – und zugleich zu einer verstärkten Abgrenzung nach außen führten, bis hin zum Streben nach der vollen staatsrechtlichen Souveränität. Die Säkularisation erfüllte nicht nur eine verbreitete Forderung der Aufklärung, sondern die Aufhebung des Vermögens der »Toten Hand« beseitigte erhebliche Hindernisse für eine wirtschaftliche Entwicklung. Zugleich eröffnete die Zerschlagung der alten kirchlichen Strukturen die Chance für einen

Aufbruch aus den Strukturen der Adelskirche. Durch die Revision der politischen Landkarte des Reichs wurden alte Verbindungen gekappt, neue hergestellt, alte Zentren büßten ihre Bedeutung ein, andere stiegen auf. Mit anderen Worten: Es fand eine grundlegende Neuordnung der Räume innerhalb des Reichs statt. Die Kosten dieses Modernisierungsschubs und dieser Neuordnung waren erheblich: Es gab zahlreiche Verlierer der Umgestaltung – nicht nur im Klerus –, und zahllose Kulturgüter gingen verloren.

Auch für die Reichsverfassung waren die Folgen einschneidend. Die etablierten Reichsinstitutionen bestanden zwar fort, doch in ihnen verschoben sich die Kräfteverhältnisse erheblich. Statt der untergegangenen Kurfürstentümer Köln und Trier wurden vier neue Kuren (Württemberg, Baden, Salzburg, Hessen-Kassel) geschaffen. Erstmals bestand im Kurkolleg konfessionelle Parität, wenn man Kursachsen nicht entsprechend dem katholischen Glauben seines Herrscherhauses, sondern gemäß der reichs- und landesrechtlich verbürgten lutherischen Landeskirche verortet, sogar ein evangelisches Übergewicht – mit allen Konsequenzen, die das für künftige Kaiserwahlen haben mochte. Eindeutig zugunsten der Protestanten wandelten sich die Mehrheitsverhältnisse im Fürstenrat infolge der Übertragung der Voten der aufgehobenen geistlichen Fürstentümer an ihre neuen Besitzer. Infolge der Beseitigung eines Großteils der bisherigen kaiserlichen Klientel war absehbar, dass es dem Wiener Hof künftig wesentlich schwerer fallen würde, die Beratungen und Beschlüsse des Reichstags entsprechend den eigenen Vorstellungen zu lenken. Das österreichische Interesse am Reich nahm folglich weiter ab. Zugleich verlor das Reich auch an Bedeutung für die deutschen Mittelstaaten, die sich zunehmend am napoleonischen Frankreich orientierten. Ob das Reich unter den veränderten Verhältnissen überhaupt noch lebensfähig war, musste sich erst erweisen.

Nach dem Reichsdeputationshauptschluss fand eine intensive publizistische Diskussion über die Reform des Reichs bzw. die künftige politische Ordnung Deutschlands statt.[20] Einige Führungspersönlichkeiten im Reich, wie der von Mainz nach Regensburg transferierte Erzkanzler Karl Theodor von Dalberg, bemühten sich um eine Stabilisierung der Verhältnisse auf der Basis der neuen Ordnung. Dalberg war die Neuordnung der deutschen katholischen Kirche mittels eines Reichskonkordats

6.3 Das Ende des Reichs

ein Anliegen. Er traf aber an der Kurie, wo man die Etablierung einer episkopalistischen Nationalkirche fürchtete, auf wenig Entgegenkommen und wurde auch durch den Kaiserhof nur nachlässig unterstützt. Überhaupt fehlte es Franz II. und seinen Ministern an einem reichspolitischen Konzept. Immerhin trat der Kaiser auf der Basis eines Reichshofratsmandats dem seit Herbst 1803 tobenden »Rittersturm« entgegen. Ob er aber die Fürsten, deren Landhunger noch längst nicht gestillt war, auf die Dauer von weiteren Mediatisierungen würde abhalten können, mochte zweifelhaft erscheinen, nachdem das alte Status quo-Prinzip einmal über den Haufen geworfen worden war. Angesichts des im Reich weiterwachsenden französischen Einflusses und in Reaktion auf die Kaiserproklamation Napoleons I. nahm Franz II. am 11. August 1804 unter stillschweigender Verletzung der Reichsverfassung, die eine solch eigenmächtige Standeserhöhung nicht vorsah, als Franz I. den erblichen Titel eines Kaisers von Österreich an. Auf diese Weise vollzog er für seine Erbländer den Übergang vom mittelalterlich-universalistischen zu einem bonapartistisch-machtstaatlichen Kaisergedanken und sicherte sich gegen einen denkbaren Verlust der römisch-deutschen Kaiserkrone ab. Gleichzeitig markiert dieser Schritt einen weiteren Rückzug Österreichs vom Reich, dessen mögliches Ende der Wiener Hof offenbar nun einkalkulierte.

Der letzte Akt der Reichsgeschichte begann 1805 mit dem Dritten Koalitionskrieg, in dem die süddeutschen Mittelstaaten in einem Bündnis mit Frankreich gegen Österreich und Russland standen. Nach der Besetzung Wiens und der vernichtenden Niederlage bei Austerlitz (2. Dezember 1805) musste Kaiser Franz in den Frieden von Pressburg (26. Dezember 1805) einwilligen, der eine weitere Demontage der Reichsverfassung bedeutete. Schon vorher hatten Frankreich und Preußen im Vertrag von Schönbrunn (15. Dezember 1805) zu einem vorübergehenden Ausgleich gefunden, demzufolge Preußen das nach wie vor mit Großbritannien in Personalunion stehende Kurhannover besetzte und somit einen von Westfalen bis nach Königsberg und Warschau reichenden, geschlossenen Flächenstaat bildete. Österreich dagegen verlor im Pressburger Frieden nicht nur das 1797/1801 erworbene Venetien und Dalmatien, sondern wurde durch den Verlust Vorderösterreichs und Tirols auch territorial aus dem Reich herausgedrängt. Die dürftige Entschädigung mit Salzburg erfolgte auf Kosten der Linie Habsburg-Toskana, die ihrerseits in das neugeschaffene Großherzogtum Würzburg versetzt wurde. Den Verbündeten Napoleons wurden abermals beachtliche Gebietsgewinne zugesprochen; die Mediatisierung der Reichsritterschaften wurde bestätigt. Die Kurfürsten von Bayern und Württemberg wurden zu Königen, der von Baden zum Großherzog erhoben, und zwar mit allen Souveränitätsrechten: Napoleons wichtigste deutsche Verbündeten sollten nicht länger der Hoheit von Kaiser und Reich unterstehen. Folgerichtig wurde das Reich im Friedensvertrag nurmehr als »Confédération germanique« bezeichnet:[21] Das Ende des alten, hierarchisch organisierten Reichs war unwiderruflich gekommen. Sofern sich die verbliebenen Mindermächtigen nicht exzellenter Beziehungen zu Napoleon erfreuten, war ihre Mediatisierung nur noch eine Frage der Zeit. Franz II./I. war weder in der Lage noch willens, das zu verhindern, zumal sich die süddeutschen Fürsten, die unterdessen dynastische Verbindungen mit den Napoleoniden eingingen, der französischen Rückendeckung sicher sein konnten.

Das absehbare Ende kam im Sommer 1806. Am 12. Juli gründeten 16 bisherige Reichsstände unter dem Protektorat Napoleons in Regensburg den Zweiten Rheinbund. Während aber die Allianz von 1658 ausdrücklich die Aufrechterhaltung der Reichsverfassung zum Ziel gehabt hatte, erklärten die neuen Rheinbundfürsten ihren Austritt aus dem Reich. Gemäß der Rheinbundakte erhielten sie nicht nur die volle Souveränität nach innen und außen, die freilich durch den Rheinbundprotektor Napoleon durchaus eingeschränkt war, sondern eine erneute Arrondierung ihrer Territorien durch die Mediatisierung der verbliebenen Grafen und kleinen Fürsten im Bereich des Rheinbunds. Diese wurden zu »Standesherren« herabgestuft, denen ihre hochadlige Standesqualität und einige Privilegien verblieben, die jedoch unzweifelhaft der Herrschaft ihrer neuen Souveräne unterstellt waren.

Als Konsequenz der Rheinbundgründung richtete Napoleon ein Ultimatum an Franz II./I., die römisch-deutsche Kaiserkrone niederzulegen, dem dieser am 6. August 1806 nachkam. Dies geschah übrigens nicht in Form einer feierlichen Proklamation, wie in vielen Darstellungen zu lesen ist, sondern durch ein schlichtes Dekret, in dem der Kaiser erklärte, infolge der Rheinbundgründung sei er nicht länger in der Lage, die

Aufgaben seines Kaiseramts wahrzunehmen. Dementsprechend betrachte er »das Band, welches Uns bis jetzt an den Staatskörper des deutschen Reichs gebunden hat, als gelöst« und das Kaiseramt als erloschen. Daher entband er die »Kurfürsten, Fürsten und Stände und alle Reichsangehörigen, insonderheit auch die Mitglieder der höchsten Reichsgerichte und die übrige Reichsdienerschaft von ihren Pflichten«.[22] Faktisch verkündete damit das bisherige Oberhaupt des Reichs dessen Ende. Franz, der nun nur noch Kaiser von Österreich war, verhinderte so eine denkbare, wenngleich von Napoleon wohl niemals angestrebte Inanspruchnahme des Römischen Universalkaisertums durch den französischen Kaiser. Der einseitige Akt des Habsburgers war reichsrechtlich fragwürdig, der Sache nach aber wohl unausweichlich. Bemerkenswerterweise protestierten nur die hannoverschen (britischen) und vorpommerschen (schwedischen) Gesandten in Wien bzw. am Reichstag dagegen.

Die Frage nach den Ursachen des Reichsendes und damit zusammenhängend nach dem »Point of no return« hat die Geschichtswissenschaft oftmals beschäftigt, zumal im Umkreis des »Jubiläumsjahrs« 2006.[23] Die in der Literatur zu findenden Positionen sind nicht einheitlich, eine Antwort könnte lauten: Die Wurzeln der finalen Krise des Reichs reichen bis weit ins 18. Jahrhundert, mindestens bis in die 1740er Jahre zurück, als sich bei den großen Reichsständen und dem Kaiser ein wachsendes Desinteresse am Reich abzeichnete. Es waren dann diese großen Reichsstände, nicht zuletzt Österreich bzw. der Kaiser selbst, die dem machtstaatlichen Prinzip gegen die Rechtsordnung des Reichs Geltung verschafften. Sicher gab es, wie die Historiographie des 19. und frühen 20. Jahrhunderts oft einseitig betont hat, Missstände und ein partielles Versagen der Reichsinstitutionen. Die zahlreichen Reichsreformprojekte, die auch im 18. Jahrhundert noch entstanden, wurden nicht oder nur ansatzweise umgesetzt. Angesichts wachsender Diskrepanzen zwischen der auf Recht und Herkommen fußenden, hierarchischen Reichsordnung und dem aufgeklärten Zeitgeist wären diese Reformen, die etwas Neues an die Stelle der zunehmend fragwürdig gewordenen alten Formen hätten setzen können, bitter notwendig gewesen. Aber die großen Reichsstände, ohne die ein Umbau der Reichsverfassung nicht möglich war, hatten daran kein Interesse. Die reichstragenden, mindermächtigen Stände waren nicht in der Lage, ohne

Unterstützung der Mächtigen eine Reichsreform in die Wege zu leiten, selbst wenn bei ihnen die Bereitschaft dafür vorhanden war. Mit anderen Worten: Die an Recht und Status quo orientierte Reichsordnung hielt trotz mancher Kritik und Krisenphänomene bis in die 1790er Jahre. Erst die Herausforderungen der Revolutions- und der Napoleonischen Kriege brachten die Reichsverfassung zum Einsturz. Die kleineren Reichsstände wurden durch die Kriegsbelastungen besonders hart getroffen, und es trat ein gewisser »Gewöhnungseffekt« ein, als ihre Rechte und Interessen in den militärischen Kampagnen und den diplomatischen Verhandlungen regelmäßig beiseitegeschoben wurden. Dennoch bedurfte es eines reichsverfassungsmäßigen Aktes, eines Reichsschlusses nämlich, um die alte Reichsordnung 1803 über den Haufen zu werfen. Selbst dann gab es noch Bestrebungen, das Reich in veränderter Form zu erhalten. Aber da diese Pläne in Wien, Berlin, München, Stuttgart oder in Paris keine Unterstützung fanden und ein Gutteil der bisherigen reichstragenden Kräfte infolge des Reichsdeputationshauptschlusses beseitigt worden war, kam es nach 1803 zu keiner Konsolidierung der Reichsverfassung mehr. Spätestens mit dem Frieden von Pressburg 1805 war das Ende des Reichs absehbar, das dann auch wenige Monate später eintrat.

Die ältere Forschung hat es so dargestellt, als sei das mehr als tausendjährige Alte Reich in den letzten Jahrzehnten seines Bestehens zusehends seinem Ende entgegengedämmert und am Ende sang- und klanglos untergegangen. Diese Sichtweise korrigierten jüngere Forschungen, u. a. von Wolfgang Burgdorf und Eric-Oliver Mader.[24] Sicher war die Niederlegung der römisch-deutschen Kaiserkrone durch Franz II./I. kein Ereignis, das die öffentlichen Diskussionen im Sommer 1806 dominiert hätte. Das lässt sich zum einen damit erklären, dass der Akt vom 6. August 1806 nur den Schlusspunkt einer Entwicklung darstellte und für informierte Zeitgenossen nicht überraschend kam. Zum anderen wurde das Reichsende durch andere Ereignisse und Umwälzungen überlagert, die die Aufmerksamkeit mehr beanspruchten: So waren Millionen Menschen im Reich von den Folgen der Mediatisierungen und Säkularisationen ab 1802/03, die auch in den Kontext des Reichsendes gehören, unmittelbarer betroffen als von der Niederlegung der Kaiserkrone. Die Aufmerksamkeit der fürstlichen Kabinette aber wurde durch einen heraufziehenden neuen Krieg – diesmal zwischen Frankreich auf der einen und Preußen sowie Russland auf der anderen Seite – beansprucht. Im Ergebnis wurde durch das Reichsende die Dreiteilung Deutschlands in Österreich, Preußen und »Drittes Deutschland« weiter vorangetrieben. Für die überlebenden deutschen Staaten fielen mit ungezählten reichsrechtlich garantierten Privilegien und Sonderrechten sowie Beschränkungen der landesherrlichen Machtposition wesentliche Modernisierungshindernisse weg. Deswegen, aber auch aus legitimatorischen Gründen hatten die Regierungen der deutschen Staaten des 19. Jahrhunderts als Profiteure des Reichsendes kein Interesse daran, das Gedenken des Reichs hochzuhalten, das vielmehr einer *Damnatio Memoriae* verfiel. Aber durch die ehemaligen Reichseliten, die auch in der deutschen Staatenwelt des 19. Jahrhunderts Führungspositionen einnahmen, erfolgte sozusagen subkutan ein Transport von Reichstraditionen in die neue Zeit. Manches spricht dafür, dass spezifisch deutsche föderalistische, pluralistische und rechtsstaatliche Traditionen zumindest *auch* ein Erbe des Alten Reichs sind. Wenn man diese älteren Wurzeln der heutigen deutschen Kultur stärker gewichtet, wird man die Frage nach einem deutschen Sonderweg, der mit dem Reichsende bzw. mit Napoleon seinen Anfang genommen habe, eher zurückhaltend beantworten bzw. man wird sie ganz neu formulieren müssen.

7 Was hielt das Reich zusammen?

7.1 Das Reichskammergericht

Das Justizwesen ist ein Aspekt der Reichsverfassung, der die Forschung seit den 1950er und 1960er Jahren wie kaum ein anderer beschäftigt hat. Aufgrund der vielfältigen Prozessgegenstände (s. S. 223–227) sind die Gerichtsakten wertvolle Quellen für viele politik-, sozial-, wirtschafts- und kulturgeschichtliche Fragestellungen. In kaum einem anderen Bereich ist dank neuer Forschungsansätze und -perspektiven die Revision überkommener Wertungen so vollständig gewesen wie bezüglich der Reichsgerichtsbarkeit.[1]

Im neuzeitlichen Reich gab es nicht nur ein, sondern zwei Höchstgerichte: das Reichskammergericht und den Reichshofrat. Diese übten in vielen Bereichen eine konkurrierende Gerichtsbarkeit aus und standen in vielfältigen Austauschprozessen. Zugleich besaßen sie spezifische Strukturen und Profile, die sie deutlich voneinander unterschieden.

Auch im spätmittelalterlichen Reich bestanden überterritorial tätige Gerichte wie das aus dem schwäbischen Herzogsgericht hervorgegangene, durch König Rudolph I. gegründete Rottweiler Hofgericht, das bereits 1430 eine ausführliche Gerichtsordnung erhalten hatte.[2] Die 13 Urteiler des Hofgerichts stammten aus dem Kreis der Rottweiler Ratsherren, während das Präsidium bei einem adligen Richter lag. Im 15. Jahrhundert war es als Höchstgericht im schwäbischen Raum tätig, und es bewahrte bis in die Endphase der Reichsgeschichte eine beachtliche Bedeutung als Zwischeninstanz für die Untertanen. Allerdings verlor das Hofgericht im Verlauf der Neuzeit aufgrund von Abschirmungsbestrebungen der Landesherren zugunsten der territorialen Gerichte an

Bedeutung. Reichsständische Klagen führten 1571 zur Visitation des Gerichts und 1572 zum Erlass einer neuen Hofgerichtsordnung. Seit dem 17. Jahrhundert wurde das reichsständische Drängen auf die Abschaffung des Hofgerichts immer stärker. 1784 fand die letzte Gerichtsverhandlung statt. Der Bedeutungsverlust des Rottweiler Hofgerichts hing aber auch damit zusammen, dass mit dem Reichskammergericht und dem Reichshofrat am Beginn der Neuzeit zwei neue Höchstgerichte des Reichs geschaffen wurden, die einen Teil der Funktionen des Hofgerichts und anderer Landgerichte übernahmen und mit einer deutlich höheren Autorität ausgestattet waren.

Das Reichskammergericht war ein Geschöpf der Reichsreformbewegung des 15. Jahrhunderts, geboren aus der Wahrnehmung der Reichsstände, dass Kaiser Friedrich III. und seine Vorgänger die Höchstgerichtsbarkeit nur unzureichend ausgeübt hätten, dass aber eine funktionierende Reichsjustiz eine unabdingbare Voraussetzung für die Landfriedenswahrung sei.[3] Auf dem Wormser Reichstag von 1495 trotzten die Stände unter Führung des Mainzer Kurfürsten Berthold von Henneberg Maximilian I. das Zugeständnis ab, das bisher an den Herrscher gebundene königliche Kammergericht vom Hof zu lösen und in einer Reichsstadt zu installieren. Die eigentlichen Richter, die Assessoren (Beisitzer), wurden nicht vom König, sondern von Kurfürsten und Ständen – nach 1500 auf der Basis der Reichskreise als Wahlkörperschaften – bestimmt. Dadurch erhielten die Stände zugleich Anteil am höchsten Richteramt, einer der vornehmsten Aufgaben eines Herrschers. Die Hälfte der zunächst 16 Beisitzer sollte adlig, die anderen studierte Juristen sein. 1555 wuchs die Zahl der Assessoren auf 24 und 1648 auf 50 an – zumindest theoretisch, denn diese im Westfälischen Frieden festgesetzte Zahl wurde aufgrund von finanziellen Engpässen, die die Besoldung aller vorgesehenen Beisitzer verhinderten, nicht erreicht. Seit 1507/48 wurde mit dem Kammerzieler eine regelmäßige Reichssteuer zur Finanzierung des Reichskammergerichts erhoben. Doch die festgesetzten Beträge gingen nie vollständig ein – sei es wegen Zahlungsunfähigkeit oder grundsätzlicher Zahlungsunwilligkeit oder weil sich viele Reichsstände über Gebühr belastet sahen und nur das zahlten, was sie für angemessen hielten. Mit der Vermehrung der Assessorenstellen im Westfälischen Frieden

7 Was hielt das Reich zusammen?

ging die Herstellung einer weitgehenden konfessionellen Parität einher; künftig sollten 26 Beisitzer katholisch, 24 evangelisch sein.

Der König bzw. Kaiser als dem Anspruch nach immer noch höchster Richter im Reich wurde durch den hochadligen, meist dem Grafenstand entstammenden Kammerrichter vertreten. Seit dem 16. Jahrhundert ergänzten die zunächst ebenfalls hochadligen, später dann oft nur noch freiherrlichen Reichskammergerichtspräsidenten das Direktorium des Reichskammergerichts. Sie waren dem Kammerrichter untergeordnet und unterstützten ihn in seinen Leitungsaufgaben. Außerdem präsidierten sie den Senaten des Reichskammergerichts. Sie fertigten im Unterschied zu den Assessoren keine Relationen über die Rechtsfälle an, waren aber in den Senaten stimmberechtigt. Nach dem Westfälischen Frieden gab es je einen katholischen und einen evangelischen Präsidenten. Der vom Kaiser bestellte Kammergerichtsfiskal fungierte als eine Art Staatsanwalt. Die Kanzlei des Reichskammergerichts unterstand dem Mainzer Reichserzkanzler.

In seiner Formierungsphase Ende des 15./Anfang des 16. Jahrhunderts wechselte das 1495 zunächst in Frankfurt installierte Reichskammergericht noch häufig seinen Sitz. Ab 1527 war es dauerhaft in Speyer ansässig. 1690/93 wurde es infolge der Zerstörung Speyers im Pfälzischen Erbfolgekrieg nach Wetzlar verlegt, wo es bis zum Ende des Reichs verblieb.

Das Reichskammergericht war in erster Instanz zuständig für Klagen gegen Reichsstände und für Landfriedensbrüche.[4] Zudem erfüllte es die Funktion einer Appellationsinstanz gegen Urteile oberster landesfürstlicher und reichsstädtischer Gerichte.

Beim Reichskammergericht kann man drei Prozessarten unterscheiden: erstens den erstinstanzlichen ordentlichen Zitationsprozess, bei dem der Beklagte unter Strafandrohung im Namen des Kaisers vom Gericht vorgeladen (zitiert) wurde, um sich gegen die Beschuldigungen zu verantworten; zweitens den Mandatsprozess, den man als einen summarischen Prozess charakterisieren kann. Hierbei wurde der Beklagte unter gewissen Voraussetzungen, ohne vorher angehört worden zu sein, mit einem Mandat des Reichskammergerichts aufgefordert, die Klageursachen abzustellen. Somit hatte der Mandatsprozess die Wirkung einer einstweiligen Verfügung. Drittens gab es den Appellationsprozess. Hier war das Reichskammergericht prinzipiell nur für Zivilprozesse zuständig; aber auch bei Strafprozessen konnte es die korrekte Prozessführung der Vorinstanzen überprüfen (Revision).

Als Vertreter der Parteien vor Gericht fungierten die Reichskammergerichtsprokuratoren. In vielen Fällen wurden für die eigentliche juristische Arbeit zusätzlich Reichskammergerichtsadvokaten herangezogen, die ebenso wie die Prokuratoren für ihre Tätigkeit offiziell beim Gericht akkreditiert sein mussten, aber weniger angesehen waren. Häufig war die Advokatur eine Vorstufe für eine spätere Tätigkeit als Prokurator. Im Rahmen der Reichskammergerichtsaudienzen waren den Parteien kurze mündliche Stellungnahmen möglich. Prinzipiell waren die Verfahren aber schriftlich. Dabei produzierten die Parteienvertreter bzw. der Fiskal oft sehr lange Deduktionen mit teils noch umfangreicheren Beilagen, auf die die Gegenseite dann ebenso ausführlich antwortete. Es folgte eine erneute Entgegnung und so fort. Dadurch und weil der zu verhandelnde Gegenstand häufig in einzelne, nacheinander verhandelte Positionen unterteilt wurde, zogen sich die Prozesse häufig in die Länge. Für die einzelnen Verfahren war jeweils ein Assessor als Referent zuständig. Der Referent – bisweilen zusätzlich ein Korreferent – erstattete im jeweiligen Senat, von denen es seit dem 16. Jahrhundert zwei, im späten 18. Jahrhundert drei gab, sein Votum. Der Senat entschied dann möglichst einstimmig, aber notfalls auch mit Stimmenmehrheit.

Komplexe Streitfälle kamen vielfach erst eine oder mehrere Generationen später – oder auch gar nicht – zum Abschluss. Klagen und Spott über die Verschleppung der Verfahren finden sich schon bei den Zeitgenossen. Auch die ältere (rechts-)geschichtliche Forschung hat deswegen ein vernichtendes Urteil über das Reichskammergericht gefällt. Erst in jüngerer Zeit ist gewürdigt worden, dass ein förmliches Endurteil keineswegs in jedem Verfahren angestrebt wurde.[5] In aller Regel favorisierte das Gericht – nicht selten auch die Parteien – vielmehr eine Vergleichslösung. Außerdem ist zu berücksichtigen, dass schon Mandate oder Zwischenurteile eine friedenswahrende Wirkung entfalten oder zumindest die gewalttätige Eskalation eines Konflikts verhindern konnten.

Damit soll die Tätigkeit des Reichskammergerichts nicht idealisiert und die Problematik der Prozessverschleppung, die auch durch eine Überlastung des Gerichts bedingt war, nicht kleingeredet werden. Dem

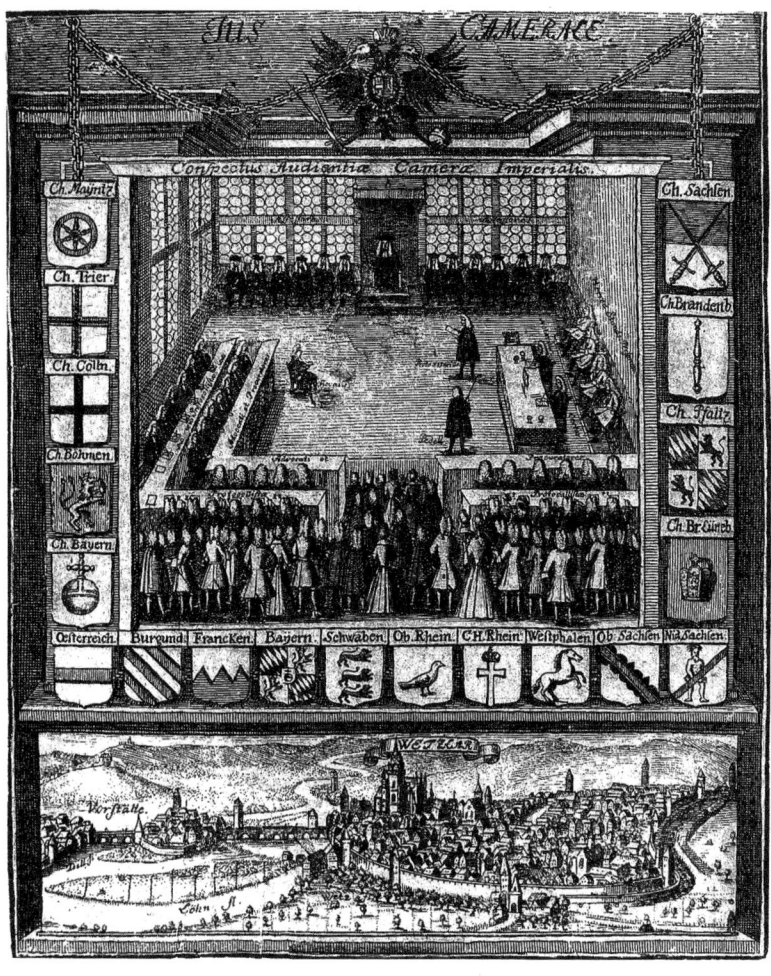

Abb. 17: Audienz am Reichskammergericht. *Conspectus Audientiae Camerae imperialis.* Kupferstich, Frankfurt a. M. 1750.

Ziel, einer Überhäufung des Gerichts mit Bagatellfällen entgegenzuwirken, dienten die sog. Appellations- und Evokationsprivilegien der Reichsstände (*privilegia de non appellando et de non evocando*).[6] Diese vom Kaiser erteilten Privilegien besagten, dass Appellationen an die höchsten Reichsgerichte erst ab einem bestimmten Streitwert zugelassen werden sollten und dass der Kaiser auf sein Recht verzichtete, unerledigte Streitfälle der Untertanen des Privilegienempfängers an sich bzw. die höchsten Reichsgerichte zu ziehen. Die Kurfürsten besaßen bereits seit der Goldenen Bulle außer dem Evokations- ein unbegrenztes Appellationsprivileg, d. h., Appellationen von ihren höchsten Gerichten an die Reichsgerichte waren grundsätzlich untersagt. Auch viele andere Reichsstände erhielten im Lauf der Zeit Evokationsprivilegien bzw. konnten ihre Appellationsprivilegien immer mehr erweitern, sodass zahlreichen Rechtssuchenden prinzipiell der Weg an die Reichsgerichte versperrt war. Einige Reichsgebiete, wie die Schweizer Eidgenossenschaft und die habsburgischen Erblande, wurden komplett aus der Zuständigkeit des Reichskammergerichts herausgenommen. Der Eindruck einer fragmentierten Zuständigkeit der Höchstgerichte des Reichs und der Aushöhlung des Rechtsschutzes für Untertanen wird freilich dadurch wieder relativiert, dass die Appellations- und Evokationsprivilegien bei Rechtsverweigerung nicht griffen. Vor Anklagen, die bspw. wegen Landfriedensbruch gegen sie selbst gerichtet waren, schützten die Privilegien die Reichsstände ohnehin nicht.

Das Reichskammergericht hatte mit verschiedenen Problemen zu kämpfen, die es in seiner Tätigkeit beeinträchtigten. Immer wieder entzogen sich Fürsten der Rechtsprechung der Reichsgerichte, indem sie auf einem Schiedsgericht hochadliger Standesgenossen, der sog. Austrägalgerichtsbarkeit, beharrten. Gegen mächtige Reichsstände konnte das Reichskammergericht seine Verfügungen und Urteile nur schwer durchsetzen, und es musste sich immer wieder gegen Versuche wehren, seine Zuständigkeiten zu begrenzen. Außerdem hemmten die durch Unterfinanzierung bedingte Überlastung und der oft schleppende Geschäftsgang seine Wirksamkeit. Bis zur Herstellung der konfessionellen Parität unter den Assessoren infolge des Westfälischen Friedens wurde ihm – und das oft zu Recht – eine prokatholische Haltung unterstellt. Im 18. Jahrhundert erwies sich die Tendenz unterlegener Parteien, von den

Reichsgerichten einen sog. Rekurs an den Reichstag anzustreben und damit diesen sozusagen zu einer dem Reichskammergericht und dem Reichshofrat übergeordneten Instanz zu erheben, als problematisch. Ein immer wieder beklagter, allerdings kaum für die Kameralen spezifischer Missstand war die Korruption. Bekannt geworden ist der Fall des Assessors Johann Hermann Franz von Pape (Papius), der 1774 abgesetzt wurde und dem Goethe unter dem leicht zu entschlüsselnden Anagramm »Sapupi« im *Götz von Berlichingen* ein wenig schmeichelhaftes literarisches Denkmal setzte.[7]

Angesichts dieser und anderer Probleme war die Geschichte des Reichskammergerichts von Anfang an auch eine Geschichte der Reformbemühungen, um dieses Höchstgericht in die Lage zu versetzen, seine Aufgaben besser zu erfüllen. Grundlegende Überarbeitungen der Reichskammergerichtsordnung wurden u. a. auf den Reichstagen von 1521, 1555 und 1653/54 beschlossen. Zudem wurde die Tätigkeit des Gerichts im Rahmen von Visitationen überprüft. Die letzte fand, veranlasst durch den jungen Kaiser Joseph II., in den Jahren 1766 bis 1776 statt. Aufgrund der preußischen Obstruktionspolitik erzielte sie allerdings nur Teilerfolge.[8]

Trotz der geschilderten Probleme und Defizite ist die Bedeutung der Reichsgerichte kaum zu überschätzen. Nach einigen Anlaufschwierigkeiten leisteten sie der Verrechtlichung von Konflikten im Alten Reich wirksam Vorschub. Landfriedensbrüche, gewalttätige Aufstände und bewaffnete Zusammenstöße zwischen Reichsständen bzw. deren Untertanen gab es zwar weiterhin. Allerdings blieb es meist bei kurzen, begrenzten Gewaltausbrüchen, die durch das Eingreifen der Reichsgerichte kanalisiert, beendet und in einen – oft freilich fragilen – Waffenstillstand, bisweilen auch in eine dauerhafte Befriedung überführt wurden. Auch der Aufbau eines einheitlichen, zweistufigen Instanzenzugs in den Territorien wurde befördert, um den Reichsgerichten zumindest eine Appellationsinstanz vorzuschalten. Indem die Territorialgerichte mit der Möglichkeit von Appellationsprozessen, also der Überprüfung der eigenen Tätigkeit, rechnen mussten, hatten sie die Rechtsprechung der Höchstgerichte des Reichs zu antizipieren und deren frühere Entscheidungen als Präzedenzfälle für die eigenen Urteile zu berücksichtigen. Auf diese Weise trugen die Reichsgerichte dazu bei, dass sich das Reich

7.1 Das Reichskammergericht

zu einem – bei allen regionalen Eigenheiten – einheitlichen Rechtsraum entwickelte, in den auch der im späten Mittelalter königsferne Norden integriert wurde. Außerdem wurden die Reichsgerichte – das Reichskammergericht noch mehr als der Reichshofrat – zu Zentren der Pflege des Reichsstaatsrechts, denn manche Kameralen betätigten sich in ihrer Freizeit als Autoren. Genannt seien beispielhaft die *Wetzlarischen Nebenstunden* des Reichskammergerichtsassessors Johann Ulrich von Cramer, die zwischen 1755 und 1773 in 32 Bänden mit 128 Teilen erschienen. Schließlich gewährleistete die Existenz von überterritorialen Gerichtsinstanzen trotz aller Probleme und Unzulänglichkeiten einen Schutz von Untertanen und Mindermächtigen.

Neben den Reichstagsgesandtschaften sowie den Beschäftigten der Reichskanzlei und der Reichskreise gehörte auch das Personal der Reichsgerichte zu den Funktionseliten des Reichs. Äußerst gut informiert sind wir dank der Forschungen von Sigrid Jahns über die Reichskammergerichtsassessoren des späten 17. und des 18. Jahrhunderts.[9] Sie kamen aus dem gesamtdeutschen Reichsgebiet und waren graduierte Juristen oder Niederadlige, die ebenfalls über eine juristische Ausbildung verfügten. Viele Assessoren hatten Vorkarrieren in reichsständischen Diensten, insbesondere im territorialstaatlichen Justizwesen, aufzuweisen. Um unter die Beisitzer des Kammergerichts aufgenommen zu werden, hatte der von einem Kurfürsten oder Reichskreis vorgeschlagene (»präsentierte«) Kandidat eine Proberelation vorzulegen, um seine juristische Kompetenz unter Beweis zu stellen. Es kam durchaus vor, dass Bewerber abgelehnt wurden, sei es wegen mangelnder Sachkenntnis, sei es – wenn es sich um soziale Aufsteiger handelte – wegen ihrer nach Auffassung der bereits amtierenden Assessoren unzureichenden Standesqualität. Überhaupt entwickelten die Assessoren einen ausgeprägten Korpsgeist und grenzten sich auch gegenüber den Prokuratoren und Advokaten ab.[10] Neben zahlreichen Eheverbindungen zwischen ihren Familien lässt sich in einigen Fällen eine generationenübergreifende Familientradition der Tätigkeit am Reichskammergericht beobachten. Für viele Assessoren markierte die Tätigkeit am Reichskammergericht ihren Karrieregipfel. Einigen aus dem dritten Stand stammenden Assessoren gelang der Aufstieg in den ritterlichen Adel. Gleichzeitig konnte das Reichskammergericht geradezu als Karriereschmiede für Reichs- und

Territorialpolitiker gelten, die nach ihrer Zeit in Speyer bzw. Wetzlar ihre Laufbahn in anderen Reichsinstitutionen oder in reichsständischen Diensten fortsetzten. Nachmals berühmte Praktikanten am Reichskammergericht waren Johann Wolfgang von Goethe, Karl August von Hardenberg und Heinrich Friedrich Karl vom und zum Stein.

7.2 Mehr als ein Höchstgericht: Der Reichshofrat

Verglichen mit dem Reichskammergericht, wurde dem Reichshofrat von der (rechts-)geschichtlichen Forschung lange Zeit geringere Aufmerksamkeit zuteil. Seit den 1990er Jahren hat sich jedoch gezeigt, dass das kaiserliche Höchstgericht eine Schlüsselposition in der Reichsverfassung einnahm.[11] Seine Formierungsphase war ähnlich lang und wechselhaft wie die des Reichskammergerichts. Unter Maximilian I. und Karl V. fungierte der Hofrat noch als ein allgemeines Beratungsgremium des Kaisers. Erst unter Ferdinand I. entwickelte er ein spezifisches Profil mit einer primären Zuständigkeit für alle Reichsangelegenheiten, besonders Justiz- und Gnadensachen. Grundlegende Bedeutung besaß hier die Reichshofratsordnung, die Ferdinand auf dem Augsburger Reichstag von 1559 verabschieden ließ. Seitdem wurde der Reichshofrat zum zweiten Höchstgericht des Reichs mit denselben Zuständigkeiten wie das Reichskammergericht – und einigen mehr. Die enge Anbindung an die Person des Kaisers zeigte sich schon dadurch, dass der Reichshofrat seinen Sitz in Wien – bzw. unter Rudolph II. in Prag – hatte, den Kaiser aber bei Reisen zum Reichstag zu begleiten pflegte. Die Reichshofräte wurden allein vom Kaiser ausgewählt und ernannt. Mit dem Tod des Reichsoberhaupts erlosch ihr Amt; während eines Interregnums gab es keinen Reichshofrat. Der neue Kaiser ernannte seinen eigenen Reichshofrat. Dabei griff er üblicherweise auf einen Großteil der erfahrenen Reichshofräte seines Vorgängers zurück, war dazu aber nicht verpflichtet.

7.2 Mehr als ein Höchstgericht: Der Reichshofrat

Die bis zu 30 Mitglieder des Reichshofrats gliederten sich in eine Herren- und eine Gelehrtenbank. Laut der Reichshofratsordnung durfte nur Reichshofrat werden, wer im Deutschen Reich geboren und der deutschen Sprache mächtig war, eine Bestimmung, die weitgehend eingehalten wurde. Die Zahl der Reichshofräte nichtdeutscher, insbesondere (reichs-)italienischer Herkunft hielt sich in engen Grenzen. Die Reichshofratsordnung von 1654 verfügte, dass von den vorgesehenen 18 Reichshofratsstellen sechs mit Protestanten zu besetzen seien. Katholiken bildeten jedoch zu allen Zeiten die Mehrheit im Reichshofrat. Seit dem 17. Jahrhundert gab es einen Reichshoffiskal, der quasi-staatsanwaltliche Aufgaben übernahm. Die Parteien wurden durch die Reichshofratsagenten vertreten.

Ähnlich wie das Reichskammergericht sah sich auch der Reichshofrat immer wieder mit der Forderung konfrontiert, Missstände abzustellen. Manche Anläufe zu Reformen wurden unternommen, von denen allerdings die wenigsten konsequent umgesetzt wurden. Am folgenreichsten war die Reichshofratsordnung Ferdinands III. Während die Reichshofratsordnung aus dem Jahr 1559 nicht nur *auf* dem, sondern *durch* den Reichstag erlassen wurde, erließ Ferdinand III. diejenige von 1654 während des Reichstags, aber aus eigener Machtvollkommenheit.[12] Dieses Vorgehen beleuchtet die herausragende Bedeutung, die der Reichshofrat für die kaiserliche Reichspolitik gewonnen hatte. Vor diesem Hintergrund und nach den Einschränkungen seiner Prärogativen durch den Westfälischen Frieden war es für Ferdinand III. umso wichtiger, den Reichshofrat in seiner ausschließlichen eigenen Verfügung zu behalten und das auch gegenüber den Reichsständen zu dokumentieren. Im späteren 17. und im 18. Jahrhundert wurde keine neue Reichshofratsordnung mehr erlassen, aber eine Reihe von kleineren Änderungen vorgenommen. Zu spürbaren Verbesserungen führten die Reformmaßnahmen Josephs II. von 1766, die auf die Abstellung von Missständen wie Korruption und auf eine Effizienzsteigerung abzielten.

Wie bereits ausgeführt, besaß der Reichshofrat als zweites Höchstgericht des Reichs in Justizangelegenheiten dieselben Kompetenzen wie das Reichskammergericht. Diese konkurrierende Zuständigkeit wurde so gehandhabt, dass für einen Rechtsstreit dasjenige Gericht zuständig war, bei dem er zuerst eingebracht wurde. Diese Praxis mag aus heuti-

Abb. 18: Sitzung des kaiserlichen Reichshofrats in Wien, 17. Jahrhundert. Kupferstich, abgedruckt in: Johann Christoph von Uffenbach: *Tractatus Singularis et Methodicus de Excelsissimo Consilio Caesareo-Imperiali Aulico* [...], Wien/Prag 1700.

ger Perspektive als unklar oder sogar dysfunktional erscheinen, war in der Frühen Neuzeit aber nicht ungewöhnlich. Auch auf städtischer oder territorialer Ebene hatten Kläger häufig die Wahl zwischen unterschiedlichen Gerichten, an die sie sich wenden konnten.

Erst in jüngerer Zeit werden die weiteren, exklusiven Kompetenzen des Reichshofrats von der Forschung stärker gewürdigt.[13] Als höchster Reichslehnshof war er zuständig für das Reichslehnswesen, also für die Investituren, und alle feudalrechtlichen Fragen (s. S. 228–232). Außerdem bearbeitete er alle Gratial- oder Gnadensachen. Das schloss das Privilegienwesen ein – eines der wichtigsten Instrumente der kaiserlichen Reichspolitik –, aber auch das Supplikationswesen, das den Reichsuntertanen die Möglichkeit eröffnete, durch die direkte Bitte an den Kaiser eine Gnade oder die Abstellung einer Beschwerde auf außergerichtlichem Weg zu erreichen. Eine Alleinzuständigkeit besaß der Reichshofrat in Justiz-, Lehns- und Gnadensachen auch für Reichsitalien. Schließlich nahm der Reichshofrat die Aufgabe wahr, auf die sein Name hindeutet: Er beriet den Kaiser in allen Reichsangelegenheiten.

Diese Beratung erfolgte in schriftlicher Form, denn der Kaiser nahm nicht persönlich an den Sitzungen des Reichshofrats teil. Diese wurden vielmehr vom hochadligen Reichshofratspräsidenten oder in dessen Abwesenheit dem Vizepräsidenten geleitet. Zeitweise nahm der Reichsvizekanzler diese Stellvertreterfunktion wahr. Wenn der Reichshofrat den Kaiser zu einem Reichstag begleitete, konnte auch ein Reichsfürst, insbesondere der Kurfürst von Mainz, den Vorsitz übernehmen – hier werden Verbindungen zum mittelalterlichen königlichen Hofrat erkennbar.

Bis zum 17. Jahrhundert etablierte sich im Reichshofrat ein streng schriftliches Verfahren.[14] Prozesssprachen waren die offiziellen Reichssprachen Deutsch und Latein. Eingaben in anderen Sprachen wurden grundsätzlich nicht akzeptiert, sondern mussten übersetzt werden, obwohl zahlreiche Reichshofräte über Italienisch- und Französischkenntnisse verfügten. Wie im Reichskammergericht übertrug der Präsident einem Referenten, ggf. zusätzlich einem Korreferenten, die Untersuchung des Falls, dessen Relation die Basis für die Beschlussfassung im Plenum des Reichshofrats bildete. In den meisten Fällen entschied der Reichshofrat allein, in wichtigen Angelegenheiten – sowohl in Justiz- als auch in Lehns- und Privilegienfragen sowie hinsichtlich der allgemeinen Reichspolitik – legte er dem Kaiser ein ausführliches Gutachten vor (*votum ad Imperatorem*). Idealerweise einigten sich die Reichshofräte auf eine einvernehmliche Handlungsempfehlung, bisweilen wurde aber auch ein Minderheitenvotum festgehalten. Die endgültige Entscheidung lag beim Kaiser, der diese häufig nach Konsultation der übergeordneten Beratungsgremien (Geheimer Rat, Geheime Konferenz bzw. Staatsrat) traf. Die kaiserliche Resolution wurde sodann am Ende des Reichshofratsvotums vermerkt und umgesetzt. In die eigentliche Rechtsprechung des Reichshofrats griff der Kaiser dagegen nicht ein. Allerdings achteten die Reichshofräte in einer Art von vorauseilendem Gehorsam üblicherweise darauf, dass ihre Urteile nicht die Interessen des Kaisers und seiner Dynastie verletzten.

Wie am Reichskammergericht schlossen Prozesse am Reichshofrat keineswegs immer mit einem Endurteil. Vielmehr war auch hier oft eine gütliche Einigung das Ziel, nachdem ggf. zuvor kaiserliche Mandate den Konflikt entschärft oder eingefroren bzw. unmittelbare Bedrohungen und Unterdrückungsmaßnahmen gegen Untertanen und Mindermächtige abgestellt hatten. Als ein sehr effizientes und flexibles Mittel erwiesen sich die Reichshofratskommissionen, bei denen Reichshofräte, Reichsstände oder andere hochrangige Persönlichkeiten mit unterschiedlichen Aufgaben betraut wurden, die von der Untersuchung eines Streitfalls über eine Mediation bis hin zur Exekution eines Reichshofratsurteils reichen konnten.[15] Nicht selten zog sich die Tätigkeit der Kommissare über Jahre hin, in deren Verlauf ihre Aufträge und Vollmachten modifiziert wurden. Nach der Reichshofratsordnung von 1654 sollten Konfessionskonflikte durch einen paritätisch besetzten Ausschuss von Reichshofräten behandelt werden. Auch Kommissionen in konfessionell sensiblen Fällen wurden paritätisch besetzt.

Der Stellenwert der Gnadensachen in der Arbeit des Reichshofrats ist trotz einiger Erkenntnisfortschritte der letzten Jahre immer noch ein wichtiges Forschungsdesiderat. Schon jetzt steht aber fest: Die Möglichkeit, Privilegien zu verleihen, durch die die Empfänger unterschiedliche Vergünstigungen erhielten – Regalien und Herrschaftsrechte, Standeserhöhungen, Mündigkeitserklärungen, Legitimierung unehelicher (»natürlicher«) Kinder, Universitätsgründungen etc. – waren für den Kaiser ausgesprochen nützlich, um sich eine Klientel unter den Reichsständen, den Reichsvasallen und den Reichsuntertanen aufzubauen und sich diese Klienten immer wieder neu zu verpflichten. Zugleich waren die Privilegienverleihungen dank der erhobenen Gebühren eine willkommene Einnahmequelle für Kaiser, Reichshofrat und Reichshofkanzlei. Das umso mehr, als ein Teil der Privilegien beim Regierungsantritt eines neuen Kaisers oder bei einem Wechsel in der Person des Privilegienempfängers erneuert zu werden pflegte. Damit rückten diese Privilegienverleihungen und -erneuerungen, wenn sie Herrschaftsrechte betrafen, in die Nähe von Belehnungen. Allerdings entfiel beim Privilegienempfang der bei der Investitur obligatorische Treueid.

Manche Forschungen der letzten Jahre haben herausgearbeitet, dass der Reichshofrat eine Schlüsselstellung in der Reichsverfassung einnahm.[16] Seit dem 17. Jahrhundert gewann er gegenüber dem Reichskammergericht spürbar an Bedeutung, da er effizienter und schneller als dieses arbeitete. Er wurde v. a., aber keineswegs nur von Klägern aus dem Süden des Reichs in Anspruch genommen. Dass hinter ihm die kaiserliche Autorität stand, verlieh seinen Beschlüssen eine höhere Durchschlagskraft und erwies sich bei der Exekution von Urteilen als großer Vorteil. Die effektive Tätigkeit des Reichshofrats leistete umgekehrt einen wichtigen Beitrag zur Stärkung des kaiserlichen Ansehens nach dem Dreißigjährigen Krieg.

Freilich waren auch nach 1648 die im Reichsrecht führenden Protestanten nur in geringer Anzahl im Reichshofrat vertreten, was dem Verdacht einer parteiischen, prokatholischen und prokaiserlichen Rechtsprechung Vorschub leistete. Ein Blick in die Akten zeigt allerdings, dass der Reichshofrat dazu tendierte, in seinen Gutachten das Reichsrecht deutlich stärker gegenüber den österreichischen Haus- und Großmachtinteressen zu gewichten als andere Institutionen am Kaiserhof. Nichtsdestoweniger bot im 18. Jahrhundert der Vorwurf der Parteilichkeit den Gegnern des Kaisers, namentlich Brandenburg-Preußen und zeitweise Hannover-Großbritannien, einen Vorwand, um die Zulassung von Rekursen vom Reichshofrat an den Reichstag zu verlangen und somit de facto dem eigentlichen Höchstgericht eine weitere Instanz überzuordnen. Ebenso wurde den Reichshofräten immer wieder Bestechlichkeit vorgeworfen. Dabei ist jedoch von Fall zu Fall zu differenzieren, was zeitgenössisch noch als zulässige »Verehrung« betrachtet wurde und was nicht. Tendenziell wurde der Tatbestand der Korruption im Verlauf der Frühen Neuzeit deutlicher und strenger gefasst. Insbesondere Joseph II. ging unerbittlich gegen unwürdige Reichshofräte vor. So enthob er 1784/87 bzw. 1785 Gottfried Rudolf von Dittmar und Reichsgraf Friedrich von Grävenitz wegen Verschuldung und »Projektemacherei« ihres Amtes.[17]

Die Reichshofratsstellen bildeten für den Kaiser ein wichtiges Reservoir zur Rekrutierung bzw. Versorgung von Klienten aus dem Reich und den eigenen Erblanden.[18] Die Reichshofräte der Ritter- und Gelehrtenbank waren Niederadlige oder Söhne von Patriziern, Gelehrten, Händlern und Handwerkern. Auf der Herrenbank saßen Vertreter des hohen Adels bis hin zu reichsgräflichen oder fürstlichen Familien (z. B. Zollern, Fürstenberg, Nassau). Knapp die Hälfte der Reichshofräte stammte aus den österreichischen und böhmischen Erblanden. Besonders hoch war ihr Anteil auf der Herrenbank, wo Familien wie die Harrach, Sinzendorf, Auersperg, Trauttmansdorff, Colloredo, Windischgrätz, Kaunitz und Liechtenstein regelmäßig vertreten waren. Die übrigen Reichshofräte kamen v. a. aus Schwaben, Bayern, dem Elsass, dem Rheinland, Franken und Westfalen, seit dem 17. Jahrhundert zunehmend auch aus Norddeutschland. Die Karriereprofile von Reichshofräten der Herren- und der Gelehrtenbank unterschieden sich erheblich: Für bürgerliche Juristen markierte die Zugehörigkeit zum Reichshofrat vielfach den Karrieregipfel. (Hoch-)Adlige waren demgegenüber oft in einem frühen Stadium ihrer Laufbahn Reichshofräte, darunter auch so hervorragende Vertreter der österreichischen Großmachtpolitik wie der spätere Staatskanzler Wenzel Anton von Kaunitz-Rietberg. Reichshofräte mit einer Vorkarriere hatten häufig in einer landesfürstlichen, meist der österreichischen Verwaltung oder Justiz Erfahrungen gesammelt, einige waren zuvor Assessoren des Reichskammergerichts gewesen. Dass dagegen kein Reichshofrat als Assessor nach Speyer oder Wetzlar wechselte, ist ein starkes Indiz für das höhere Ansehen des Reichshofrats. Manche Reichshofräte waren zuvor Reichshofratssekretäre oder Reichsfiskale gewesen, andere hatten eine Karriere an der Universität, im Militär oder als Geistliche vorzuweisen.

Eine Sondergruppe bildeten die protestantischen Reichshofräte.[19] Die meisten von ihnen waren Lutheraner. Viele hatten vorher einem kaisertreuen Reichsfürsten gedient, andere kamen aus Reichsstädten, wie der unter Franz I. und Joseph II. zeitweise recht einflussreiche gebürtige Frankfurter Heinrich Christian von Senckenberg. Senckenberg und andere evangelische Reichshofräte waren aufgrund ihrer Sachkompetenz hochangesehen. Hinsichtlich ihrer Konfession waren sie aber Außenseiter im katholischen Wien. Neben einigen privilegierten Großhändlerfamilien, den sog. Niederlegern, und den protestantischen Gesandtschaften, deren Kapellen vom Dreißigjährigen Krieg bis in die Zeit Josephs II. die einzige Möglichkeit zum evangelischen Gottesdienstbesuch in Wien boten, bildeten sie den Nukleus protestantischer Gemeinden in der Kaiserstadt. Strebten die evangelischen Reichshofräte einen weiteren Aufstieg an, blieb ihnen nur die Wahl zwischen dem Verlassen des kaiserlichen Dienstes – ein Schritt, den etwa Friedrich Karl von Moser vollzog – und der Konversion. Bspw. wurde Johann Wilhelm Graf Wurmbrand-Stuppach, der 1722 mit seiner ganzen Familie den katholischen Glauben annahm, im selben Jahr mit der Ernennung zum Reichshofratsvizepräsidenten belohnt. Später erreichte er noch die Aufnahme in den Reichsgrafenstand (1723) und die Berufung zum Reichshofratspräsidenten (1728).

Zu den Nebenpersonen des Reichshofrats gehörten die Reichshofratsagenten, von denen etwa 20 bis 30 gleichzeitig tätig waren. Um dieses Amt zu erlangen, mussten die Bewerber ein Examen ablegen, das neben ihrem untadeligen Lebenslauf u. a. ihre juristischen Kenntnisse prüfte. Durch ihren Amtseid waren die Reichshofratsagenten dem Kaiser verpflichtet. Zugleich standen sie in einem Loyalitätsverhältnis zu den Reichsständen, deren Interessen sie vertraten und die sie bezahlten – und das konnten mehr als zwanzig sein. Damit auch die protestantischen Reichsstände über geeignete Prozessvertreter verfügten, wurden stets auch einige evangelische Agenten ernannt; die meisten aber waren katholisch. Die Reichshofratsagenten vertraten ihre Auftraggeber nicht nur in Gerichtsprozessen, sondern auch in Investiturangelegenheiten und Gratialsachen. Sie leiteten »Verehrungen« der Reichsstände an Reichshofräte oder andere wichtige Persönlichkeiten weiter. Bis ins 17. Jahrhundert war es üblich, dass sie wie andere Agenten für ihre Auf-

7 Was hielt das Reich zusammen?

Abb. 19: Reichshofrat Heinrich Christian von Senckenberg. Anonymer Künstler, 1767.

traggeber Bücher oder Luxuswaren in Wien kauften. Um diese vielfältigen Aufgaben erfolgreich erledigen zu können, waren beste Verbindungen und ein hohes Ansehen am Kaiserhof wichtig – und dieses soziale und symbolische Kapital stellte dementsprechend ein entscheidendes Auswahlkriterium dar, wenn Reichsstände einen Reichshofratsagenten in Dienst nahmen. Ähnlich wie am Reichskammergericht und in anderen Bereichen der Reichsadministration lässt sich auch hier die Tendenz zur Dynastiebildung beobachten. So stellte etwa die aus Nürnberg stammende Familie Praun unter den Kaisern Ferdinand III., Leopold I., Joseph I. und Karl VI. drei Reichshofratsagenten. Dieses Amt war zugleich ein Sprungbrett für den gesellschaftlichen Aufstieg. Einige verdiente Agenten wurden vom Kaiser nobilitiert. Als »Mittler zwischen Haupt und Gliedern« (Thomas Dorfner) gehörten die Reichshofratsagenten zweifellos zu denjenigen Amtsträgern, die das Reich zusammenhielten.[20]

7.3 Die Reichsgerichte in Aktion

Ein bloßer Blick auf die Institutionen, die Prozessformen und das Personal reicht nicht aus, um den Stellenwert der Höchstgerichte in der Reichsverfassung und ihre Bedeutung für die Reichsuntertanen einzuschätzen. Die Prozessgegenstände waren vielfältig: von den nahezu allgegenwärtigen Erb-, Vermögens- und Familienstreitigkeiten über Nachbarschaftskonflikte, Grenzstreitigkeiten, Alimenteklagen, Betrugsvorwürfe und Waldfrevel bis hin zu Beschwerden gegen fürstliche oder Behördenwillkür. Die Reichsgerichte konnten auf vielfältige Weise in praktisch allen Lebensbereichen tätig werden.[21] Um einen ungefähren Eindruck hiervon zu vermitteln, soll im Folgenden an drei Beispielen skizziert werden, welchen Einfluss die Reichsgerichte auf lokale bzw. regionale Konflikte erlangen konnten.

In den Jahren 1626 bis 1631 erreichten nach einigen vorangegangenen kleineren Verfolgungswellen die Hexenverfolgungen im Hochstift

Bamberg ihren Höhepunkt. Es wurden Sondergerichte aus Mitgliedern des fürstbischöflichen Hofrats gebildet, die, soweit bekannt, 642 Menschen zum Tode verurteilten, nachdem sie sich unter der Folter schuldig bekannt hatten. Ein Förderer der Verfolgung war der Bamberger Weihbischof Friedrich Förner, während sich der Kanzler Georg Haan als Gegner der Hexenprozesse profilierte, mit der Folge, dass bald auch Mitglieder der Familie Haan der Hexerei angeklagt wurden. Dank seiner guten Vernetzungen gelang es dem Kanzler zwar, persönlich in Speyer drei Mandate des Reichskammergerichts zugunsten seiner Familie zu erwirken, die die Beachtung des gültigen Prozessrechts anmahnten. Nach seiner Rückkehr wurde er aber verhaftet und ebenso wie seine nahen Angehörigen hingerichtet (1627/28). Ab 1629 wandten sich andere Betroffene mit der Bitte um Schutz an den Wiener Reichshofrat, der sich intensiv mit den Verfolgungen befasste, sechs Mandate und Schutzbriefe erließ und die Übersendung der Prozessakten anordnete. Auf dem Regensburger Kurfürstentag von 1630 übte Kaiser Ferdinand II. erheblichen Druck auf Fürstbischof Johann Georg Fuchs von Dornheim aus, und am 12. Juni 1631 erging ein Reichshofratsmandat, das die Bamberger Verfolgungen für unrechtmäßig erklärte, die Folter auf bloße Denunziation hin untersagte und ferner verbot, die Vermögen der Hingerichteten einzuziehen. Tatsächlich wurden die Hexenprozesse in Bamberg nun eingestellt.[22]

Den potentiell großen Einfluss der Reichsgerichte auf die wirtschaftliche und gesellschaftliche Ordnung zeigt auch ein Konflikt in der Grafschaft Solms-Hohensolms Mitte des 18. Jahrhunderts. Dabei ging es um den Wurzelzehnten, eine Abgabe auf unterirdisch wachsende Feldfrüchte, deren Zahlung die Solmser Bauern verweigerten. Als Graf Karl Christian in einem Reskript vom 9. Juni 1751 unter Strafandrohung auf dieser Abgabe bestand, reichten die Bauerngemeinden am 18. Juni eine notariell beglaubigte Klage beim Reichskammergericht ein, in der sie darlegten, dass der Wurzelzehnt keine hergebrachte Abgabe in der Grafschaft sei. Am 9. August 1751 erließ das Reichskammergericht eine Vorladung an die gräfliche Kanzlei und verbot ein weiteres Vorgehen gegen die Bauern. Die gräfliche Verteidigungsschrift vom 24. April 1752 bestritt nicht, dass der Wurzelzehnt eine neue Abgabe sei. Deren Einführung sei aber notwendig gewesen, da die Bauern seit einiger Zeit Rüben und Kartoffeln in großem Stil anbauen würden, um so den auf Getreide erhobenen großen Zehnten zu umgehen. Außerdem, so die Verteidigungsschrift, schädigten die neuen Feldfrüchte den Boden. Nachdem die Parteien in den folgenden Jahren weitere umfangreiche Schriften vorgelegt hatten, verurteilte das Reichskammergericht am 17. Juli 1758 die Bauern zur Wurzelzehntleistung für abgabenpflichtige Äcker und zu Nachzahlungen für die vergangenen sieben Jahre, in denen dem Grafen diese Abgabe vorenthalten worden war. Am 10. November erging der entsprechende Vollstreckungsbeschluss des Reichskammergerichts. In der Folge begann die gräfliche Regierung mit der Einziehung des Wurzelzehnten und setzte die Nachforderungen auf die beachtliche Summe von 3 135 Gulden fest. Gegen diese aus ihrer Sicht überzogene Forderung, die dem Wert einer kompletten Getreideernte entspreche, wandten sich die Bauerngemeinden erneut nach Wetzlar und nötigten so den Grafen zum Entgegenkommen. 1761 konnten die Bauern das Reichskammergericht über die erfolgte Einigung informieren. Das Verfahren zeigt, dass das Reichskammergericht keineswegs von vornherein eine bauernfeindliche Haltung einnahm. Es ließ sich aber überzeugen, dass die Einführung neuer Feldfrüchte eine Anpassung der Abgaben rechtfertige, um den Grafen nicht seiner Einkünfte zu berauben. Kennzeichnend ist die Vergleichslösung am Ende des Konflikts, die den Interessen der Bauern Rechnung trug und zu der im Hintergrund die Autorität des Reichskammergerichts bzw. die Drohung seiner erneuten Intervention wesentlich beitrug. Zwar dauerte es zehn Jahre bis zur endgültigen Beilegung des Streits. Unterdessen war aber dank des Reichskammergerichts der Konflikt die meiste Zeit sozusagen auf Eis gelegt. Insbesondere konnten tätliche Auseinandersetzungen weitgehend unterbunden werden.[23]

Weniger gut erforscht als für das deutsche Reichsgebiet ist die Bedeutung der Reichsgerichte, hier in allererster Linie des Reichshofrats, für Reichsitalien. Die vorliegenden Fallstudien zeigen, dass auch italienische Reichsuntertanen vom Schutz durch Kaiser und Reich profitieren konnten. Zugleich bestand hier noch mehr die Gefahr, dass sich Reichsgerichtsbarkeit und europäische Machtpolitik miteinander vermengten bzw. dass die Reichsjustiz an machtpolitische Grenzen stieß.

Dies lässt sich gut am Beispiel des ligurischen Reichslehens Campo freddo – heute Campo ligure – nachweisen. Seit 1636 hatten die Republik Genua und eine Linie des genuesischen Adelsgeschlechts Spinola das Lehen als *Condomini* inne. Die Konflikte zwischen den Untertanen und ihren Herren nahmen ihren Ausgang im Österreichischen Erbfolgekrieg, als sich Campo freddo gegen die Republik auf die Seite Österreichs stellte und zum Stützpunkt österreichischer Truppen wurde. Kaum waren diese 1749 abgezogen, begannen genuesische Repressalien: Einige Campeser wurden zu hohen Strafen verurteilt, die Gemeinde sollte eine Entschädigung für die durch die Besatzungstruppen entstandenen Schäden zahlen, es wurden neue Abgaben eingeführt und die Gemeindeverwaltung unter die Kontrolle der *Condomini* gebracht. Nachdem alle Bitten an die genuesische Regierung vergeblich geblieben waren, erflehten die Campeser die Intervention des Kaisers. Franz I., der in dieser Angelegenheit nicht nur als oberster Richter, sondern als Patron der Anhänger Österreichs agierte, erließ im Januar 1750 ein Inhibitivreskript, das sämtliche den Lehnbriefen zuwiderlaufenden Maßnahmen der *Condomini* für nichtig erklärte, alle weiteren Übergriffe verbot und eine Untersuchung durch den italienischen Reichsfiskal Johann Eberhard Rath anordnete.

Die Republik Genua wollte sich der Unterwerfung unter die kaiserliche Rechtsprechung entziehen. 1753 verfügte Franz I. jedoch auf der Basis eines Reichshofratsvotums, dass bis zur Regelung des Konflikts die Jurisdiktion der *Condomini* suspendiert und kraft kaiserlicher Autorität ein neuer *Podestà* eingesetzt werden sollte. Die Republik verfolgte mehrere Strategien, um den drohenden Lehnsverlust abzuwenden: Der genuesische Gesandte in Wien suchte durch informelle Vergleichsverhandlungen mit dem Reichshofratsreferenten Dominikus Joseph Hayeck von Waldstätten die Angelegenheit aus der Welt zu schaffen. Gleichzeitig sollten die Campeser mit Druck und partiellem Entgegenkommen veranlasst werden, ihre Klage fallenzulassen. Schließlich rief man die französische Protektion an. In der Tat bewirkte die Intervention des Allerchristlichsten Königs, dass der Reichshofratsprozess 1756 auf kaiserlichen Befehl suspendiert wurde.

Seit den 1760er Jahren erreichten den Reichshofrat aber immer wieder neue Beschwerden der Campeser. Doch erst 1774 erging ein neues Reichshofratsvotum. Joseph II. griff den Vorschlag einer erneuten Lokalkommission des italienischen Reichsfiskals nicht auf, sondern ließ über den Reichsvizekanzler Vergleichsverhandlungen zwischen den Vertretern der *Condomini* und der Gemeinde Campo freddo in Wien in die Wege leiten. Angesichts der Komplexität der Angelegenheit – die campesische Anklageschrift umfasste 24 Kapitel – zogen sich die Verhandlungen in die Länge und wurden im Dezember 1777 nach dem Tod des campesischen Bevollmächtigten Giovanni Battista Piana abgebrochen. Auch in den folgenden Jahren gelangten immer wieder Beschwerden der Campeser an den Reichshofrat oder an die kaiserliche Plenipotenz in Italien. In den 1790er Jahren reagierte der Reichshofrat viel zurückhaltender auf die Appelle der Campeser, die nunmehr unter dem Verdacht standen, vom Gedankengut der Französischen Revolution »infiziert« zu sein.

Der jahrzehntelange Rechtsstreit zwischen der Gemeinde Campo freddo und ihren *Condomini* und der mangelnde Willen des Kaisers, die Entscheidungen des Reichshofrats entschlossen umzusetzen, scheinen auf den ersten Blick für ein Versagen der Reichsgerichtsbarkeit in dieser Angelegenheit zu sprechen. Doch die Appelle der Untertanen an den kaiserlichen Schutz waren nicht völlig wirkungslos, sondern veranlassten die *Condomini* immerhin zu größerer Zurückhaltung. Damit zeigt dieser Fall neben den Grenzen zugleich die sozusagen subkutanen Wirkungen der Reichsjustiz.[24]

Diese wenigen Beispiele mögen genügen, um anzudeuten, wie die Reichsgerichte zum Zusammenhalt des Reichs beitrugen. Trotz mancher Probleme und Unzulänglichkeiten besaßen sie einen hohen Stellenwert für Reichsunmittelbare und Untertanen. Oft auch ohne förmliche Urteile leisteten sie einen wichtigen Beitrag zur Verrechtlichung, Entschärfung und Schlichtung von Konflikten. An ihre Grenzen stießen die Reichsgerichte dann, wenn ein Prozess die Interessen eines mächtigen Territorialfürsten berührte, gegen dessen Willen eine Urteilsvollstreckung schlechterdings nicht möglich war.

7.4 Das Reichslehnswesen

Das Lehnswesen wurde lange als ein Teil der mittelalterlichen Reichsverfassung begriffen, der in der Neuzeit keine Bedeutung mehr gehabt habe. Neuere Forschungen haben dagegen herausgearbeitet, dass das Reichslehnswesen bis weit ins 18. Jahrhundert von größter Bedeutung blieb, auch wenn die Lehen längst erblich geworden waren und die Lehnstreue der Vasallen nur schwer zu erzwingen war:[25] Das Reichslehnswesen konstituierte das Reich als hierarchisch aufgebauten Personenverband und bekräftigte mit jeder Investitur die Position des Kaisers an der Spitze der Lehnspyramide und Oberhaupt des Reichs. Auch die Treueverpflichtung der Vasallen war nicht belanglos: Noch im Spanischen Erbfolgekrieg wurden mehrere deutsche und italienische Vasallen wegen Felonie abgesetzt, unter ihnen die Kurfürsten von Bayern und Köln. Nicht zu unterschätzen sind die finanziellen Vorteile, die das Reichslehnswesen dem Kaiserhof brachte. Außerdem kam es immer wieder vor, dass die Nachfolge in einem Lehen strittig war. Dann nahmen der kaiserliche Lehnsherr und der Reichshofrat als Reichslehnshof eine Schlüsselposition in der Sukzessionsfrage ein.

Das Investiturverfahren für die deutschen Lehen erfolgte in deutscher Sprache, für die italienischen und wenige andere auf Latein (Lehen der deutschen bzw. der lateinischen Expedition). Ein weiterer kategorialer Unterschied bestand zwischen den großen Thronlehen, deren Investitur der Kaiser persönlich erteilte, und den minderen Reichshofratslehen, bei deren Investitur der Reichshofratspräsident den Kaiser vertrat.

Im Lehnszeremoniell vollzogen sich im Verlauf der Frühen Neuzeit charakteristische Veränderungen, die Rückschlüsse auf grundlegende Wandlungen in den Strukturen, im Wesen und im Zusammenhalt des Reichs zulassen. Im 16. Jahrhundert fanden noch mehrfach Belehnungen am Rande von Reichstagen unter freiem Himmel und damit sozusagen vor der Reichsöffentlichkeit statt. Der Belehnungsakt begann damit, dass der zu Investierende mit zahlreichem Gefolge dreimal die Tribüne umritt, auf der der Kaiser *in majestate* saß. Nachdem hochrangige Freunde und Verwandte rituelle Fürsprache für den Vasallen eingelegt hatten und der Kaiser eine ebenso rituelle kurze Beratung mit dem

Mainzer Reichserzkanzler gehalten hatte, verkündete Letzterer den Fürsprechern die Zulassung des Vasallen zum Lehnseid. Darauf trat dieser vor und übergab dem Kaiser die Fahnen, die die Herrschaft über seine Territorien symbolisierten. Nachdem der Vasall, vor dem Kaiser kniend, den Lehnseid geleistet hatte, erhielt er die Fahnen zurück, die anschließend in die umstehende Menge geworfen wurden. Das Ritual endete mit einem Kuss des Reichsschwerts durch den Vasallen, der zudem eine kurze Dankesrede hielt.

Das Investiturzeremoniell, das hier nur in seinen Grundzügen skizziert worden ist, bot zum einen dem Vasallen die Gelegenheit, seinen Rang und seine Macht zu demonstrieren und den rechtmäßigen Besitz seiner Herrschaftsgebiete zu bekräftigen. Zum anderen trat der Kaiser als der oberste Lehnsherr in Erscheinung. Fürbitte, zeremonielle Beratung mit dem Erzkanzler, Lehnseid, Kuss des Reichsschwerts und Übergabe der Fahnen an den Vasallen hielten die Fiktion aufrecht, dass der Kaiser die Lehen nach reiflicher Überlegung, aber frei in seiner Entscheidung einem um das Reich verdienten Fürsten übertragen habe. Dass dieser die Fahnen, die er später wieder zurückerhielt, selbst mitbrachte, markierte dagegen seinen erblichen, unzweifelhaften Rechtstitel auf seine Lehen. Seine besondere Ausdruckskraft gewann das Ritual durch die persönliche Beteiligung von Lehnsherr und Vasall. So trug es dazu bei, den Personenverband des Reichs in jeder Generation neu zu knüpfen und die Erinnerung daran wachzuhalten, dass sich im Reich jede legitime Herrschaft von Kaiser und Reich herleitete. Die letzten öffentlich bei einem Reichstag vollzogenen Thronbelehnungen waren die des Kurfürsten August von Sachsen (1566), des Pfalzgrafen Ludwig Philipp von Simmern (1653) und des Mainzer Kurfürsten Johann Philipp von Schönborn (1654).

Die beiden Thronbelehnungen von 1653/54 waren bereits große Ausnahmen. Denn seit der Zeit Rudolphs II. fanden die Investituren üblicherweise in der kaiserlichen Residenz statt. Dieser Ort besaß für den Kaiser den Vorteil, dass die Investituren auch dann erfolgen konnten, wenn er längere Zeit nicht zu einem Reichstag reiste. Zumal wenn es sich um bloße Lehnserneuerungen handelte, war das Investiturverfahren seit dieser Zeit stark formalisiert. Beim Ableben eines Kaisers oder der Erledigung eines Lehens durch den Tod des Vasallen reichte der Vasall bzw. dessen Erbe eine förmliche Bitte um Lehnserneuerung beim Reichshofrat ein; dieser Vorgang wurde als Mutung bezeichnet und war von erheblicher Bedeutung. Denn selbst wenn aus irgendeinem Grund die Investitur unterbleiben sollte, hatte der Vasall so die kaiserliche Lehnshoheit anerkannt und sich gegen einen etwaigen Felonievorwurf wegen »Verschweigen« eines Lehens abgesichert. Nach der Mutung prüfte der Reichshofrat die vorgelegten Akten, die die legitime Lehnsnachfolge belegen sollten (üblicherweise eine beglaubigte Abschrift des letzten Lehnsbriefs, dazu oft ein Testament des letzten Vasallen o. ä.). Hatte alles seine Richtigkeit, wurde der Vasall bzw. dessen Vertreter zum Lehnseid (*iuramentum*) vor dem Kaiser bzw. dem Reichshofratspräsidenten zugelassen. Bei Reichshofratsbelehnungen durften die Vertreter der deutschen Vasallen den Treueeid im Stehen leisten. Handelte es sich um Lehen der lateinischen Expedition, mussten sie knien. Bei Thronbelehnungen waren alle Lehnsempfänger zu dieser Demutsgeste verpflichtet.

Abb. 20: Die Belehnung Ernst Augusts von Hannover mit der Kurwürde (1692). *Monumentum Gloriae Ernesti Augusti Principis Electoris Brunsvicensis* […], Hannover 1698 [1704], Titelkupfer (Detail).

Zweifelsohne handelte es sich auch bei den Thronbelehnungen am Kaiserhof um eine Solennität, die die Hoheit des kaiserlichen Lehnsherrn herausstellen sollte. Die Öffentlichkeit, vor der die Investitur im kaiserlichen Thronsaal stattfand, war eine höfische. Das Investiturzeremoniell wurde an die veränderten Bedingungen angepasst, Elemente wie das Umreiten des Throns und die Fahnenübergabe verschwanden. Als rituelles Kernelement blieb der kniend geleistete Lehnseid vor dem Kaiser erhalten. Ein wesentliches Manko gegenüber den früheren Investituren auf Reichstagen war aber, dass die (kur-)fürstlichen Vasallen nicht länger persönlich ihre Lehen aus der Hand des Kaisers empfingen, sondern sich durch Beauftragte vertreten ließen. Auch wenn eine formale Entschuldigung für das Fernbleiben des Vasallen obligatorisch blieb, büßte das Lehnszeremoniell dadurch, dass einer der beiden Hauptprotagonisten nicht mehr persönlich anwesend war, erheblich an Bindungskraft ein. Dass die zeremonielle Komponente des Lehnswesens gleichwohl wichtig blieb, zeigte sich übrigens auch, wenn untreuen Vasallen ihre Lehen entzogen wurden. Noch als 1706 die Reichsacht gegen die Kurfürsten von Köln und Bayern verhängt wurde, geschah dies in solennem Rahmen, wobei u. a. die Lehnsbriefe der Geächteten von den Reichsherolden in Stücke gerissen und aus dem Fenster geworfen wurden.[26]

Im Verlauf der Zeit gewann freilich die (lehns)rechtliche Komponente, insbesondere die Formulierung und Aushändigung des Lehnbriefs, an Bedeutung. Während bei bloßen Investiturerneuerungen üblicherweise der vorherige Lehnbrief lediglich angepasst werden musste, wurde bei einer Neubelehnung oftmals hartnäckig um Bedingungen und Formulierungen gerungen. Häufig schon vor der Eidleistung wurde über die Höhe der zu zahlenden Gebühren und Lehnstaxen verhandelt. Eine besondere Abgabe, die sog. Laudemien, wurden bei Erstbelehnungen und bei Belehnungen der »Toten Hand«, also z. B. von Reichsstädten oder geistlichen Korporationen, verlangt. Sie betrugen Ende des 18. Jahrhunderts ein Sechstel bis ein Drittel eines Jahreseinkommens aus dem Lehen, waren aber verhandelbar. Da die Taxen und Gebühren den Reichshofräten bzw. den Mitarbeitern der Reichshofkanzlei direkt zuflossen, waren diese oft äußerst zähe Verhandlungspartner der Vasallen. Erst wenn alle Zahlungen geleistet waren, wurde dem Vasallen der

Lehnbrief übergeben und war das Belehnungsverfahren abgeschlossen. Zumal bei Erstbelehnungen konnten zwischen der Mutung und der Aushändigung der Investitururkunde Jahre vergehen: So erhielt die Republik Genua, die 1713 die ligurische Markgrafschaft Finale von Karl VI. gekauft und 1714 die Investitur beantragt hatte, den Lehnbrief erst 1726.

Insgesamt veränderte sich der Charakter des Reichslehnswesens seit dem 16. Jahrhundert in sehr grundsätzlicher Weise. Die Investitur entwickelte sich von einem Ritual, das eine persönliche Verbindung zwischen Lehnsherrn und Vasall konstituierte, hin zu einem Rechts- und Verwaltungsakt, bei dem das zeremonielle Element in den Hintergrund trat. Mehr noch als für die Thronbelehnungen, die dem Kaiser immerhin die Gelegenheit boten, die eigene Majestät und Spitzenposition in der Reichshierarchie in Szene zu setzen, galt dies für die Reichshofratsbelehnungen. Deutlich zeigte sich das Zurücktreten der persönlichen Bindung in den Fällen, bei denen eine Investiturerneuerung nicht an den Wechsel in der Person von Lehnsherrn und Vasall geknüpft, sondern nach festen Zeitintervallen vollzogen wurde. So konnte die Republik Genua, als sie 1612 zwei Drittel der Markgrafschaft Sassello von der kaiserlichen Hofkammer erwarb, durchsetzen, dass eine Lehnserneuerung erst nach 150 Jahren fällig werden sollte.

Trotz seines Bedeutungsverlusts behielt das Lehnszeremoniell Konfliktpotential. Dass seit den 1740er Jahren das ganze Reichslehnswesen in eine massive Krise geriet, hatte zunächst zeremonielle Ursachen, da zuerst der Kurfürst von Brandenburg (und preußische König), dann die übrigen weltlichen Kurfürsten und die altfürstlichen Familien die Lehnsnahme nach dem hergebrachten Zeremoniell verweigerten, das die Unterordnung der Reichsvasallen unter den kaiserlichen Lehnsherrn unmissverständlich zum Ausdruck brachte. Indem Kaiser Joseph II. am Ende den Vasallen bzw. ihren Bevollmächtigten grundsätzlich das bis dahin obligatorische Knien beim Leisten des Treueids erließ, verzichtete er auf das entscheidende Element zur Darstellung der hierarchischen Differenz zwischen Kaiser und Lehnsmann. Dennoch erschien das Lehenszeremoniell den mächtigsten Reichsständen nicht mehr akzeptabel.

7.5 Die Reichskreise

Die Reichskreise waren eine der wichtigsten Neuerungen der Reichsreform.[27] Ursprünglich wurde durch den Augsburger Reichstag 1500 die Einrichtung von sechs Reichskreisen als Wahlkörperschaften für die Mitglieder des Reichsregiments, später auch für die Kammergerichtsassessoren beschlossen. 1512 kreierte der Trierer Reichstag vier weitere Kreise, sodass mit den bislang ausgesparten kurfürstlichen und kaiserlichen Besitzungen nun alle auf dem Reichstag vertretenen Stände in die nun vornehmlich für die Landfriedenswahrung konzipierte Reichskreisordnung einbezogen waren. Im Zuge der Erneuerung von Reichsregiment und Reichskammergericht griff der Wormser Reichstag 1521 auf die ursprünglichen sechs Wahlkreise zurück. Doch auch jetzt dauerte es erneut einige Jahre, bis im Zusammenhang mit den Bestrebungen zur Landfriedenswahrung in den einzelnen Kreisen institutionelle Strukturen etabliert wurden. Der hohe Stellenwert der Kreise in diesem Kontext wurde durch die Reichsexekutionsordnung von 1555 erneut unterstrichen, die den zehn Kreisen – dem Kurrheinischen, Oberrheinischen, Niederrheinisch-Westfälischen, Niedersächsischen, Obersächsischen, Fränkischen, Schwäbischen, Bayerischen, Österreichischen und Burgundischen – eine zentrale Rolle für die innere Sicherheit des Reichs zusprach.

Daher besaß die Kreisorganisation auch eine ausgeprägte militärische Komponente. Beim Kreishauptmann (auch: Kreisobrist) handelte es sich um ein Wahlamt. Ihm wurden ein Stellvertreter, der sog. Nachgeordnete, und zugeordnete Räte an die Seite gestellt. Allerdings ist in einigen Kreisen die Tendenz zu einer faktischen Erblichkeit des Amtes des Kreishauptmannes bei dem vornehmsten weltlichen Kreisstand zu beobachten, z. B. im Bayerischen Reichskreis bei den Herzögen und Kurfürsten von Bayern. Dem Kreishauptmann oblag als Befehlshaber der Kreistruppen die Friedenswahrung nach innen und außen. In manchen Kreisen, z. B. im Schwäbischen Kreis, gab es seit der Aufstellung eines stehenden Kreisheers statt eines Kreisobristen einen Kreisgeneral oder -feldmarschall. Auch hier sind Erblichkeitstendenzen zu beobachten, im vorliegenden Fall beim Herzog von Württemberg.

7 Was hielt das Reich zusammen?

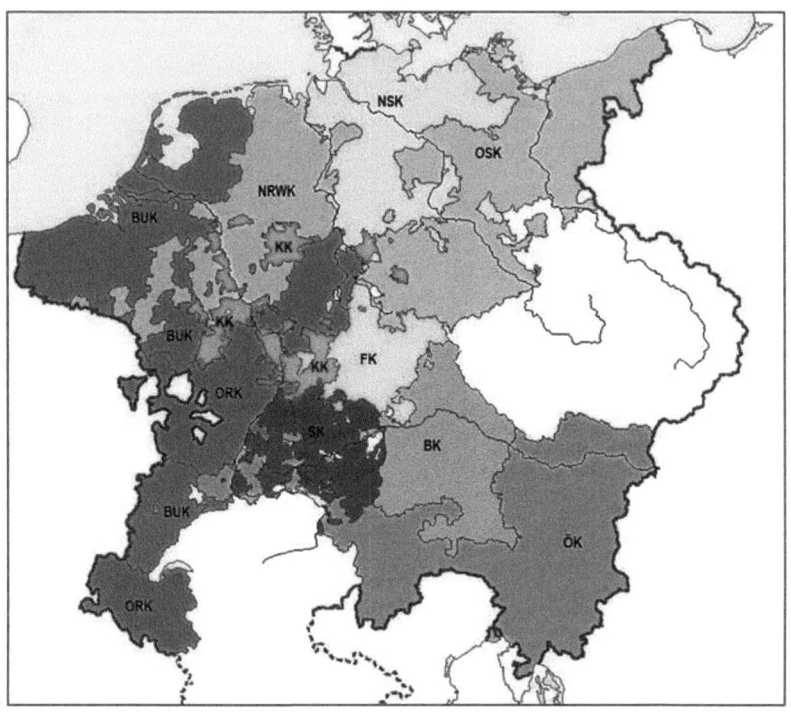

Abb. 21: Reichskreise um 1555.

Gebiete, die nicht in die Reichskreisorganisation einbezogen sind, sind weiß gelassen.

Abkürzungen:
BK   Bayerischer Kreis
BUK Burgundischer Kreis
FK   Fränkischer Kreis
KK   Kurrheinischer Kreis
NRWK Niederrheinisch-
     Westfälischer Kreis
NSK Niedersächsischer Kreis
ÖK   Österreichischer Kreis
ORK Oberrheinischer Kreis
OSK Obersächsischer Kreis
SK   Schwäbischer Kreis

Der Kreisobrist wurde von der eigentlichen Zentralinstitution des Reichskreises, dem Kreistag, gewählt, der als Beratungs- und Entscheidungsgremium im Prinzip auf Kreisebene dieselben Aufgaben wahrnahm wie der Reichstag für das Gesamtreich. Der Kreistag beriet aber nicht nach Kurien getrennt, sondern im Plenum, wo jeder Kreisstand eine Stimme hatte. Rang und Ressourcen sorgten faktisch aber für eine Gewichtung der Stimmen. Der Kaiser konnte sich bei einem Kreistag durch Kommissare vertreten lassen, die Kreistagsbeschlüsse bedurften aber nicht der kaiserlichen Ratifikation.

Die Kreistage wurden von den Kreisausschreibenden Fürsten einberufen, deren Amt sehr schnell qua Herkommen erblich wurde. Meist handelte es sich dabei um einen geistlichen und einen weltlichen Fürsten, in der Regel die ranghöchsten Kreisstände. Im Kurrheinischen und im Obersächsischen Kreis gab es jeweils nur einen Kreisausschreibenden Fürsten (Kurmainz bzw. Kursachsen). Wenn der weltliche Kreisausschreibende Fürst zugleich das Obristen- oder Feldmarschallamt innehatte, wie im Schwäbischen Kreis der Herzog von Württemberg, konnte er trotz förmlichen Vorrangs des mitausschreibenden geistlichen Fürsten, hier des Bischofs von Konstanz, einen beherrschenden Einfluss erringen; er wurde faktisch zum Kreisdirektor. Die Kreisausschreibenden Fürsten beriefen nicht nur den Kreistag ein und leiteten ihn, sondern sie führten auch die laufenden Geschäfte und die Korrespondenz des Kreises. Sie verwalteten Kreiskanzlei, -archiv und -kasse und übermittelten Reichsgesetze zur Publikation an die einzelnen Kreisstände.

Über ihre ursprünglichen Kernaufgaben, die Auswahl der Reichskammergerichtsassessoren und die Landfriedenswahrung, hinaus übernahmen die Kreise im Lauf der Zeit weitere Funktionen, die teils enger, teils weniger eng mit ihren Ursprungsaufgaben zusammenhingen, wie z. B. die Einsammlung der Kammerzieler, die Exekution von Urteilen der höchsten Reichsgerichte, nach 1681/82 die Organisation des Reichsmilitärwesens auf der Basis der Reichsdefensionalordnung und die Verkündung von Reichsgesetzen. Hinzu kamen bei einigen Kreisen wirtschaftspolitische und Infrastrukturmaßnahmen sowie Verbrechens- und Seuchenbekämpfung. Manche Kreise, v. a. die im Süden und Westen, arbeiteten auf unterschiedlichen Gebieten langfristig zusammen. Die reichsweite Kooperation der Kreise im Reichskreistag, dem zeitweise im 16. Jahrhundert eine Allgemeinzuständigkeit zuzuwachsen schien, blieb eine vorübergehende Erscheinung. Auf Reichsmünz- und Reichsmoderationstagen erlangte eine übergreifende Kreiskooperation für einige Themenfelder dagegen längerfristige Bedeutung.

Die Kreise wiesen höchst unterschiedliche Profile auf, selbst wenn man die beiden praktisch nur auf dem Papier stehenden, die habsburgischen Erblande zusammenfassenden Kreise (Österreich und Burgund) unberücksichtigt lässt. So hatte der Kurrheinische Kreis weniger als 20, der Bayerische, Fränkische, der Niedersächsische und der Obersächsische zwischen 20 und 50, der Niederrheinisch-Westfälische mehr als 50, der Oberrheinische mehr als 70 und der Schwäbische über 100 Kreisstände – bei z. T. starken Schwankungen etwa durch Kriegsverluste. In denjenigen Kreisen, die durch kleine und mittlere Stände geprägt waren – z. B. Schwaben und Franken –, entwickelten sich Kreisorganisation und -aktivitäten im Allgemeinen intensiver als dort, wo mächtige Territorialfürsten unter Umständen kein Interesse an Kreisaktivitäten hatten bzw. diese sogar verhinderten, z. B. im Obersächsischen und im Bayerischen Reichskreis. Auch Konflikte um die Kreisämter konnten einen Kreis lahmlegen, wie im 17. Jahrhundert den Niederrheinisch-Westfälischen Kreis, wo sich Kurbrandenburg und Pfalz-Neuburg über die Nachfolge im jülich-klevischen Kreisausschreibeamt stritten. Selbstverständlich spielte auch das unterschiedliche konfessionelle Profil der Kreise eine Rolle. Als katholisch galten der Österreichische, der Burgundische und der Bayerische Kreis, als protestantisch der Ober- und der Niedersächsische Kreis, alle anderen waren – mit unterschiedlichen Anteilen – gemischtkonfessionell.

Die unterschiedlichen Profile der Kreise hatten, wie gesagt, erhebliche Auswirkungen auf die Gestaltung des Kreislebens. Besonders aktive Kreise waren der Schwäbische und der Fränkische Kreis. Aber nicht nur von Kreis zu Kreis, auch im zeitlichen Verlauf waren die Unterschiede beachtlich, wie schon an der Zahl der Kreisversammlungen ablesbar ist. Nach schleppenden Anfängen und einer Erhöhung der Frequenz in der zweiten Hälfte des 16. Jahrhunderts folgte ein signifikanter Rückgang in der Zeit des Dreißigjährigen Kriegs. In der zweiten Hälfte des 17. Jahrhunderts fanden die meisten Kreistage statt. In der ersten Hälfte des 18. Jahrhunderts ging ihre Zahl zunächst moderat, sodann aber deutlich zurück. Freilich ist die Zahl der Kreistage nur ein erstes Indiz für die Intensität der Kreisaktivitäten. So muss die Bedeutung der Reichskreise in der Zeit des Dreißigjährigen Kriegs nach den Forschungen von Fabian Schulze neubewertet werden.[28] Er konnte zeigen, dass

7.5 Die Reichskreise

die Kreise eine herausragende Rolle bei der Kriegsfinanzierung spielten, dass also auch in Zeiten, in denen nur wenige Kreisversammlungen stattfanden, die Kreisadministration funktionieren konnte.

Um die Strukturen eines vielleicht nicht idealen, aber doch sehr aktiven Reichskreises ein wenig plastischer herauszuarbeiten, ist der Schwäbische Kreis gut geeignet.[29] Er lehnte sich in seiner Ausdehnung an das alte Stammesherzogtum Schwaben an. 1521 umfasste er 101, um 1700 noch 94 Kreisstände. Er gehörte zu den gemischtkonfessionellen Kreisen, und das Kreisgebiet war von zahlreichen Enklaven durchsetzt, v. a. den nicht in die Kreisverfassung einbezogenen Besitzungen der Reichsritterschaft sowie den habsburgischen, zum Österreichischen Reichskreis zählenden Territorien. Kreisausschreibende Fürsten waren der Bischof von Konstanz und der Herzog von Württemberg. Während Konstanz über das Erststimmrecht im Kreistag verfügte, entwickelte sich Württemberg im Lauf der Zeit zum faktischen Kreisdirektor. In württembergischen Händen lagen die Leitung der Kreistage, die Abfassung der Propositionen und der Kreisschlüsse. In Stuttgart befanden sich die Kreiskanzlei und das Kreisarchiv, der Herzog besaß das Vorschlagsrecht für die Kreisbeamten. Meistens hatte er auch das Amt des Kreisobristen bzw. später des Kreisfeldmarschalls inne. Die württembergische Dominanz im Kreis war also spürbar, wurde aber im Allgemeinen mit so viel Fingerspitzengefühl ausgeübt, dass sie für die übrigen Kreisstände erträglich blieb. Das Kreisgebiet war seit 1559 in vier Teile geteilt, die unter der Leitung des Herzogs von Württembergs, des Markgrafen von Baden sowie der Bischöfe von Konstanz und Augsburg standen. Die Viertel waren nicht zuletzt für Exekutivaufgaben wichtig; seit 1720 fanden auch Viertelkonvente statt.

Der erste schwäbische Kreistag trat im Reichsvergleich früh, nämlich schon 1507, zusammen. Er war gegliedert in die fünf Bänke der geistlichen und der weltlichen Fürsten, der Prälaten, der Grafen und Herren sowie der Städte. Verglichen mit den drei Kurien des Reichstags waren die Hierarchien flacher. Prinzipiell waren die Stimmen gleich, doch verfügten die vorstimmenden, höheren Stände informell über eine größere Autorität. Üblicherweise wurde im Plenum verhandelt und abgestimmt; selbstverständlich fanden aber informelle Verhandlungen im Vorfeld und während eines Kreistags statt. Im 16. und 17. Jahrhundert wurde

7 Was hielt das Reich zusammen?

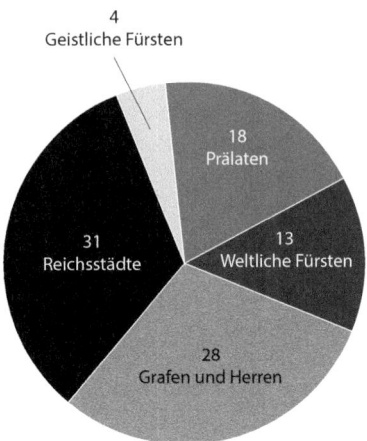

Abb. 22: Die Stimmenverhältnisse im Schwäbischen Kreistag um 1700.

eine Reihe von gemeinsamen Kreistagen mit den Nachbarkreisen Franken und Bayern abgehalten. Schon im 16. Jahrhundert etablierte sich Ulm als üblicher Versammlungsort der Schwäbischen Kreistage.

Seit 1532 wurde der (Plenar-)Kreistag durch die Ordentliche (*Ordinari*) Deputation entlastet, die zunächst von zwölf, seit 1648 von zehn Kreisständen besetzt wurde. Sie führte die laufenden Geschäfte, erstellte Gutachten und bereitete Beschlussvorlagen für den Kreistag vor, besaß aber kein Entscheidungsrecht. Der 1563 zur Beratung von Militärangelegenheiten ins Leben gerufene Kreiskriegsrat bestand nur einige Jahrzehnte. Mit dem Engeren Kreiskonvent, der in seiner Zusammensetzung der *Ordinari* Deputation entsprach, wurde um die Mitte des 17. Jahrhunderts zunächst zur Vorbereitung der westfälischen Friedensverhandlungen ein effizienteres Beschlussorgan geschaffen. Später befasste sich der Engere Konvent mit Finanzfragen. Zwischen 1679 und 1708 trat er fast jährlich zusammen, nach 1732 nur noch achtzehnmal.

Eine wichtige Funktion des Schwäbischen wie der anderen Reichskreise war die Einziehung der Reichssteuern (Kammerzieler, Türkenhilfen etc.). Die Kreiskasse befand sich bemerkenswerterweise nicht in Stuttgart, sondern in der Kreistagsstadt Ulm. Seit 1542 erhob der Schwäbische Kreis Kreisumlagen, nahm also gewissermaßen ein Besteuerungsrecht über die Kreisstände wahr. Eine Reihe von Ständen war mit den Quoten unzufrieden, die sie gemäß der sich an der Reichsmatrikel orientierenden Kreismatrikel zu zahlen hatten. Mehrfach wurden Anläufe zur Moderation der Kreismatrikel unternommen, die aber nicht zu befriedigenden Ergebnissen führten. Zur Finanzpolitik des Schwäbischen Kreises gehörte auch die Erhebung von Einfuhrzöllen und v. a. in Kriegszeiten die Aufnahme von Krediten. Gerade im Finanzbereich wird das unterschiedliche Gewicht der Kreisstände deutlich. Gemäß der Kreismatrikel hatten im 18. Jahrhundert, als es noch 94 Kreisstände gab, die 13 weltlichen Fürsten etwa 35 % der Kreisumlagen aufzubringen, davon allein 21 % der Herzog von Württemberg, die vier geistlichen Fürsten 9 %, die 18 Prälaten dagegen nur 11 %, ebenso viel wie die 28 Grafen und Herren. Bei den Reichsstädten hielten sich Stimmenanteil (31) und finanzielle Belastung (34 %) in etwa die Waage.

Auch im Bereich des Justizwesens wirkte der Schwäbische Reichskreis als Verbindung zwischen den Kreisständen und den zentralen Reichsinstitutionen. Getrennt nach Katholiken und Protestanten wählten die schwäbischen Kreisstände die beiden von ihnen zu präsentierenden Kammergerichtsassessoren aus. Die Exekution reichsgerichtlicher Urteile gegen schwäbische Kreisstände wurde in der Regel durch die beiden Kreisausschreibenden Fürsten übernommen, denen auch die meisten kaiserlichen Kommissionen im Schwäbischen Reichskreis übertragen wurden.[30]

Im 18. Jahrhundert gewannen die Schuldenkommissionen erhebliche Bedeutung, die in immerhin 15 von 31 schwäbischen Reichsstädten, u. a. in Ulm, Augsburg, Rottweil und Esslingen, tätig wurden. Häufig wurde die Kommission auf Wunsch der Stadt selbst eingesetzt, die auf diese Weise eine Reduktion ihrer Verbindlichkeiten erhoffte. Dank eines ausdifferenzierten Maßnahmenkatalogs der Kommissionen, der u. a. Umschuldungen, Verhandlungen mit den Gläubigern, eine befristete Reduzierung der Reichslasten und Reformen der städtischen Finanzverwaltung umfasste, erzielten diese z. T. beachtliche Erfolge. Bspw. konnten die Schulden Nördlingens von 696 176 Gulden im Jahr 1750 auf 84 408 Gulden 1793 reduziert werden – bevor sie dann aufgrund der Revolutionskriege wieder dramatisch anstiegen.[31] Freilich riefen die Aktivitäten der Kommissionen immer wieder auch Opposition hervor, zumal dann, wenn sie als Eingriff in die städtische Selbstverwaltung empfunden wurden.

Es lag durchaus im eigenen Interesse der Kreise, die Zahlungskraft ihrer Stände zu sichern. Ebenso waren sie bestrebt, die Geldwertstabilität zu sichern und so den Handel zwischen den ineinander verschränkten Territorien zu erleichtern. Das war ein schwieriges Unterfangen, denn diejenigen Kreisstände, die über das Münzregal verfügten, nahmen es in Eigenregie und entsprechend den eigenen Interessen wahr – und die konnten durchaus einmal auf die Reduzierung des Feingehalts hinauslaufen, um einen zumindest kurzfristigen Gewinn zu erzielen. Dem suchte der Schwäbische Kreis durch regelmäßige Münzprobationstage und die Anstellung eines Münzwardeins entgegenzuwirken, der den Feingehalt der im Kreisgebiet umlaufenden Prägungen zu überprüfen hatte. Da die Kreise keine in sich geschlossenen Währungsgebiete waren, wurde eine Reihe von gemeinsamen Probationstagen mit Nachbarkreisen abgehalten. Zeitweise prägte der Schwäbische Kreis eigene Kreismünzen aus. Keine Maßnahme war jedoch imstande, die Geldwertstabilität nachhaltig zu sichern. Denn insbesondere die größeren Kreisstände waren kaum zu disziplinieren.

Die wirtschaftspolitischen Maßnahmen des Schwäbischen Kreises umfassten auch den Erlass von territorienübergreifenden Zunft- und Handwerksordnungen sowie die Regulierung des Getreidehandels. Im territorial zersplitterten Südwesten machte es Sinn, dass auch der Bau von Straßen und im 18. Jahrhundert von Chausseen durch den Kreis betrieben wurde. All dies fiel nach frühneuzeitlicher Terminologie in den Bereich der Policey, gehörte also zu denjenigen Maßnahmen, die auf eine gute Ordnung des Gemeinwesens abzielten. Dazu zählten aber auch nach heutigem Verständnis ordnungspolitische Bestimmungen wie Anordnungen zur Seuchenprävention, mehrere Bettler- und Gaunerordnungen, das konkrete Vorgehen gegen Vagierende sowie die Errichtung von Zucht- und Arbeitshäusern in den Kreisvierteln – tatsächlich gebaut wurden allerdings nur das Buchloer Zuchthaus für das Augsburger und das Ravensburger Zuchthaus für das Konstanzer Viertel. Im Übrigen griff man auf bestehende territoriale Zuchthäuser zurück.

Einen hohen Stellenwert behielten die sicherheitspolitischen Aktivitäten des Schwäbischen Reichskreises, der bereits seit 1563 über eine

Kreisexekutionsordnung verfügte. Im 17. Jahrhundert gewann das Kreismilitärwesen an Relevanz. Seit 1684 gab es ein stehendes Kreisheer in der Größenordnung von zunächst 4028 Mann, und 1694 entschied der Kreistag, dass das Kreisheer nur durch einen einstimmigen Beschluss der Kreisstände wieder abgeschafft werden könne. Die schwäbischen Kreistruppen kamen u. a. im Großen Türkenkrieg sowie in den Reichskriegen gegen Frankreich zum Einsatz; seit 1697 stellten sie die Besatzung der Reichsfestung Kehl. In den 1690er Jahren hatte der Schwäbische gemeinsam mit dem Fränkischen Kreis immerhin 24000 Mann unter Waffen. Die Kreistruppen wurden auch für Reichsexekutionen auf Kreisgebiet genutzt, von denen nach 1648 immerhin noch 16 stattfanden. Im Notfall konnten zusätzlich noch Milizen aufgestellt werden. Der Kreis unterhielt aber nicht nur eigene Truppen, sondern organisierte auch den Durchzug fremder Armeen.

Wie bereits angedeutet, bestanden in verschiedenen Bereichen Kooperationen zwischen Reichskreisen. Eine besondere Bedeutung erlangten auf militärischem Gebiet am Ende des 17. und zu Beginn des 18. Jahrhunderts die Kreisassoziationen.[32] Bereits während des Dreißigjährigen Kriegs wurden von unterschiedlicher Seite mehr oder weniger umfassende Reichskreisbündnisse ventiliert. Seit den 1650er Jahren wurde mehrfach eine Assoziation der »Vorderen Reichskreise«, also des Schwäbischen, des Fränkischen und der drei Rheinischen Kreise, erwogen. 1679/81 traten der Schwäbische und der Fränkische Kreis der antifranzösischen Frankfurter bzw. Laxenburger Allianz bei. 1686 beteiligten sich der Oberrheinische, der Bayerische und der Fränkische Kreis an der antifranzösischen Augsburger Allianz. Eine erste förmliche Kreisassoziation wurde gegen Ende des Pfälzischen Erbfolgekriegs 1696/97 geschlossen: In der Frankfurter Kreisassoziation verbanden sich die Vorderen Reichskreise und der Bayerische Kreis und verabredeten die Aufstellung eines stehenden Heers von 40000 Mann, das in Kriegszeiten auf 60000 Mann aufgestockt werden und einem gemeinsamen Oberbefehl unterstehen sollte. Diese Zahlen wurden in der Realität allerdings nie erreicht. Dennoch waren die Kreisassoziationen ein wichtiges Mittel, um die Kräfte der mindermächtigen Reichsstände zu bündeln und ihnen so zu ermöglichen, eigene Interessen und politische Vorstellungen auch unabhängig von Kaiser und armierten Reichsständen zur Geltung zu bringen. Neben Markgraf Ludwig Wilhelm von Baden-Baden, der als Befehlshaber in den Kriegen gegen Frankreich und das Osmanische Reich erlebt hatte, wie wünschenswert eine effizientere Organisation der militärischen Ressourcen des Reichs war, gehörte der Mainzer Kurerzkanzler Lothar Franz von Schönborn zu den wichtigsten Förderern des Assoziationswesens.

Zeitweise wurden die Kreisassoziationen zu einem wichtigen Instrument der kurmainzischen Reichspolitik. Das zeigte sich bspw. im Spanischen Erbfolgekrieg, an dessen Beginn ein großer Teil der Reichsstände zunächst zur Neutralität tendierte. Schon am 23. November 1700 schlossen der Schwäbische und der Fränkische Kreis eine Assoziation zur Erhaltung der Neutralität. Auch die Heilbronner Kreisassoziation aus den Vorderen Reichskreisen und dem Bayerischen Reichskreis (31. August 1701) verfolgte das Ziel der Neutralität, zu deren Sicherung eine Kreisarmee aufgestellt werden sollte. In Heilbronn wirkten Lothar Franz von Schönborn und Kurfürst Max Emanuel von Bayern zusammen, freilich aus unterschiedlichen Motivationen. Während der Wittelsbacher im Interesse seines Verbündeten Ludwig XIV. verhindern wollte, dass in dem Krieg um das spanische Erbe die österreichischen Habsburger die Kräfte des Reichs zu ihrer Unterstützung mobilisieren konnten, wollte der Mainzer Erzkanzler in erster Linie dem Reich einen abermaligen Krieg ersparen. In den folgenden Monaten gelang es aber der Wiener Diplomatie, Lothar Franz von der Sinnhaftigkeit eines Reichskriegs gegen die Bourbonen zu überzeugen. Der Erfolg war die Nördlinger Kreisassoziation vom März 1702, in der sich die Vorderen Kreise nun nicht mehr mit dem Bayerischen, sondern dem Österreichischen Reichskreis – sprich: dem Kaiser – verbanden. Im selben Jahr trat die Assoziation der antifranzösischen Großen Allianz bei. Auf dem oberrheinischen Kriegsschauplatz des Spanischen Erbfolgekriegs erlangten die Kreistruppen große Bedeutung, und ab 1709 wurden Kreisdelegationen an den Friedensverhandlungen beteiligt. Die von Schönborn als Kriegsziel angestrebte »Reichsbarriere« gegen Frankreich, d. h. ein linksrheinischer Festungsgürtel, ließ sich letztlich aber nicht durchsetzen.

Die 1714 durch den Frankfurter Rezess bestätigte Kreissoziation bestand formal fort, war allerdings weitgehend inaktiv. Um die Jahrhundertmitte gab es Bestrebungen zur Wiederbelebung der Kreisassoziation, die jedoch wenig erfolgreich waren. Im Polnischen Thronfolgekrieg (1733–1735/38) überging Kaiser Karl VI. die Kreise, während des Österreichischen Erbfolgekriegs (1740–1748) blieben diese neutral, und 1748 kam es zwar zur förmlichen Erneuerung der Nördlinger Assoziation, ohne dass dies aber noch praktische Auswirkungen hatte. Letztmals fanden 1792/93 auf kaiserliche Initiative Verhandlungen über eine Neuauflage der Kreisassoziation statt, die jedoch ins Leere liefen.

Einen anderen Charakter besaßen die sich seit dem ausgehenden 17. Jahrhundert etablierenden Verbindungen zwischen dem Kurrheinischen und dem Oberrheinischen Kreis u. a. auf dem Feld der Finanzen, des Militärwesens und der Seuchenbekämpfung.[33] Grundlegend hierfür waren Personalunionen in den wichtigsten Kreisämtern: Die Kurfürsten von Mainz besetzten oft zugleich den Wormser Bischofsstuhl und waren damit Ausschreibende Fürsten in beiden Kreisen. Die Pfalzgrafen von Simmern als mitausschreibende Fürsten im Oberrheinischen Kreis waren zugleich als Kurfürsten von der Pfalz der einzige größere weltliche Stand des Kurrheinischen Kreises. Zudem verbesserte sich nach dem Übergang der Kurpfalz an die katholischen Neuburger 1685 das Verhältnis zwischen den beiden Kurfürstentümern spürbar, sodass eine fruchtbare Zusammenarbeit überhaupt erst möglich wurde. In der Folge wurden wichtige Kreisämter (z. B. Kreisobrist und Kreiskassier) häufig parallel besetzt, und die Kreistage beider Kreise fanden zeitgleich in Frankfurt statt, wo auch die Kreiskassen deponiert wurden. Gehemmt wurde die Kooperation allerdings zeitweise durch konfessionelle Spannungen im Oberrheinischen Kreis, wo eine Mehrheit evangelischer Kreisstände nunmehr einer rein katholischen Kreisleitung gegenüberstand.

Trotz erheblicher Startschwierigkeiten und mancher Unvollkommenheiten ist der Stellenwert der Reichskreise in der frühneuzeitlichen Reichsverfassung sehr hoch einzuschätzen. Indem die Reichskreise mittelalterliche bündische Organisationsprinzipien in stabile, neue Formen überführten, etablierten sie sich als Selbstverwaltungskörperschaften der Reichsstände einer bestimmten Region, die gerade für die kleinen Reichsstände unverzichtbar wurden. Die Kreise avancierten zu einem wichtigen Element einer dezentralisierten Reichsexekutive und fungierten als Transmissionsriemen zwischen zentralen Reichsinstitutionen und Reichsständen. Das galt insbesondere für die Reichskreise im Süden und Westen des Reichs, die die intensivsten und vielfältigsten Aktivitäten entfalteten und die größte Bedeutung erlangten.

7.6 Das Reich als Kommunikationsraum

Zeitgleich mit der institutionellen Verdichtung des frühneuzeitlichen Reichs erfolgte um 1500 eine Verdichtung der Kommunikation, die wesentlich durch Neuerungen im Bereich der Medien und der Nachrichtenübermittlung bedingt war.[34] Diese Entwicklungen fanden nicht nur *im* Reich statt, sondern wurden *durch* das Reich und seine Institutionen beeinflusst und wirkten ihrerseits auf die Strukturen des Reichs zurück. Der Druck mit beweglichen Lettern ermöglichte nicht nur die wesentlich schnellere und auflagenstärkere Produktion von Büchern, sondern die neuen Medien der Flugschriften und Flugblätter etablierten neue Formen, Frequenzen und Intensitäten von Kommunikation. Zum ersten Mal wurde dieses Potential in der Anfangsphase der Reformation erkennbar. Im Reich, zunächst ab 1605 in Straßburg, entstanden auch die ersten gedruckten Zeitungen. Große Bedeutung erlangte ab 1615 die unter wechselnden Titeln erscheinende Frankfurter Postzeitung. Während es sich hierbei um eine Wochenzeitung handelte, wurde seit 1650 mit den *Einkommenden Zeitungen* in Leipzig erstmals eine Tageszeitung aufgelegt.

Durch die geschilderten Entwicklungen entstand nicht ein geschlossener, homogener Kommunikationsraum Reich, doch die oft volkssprachlichen Publikationen leisteten einer verdichteten Kommunikation in den deutschsprachigen Kerngebieten des Reichs Vorschub und beförderten zusammen mit anderen Faktoren wie Humanismus und Reformation die Entwicklung einer vormodernen »nationalen« Identität. Zugleich war das Reich ganz oder teilweise in verschiedene europäische Kommunikationsräume integriert, die nicht durch die Sprache, sondern durch die Konfession, durch unterschiedliche Wissensbestände etc. konstituiert wurden.

7.6 Das Reich als Kommunikationsraum

Mit gutem Grund kann man vom Reich als einem politischen Kommunikationsraum sprechen. Schon im 16. Jahrhundert wurden Reichsabschiede und Reichsgesetze im Druck verbreitet und so den Obrigkeiten und Untertanen im ganzen Reich rasch und flächendeckend zur Kenntnis gebracht. Flugschriften und Flugblätter orchestrierten und beeinflussten die Reichs- wie die Territorialpolitik. Dies intensivierte sich noch während des Dreißigjährigen Krieges. Im 17. Jahrhundert entstand mit der »Reichspublizistik« dann eine reichsspezifische Literaturgattung, die es jenseits der Reichsgrenzen (sieht man einmal vom französisch gewordenen Elsass ab) so nicht gab. Die »große«, juristisch-gelehrte Reichspublizistik und das von ihr propagierte Reichsrecht (s. S. 320–327) leisteten einen wichtigen Beitrag zum Zusammenhalt des Reichs, die »kleine«, tagespolitisch akzentuierte Reichspublizistik tat dies meist mittels kleinformatiger Publikationen wie Flugschriften, Flugblätter, Zeitungsberichten etc. Zwischen diesen beiden Zweigen bestanden vielfältige Verbindungen. Manche Autoren waren sowohl im Bereich der »großen« als auch der »kleinen« Reichspublizistik aktiv. Es gab inhaltliche Beeinflussungen, und bisweilen waren die Grenzen fließend. Die »kleine« Reichspublizistik hatte die politisch-militärischen Auseinandersetzungen des Dreißigjährigen Kriegs begleitet und spielte in der zweiten Hälfte des 17. Jahrhunderts eine wichtige Rolle für die Genese eines prokaiserlich akzentuierten Reichspatriotismus, befeuert durch eine Abgrenzung nach außen, gegen die »Reichsfeinde« Osmanisches Reich und Frankreich.

Die Publikationsbedingungen im deutschen Sprachraum wurden durch die Verfassungsstrukturen des Reichs wesentlich geprägt. Die wichtigsten Umschlagorte für Druckerzeugnisse waren die auf kaiserliche Privilegien zurückgehenden Reichsmessen von Frankfurt und Leipzig. Frankfurt war aber auch der Sitz der kaiserlichen Bücherkommission, der Zensurbehörde des Reichs. Auch Territorialstaaten und Reichsstädte richteten Zensurstellen ein.[35]

Zensur war kein neuzeitliches Phänomen, sie erlangte aber durch die Möglichkeiten, die der Druck mit beweglichen Lettern bot, aus der Sicht der geistlichen und weltlichen Obrigkeiten eine neue Dringlichkeit. Dabei setzte man früh auf die sog. Vorzensur, d. h., ein Werk durfte nur dann erscheinen, wenn es zuvor geprüft und für unbedenklich befunden worden war. Dann erhielt es einen entsprechenden Vermerk in der Titelei. Einige Fürsten, wie der Kurfürst von Mainz und der Fürstbischof von Würzburg, richteten schon in den 1480er Jahren für ihre Territorien eine Vorzensur ein. Dass die geistlichen Fürsten hier eine Vorreiterrolle besaßen, hing auch damit zusammen, dass Papst Innozenz VIII. die Bischöfe 1487 zur Vorzensur verpflichtete. Auf Reichsebene wurde die Vorzensur 1521 durch den Wormser Reichstag eingeführt. Der Augsburger Reichsabschied von 1530 übertrug die Oberaufsicht über das Druckwesen dem Kaiser. Die *Constitutio Criminalis Carolina* von 1532 und die Reichspoliceyordnung von 1548 griffen das Thema auf. Die Reichspoliceyordnung von 1577 widmete ihm noch mehr Raum und erlaubte den Druck nur noch in Residenz-, Universitäts- sowie Reichsstädten. Druckereien an anderen Orten wurden als sog. Winkeldruckereien verboten. Die Frankfurter Buchmesse als der Hauptumschlagsort von Druckwerken im Reich des 16. Jahrhunderts zog in besonderer Weise den Argwohn der Obrigkeiten auf sich. Seit 1567 setzte der Kaiser befristet für die Dauer der Buchmesse einen Bücherkommissar ein, seit 1596 arbeitete die Bücherkommission permanent.

Infolge der komplexen Struktur des Reichs ließ sich eine unerwünschte Publikation allerdings nur schwer unterdrücken: Eine Schrift, die dem Kaiser und seiner Bücherkommission als unerwünscht galt, mochte dem einen oder anderen Fürsten durchaus willkommen sein. Außerdem besaßen Autoren die Möglichkeit, anonym, unter einem Pseudonym (wie Leibniz als »Caesarinus Fürstenerius«)[36] oder in einem fingierten Druckort (wie »Freistadt«) zu publizieren – und im Fall der Entdeckung ggf. in ein anderes Territorium auszuweichen. Auch die Winkeldruckereien ließen sich nicht wirksam unterdrücken. Mit anderen Worten: Die politische Fragmentierung begünstigte eine Meinungsvielfalt und einen – auch politischen – Diskurs, wie er in den meisten anderen europäischen Ländern nicht oder nur schwer, z. B. durch das Einschleusen von im Ausland gedruckten Schriften, möglich war.

Die Distribution von Publikationen aller Art wurde durch die Entstehung der neuzeitlichen Post wesentlich erleichtert und beschleunigt.[37] Das traditionelle städtische Botenwesen wurde weiterentwickelt und

7.6 Das Reich als Kommunikationsraum

schließlich durch die Reichspost sowie territorialstaatliche Posten verdrängt. Anders als der Reichstag und die Reichsgerichte war die Reichspost der (Thurn und) Taxis eine frühneuzeitliche Institution des Reichs ohne direkte mittelalterliche Vorläufer. Gegründet wurde das Postunternehmen der oberitalienischen Familie Taxis (Tassis) 1490 aber nicht als Reichspost, sondern als Post des Hauses Österreich, die eine rasche Kommunikation zwischen den Teilen des wachsenden Habsburgerreichs ermöglichen sollte. Dabei wurden statt Fußboten Reiter eingesetzt, die auf immer gleichen Kursen unterwegs waren, auf denen in bestimmten Abständen Relaisstationen eingerichtet waren, die einen Pferde- und ggf. Reiterwechsel ermöglichten und so einen ununterbrochenen Nachrichtentransport gewährleisteten.

Die Geburtsstunde der eigentlichen Reichspost war das Jahr 1595, als Kaiser Rudolph II., gestützt auf das von ihm als kaiserliches Hoheitsrecht beanspruchte Postregal, Leonhard I. von Taxis zum Generalpostmeister für das Reich ernannte. Seit 1615 wurde das Amt des Reichsgeneralpostmeisters als erbliches kaiserliches Lehen an das jeweilige Oberhaupt der Familie Taxis vergeben. Durch Privilegien und Verbote suchten die Kaiser die Reichspost zu stärken und konkurrierende Posten aus dem Weg zu räumen. Ausgehend von der alten Postroute, die von Brüssel über Augsburg nach Italien führte, folgte nach einigen Anfangsschwierigkeiten im zweiten und dritten Jahrzehnt des 17. Jahrhunderts ein substanzieller Ausbau des Postnetzes. Zum wichtigsten Postamt avancierte aufgrund seiner zentralen Lage sowie aufgrund der organisatorischen Fähigkeiten des Postmeisters Johann von den Birghden die Reichsstadt Frankfurt. Birghden baute Postlinien u.a. nach Hamburg und Leipzig auf und begründete die Frankfurter Postzeitung. Er verlor allerdings 1627 sein Amt und stellte sich später in schwedische Dienste. Seit 1660 wurde Frankfurt auch ein Knotenpunkt der mit Kutschen betriebenen Fahrpost. 1737/39 verlegte der Generalpostmeister Wohnsitz und Geschäftszentrale an den Main.

Dank des wachsenden Aufkommens an Post und an Reisenden sprudelten die Einnahmen reichlich und ermöglichten der Familie Taxis im 17. Jahrhundert einen beispiellosen sozialen Aufstieg: Seit 1608 waren sie Reichsfreiherren, 1624 erhob Ferdinand II. sie in den Reichsgrafenstand. 1650 genehmigte Ferdinand III. unter Berufung auf eine angebli-

7 Was hielt das Reich zusammen?

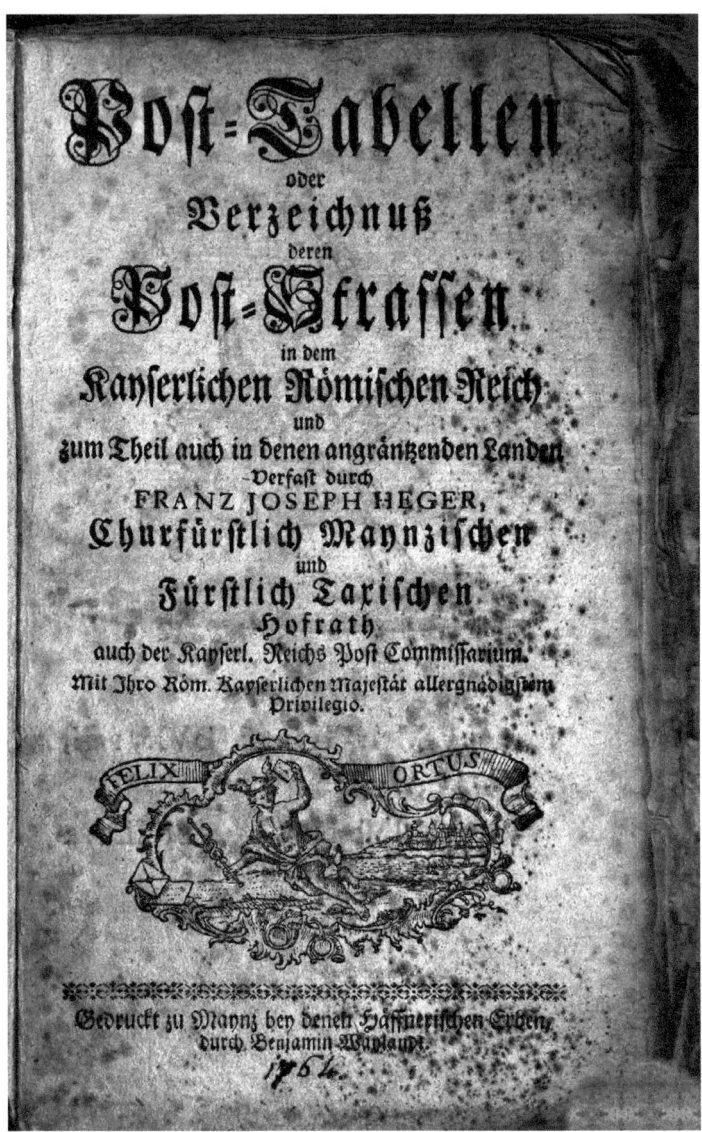

Abb. 23: Franz Joseph Heger: *Post-Tabellen oder Verzeichnuß deren Post-Strassen in dem Kayserlichen Römischen Reich und zum Theil auch in denen angräntzenden Landen*, Mainz 1764, Titelseite.

che Abkunft der Generalpostmeisterdynastie von der ausgestorbenen lombardischen Adelsfamilie de la Torre die Namenserweiterung auf »Thurn und Taxis«. Schließlich verlieh Leopold I. 1695 Eugen Alexander von Thurn und Taxis den Reichsfürstentitel.

Für die Übertragung des Reichspostgeneralats und ihre zahlreichen sonstigen Gnadenerweise verlangten die Reichsoberhäupter beachtliche Dienste. Dazu gehörte der Ausbau der Postkurse entsprechend den kaiserlichen Wünschen und Bedürfnissen, aber auch die Briefspionage in den berüchtigten »Schwarzen Kabinetten«, in denen systematisch die Post verdächtiger Personen vor dem Weitersenden geöffnet und abgeschrieben wurde. Nach einigen Irritationen in der Zeit Karls VII., als sich Fürst Alexander Ferdinand nach dem Geschmack des Wiener Hofs allzu bereitwillig mit dem Wittelsbacher eingelassen hatte und sogar dessen Prinzipalkommissar am Reichstag geworden war, erfolgte eine rasche Wiederannäherung zwischen dem Haus Österreich und den Thurn und Taxis. 1748 wurde Alexander Ferdinand erneut, diesmal von Franz I., zum Prinzipalkommissar ernannt. Das Amt blieb bis zum Ende des Reichs in der Familie, die ihren Wohnsitz nunmehr nach Regensburg verlegte. 1754 schließlich wurden aus den Titularfürsten »echte« Reichsfürsten, als sie die Introduktion in den Fürstenrat erreichten.

Der Aufstieg der Thurn und Taxis kann aber nicht darüber hinwegtäuschen, dass weder sie noch der Kaiser den Monopolanspruch der Reichspost durchzusetzen vermochten. Die städtischen Botenanstalten wurden zurückgedrängt, aber v. a. in Norddeutschland wurde das Geschäftsgebiet der Reichspost durch Landesposten der großen Territorialstaaten – v. a. Kurbrandenburgs, Kursachsens, der welfischen Länder und Hessen-Kassels – empfindlich eingeschränkt. Auch die Habsburger unterhielten in ihren Erblanden eigene Landesposten. Die kaiserliche Hofpost wurde seit den 1620er Jahren von der Familie Paar betrieben, bevor im 18. Jahrhundert die österreichische Post sukzessive in staatliche Regie überführt wurde. Trotz dieser Einschränkungen blieb die Reichspost ein profitables Geschäft, ja, sie überlebte sogar das Ende des Reichs 1806 und bestand als Thurn-und-Taxis-Post – immerhin mit dem viertgrößten Postbezirk im Deutschen Bund – bis 1866/67 fort.

8 Das Reich in seinen Gliedern

8.1 Die Territorialstaaten und das Reich

Für die Verbindung zwischen Reich und Territorialstaaten war die Person des Fürsten mit seiner Doppelrolle als Reichsstand und Landesherr eine zentrale Schnittstelle. Als Reichsstand hatte er teil an der höchsten Reichsgewalt: U. a. war er durch sein Stimmrecht im Reichstag an der Reichsregierung, insbesondere aber der Reichsgesetzgebung beteiligt, über die Reichskreise partizipierte er an der Auswahl der Reichskammergerichtsassessoren und an der regionalen Reichsadministration. Zugleich unterstanden der Fürst als Landesherr, seine Untertanen und sein Territorium dem Kaiser und denselben Reichsinstitutionen, an denen er als Reichsstand teilhatte. Während in den ersten Kapiteln dieses Buchs die Reichsstände primär als Teilhaber an der Reichsgewalt betrachtet wurden, wird dieser Abschnitt einige Grundlagen der deutschen Territorialstaaten skizzieren, die Aufmerksamkeit aber v. a. auf das Verhältnis der Reichsinstitutionen zu den Reichsständen, ihren Territorien und ihren Untertanen richten. Dabei besteht nicht der Anspruch, die Vielfalt der deutschen Territorienlandschaft zu erfassen, denn die Unterschiede zwischen einem sich zur zusammengesetzten Monarchie und Großmacht entwickelnden Brandenburg-Preußen und einer kleinen Reichsgrafschaft waren gewaltig. Vielmehr sollen Strukturen und Tendenzen herausgearbeitet werden, die für die Mehrzahl der Reichsterritorien relevant sind. Viele der hier zu behandelnden Aspekte treffen prinzipiell für geistliche und weltliche Territorien zu. Da den geistlichen Fürstentümern ein eigener Abschnitt gewidmet ist, stehen hier zunächst die weltlichen Fürstentümer im Zentrum.

Die weltlichen Fürstentümer waren die zahlreichste Gruppe der deutschen Territorien und umfassten den Großteil der Reichsfläche. Bei ihnen handelte es sich um dynastische Fürstenstaaten. Es gab also keinen Staat als abstrakte juristische Person, sondern Reichsstand war der jeweilige Fürst, der auf der Legitimationsbasis des Gottesgnadentums die Herrschaft über die ihm bzw. seiner Familie eigentumsrechtlich unterstehenden Territorien ausübte. Er war gegenüber Gott, aber auch gegenüber den eigenen Nachfahren, verpflichtet, Land und Untertanen zu erhalten. Bis weit ins 17., vielfach ins 18. Jahrhundert hinein dominierte in den deutschen Fürstentümern ein solches patrimonial-dynastisches Herrschaftsverständnis.

Das äußerte sich nicht zuletzt in den Erbfolgeregelungen.[1] Während für die weltlichen Kurfürstentümer schon durch die Goldene Bulle die Primogenitur eingeführt worden war, um niemals einen Zweifel darüber zuzulassen, wer denn aktuell der legitime Inhaber der Kaiserwahlstimme sei, setzte sich das Erstgeburtsrecht in den meisten weltlichen Fürstentümern und in den Grafschaften nur allmählich durch. Stattdessen wurden in vielen Dynastien bis weit in die Neuzeit hinein Erbteilungen praktiziert. Ein extremes Beispiel stellen die ernestinischen Wettiner dar, deren Besitzungen einem stetigen Prozess von Teilung und erneuter Konzentration und Umgruppierung unterlagen, was die große Dichte ehemaliger Residenzstädte im heutigen Thüringen erklärt. Folgenreich war auch die Teilung der Landgrafschaft Hessen nach dem Tod Philipps des Großmütigen 1567, die zur Etablierung von zunächst vier Zweigen des Hauses Hessen führte, von denen letztlich die calvinistische Linie Hessen-Kassel und die lutherische Linie Hessen-Darmstadt überlebten, deren Verhältnis lange von Konkurrenz bis hin zu offener Feindschaft geprägt war. Wenn ein Fürst die Primogenitur einführte, mussten er und der nunmehrige Alleinerbe mit dem Widerstand der um ihre Aussicht auf ein eigenes Fürstentum gebrachten Verwandten, also meist der jüngeren Söhne bzw. Brüder, rechnen. Von daher empfahl es sich, die hausrechtliche Neuordnung reichsrechtlich absichern zu lassen. Auch ein so machtbewusster Fürst wie Ernst August von Hannover holte die kaiserliche Bestätigung ein, als er 1682 die Primogenitur im jüngeren Zweig des Welfenhauses einführte.

Das dynastische Prinzip konnte aber auch die Konzentration von Herrschaftsgebieten in der Hand eines Fürstenhauses bewirken, nämlich durch dynastische Ehen und dynastische Erbfolge. Davon profitierten nicht nur die Habsburger, sondern bspw. auch die kurbrandenburgischen Hohenzollern und die Landgrafen von Hessen, die auf dem Erbweg die Grafschaften Hanau-Lichtenberg (Hessen-Darmstadt) bzw. Hanau-Münzenberg (Hessen-Kassel) erwarben. Umgekehrt konnten Erbfolgekonflikte zur Aufteilung eines Territorialverbands führen – wie nach 1609 im Fall der Herzöge von Jülich-Kleve.

Wenn man vom frühneuzeitlichen Territorialstaat spricht, muss man sich hüten, den vollausgebildeten Anstaltsstaat des 19. und 20. Jahrhunderts vor Augen zu haben. Vielmehr handelte es sich lange um einen – nach heutiger Terminologie – extrem »schlanken« Staat, der sich auf die Rechtsprechung und die Landfriedenswahrung als Kernaufgaben konzentrierte und erst allmählich eine intensivere Gesetzgebungstätigkeit entfaltete.[2] Gleichzeitig als Voraussetzung, Motor und Folge des Staatsausbaus wirkten die Finanz- und Steuerpolitik. Denn ein gesteigerter Finanzbedarf der Fürsten brachte sie dazu, ihre Territorien stärker administrativ zu durchdringen, um an das Geld ihrer Untertanen zu kommen, gleichzeitig beanspruchte der Ausbau von Regierung und Verwaltung wachsende Mittel. Nach und nach wurden auch Privilegien des landsässigen Adels, der Kirche und anderer Korporationen abgebaut, sodass tendenziell ein nivellierter Untertanenverband entstand. Freilich verliefen diese Prozesse von Territorium zu Territorium sehr unterschiedlich. Lediglich bei einigen, meist größeren Fürstentümern zeichnete sich Ende des 18. Jahrhunderts in Ansätzen der Übergang zum modernen Anstaltsstaat ab. Verglichen mit dem dynastischen Fürstenstaat früherer Jahrhunderte traten Staat und Dynastie deutlicher auseinander – was am Ende so weit ging, dass der Fürst für den Staat entbehrlich wurde.

Eine wichtige Etappe in der Entwicklung frühmoderner Staatlichkeit markiert die Etablierung fester Residenzen, üblicherweise in einer zentral gelegenen Stadt. Dass sich der Fürst und seine Entourage dauerhaft oder jedenfalls die meiste Zeit an einem Ort aufhielten, begünstigte den Aufbau eines ausdifferenzierten Regierungsapparats. Schon seit dem ausgehenden Mittelalter wurden die Inhaber der klassischen Hofämter

– Marschall, Kämmerer, Mundschenk und Truchsess – vom (Ober-)Hofmeister als Stellvertreter des Fürsten in die zweite Reihe gedrängt. Seit dem 13. Jahrhundert entstanden Kanzleien für die Abwicklung des Schriftverkehrs, aber auch für die Kontrolle des Rechnungswesens und politische Beratung des Fürsten. In größeren Territorien findet man seit dem 15. Jahrhundert üblicherweise einen (Hof-)Rat mit Kollegialverfassung als Beratungs- und Justizorgan mit allgemeiner Zuständigkeit. Aus dem fürstlichen Rat heraus entwickelte sich im Verlauf der Etablierung eines Instanzenzugs das Hofgericht als Oberhof bzw. Appellationsgericht, während sich später der Geheime Rat als engerer Rat des Fürsten und Zentrum der Regierung konstituierte. Mit zunehmender Bedeutung der Finanzen entstand die Kammer als Finanzbehörde und Keimzelle der Territorialverwaltung, die ursprünglich zu einem wesentlichen Teil eine Finanzverwaltung war. Seit dem 16. Jahrhundert kamen Kirchenrat (Konsistorium, zunächst in protestantischen Territorien) und Kriegsrat als Fachbehörden hinzu.

Diese idealtypische Entwicklung vollzog sich so ähnlich in vielen Territorien. In den kleineren Herrschaften fand eine funktionale Ausdifferenzierung der Zentralbehörden jedoch höchstens ansatzweise statt. Überall war das Auseinandertreten des Hofstaats im engeren Sinne und der Regierung bzw. Verwaltung ein langwieriger Prozess. Über geraume Zeit war es an vielen Höfen üblich, dass Adlige wichtige Hofämter *und* einen Sitz im (Geheimen) Rat innehatten. Neben den Adligen spielten römischrechtlich gebildete bürgerliche Juristen in Verwaltung und Justiz eine wachsende Rolle, die man in größeren Territorien vorzugsweise an der eigenen Landesuniversität ausbilden ließ. Auf regionaler und lokaler Ebene erfolgten der Ausbau der territorialstaatlichen Verwaltung und die Zurückdrängung konkurrierender Gewalten allerdings nur sehr langsam. Der Feudalherr, der Gemeinderat, der Pfarrer etc. spielten für die Untertanen bis weit in die Neuzeit hinein eine bedeutendere Rolle als der ferne Fürst. Während die Hoch- oder Blutgerichtsbarkeit als ein zentrales Element der Landesherrschaft galt und dementsprechend üblicherweise in den Händen des Fürsten lag, wurde die Niedergerichtsbarkeit außerhalb des landesherrlichen Kammerguts von geistlichen oder weltlichen Feudalherren bzw. von Dorf- und Stadtgemeinden in Eigenregie ausgeübt. Seit dem 15. Jahrhundert wurde in den Reichsterritorien verbreitet eine zweistufige Gerichtsordnung aufgebaut, nach der die verschiedenen Untergerichte dem Hofgericht untergeordnet waren. Die territorialen Gerichte wurden durch die ihnen übergeordneten höchsten Reichsgerichte – Reichskammergericht und Reichshofrat – zu einem dreistufigen Instanzenzug ergänzt.

Während das Richteramt eine traditionelle Aufgabe des Fürsten war, wurden die deutschen Reichsstände im späten Mittelalter eher zögerlich als Gesetzgeber tätig. Es dominierten fallweise Regelungen durch Privilegienerteilungen an einzelne und Korporationen; allerdings gab es erste Ansätze zu einer Rechtsbesserung durch Gesetzgebung. Dabei war das Motiv zunächst eher die Wahrung des »guten alten Rechts«; dennoch wurde de facto neues Recht geschaffen. Seit dem 15. Jahrhundert intensivierte sich die allgemeine Gesetzgebung. Es wurden umfassende Landes- und Policeyordnungen erlassen – also Ordnungen, die alle Bereiche zu erfassen suchten, die für die Wohlfahrt von Staat und Gesellschaft von Belang waren. Später traten diese zugunsten einer ausdifferenzierten Einzelgesetzgebung zurück, die sich mit spezifischen Regelungsbereichen beschäftigte. Den Rahmen gaben dabei die Reichsgesetze vor, deren Freiräume die territorialen Obrigkeiten ausfüllten bzw. die sie an die regionalen Gegebenheiten anpassten. Dabei beanspruchten sie stets, im Sinne des Gemeinwohls zu agieren. Durch diese Gesetzgebungstätigkeit, die sie z. T. in Kooperation mit den Landständen wahrnahmen, stärkten die Fürsten ihre obrigkeitliche Stellung. Eine besondere Bedeutung erlangten in diesem Zusammenhang die seit den 1520er Jahren in protestantischen Territorien erlassenen Kirchenordnungen, durch die die evangelischen Fürsten zu Herren ihrer jeweiligen Landeskirchen wurden.

Ungeachtet der skizzierten, auf eine Intensivierung fürstlicher Herrschaft abzielenden Entwicklungen waren die deutschen Fürsten keine unumschränkten Herrscher. Zum einen waren sie Kaiser und Reich untergeordnet. Zum anderen partizipierten seit dem Spätmittelalter in der Mehrzahl der Territorien die Landstände an der Regierung.[3] Diese waren von Territorium zu Territorium verschieden zusammengesetzt; häufig vertreten waren Geistlichkeit, hoher und niederer Adel und ausgewählte Städte, also diejenigen Personen und Korporationen, die für herrschaftliche Aufgaben qualifiziert erschienen. V. a. in kleineren Territorien waren manchmal auch Landgemeinden in den Ständen vertreten. Wenn die Stände nur durch Vertreter der Landbevölkerung gebildet wurden, spricht man von »Landschaften«. Üblicherweise lag das Recht, die Stände zu einem Landtag zusammenzurufen, beim Landesherrn. Sie erschienen entweder persönlich oder sie schickten Stellvertreter. Teils berieten sie gemeinsam, teils in Kurien. Im Idealfall stand am Ende der Versammlung ein förmlicher, rechtsverbindlicher Landtagsabschied. In manchen Territorien wurden die Landtage durch unbefristet tagende Ausschüsse entlastet – oder auch überflüssig gemacht.

Ebenso vielfältig wie ihre Zusammensetzung waren die Aufgaben und Rechte der Stände. Eine klassische landständische Kompetenz war die Steuerbewilligung. In der Regel wurden die Stände eben darum ins Leben gerufen, um dem Fürsten, der angesichts steigender Ausgaben nicht mehr mit den Erträgen seines Kammerguts auskam, die Erhebung von zunächst meist außerordentlichen, bald aber ständigen Steuern zu genehmigen. In einem unmittelbaren Zusammenhang damit steht die immer wieder zu beobachtende Beteiligung der Stände an der Finanz-, insbesondere an der Schuldenverwaltung des Fürsten. Oft partizipierten die Stände an der Gesetzgebung, beanspruchten ein Mitspracherecht in kirchenpolitischen Fragen, bisweilen auch bei Kriegserklärungen, Bündnis- und Friedensschlüssen. Auf diese Weise wurden sie vielfach zu wichtigen Partnern des Fürsten bei der Etablierung des frühmodernen Territorialstaats. Sie konnten aber auch zu seinen Gegenspielern werden. Einigen, zumal den armierten Fürsten, die über ein stehendes Heer als Machtinstrument verfügten, gelang es, den Einfluss der Stände zurückzudrängen. Ein bekanntes Beispiel ist der Große Kurfürst Friedrich Wilhelm I. von Brandenburg. Aber auch er musste es hinnehmen, dass seinen landesherrlichen Prärogativen im Herzogtum Preußen und in den niederrheinischen Besitzungen dauerhaft engere Grenzen gesetzt blieben als in der Kurmark. In anderen Fürstentümern versuchten die Landstände eine weitgehende Kontrolle über den Fürsten zu erlangen, z. B. wenn sie, wie in Württemberg, durchsetzten, dass nur Landeskinder in den Geheimen Rat aufgenommen werden durften (Indigenatsbestimmung).

Derartige Bestimmungen zeugen von der Entwicklung eines ständischen Landesbewusstseins, das sich auch in einer Vertretung der Landesinteressen – oder dessen, was die Stände als solche definierten –

gegen den Fürsten äußerte. So opponierten Landstände häufig gegen Verpfändungen oder Verkäufe von Territorien und gegen Landesteilungen, oder sie traten als Schützer der Landeskonfession gegen einen andersgläubigen Fürsten auf. Verstieß ein Fürst massiv gegen das Landesrecht bzw. geriet er in einen heftigen Konflikt mit den Ständen, konnte es passieren, dass diese ein Widerstandsrecht beanspruchten, bis hin zur Absetzung des Fürsten. In solchen Fällen war es wichtig, wie sich das Reich und seine Institutionen positionierten. So konnten die mecklenburgischen Stände, da sich Kaiser und Reichshofrat sowie die benachbarten Fürsten auf ihre Seite stellten, 1717/19 die Reichsexekution gegen Herzog Karl Leopold von Mecklenburg-Schwerin und 1728 seine Absetzung erreichen.

Reformation und Konfessionsbildung und insbesondere die Übertragung des Reformationsrechts an die Fürsten durch den Augsburger Religionsfrieden stärkten die landesherrliche Stellung erheblich. V. a. diejenigen weltlichen Fürsten, die lutherisch oder calvinistisch geworden waren, erlangten eine weitgehende Kontrolle über ihre jeweiligen Landeskirchen.[4] Dass die Landesherren Einfluss auf die Kirche in ihrem Herrschaftsbereich ausübten, war kein neues Phänomen; durch das Erlöschen der bischöflichen Jurisdiktion erlangte die Kirchenherrschaft der nunmehr als »Notbischöfe« agierenden Fürsten aber eine neue Qualität. Denn die den Konsistorien als neuen geistlichen Oberbehörden unterstehenden Geistlichen hatten jetzt die Stellung von Landesdienern. Auch indem sie sich in großem Stil Kirchengut aneigneten bzw. dieses ganz traditionell für bildungs- und sozialpolitische, aber auch für gänzlich sachfremde Zwecke nutzbar machten, gewannen die Fürsten neue Handlungsspielräume.

Vertreter der Konfessionalisierungsthese haben darauf hingewiesen, dass die Herausbildung unterschiedlicher, miteinander konkurrierender christlicher Konfessionen die Obrigkeiten zu Regulierungs- und Disziplinierungsmaßnahmen veranlasste, die weit über den Bereich von Kirche und Glauben hinausgriffen und das Ziel verfolgten, die Untertanenschaft zu einer homogenen Glaubensgemeinschaft umzuformen. Wenn auch umstritten ist, wie weit die Erfolge dieser Konfessionalisierungsbestrebungen reichten, kann doch kaum zweifelhaft sein, dass sich die Obrigkeiten aller Konfessionen um eine Vereinheitlichung bemühten.[5]

8.1 Die Territorialstaaten und das Reich

Der Westfälische Frieden und die in ihm enthaltene Normaljahrsregelung setzten aber dem fürstlichen Reformationsrecht Grenzen. Dies mussten auch die zahlreichen im 17. und 18. Jahrhundert zum Katholizismus konvertierten Fürsten feststellen, denn die Landstände erreichten in Kooperation mit dem *Corpus Evangelicorum* in den meisten Fällen eine weitgehende Beschränkung des katholischen Hofgottesdienstes, während die etablierte evangelische Landeskirche unbeeinträchtigt blieb.

Die deutschen Fürsten waren also keine unumschränkten Herrscher. Nicht nur die Landstände setzten ihrer Machtvollkommenheit Grenzen. Vielmehr unterstanden die Fürsten mit ihren Untertanen und ihren Territorien dem Kaiser und denselben Reichsinstitutionen, an denen sie als Reichsstände teilhatten. Durch diese rechtliche wie faktische Begrenzung der reichsfürstlichen Landeshoheit entwickelte sich diese nicht zur vollen Souveränität im Sinne der Definition Jean Bodins (1530–1596), gemäß der »Souverän [...] nur derjenige [ist], der allein Gott als Größeren über sich erkennt«.[6] Die ihre Landeshoheit limitierende Reichshoheit scheint von der überwiegenden Mehrheit der Reichsstände bis weit ins 18. Jahrhundert nicht als Belastung empfunden worden zu sein, sondern die Existenz des Reichs und die Funktionsfähigkeit seiner Verfassung stellten grundlegende Voraussetzungen für das Bestehen zumal der kleineren Territorien dar. Dementsprechend nahmen sie ihre landesherrlichen Aufgaben in der Regel in Kooperation mit den Reichsinstitutionen wahr, sie beteiligten sich – wenn auch oft nicht im vollen geforderten Umfang – an den Reichslasten und nutzten ihr Bündnisrecht zurückhaltend, d. h., sie scheuten meist vor Allianzen gegen Kaiser und Reich zurück. Nur einige wenige größere Territorialstaaten, die seit etwa 1700 aus dem Reich herauswuchsen, ließen sich in ihrer inneren und äußeren Politik immer weniger von den Normen und Praktiken der Reichsverfassung beeinflussen.

Wie das Verhältnis zwischen Reich und Territorialstaaten aus der Perspektive eines kleineren weltlichen Fürstentums gesehen wurde, illustriert der *Teutsche Fürsten-Staat* von Veit Ludwig von Seckendorff (1626–1692).[7] In dieser 1656 veröffentlichten politischen Schrift, die das Modell eines (protestantischen) deutschen Territorialstaats entwirft, flossen Seckendorffs eigene Erfahrungen in den Diensten Herzog Ernsts I., des Frommen, von Sachsen-Gotha, ein. Das Werk erlebte bis 1754 zahl-

8 Das Reich in seinen Gliedern

Abb. 24: Veit Ludwig von Seckendorff: *Teutscher Fürsten-Staat* […], Jena 1754, Frontispiz.

reiche Auflagen, was für seine erhebliche Relevanz bis in die Mitte des 18. Jahrhunderts spricht. Seckendorff bejahte ausdrücklich eine Begrenzung der Landesherrschaft eines deutschen Fürsten durch die Verpflichtungen gegenüber Kaiser und Reich. Denn die Landesherrschaft beruhe letztlich auf den Privilegien und der Belehnung durch das Reichsoberhaupt, dem der Fürst durch seinen Treueid verpflichtet sei. Insofern habe er nicht die Befugnis, sich vom Reich zu trennen, und genieße Freiheit nur nach Maßgabe der Reichsverfassung. Das bedeute, dass er im Fall äußerer Bedrohung seinen Beitrag zur Reichsverteidigung zu leisten habe. Er besitze zwar die Militärhoheit, dürfe seine Truppen aber nicht gegen das Reich, den Kaiser oder andere Reichsstände einsetzen. Die Fürsten unterständen der Reichsgerichtsbarkeit, und ihren Untertanen stehe es frei, gegen die Urteile territorialer Gerichte an die höchsten Reichsgerichte zu appellieren. Außerdem sah Seckendorff die Fürsten in der Pflicht zur Umsetzung der Reichsgesetze und zur entsprechenden Ausrichtung der eigenen Gesetzgebung. Alles in allem bejahte er ausdrücklich das Reich als Rechts- und Handlungsrahmen für die deutschen Territorien.

Seine Stellung als oberster Lehnsherr eröffnete dem Kaiser vielfältige Eingriffsmöglichkeiten, v. a. bei umstrittener Erbfolge, bei einer Änderung der Sukzessionsordnung (z. B. bei Einführung des Primogeniturprinzips) oder bei der Bestätigung einer Regentschaftsregierung für minderjährige Fürsten. Einige Fürsten erfuhren die Überordnung von Kaiser und Reich in extremer Form, indem sie abgesetzt wurden. Dieses Schicksal konnte in erster Linie Mindermächtige, bei Felonie gelegentlich auch einen Kurfürsten treffen, wie z. B. während des Dreißigjährigen Kriegs Friedrich V. von der Pfalz. Vereinzelt wurden Fürsten wegen Regierungsunfähigkeit der Herrschaft enthoben (z. B. Friedrich Karl von Wied-Neuwied 1792). Auch extreme Verschuldung konnte zur Absetzung führen, insbesondere dann, wenn sie in Verbindung mit Falschmünzerei (z. B. Siro da Correggio 1635) oder Betrug (Karl Magnus von Rheingrafenstein und Gaugrehweiler 1775) auftrat. Weitaus häufiger wurde bei der Verschuldung eines Reichsstands jedoch eine Reichsdebitkommission eingesetzt und so der Versuch einer Herrschaftsstabilisierung durch das Reich unternommen.

8 Das Reich in seinen Gliedern

Zuletzt sollen hier kurz einige Möglichkeiten angesprochen werden, wie das Reich für die einfache Bevölkerung erfahrbar sein konnte. Gerade in Herrschaften, deren Legitimität und Existenz besonders eng an das Reich gebunden waren, wie den Reichsstädten und reichsritterlichen Besitzungen, waren die Hoheitszeichen des Reichs – v a. in Form von Wappen – und die Reichssymbolik – z. B. in allegorischen Darstellungen in Rathäusern – präsent.[8] Der Umfang dieser Präsenz ist *in situ* heute kaum noch nachzuvollziehen, weil nach den Mediatisierungen des frühen 19. Jahrhunderts die neuen Herrscher oft gezielt die vorhandenen Hoheitszeichen des Reichs entfernen bzw. zerstören ließen. Auch zahlreiche Münzen trugen die Hoheitszeichen des Reichs. Ähnlich flächendeckend erfahrbar war das Reich im regelmäßigen sonntäglichen Fürbittgebet für den Kaiser. Besondere Anlässe, wie der Tod oder die Wahl und die Krönung eines Kaisers, wurden darüber hinaus mit besonderen Gottesdiensten begangen. Viele Menschen nutzten die Institution der Reichspost, die Steuerpflichtigen hatten neben den Landesabgaben auch zu den Reichslasten beizutragen. Manche Reichsgesetze hatten unmittelbare Auswirkungen auf das tägliche Leben. Individuelle Rechte, wie das der Religionsausübung, wurden durch Reichsgesetze und -institutionen garantiert. Nicht nur in diesem Zusammenhang konnten auch Einzelpersonen, Dorf- und Stadtgemeinden oder andere Korporationen vor den Reichsgerichten prozessieren, und zwar auch gegen die landesfürstliche oder reichsstädtische Obrigkeit.

Spürbare Auswirkungen für die Bevölkerung hatte auch die Einführung des »Verbesserten Kalenders« auf Beschluss des *Corpus Evangelicorum* im Jahr 1700. Erst jetzt wurde die seit 1583 bestehende unterschiedliche Datierung der Katholiken, die sich nach dem von Papst Gregor XIII. eingeführten Gregorianischen Kalender richteten, und der Evangelischen, die trotz seiner offensichtlichen Defizite beim Julianischen Kalender geblieben waren und infolgedessen den Katholiken um 10 Tage hinterherhinkten, beseitigt. Doch die Protestanten übernahmen nicht einfach den päpstlichen Kalender, sondern ihr »Verbesserter Kalender« unterschied sich vom Gregorianischen Kalender in der Berechnung des Ostertermins. Dadurch entstand in einigen gemischtkonfessionellen Städten und Gebieten, z. B. in Minden und Halberstadt, als der katholische und der evangelische Ostertermin 1724 differierten, ein

Streit darum, wann denn nun das höchste Fest der Christenheit zu feiern sei. Für Gebildete waren zahlreiche Publikationen zum Reich und seinen Institutionen zugänglich, und für manche Eliten, wie etwa Juristen, bildete das Reich den räumlichen Karriererahmen. All dies spricht dafür, dass Kaiser, Reich und Reichsinstitutionen im Alltag der Reichsbevölkerung durchaus präsent waren, auch wenn die Quellenzeugnisse über die Wahrnehmung dieser alltäglichen Präsenz vergleichsweise rar sind. Immerhin gibt es Aussagen wie die der alten Catharina Elisabeth Goethe, die nach der Abdankung Franz' II. im Sommer 1806 den Wegfall des Fürbittgebets für den Kaiser mit Wehmut vermerkte.[9]

8.2 Die Reichskirche

Die frühneuzeitliche Reichskirche stellte eine Weiterentwicklung mittelalterlicher Strukturen dar und war in dieser Form zu ihrer Zeit einzigartig.[10] Es war in der europäischen Frühen Neuzeit nicht ungewöhnlich, dass geistliche Institutionen umfangreiche Ländereien besaßen, dass kirchliche, meist aus dem Adel stammende Würdenträger dort Herrschaftsrechte ausübten, dass sie an Reichstagen (z. B. Ungarn, Polen), Generalständen (Frankreich) oder Parlamenten (England bzw. Großbritannien) partizipierten und als leitende Staatsmänner in Erscheinung traten (man denke nur an die französischen Kardinalminister Richelieu, Mazarin und Fleury). Ein Spezifikum des Reichs war dagegen, dass sich geistliche Territorialstaaten entwickelten, in denen hohe Kleriker die Landesherrschaft innehatten und die Regierung führten. Ähnliches gab es in Europa nur selten, etwa im maltesischen Staat des Johanniterordens, im Fürstbistum Ermland – und natürlich im Kirchenstaat.

Dabei ist zu unterstreichen, dass der weltliche Herrschaftsbereich der Fürstbischöfe, das Hochstift (bzw. bei Erzbischöfen das Erzstift) nicht identisch war mit ihrem geistlichen Amtssprengel, der (Erz-)Diözese oder dem (Erz-)Bistum. Die Erzbischöfe waren darüber hinaus noch einer Kirchenprovinz übergeordnet, zu der mehrere Bistümer gehörten. Die flächenmäßig größten geistlichen Fürstentümer waren das Hochstift Münster und das Erzstift Salzburg. Über sehr heterogene Territorien herrschten die Kurfürsten von Köln: das Niederstift um Neuss und das Oberstift um die Residenzstadt Bonn, das Herzogtum Westfalen mit der Hauptstadt Arnsberg und das Vest Recklinghausen. Der Metropolitansitz Köln war Freie Reichsstadt, d. h. der Erzbischof war nicht Herr der Stadt, in der seine Domkirche stand. Noch komplexer waren die Verhältnisse in Kurmainz. Im Zuge der Mainzer Stiftsfehde (1461–1463) wurde zwar 1462 die bis dahin Freie Stadt Mainz der erzbischöflichen Herrschaft wieder unterworfen. Andere Territorien gingen aber dauerhaft verloren. Das eigentliche Erzstift gliederte sich in das Niederstift um Mainz mit dem Rheingau und das Oberstift um Aschaffenburg. Niederstift bzw. Oberstift konnten 1581 durch den Anfall von Königstein und Lohr territorial abgerundet werden. Räumlich weit entfernt lagen die hessischen Ämter (u. a. Amöneburg und Fritzlar), das Eichsfeld und Erfurt, das im 16. Jahrhundert mehrheitlich evangelisch wurde und nach einer Phase weitgehender Unabhängigkeit erst in der »Erfurter Reduktion« 1664 wieder der kurfürstlichen Kontrolle unterworfen werden konnte. Bereits 1623 war im Zuge des Dreißigjährigen Kriegs die an die Kurpfalz verpfändete Bergstraße an das Kurfürstentum zurückgekommen.

Derartigen größeren und mittleren geistlichen Fürstentümern stand eine Reihe sehr kleiner Hochstifte gegenüber, wie Worms oder Regensburg. Um das Fürstbistum Worms gegenüber seinen mächtigen Nachbarn abzusichern und ihm die Kosten einer eigenen bischöflichen Hofhaltung zu ersparen, wählte das Wormser Domkapitel seit dem 17. Jahrhundert überwiegend Erzbischöfe von Mainz oder Trier zu Bischöfen, die Worms dann in Personalunion regierten. Zu den Besonderheiten im Reich gehört, dass ungeachtet seiner begrenzten Ressourcen dem Bischof von Worms das Ausschreibeamt im Oberrheinischen Reichskreis übertragen wurde.

Neben dem jeweiligen Fürstbischof besaß das Domkapitel eine starke Stellung. Das Wiener Konkordat von 1448 hatte das Bischofswahlrecht der deutschen Domkapitel grundsätzlich bestätigt, doch auch darüber

8.2 Die Reichskirche

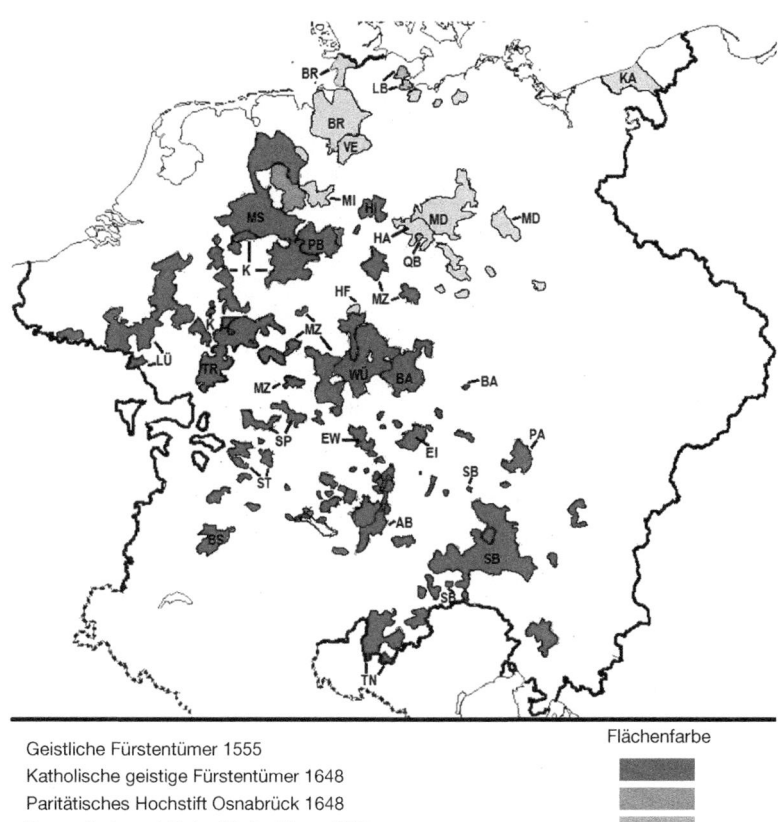

Geistliche Fürstentümer 1555
Katholische geistige Fürstentümer 1648
Paritätisches Hochstift Osnabrück 1648
Evangelische geistliche Fürstentümer 1648
Säkularisierte geistliche Fürstentümer 1648

Flächenfarbe

Abb. 25: Geistliche Fürstentümer 1555/1648.

Abkürzungen:

	gsburg	KA	Kammin	PA	Passau
BA	Bamberg	K	Kurköln	QB	Quedlinburg
BS	Basel	MZ	Kurzmainz	SB	Salzburg
BR	Bremen	LB	Lübeck	SP	Speyer
EI	Eichstätt	LÜ	Lüttich	ST	Straßburg
EW	Ellwangen	MD	Magdeburg	TN	Trient
HA	Halberstadt	MI	Minden	TR	Kurtrier
HF	Hersfeld	MS	Münster	VE	Verden
AB Au- HI	Hildesheim	PB	Paderborn	WÜ	Würzburg

263

hinaus beanspruchten diese eine Teilhabe an der Herrschaft im Hochstift und an der Leitung der Diözese. Dieser Anspruch kam nicht zuletzt in den Wahlkapitulationen zum Ausdruck, die seit dem ausgehenden 15. Jahrhundert verbreitet den neugewählten Bischöfen auferlegt wurden. Außerdem übten die Domkapitel vielfach quasi-landständische Funktionen aus, insbesondere dort, wo es keine »echten« Landstände gab, wie z. B. im Erzstift Mainz.

Seit dem 14./15. Jahrhundert nahmen die deutschen Domkapitel und zahlreiche weitere reiche Stifte einen zunehmend exklusiv aristokratischen Charakter an. Papst Alexander VI. (Borgia) bestätigte im Jahr 1500 diese Praxis, indem er ca. 1 000 Pfründen der Mainzer Kirchenprovinz für Adlige reservierte. Da der Geltungsbereich dieses päpstlichen Breves sukzessive auf die übrigen deutschen Kirchenprovinzen ausgeweitet wurde, entwickelte sich die Reichskirche endgültig zu einer adligen Versorgungsinstitution. Weil aber eine einzige Pfründe kaum ausreichte, um einen standesgemäßen Lebensunterhalt zu gewährleisten, und weil die Präsenz in verschiedenen Domkapiteln die Chancen auf eine Wahl zum Bischof erhöhte, war die Pfründenkumulation ein verbreitetes Phänomen. D. h., dass dieselben Männer oft in mehreren Domkapiteln (und anderen Stiften) bepfründet waren und so lebende Bindeglieder zwischen den betreffenden Bistümern herstellten. Häufig kam es auch zur – eigentlich kirchenrechtswidrigen, aber mittels päpstlicher Dispens lange Zeit unschwer zu ermöglichenden – Personalunion mehrerer Bistümer, sogar nach dem Konzil von Trient (1546–1564), das eigentlich solche Praktiken ausdrücklich untersagte, die zwar der Logik der deutschen Adelskirche entsprachen, einer guten geistlichen Versorgung der Gläubigen aber nicht unbedingt förderlich waren. Bekannt ist das Beispiel der wittelsbachischen Kurerzbischöfe von Köln, die stets noch weitere Bistümer innehatten. Unmittelbarere Folgen für die Reichskirche hatte die Durchsetzung der *Professio Fidei*, die in Verbindung mit dem Geistlichen Vorbehalt des Augsburger Religionsfriedens den Protestanten den Zugang zu den meisten reichskirchlichen Pfründen versperrten. Allerdings bestand im Norden bis zum Ende des Reichs eine Reihe von protestantischen geistlichen Fürstentümern (z. B. Fürstbistum Lübeck) sowie gemischtkonfessionellen Domkapiteln (z. B. Halberstadt, Minden).

8.2 Die Reichskirche

In großen Teilen der katholischen Reichskirche (v. a. in Mainz, Trier, Würzburg, Bamberg, Worms, Speyer) spielten reichsritterliche Familien eine führende Rolle. Diese waren bestrebt, neuadlige Familien und den landsässigen Adel von den einträglichen Pfründen auszuschließen, indem sie den Zugang zu den Kapiteln erschwerten. Während es im 16. Jahrhundert üblicherweise noch ausreichte, vier adlige Vorfahren zu haben, wurde im 18. Jahrhundert für die Stiftsfähigkeit ein Nachweis von bis zu 32 adligen Vorfahren verlangt. Zahlreich erhaltene Ahnenproben legen davon Zeugnis ab. Der Aufstieg eines ihrer Mitglieder in den Rang eines geistlichen Fürsten brachte der betreffenden Ritterfamilie nicht nur Ehre, sondern auch geldwerte Vorteile, wie ertragreiche Ämter und Güter oder durch die Verwendung des Familienbischofs beim Kaiser womöglich eine Standeserhöhung in den gräflichen Rang.[11]

Eine quasi-dynastische Sukzession wie im wittelsbachischen Kurköln in den Jahren von 1583 bis 1761 war in der Reichskirche eher die Ausnahme. Es bestanden aber, auch in der weiblichen Linie, zahlreiche verwandtschaftliche Beziehungen zwischen den Familien, die die Reichskirche prägten. Eine Möglichkeit für den Amtsinhaber, Einfluss auf seine Nachfolge zu nehmen, bestand dann, wenn zu seinen Lebzeiten ein Koadjutor mit Nachfolgerecht gewählt wurde – ein Institut, das mit der Römischen Königswahl *vivente Imperatore* vergleichbar ist. Diesen Weg beschritt ein Fürstbischof allerdings üblicherweise mit Zurückhaltung, sei es dass er argwöhnte, das Domkapitel plane mithilfe des Koadjutors seine Autorität zu untergraben, sei es, dass er vor der standesgemäßen Finanzierung des Koadjutors zurückschreckte, sei es, dass er die Konkurrenz von dessen Familie um die einträglichsten Posten im Hochstift fürchtete, oder sei es schlicht aus einem Aberglauben heraus, dass die Wahl eines Nachfolgers das eigene Ableben beschleunigen könne.

Einige Domkapitel wie Köln und Straßburg waren exklusiv dem Hochadel vorbehalten. Auch in anderen Bistümern konnten fürstliche Familien, wie die bayerischen und die pfalz-neuburgischen Wittelsbacher, die Habsburger, die Lothringer und die Wettiner, beachtliche Erfolge verbuchen, obwohl der reichsritterliche bzw. regionale Adel üblicherweise eigentlich bestrebt war, den Einfluss der großen Dynastien zu begrenzen bzw. diese am besten gar nicht zum Zuge kommen zu lassen. Aber zum einen mochte es spezifische Gründe für die Wahl eines Prinzen geben – etwa um ein Bistum gegenüber übermächtigen evangelischen Nachbarn abzusichern –, zum anderen stand den katholischen Fürsten ein reichhaltiges Arsenal an unterschiedlichen, auch pekuniären, »Argumenten« zur Verfügung, um in den betreffenden Domkapiteln eine Mehrheit für ihre Söhne, Brüder oder sonstigen Verwandten zu organisieren. Und so kam es, dass bspw. das Bistum Passau zwischen 1598 und 1664 in ununterbrochener Folge von drei Habsburgern regiert wurde. Die Präsenz der fürstlichen Dynastien dauerte bis zum Reichsende an. Bis zu einem gewissen Grad rückten die Habsburg-Lothringer und Wettiner in der zweiten Hälfte des 18. Jahrhunderts in die Positionen ein, die die Wittelsbacher aufgrund ihrer dynastischen Krise räumen mussten: Der letzte Kurfürst von Köln Maximilian Franz, zugleich Bischof von Münster und Hochmeister des Deutschen Ordens, war der jüngste Sohn Kaiser Franz' I. und Maria Theresias. Der letzte Kurfürst von Trier Clemens Wenzeslaus war der jüngste Sohn Friedrich Augusts II. von Sachsen/Augusts III. von Polen und war beim Ausbruch der Koalitionskriege, die ihn seine Herrschaft kosten sollten, zugleich Bischof von Augsburg, Fürstabt von Prüm und Fürstpropst von Ellwangen.[12]

Allerdings wurden im 18. Jahrhundert auch an der römischen Kurie Bistumskumulationen zunehmend kritisch gesehen, sodass die erforderlichen päpstlichen Dispense nicht mehr so leicht zu erhalten waren. Insgesamt erfolgte eine verspätete Annäherung an das tridentinische Bischofsideal, demzufolge der Bischof selbstverständlich in seiner Diözese residieren und einen zölibatären Lebensstil pflegen sollte, der einem Kleriker angemessen war. Außerdem hatte er seine geistlichen Amtspflichten, wie die Spendung der Sakramente, wahrzunehmen und für den rechten Glauben und Gottesdienst zu sorgen. Lange Zeit hatten Fürstbischöfe dazu tendiert, ihre geistlichen Aufgaben an Weihbischöfe und Generalvikare zu delegieren und sich auf ihre landesherrliche Regierung zu konzentrieren. Das begann sich seit dem 17. Jahrhundert allmählich zu ändern. Die als »Erzbischofsspiegel« (Jan Turinski) zu verstehenden Leichenpredigten auf die geistlichen Kurfürsten lassen erkennen, dass der pontifikalen Dimension des fürstbischöflichen Amtes ein wachsender Stellenwert eingeräumt wurde.[13] Ein geistlicher Fürst war *Princeps et Episcopus* (Bettina Braun).[14] Die Diskrepanzen zwischen Norm und Realität konnten aber auch im 18. Jahrhundert noch groß sein. So ließ sich der Kölner Erzbischof Clemens August von Bayern, der zugleich Fürstbischof von Hildesheim, Münster, Paderborn und Osnabrück sowie Hochmeister des Deutschen Ordens war, 1726 vom Papst persönlich zum Bischof weihen und nahm einige geistliche Aufgaben wahr. Der prachtliebende »Monsieur des Cinq Églises«, der es auch mit dem Zölibat nicht genau nahm, entsprach aber kaum dem Ideal eines tridentinischen Reformbischofs.

In der Reichshierarchie besaßen die geistlichen Fürsten den Vorrang vor ihren weltlichen Standesgenossen. Von den ökonomischen, finanziellen und militärischen Ressourcen her zählten sie aber fast alle zu den mittleren oder kleineren Reichsständen. Nur wenige von ihnen, wie im 17. Jahrhundert der kriegerische Bischof von Münster Christoph Bernhard von Galen (»Bomben-Bernd«), zählten zu den armierten Reichsständen.[15] Aber auch in den geistlichen Staaten lassen sich institutionelle Reformen und eine Intensivierung der Regierungs- und Verwaltungstätigkeit beobachten. Alle diese Entwicklungen vollzogen sich im Rahmen des Reichs und seiner Verfassung. Kein geistliches Fürstentum wuchs aus dem Reich heraus.

Aufgrund ihrer relativen militärischen Schwäche waren die geistlichen Fürsten auf den kaiserlichen Schutz angewiesen, besonders im 16. Jahrhundert und während des Dreißigjährigen Krieges. Auch aus einem grundlegenden Interesse an einer stabilen, intakten Reichsverfassung, die für sie eine unabdingbare Existenzvoraussetzung darstellte, wirkten die geistlichen Fürsten als stabilisierendes Element im Reich und waren strukturell der kaiserlichen Klientel zuzurechnen. Ihnen war die bis 1803 bestehende katholische Majorität in Kurfürsten- und Fürstenrat in erster Linie zu verdanken. All das bedeutet nicht, dass »die« geistlichen Fürsten stets unverbrüchliche kaiserliche Parteigänger gewesen wären. Insbesondere dann, wenn der Kaiser eine den Frieden und die Stabilität des Reichs gefährdende Politik betrieb, konnten namhafte Teile des Reichsepiskopats in Opposition zu ihm treten. Einige mächtige geistliche Fürsten, die wie die Kölner Kurfürsten aus dem Haus Wittelsbach ausgeprägte persönliche oder dynastische Ambitionen pflegten, mussten aus kaiserlicher Perspektive ohnehin eher als unsichere Kantonisten gelten. Von einer strikten Kontrolle der Reichskirche durch den Kaiser kann man jedenfalls nicht sprechen.

Daher war es für den Kaiser von erheblicher Bedeutung, wer die wichtigen Posten in der Reichskirche einnahm. Als oberster Lehnsherr konnte er seinen Einfluss nicht zuletzt bei Regierungswechseln, also bei den Bischofswahlen, zur Geltung bringen. Dabei richtete sich seine Aufmerksamkeit nicht nur auf die Fälle, in denen er hoffen konnte, eigene Verwandte auf einen Bischofsstuhl zu lancieren. Besonders groß war der Einfluss des Kaisers bei strittigen Wahlen, wie 1688 in Köln, als Leopold I. gemeinsam mit Papst Innozenz XI. gegen den französischen Kandidaten Wilhelm Egon von Fürstenberg die Nachfolge des Wittelsbachers Joseph Clemens durchsetzte.

Im späten 17. und frühen 18. Jahrhundert intensivierte sich die kaiserliche Reichskirchenpolitik, indem sich das Reichsoberhaupt vermehrt bei Bischofswahlen durch Kommissare vertreten ließ.[16] Schließlich galt deren Anwesenheit sogar als notwendig für eine gültige Wahl. Hier war allerdings Fingerspitzengefühl gefragt: Traten die Kommissare zu selbstbewusst auf, konnten ihre Interventionen leicht einen gegenteiligen als den gewünschten Effekt haben. Einen gewissen Einfluss auf die Zusammensetzung der Stifte konnten die Kaiser auch mittels des Rechts der Ersten Bitten (*ius primariarum precum*) nehmen, nach dem sie in jedem Stift im Reich die jeweils erste nach ihrer Wahl frei werdende Präbende gemäß ihren Wünschen besetzen konnten. Ein wichtiges Mittel, um sich einmal gewählte geistliche Fürsten zu verpflichten, war die Protektion ihrer Verwandten, z.B. durch Rangerhöhungen und Güterschenkungen. Allerdings war keineswegs sicher, dass ein geistlicher Fürst, der mit kaiserlicher Unterstützung gewählt worden war, dauerhaft ein treuer Parteigänger des Kaisers blieb. Das beste Beispiel ist erneut der Kölner Kurfürst Joseph Clemens von Bayern, der während des Spanischen Erbfolgekriegs wegen seines Bündnisses mit dem »Reichsfeind« Ludwig XIV. abgesetzt wurde.

Neben dem Kaiser war natürlich der Papst für die katholischen Reichsbischöfe eine zentrale Bezugsgröße. Seit der Gründung des *Collegium Germanicum* 1552 absolvierten etliche Würdenträger der Reichskirche einen Teil ihrer Ausbildung in Rom. Mehrfach setzte sich die Kurie für den Erhalt der katholischen Reichskirche ein, wie im Kölner Krieg oder während der westfälischen Friedensverhandlungen. Allerdings war das Verhältnis zwischen Rom und den selbstbewussten adligen Reichsbischöfen keineswegs spannungsfrei. Gerade mit den Erzbischöfen kam es immer wieder zu Konflikten. Z. B. missbilligte Alexander VII. – einst als Fabio Chigi Friedensvermittler auf dem westfälischen Friedenskongress – ein im Umkreis des Mainzer Kurfürsten Johann Philipp von Schönborn entwickeltes Projekt zur Wiedervereinigung von Katholiken und Protestanten (Mainzer Unionsplan, 1660).[17] Es kam regelmäßig zu Jurisdiktionskonflikten, die sich an den Ansprüchen der päpstlichen Nuntien am Kaiserhof und in Köln entzündeten, die die ordentliche kirchliche Hierarchie tangierten und die Metropolitangewalt der Erzbischöfe beiseite zu drängen drohten.

Heftig und langwierig waren in der zweiten Hälfte des 18. Jahrhunderts die Auseinandersetzungen um den Febronianismus und der Nuntiaturstreit. 1763 publizierte der Trierer Weihbischof Johann Nikolaus von Hontheim unter dem Pseudonym »Justinus Febronius« die Schrift *De statu ecclesiae et legitima potestate Romani pontificis*, in der er, z. T. unter Anknüpfung an die spätmittelalterlichen Gravamina, episkopalistische Grundsätze vertrat, den römischen Jurisdiktionsprimat bestritt und die Unterordnung des Papstes unter ein Ökumenisches Konzil postulierte.[18] Letztlich zeichnete er das Bild einer deutschen Nationalkirche nach gallikanischem Vorbild, der sich schließlich auch die Protestanten wieder anschließen würden. Die Kurie setzte das Werk 1764 auf den Index der verbotenen Bücher und zwang Hontheim 1778 nach Aufdeckung seiner Autorschaft zum Widerruf. Dessen ungeachtet wurde der Febronianismus prägend für Reformbestrebungen in der Reichskirche. Febronianischen Grundsätzen folgten 1769 die Koblenzer Beschlüsse, die Vertreter der deutschen Erzbischöfe in der kurtrierischen Residenzstadt ausarbeiteten.

Als 1785 infolge der Errichtung der Münchner Nuntiatur und der vom neuen Nuntius Giulio Cesare Zoglio beanspruchten, die (erz-)bischöflichen Rechte einschränkenden Jurisdiktionskompetenzen der sog. Nuntiaturstreit ausbrach, formulierten Vertreter der vier deutschen Erzbischöfe von Mainz, Köln, Trier und Salzburg sowie des Bischofs von Freising auf einem Kongress in Ems 1786 erneut ein febronianisch inspiriertes Reformprogramm für die Reichskirche. Die sog. Emser Punktation wandte sich aus aktuellem Anlass mit besonderer Entschiedenheit gegen die Verletzung der bischöflichen Rechte durch den Papst und seine Nuntien. Allerdings gelang es der kurialen Diplomatie, die Bischöfe gegen die Erzbischöfe auszuspielen, die vergeblich auf die Unterstützung Kaiser Josephs II. hofften, der vielmehr seine eigenen kirchenpolitischen Pläne verfolgte. Schließlich waren sich auch die Erzbischöfe untereinander nicht mehr einig. Selbst wenn der Konflikt schließlich versandete bzw. von der Auseinandersetzung mit der Französischen Revolution überlagert wurde, blieben auf beiden Seiten Verletzungen und Misstrauen zurück. Gegen den Reichsdeputationshauptschluss von 1803, der die Säkularisation fast aller geistlichen Fürstentümer und des Großteils der landsässigen Kirchengüter verfügte, legte die Kurie zwar förmlich Protest ein. Sie versuchte aber nicht ernsthaft, die Zerstörung der Reichskirche abzuwenden. Auch die Pläne des Primas Karl Theodor von Dalberg hinsichtlich eines Reichskonkordats behandelte Papst Pius VII. dilatorisch, da er die Errichtung einer deutschen Nationalkirche befürchtete.

Das Schicksal der Säkularisation traf 1802/03 fast alle geistlichen Reichsstände – bis auf das nach Regensburg transferierte Kurfürstentum Mainz, den Deutschen und den Johanniterorden. Säkularisationen hatte es bereits im Gefolge der Reformation und infolge des Westfälischen Friedens gegeben, als eine Reihe geistlicher Reichsstände und zahlreiche landsässige Kirchengüter säkularisiert worden waren. In der zweiten Hälfte des 17. Jahrhunderts hatte sich die Reichskirche stabilisieren können, doch im Jahrhundert der Aufklärung war sie erneut unter Rechtfertigungs- und politischen Druck geraten.

Während die Säkularisationsprojekte des 18. Jahrhunderts bloße Pläne geblieben waren, wurde es mit dem Reichsdeputationshauptschluss ernst.[19] Als man nach Entschädigungsgebieten für diejenigen weltlichen Fürsten suchte, die durch die Abtretungen an das revolutionäre Frankreich territoriale Verluste erlitten hatten, erschienen die geistlichen Territorien geeignet, weil sie militärisch wehrlos waren und die Legitimationsgrundlage ihrer Wahlherrscher weniger tragfähig erschien als die der weltlichen Erbfürsten. Außerdem verwiesen die Befürworter und Profiteure der Säkularisationen auf die angebliche Rückständigkeit der geistlichen Gebiete. In der Tat lassen sich seit der zweiten Hälfte des 17. Jahrhunderts in zunehmendem Maß Unterschiede zwischen diesen und den größeren weltlichen Fürstentümern feststellen. Spezifisch katholische Ausprägungen der Aufklärung gab es durchaus in geistlichen Territorien, z. B. in Kurmainz, Kurköln und Würzburg. So drängten manche Fürstbischöfe den Einfluss geistlicher Orden im Erziehungswesen zurück und reduzierten die Zahl der kirchlichen Feiertage. Doch in keinem Hochstift wurden Reformen durchgeführt, die so konsequent wie in einigen weltlichen Staaten auf die Steigerung der Wertschöpfung aus Territorium und Untertanen und damit auf den Ausbau der militärischen Leistungsfähigkeit abzielten. Das zeitgenössische Sprichwort »Unterm Krummstab ist gut leben« war nicht positiv, sondern eher spöttisch gemeint. In der Forschung wird die Frage unterschiedlich beantwortet, ob man von Reformunfähigkeit, einer »intendierten Rückständigkeit« (Peter Hersche) oder – ohne in einer modernisierungstheoretischen Betrachtungsweise das Ziel des modernen Anstaltsstaats vorauszusetzen – von einer spezifischen Form frühneuzeitlicher Staatlichkeit sprechen sollte.[20] Zu Beginn des 19. Jahrhunderts erhob sich kaum eine Stimme, die sich für die Erhaltung der geistlichen Staaten stark gemacht hätte.

Der letzte Mainzer Kurfürsterzbischof Karl Theodor von Dalberg behielt als einziger geistlicher Fürst seine Herrschaft über das Ende des Alten Reichs hinaus, nunmehr als Fürstprimas und Mitglied des Rheinbunds. Erst 1813/14, nach der Niederlage seines Protektors Napoleon, verlor auch er seine weltlichen Herrschaftsrechte und verbrachte seinen Lebensabend an seinem Erzbischofssitz (seit 1803) Regensburg.

Von der Säkularisation zu Beginn des 19. Jahrhunderts waren auch die Ritterorden sowie die Reichsprälaturen und -abteien betroffen.[21] Neben den (Erz-)Bischöfen waren die Hoch- und Deutschmeister des Deutschen Ordens und der Großprior des Johanniterordens die vornehmsten geistlichen Fürsten im Reich. Der Deutsche Orden sah sich durch den Verlust der preußischen und baltischen Ordensgebiete im Zuge der Reformation auf die Balleien im Reich zurückgeworfen. Auch hier wurden einige Ordensbesitzungen protestantisch, insgesamt aber wahrte der Orden seinen katholischen Charakter. In Franken und Schwaben verfügte er über einigen reichsunmittelbaren Besitz. In Mergentheim lag seit dem 16. Jahrhundert der Sitz des Hochmeisters, der zu den Ständen des Fränkischen Reichskreises zählte. Auf die Ordensleitung gewann in der Frühen Neuzeit der Kaiser größten Einfluss. Das Hochmeisteramt wurde seit dem ausgehenden 16. Jahrhundert zumeist von Habsburgern,

8 Das Reich in seinen Gliedern

von mit diesen verwandten Fürsten oder von erbländischen Adligen ausgeübt. Der Johanniterorden wies ähnliche Strukturen auf wie der Deutsche Orden, erreichte aber im Reich nicht dessen Bedeutung.

Zu den geistlichen Fürsten mit Virilstimme im Fürstenrat des Reichstags gehörten ferner der Fürstabt von Fulda, der das Ehrenamt eines Erzkanzlers der Kaiserin innehatte, sowie die Äbte von Kempten, Murbach und Lüders, Prüm (seit 1576 kurtrierisch), Stablo und Corvey, ferner die Fürstpröpste von Ellwangen, Berchtesgaden und Weißenburg (seit 1576 zum Hochstift Speyer). Auch sie wurden von Adligen regiert und standen häufig in Personalunion mit anderen geistlichen Fürstentümern, wie das elsässische Murbach-Lüders, das zwischen 1587 und 1664 fast durchgängig in habsburgischer Hand war. Unter der Regentschaft des Straßburger Bischofs Franz Egon von Fürstenberg kam das Kloster im Zuge der Reunionen unter französische Hoheit. Fulda und Corvey wurden 1752 bzw. 1792 zu Fürstbistümern erhoben.

Unterhalb der adligen Sphäre rangierten die meisten kleinen Reichsprälaten, die im Fürstenrat die Schwäbische und Rheinische Prälatenbank besetzten.[22] Auch in einigen Reichskreisen waren sie vertreten, besonders stark im Schwäbischen Kreis. Die meisten Reichsklöster gehörten dem Benediktiner-, Zisterzienser- oder Prämonstratenserorden an. Ihre Kapitel bzw. Konvente und auch die Äbte rekrutierten sich im 18. Jahrhundert überwiegend aus bürgerlichen und bäuerlichen Familien. In diesen Reichsstiften konnten also Männer aus dem Dritten Stand in den fürstlichen Rang aufsteigen. Die kleinen Reichsprälaten waren noch stärker als die einflussreichen Fürstbischöfe auf den Schutz von Kaiser und Reich angewiesen. Ihre Bindung an das Reichsoberhaupt war also oft sehr eng. Allerdings konnte es auch hier, gerade bei den schwäbischen Prälaten, zu Spannungen und Brüchen kommen, wenn die Bestrebungen des Erzherzogs von Österreich, der in Schwaben eigene territoriale Interessen hatte, mit den Schirmpflichten des Reichsoberhauptes kollidierten. So versuchte die vorderösterreichische Regierung zeitweise, die Kontrolle über die Klöster Schussenried und Roggenburg zu erlangen, deren Reichsunmittelbarkeit zu beschützen der Kaiser verpflichtet war.

Im Schwäbischen Prälatenkollegium fanden regelmäßig Kollegialtage statt. Anders als in den Reichstagskurien oder in den Kreistagen, wo die

Leitungsfunktionen stets bei demselben Stand lagen, wurde das Direktorium hier durch Wahl bestimmt und im Lauf der Zeit von den Äbten verschiedener Klöster ausgeübt, am häufigsten vom Abt von Weingarten. Das Rheinische Prälatenkollegium, das sich endgültig erst 1653 formierte, war hingegen nur locker organisiert. Bis ins 18. Jahrhundert bewahrten sich die Reichsklöster in unterschiedlichem Maß eine Bedeutung als Zentren von Frömmigkeit, Erziehung und Bildung, aber auch der (vornehmlich agrarischen) Wirtschaft und konnten z. T. beachtliche Reformleistungen vorweisen. Ihr Selbstbewusstsein und ihr ungebrochener Behauptungswille fanden Ausdruck in grandiosen Neubauten, die nicht selten zur Verschuldung des betreffenden Klosters führten. Auch daran entzündete sich im 18. Jahrhundert die aufgeklärte Kritik, die die Säkularisationen am Beginn des 19. Jahrhunderts argumentativ vorbereitete.

Abb. 26: Maria Maximiliana Gräfin von Stadion, Fürstäbtissin von Buchau, mit ihren Stiftsdamen. Ausschnitt aus dem Deckengemälde von Andreas Brugger in der Stiftskirche St. Cornelius und Cyprianus, Buchau, 1775/76.

Eine Besonderheit des Alten Reichs war, dass es Fürstentümer gab, an deren Spitze Frauen standen: die reichsunmittelbaren Damenstifte und Frauenklöster.[23] Die freiweltlichen Damenstifte wie Essen und Buchau auf katholischer oder Herford und Quedlinburg auf evangelischer Seite waren Teil der Adelskirche und hatten einen geistlich-weltlichen Doppelcharakter. Sie dienten als Erziehungs- und Versorgungsinstitutionen für (hoch-)adlige Frauen, die keinem geistlichen Gelübde und keiner Ordensregel unterlagen, wohl aber einer zeitweiligen Residenzpflicht, innerhalb derer sie auch festgelegte Gebetspflichten zu erfüllen hatten. Während die Stiftsdamen in den weltlichen Stand zurückkehren konnten, wurden die Fürstäbtissinnen auf Lebenszeit gewählt. Sie besaßen die Reichs- und Kreisstandschaft. Bemerkenswerterweise wechselte der Sitz der Äbtissinnen von Buchau im Schwäbischen Reichskreis zunächst zwischen der Prälatenbank, der Bank der geistlichen Fürsten und der Grafenbank, seit der zweiten Hälfte des 17. Jahrhunderts hatten sie ihren Platz dauerhaft auf der Fürstenbank. Vielfach tendierten Fürstäbtissinnen und Damenstifte dazu, den weltlichen Aspekt ihrer Herrschaft zu betonen und den Einfluss ihrer männlichen Protektoren in Grenzen zu halten.

Die Position einer Fürstäbtissin in einem freiweltlichen Damenstift war auch für Frauen aus den vornehmsten Familien attraktiv. So waren die beiden letzten Essener Fürstäbtissinnen die Wittelsbacherin Franziska Christine von Pfalz-Sulzbach und die Wettinerin Maria Kunigunde von Sachsen. Im protestantischen Damenstift Quedlinburg stammten im 17. und 18. Jahrhundert sämtliche Äbtissinnen aus vornehmen evangelischen Dynastien (Wettin, Holstein-Gottorp, Pfalz, Hohenzollern und Hessen).

Dagegen waren die Konventualinnen und Äbtissinnen der reichsunmittelbaren Frauenklöster im engeren Sinne niederadliger Herkunft oder entstammten dem Dritten Stand, wie die Benediktinerinnen von Ober- und Niedermünster in Regensburg oder die Zisterzienserinnen von Heggbach, Guttenzell und Rottenmünster. Auch die Äbtissinnen dieser Klöster waren an den Kuriatstimmen der Schwäbischen bzw. Rheinischen Reichsprälaten beteiligt und hatten ihren Sitz in den jeweiligen Kreistagen. Die Klarissen von Söflingen erreichten die Reichsstandschaft und die schwäbische Kreisstandschaft erst, nachdem sie 1773 die Schutz-

und Schirmrechte der Reichsstadt Ulm über ihr Kloster abgelöst hatten. Auch wenn ihre Zahl und ihr Einfluss begrenzt war: Dass hier Frauen aus dem Dritten Stand politische Herrschaft ausübten, macht die reichsunmittelbaren Frauenklöster zu einer bemerkenswerten Ausnahme im frühneuzeitlichen Europa.

8.3 Die Reichsritterschaft

Kaiser Maximilian I. wird gern als »der letzte Ritter« bezeichnet.[24] Damit verbindet sich die Anschauung, dass um 1500 die Zeit des Rittertums zu Ende gegangen sei. Zutreffend daran ist, dass sich in dieser Zeit der deutsche Niederadel mit neuen Herausforderungen konfrontiert sah, die seine Existenzbedingungen nachhaltig veränderten. Von einem allgemeinen Niedergang sollte man jedoch nicht sprechen.[25]

Schon die verbreitete Annahme einer allgemeinen Verarmung der Ritter ist mit einem großen Fragezeichen zu versehen. Sicher gab es verarmte Adelsfamilien. Aber es gab auch wohlhabende, ja ausgesprochen reiche Ritter, wie die Sickingen oder die Dalberg, die sich neben der Bewirtschaftung ihrer Güter nicht nur im Bergbau, sondern auch im Finanzwesen, somit in äußerst profitablen, wenn auch riskanten Wirtschaftszweigen, engagierten und sogar als Geldgeber von Fürsten in Erscheinung traten. Auch dass viele Ritter in fürstlichen Diensten standen, ist kein Beleg für einen Verfall, sondern entsprach vielmehr einer langen Tradition der ursprünglich unfreien Ministerialenfamilien und bot den Rittern einen standesgemäßen Lebensunterhalt.

Am Ende des Mittelalters hatten die Ritter ein spezifisches, korporatives adliges Standesbewusstsein ausgebildet. Sie hatten sich als ein eigener Stand etabliert, der in der ständischen Hierarchie hinter dem hohen Adel, also den Fürsten und Grafen, rangierte, aber den Bürgern und Bauern übergeordnet war. Die Abstammung von ursprünglich unfreien Dienstmannen hatte man längst hinter sich gelassen. Vielmehr war man stolz darauf, von einer langen Reihe adliger Vorfahren abzustammen, man heiratete unter sich und pflegte die Beziehungen zu den lebenden Verwandten (einschließlich der verschwägerten Ritterfamilien) ebenso wie die Memoria der Verstorbenen. Die adlige Abstammung war nicht nur für den Empfang bestimmter Lehen und kirchlicher Pfründen unabdingbar, sondern ein konstitutives Element des eigenen Selbstverständnisses. Auch die ritterlichen Turniere dienten um 1500 ebenso sehr der ständischen Selbstvergewisserung wie der Übung im Waffenhandwerk.

Während im Norden und Osten des Reichs der Niederadel im Verlauf des Spätmittelalters unter die Landesherrschaft der Fürsten gekommen war, stellte sich die Situation im Süden und Westen um 1500 offener dar. Auch hier bestanden zahlreiche, lehnsrechtliche Verbindungen zwischen Ritterschaft und Fürsten, die zum Ansatzpunkt für eine Mediatisierung des Niederadels werden konnten, insbesondere wenn die Fürsten die Ritter der eigenen Gerichtsbarkeit und Steuerhoheit unterwarfen, kurz: sie in den entstehenden Territorialstaat eingliederten und zu ihren Untertanen machten. Manche Fürsten waren aber nicht in der Lage oder nicht willens, ihre Landesherrschaft auf die Ritter und ihre Güter auszudehnen. Die Kurfürsten von der Pfalz, aber auch die von Mainz setzten traditionell mehr auf den Aufbau einer ausgedehnten Klientel unter Grafen und Rittern als auf deren Unterwerfung unter ihre Territorialherrschaft. Auch war die Unterordnung unter einen Fürsten kein geradliniger und auch kein irreversibler Prozess. Sehr gut lässt sich dies an den Beispielen Württemberg und Kurtrier nachvollziehen. In beiden Fällen waren die Ritter im 15. Jahrhundert für mehrere Jahrzehnte im Landtag vertreten. In Württemberg schieden sie aber vor 1514 definitiv aus dem Herzogtum aus. In Trier nahmen sie sogar bis 1576 an Landtagen teil.

Überhaupt sollte das Verhältnis zwischen Rittern und Fürsten nicht auf die Dimension einer Gegnerschaft reduziert werden. Gerade wenn der Kaiser bzw. König entfernt oder schwach war, boten die Fürstenstaaten den Niederadligen manche Chancen. An den Höfen, in den Regierungen und in den Verwaltungen der Fürsten konnten die Niederadligen auf mannigfaltige Weise Güter, Einfluss und Ehre erwerben. Eine besonders enge Verbindung bestand zwischen der Ritterschaft und den geistlichen Fürstentümern, denn zahlreiche Pfründen der Reichskirche wurden zu Domänen des Niederadels. Durch die Wahl zum Bischof konnten Niederadlige sogar in den Rang eines geistlichen Fürsten aufsteigen. Zumal in Schwaben, in Franken und am Rhein war die Situation offen und vielschichtig. Weder beim Niederadel als Gruppe noch bei einzelnen Familien oder auch Einzelpersönlichkeiten kann man eine einheitliche, konsequente Positionierung gegenüber »den« Fürsten feststellen. Für viele adlige Familien wurde es aber zu einem zentralen Aspekt ihres Selbstverständnisses, keiner fürstlichen Herrschaft, sondern unmittelbar dem König bzw. Kaiser und dem Reich zu unterstehen. Für diese Adligen stellte die reichsfürstliche Territorialisierungspolitik zweifellos eine große Herausforderung dar.

Um 1500 bot aber nicht nur die fürstliche Territorialisierungspolitik Potential für Konflikte zwischen Fürsten und Rittern, sondern auch die Reichsreform, zu deren wichtigsten Zielen die konsequentere Sicherung von Frieden und Recht gehörte. Der auf dem Wormser Reichstag von 1495 beschlossene Ewige Landfriede dekretierte ein generelles, unbefristetes Fehdeverbot und tangierte damit grundsätzlich das adlige Selbstverständnis und die Interessen der Ritter, von denen einige an den Fehden gut verdienten. Statt durch die Fehde sollten Rechtsstreitigkeiten künftig vor Gericht ausgefochten werden. An dem ebenfalls 1495 ins Leben gerufenen Reichskammergericht als höchstem Reichsgericht waren die Ritter nicht beteiligt. Sie hatten keinen Sitz auf dem Reichstag und wurden auch nicht in die ab 1500/1512 geschaffene Reichskreisorganisation eingebunden. Die Reichsreform fand also im Wesentlichen ohne die Reichsritter statt. Ohne dass es hierfür einen fürstlich-reichsstädtischen »Masterplan« gegeben hätte, drohte doch eine Marginalisierung der Ritter in der Reichsverfassung. Auch später wurde immer wieder erwogen, sie in die reichsständischen Institutionen einzubinden, letztlich erwiesen sich die um 1500 vorgenommenen Weichenstellungen aber als dauerhaft.

Als langfristig positiv sollte sich für die Ritter dagegen die dynastische Kontinuität des Wahlkaisertums im Hause Habsburg seit 1438 erweisen. Diese Entwicklung bedeutete eine Chance für die Ritter, denn so konnten Klientelbeziehungen zum Reichsoberhaupt eine größere, generationenübergreifende Dauerhaftigkeit und Verlässlichkeit erlangen, als dies bei wechselnden Kaiserhäusern mit je eigenen Interessen möglich gewesen wäre.

Die kaiserliche Patronage wurde umso nötiger, als in den 1520er Jahren die Zeit, in der einzelne Ritter quasi auf Augenhöhe mit den Fürsten Reichspolitik betreiben konnten, vorbei war. Das zeigte sich im Ritterkrieg von 1523, als Franz von Sickingen, vormals ein äußerst erfolgreicher Fehdeunternehmer, nach seinem Angriff auf den Trierer Erzbischof von einer Fürstenkoalition niedergeworfen wurde und ein Heer des Schwäbischen Bundes mit Erfolg gegen einige niederadlige fränkische Landfriedensbrecher um Hans Thomas von Absberg vorging. Künftig ging es in der Regel nicht mehr um eine Konfrontation zwischen potentiell Gleichmächtigen, sondern um die Abwehr von fürstlichen Übergriffen, aber nicht mehr mit Waffen, sondern mit Hilfe der zuvor abgelehnten Reichsgerichte.

Eine entscheidende Bedeutung gewann schließlich die Frage, ob und wie die Ritter zu den Reichslasten herangezogen werden konnten und ob die Steuerleistung womöglich zu einem Hebel für eine flächendeckende Eingliederung der Ritter in die entstehenden Fürstenstaaten werden würde. Durch die Kooperation mit ihren Standesgenossen und die Anlehnung an den Kaiser gelang es den Rittern aber, ihre Unabhängigkeit auf Dauer zu behaupten. Schon im 15. Jahrhundert bestand eine Reihe regionaler Bünde des fränkischen, rheinischen und schwäbischen Adels. Immer wieder wurden auch Verbindungen mit Grafen, mit Prälaten, mit Reichsstädten und mit anderen mindermächtigen Herrschaftsträgern im Reich, z. T. auch mit Fürsten eingegangen. Die bedeutendste Vereinigung dieser Art war seit 1488 der Schwäbische Bund. Er trug nicht nur dem Sicherheitsbedürfnis der Ritter Rechnung, sondern durch ihn wurden sie auch »in neue, konstantere Formen politischen Zusammenlebens eingeübt« (Volker Press).[26]

Während die Habsburger im deutschen Südwesten über eine beachtliche eigene Machtbasis verfügten und sich deswegen den schwäbischen Rittern als attraktive Partner und Patrone anboten, waren sie an Rhein und Main eine eher ferne Größe. Auch darum versagten sich die rheinischen und fränkischen Ritter lange Zeit dem Werben des Reichsoberhaupts um eine engere Kooperation und versuchten vielmehr Kaiser und Stände gegeneinander auszuspielen. Vor dem Hintergrund der Ent-

8.3 Die Reichsritterschaft

wicklungen der 1520er Jahre gewann die engere Anlehnung an den Kaiser für diejenigen Niederadligen, die sich der Eingliederung in die entstehenden Territorialstaaten entziehen wollten, aber an Attraktivität. Die 1534 erfolgte Wiedereinsetzung des 1519 vertriebenen Herzogs Ulrich von Württemberg und der gleichzeitige Zerfall des Schwäbischen Bundes bedeuteten v. a. für die schwäbischen Ritter sowie für die Habsburger neue sicherheitspolitische Schwierigkeiten. Kaiser Karl V., König Ferdinand I. und die Ritter hatten hier also gemeinsame Interessen.

Als Katalysator für die Formierung der Reichsritterschaft wirkte der Beschluss einer Türkenhilfe durch den Speyerer Reichstag von 1542, zu der auch der Niederadel seinen Beitrag leisten sollte. Damit stellte sich konkret die Frage, in welcher Weise sich die Ritter an den Reichslasten beteiligen sollten. Die meisten Niederadligen im Reich führten ihre Steuern an den Fürsten ab, dessen Herrschaft sie unterstanden, ja, das Besteuerungsrecht war eines der wichtigsten Elemente der sich formierenden fürstlichen Landeshoheit. Die Zahlung der Türkensteuer an einen benachbarten Fürsten hätte für diejenigen Ritter, die beanspruchten, unmittelbar dem Kaiser unterstellt zu sein, den Anfang des Wegs in die Landsässigkeit bedeuten können.

Daher gewann der Passus des Speyerer Reichabschieds von 1542, der Verhandlungen über die Türkensteuer mit den Ritterschaften in Schwaben, Franken und am Rhein vorsah, Weichenstellungscharakter: Er erkannte, zum ersten den Sonderstatus dieser Ritterschaften an, die die Steuer eben nicht an einen Fürsten abzuführen hatten, gestand ihnen, zum zweiten, ein Verhandlungsrecht zu, bekräftigte, zum dritten, aber gleichzeitig ihre grundsätzliche Steuerpflicht gegenüber dem Reich, der sie sich in der Vergangenheit oft genug mit Erfolg entzogen hatten. Dem Römischen König Ferdinand I. gelang es, den Versammlungen der verschiedenen Ritterschaften die Bewilligung von Steuern abzuringen, die die Niederadligen direkt an das Reichsoberhaupt abführten. Indem in den Folgejahren weitere Türkenhilfen beschlossen wurden, etablierte sich die Verknüpfung von sog. *Subsidia charitativa* an den Kaiser und Reichsunmittelbarkeit, die für die frühneuzeitliche Reichsritterschaft konstitutiv wurde.

So wurde in den 1540er Jahren durch Ferdinand I. und Karl V. ein besonderes Verhältnis zwischen Reichsoberhaupt und Reichsritterschaft begründet, ja, die »kaiserliche und des Reichs freie Ritterschaft« im engeren Sinne erst ins Leben gerufen. Das vordem in erster Linie für die schwäbischen Ritter wirksame kaiserliche Patronat wurde nun auf alle in der Reichsritterschaft organisierten Niederadligen als Korporation ausgeweitet. Unabhängig davon bestanden besondere Nahverhältnisse einzelner Ritterschaften oder einzelner Familien zum habsburgischen Reichsoberhaupt fort.

Dieses Patronageverhältnis wurde seit dem 16. Jahrhundert durch eine Reihe von kaiserlichen Privilegien zugunsten der verschiedenen Ritterschaften, die regelmäßig von den Reichsoberhäuptern bestätigt oder erweitert wurden, auf eine feste Basis gestellt. Sie waren eine wesentliche normative Grundlage für die Stellung der Ritter im Reich und gleichzeitig ein wichtiges Mittel für den Kaiser, um seine Schutzherrschaft über die Ritter auszuüben. Mit Blick auf die Privilegien könnte man sogar diskutieren, ob das Verhältnis des Kaisers zur Reichsritterschaft statt mit dem Begriff »Patronage« besser mit »Protektion« zu erfassen wäre, der eine größere Verbindlichkeit impliziert und auch in den Quellen zu finden ist.

Die Reichsoberhäupter verteidigten ihre exklusive Oberhoheit über die Ritter entschlossen. So opponierte Ferdinand I. 1555 letztlich vergebens gegen eine Einbeziehung der Reichsritter in den Augsburger Religionsfrieden. Auch als bei den westfälischen Friedensverhandlungen eine Aufnahme der Ritter unter die Reichsstände mit Sitz und Stimme im Reichstag beraten wurde, leistete die kaiserliche Seite hinhaltenden und diesmal erfolgreichen Widerstand.

Seit den 1540er Jahren schufen sich die Ritter nach und nach eine dauerhafte Organisation, die vorrangig dazu diente, die Steuerzahlungen an das Reichsoberhaupt zu regeln. Das geschah zunächst auf regionaler Ebene: Dazu schlossen sich die reichsunmittelbaren Ritter einer Gegend in einem Ritterort oder -kanton zusammen, der alle Mitglieder und ihre Güter in einer Matrikel erfasste.[27] Dabei wurden die in Schwaben, Franken und am Rhein vorgefundenen Strukturen im Licht der neuen Erfordernisse fortgeschrieben.

In Schwaben bestanden die vier Ritterorte des Sankt Jörgenschilds – Hegau-Bodensee, Donau, Kocher, Neckar-Schwarzwald – und die aus der Rittergesellschaft »mit dem Esel« hervorgegangene Kraichgauer Rit-

8.3 Die Reichsritterschaft

Abb. 27: *Des heiligen Römischen Reichs ohnmittelbahr-Freyer Ritterschafft Der Sechs Ort in Francken / erneuert- vermehrt- und confirmirte Ordnungen / samt deroselben / Von denen Römischen Kaysern / und Königen [...] erlangt- renovirt- und confirmirten Privilegien und Befreyungs-Brieffen [...]*, O.O. 1720, Frontispiz.

terschaft fort. Auch die sechs fränkischen Ritterorte bzw. -kantone – Odenwald, Gebirg, Rhön-Werra, Steigerwald, Altmühl und Baunach – knüpften an etablierte Adelsgesellschaften an. Während sich einige Ritter erst im Verlauf des 16. Jahrhunderts der Landeshoheit der Fürstbischöfe von Bamberg und Würzburg entziehen konnten, wurden die der fränkischen Ritterschaft verbundenen vogtländischen Ritter am Beginn des 17. Jahrhunderts der Markgrafschaft Brandenburg-Kulmbach inkorporiert. Die rheinische Ritterschaft, die in der Reichsburg Friedberg ein wichtiges Zentrum besaß, gliederte sich erst später in die Ritterorte Ober-, Mittel- und Niederrhein. Erst 1651 schloss sich die niederelsässische Ritterschaft als separater Ort der Reichsritterschaft an, wurde aber schon 1680 im Zuge der Reunionen der französischen Herrschaft unterworfen.

Während im Rheinland und in Schwaben die Ritterkantone kollegial geleitet wurden, wurden die fränkischen Orte durch die Hauptmannsverfassung geprägt. Trotz vieler Gemeinsamkeiten bewahrten die einzelnen Ritterorte dauerhaft Besonderheiten. Das unterstreicht, dass die ritterschaftliche Organisation keine am Reißbrett entworfene, den Rittern von oben auferlegte Struktur war, sondern sich auf der Basis und vielfach unter Erhaltung des Bestehenden und zur Erreichung konkreter Ziele entwickelte.

Die Ritterorte bildeten die wichtigsten Organisationseinheiten der Reichsritterschaft. Sie konstituierten zugleich einen territorialen Güterverband, einen Personen- bzw. Familienverband und eine Rechts- und Gütergemeinschaft. Vielfach waren diese Ebenen miteinander verknüpft wie etwa in den zahlreichen ritterlichen Ganerbschaften, in denen meist verwandte Ritterfamilien ein Gut zu gemeinsamer Hand besaßen. Häufig schloss das eine Burg ein, die die Besitzer gemeinsam bewohnten. Aufgrund dieser Vielschichtigkeit und einer gewissen Fluktuation, aber auch aufgrund der Quellenlage ist kaum präzise zu benennen, welche Ritter bzw. welche Güter einem Kanton zuzuordnen waren. So konnten die Besitzungen einer reichsritterlichen Familie in unterschiedlichen Rechtsverhältnissen stehen, bis hin zur weitgehenden Unterstellung unter die Landeshoheit eines Fürsten. Zudem konnten sich rechtliche Verhältnisse ändern oder im Rahmen von Gerichtsprozessen geklärt werden. Um in einen Kanton aufgenommen zu werden, musste ein Ritter einen Eid leisten, den Besitz eines in der Rittermatrikel enthaltenen Gutes und seine ritterbürtige Herkunft sowie einen adligen Lebensstil nachweisen. Bei einflussreichen Persönlichkeiten sah man gelegentlich über etwaige Defizite hinweg.

Die Ritterkantone übernahmen über die Steuererhebung und -verwaltung hinaus nach und nach weitere hoheitliche Aufgaben im Bereich der Militärverwaltung und des Verordnungsrechts. Sie schufen sich neue Organe, die, wie die Ausschüsse, der rascheren Beschlussfassung dienten oder, wie die Hauptmänner mit den beigeordneten Ritterräten, Exekutivaufgaben übernahmen. Man kann insofern Parallelen zu den Reichskreisen erkennen. In einigen ritterschaftlichen Herrschaften, z. B. den Besitzungen der Dalberg, lassen sich Ansätze zum Aufbau landeshoheitlicher Strukturen beobachten, die mit den Entwicklungen in kleineren Reichsgrafschaften verglichen werden können.

Seit den 1560er Jahren schlossen sich die Ritterorte in den Kreisen Schwaben, am Rheinstrom und Franken zusammen, und 1575 fand in Schwäbisch Gmünd erstmals ein Generalkorrespondenztag aller Reichsritterschaften statt. Die Ritterorte blieben aber dauerhaft wichtiger, was auch daraus ersichtlich wird, dass allein hier eine wirkliche institutionelle Verfestigung zu beobachten ist. Die korporativen Organisationsformen der Ritterschaft standen stets neben den reichsständisch geprägten Institutionen, mit denen sich die Ritter aber aufs Beste arrangierten. Sie nahmen nicht nur gern die Reichsgerichte in Anspruch, sondern stellten auch erhebliche Teile des Reichspersonals.

Kennzeichnend für die Reichsritterschaft war ein konfessioneller Pluralismus. Abgesehen von feurigen Unterstützern Luthers, wie Franz von Sickingen und Ulrich von Hutten, hatten die meisten Ritter aus Rücksicht auf den altgläubigen Kaiser zunächst Zurückhaltung gegenüber der Reformation an den Tag gelegt. Doch das Bild änderte sich, als der Augsburger Religionsfrieden (1555) ausdrücklich auch den Reichsrittern die Entscheidung zwischen altem Glauben und *Confessio Augustana* zugestand. In der Folge fand die Reformation bei der Reichsritterschaft wachsenden Zulauf.

Allerdings entzogen sich die Reichsritter dem angeblichen Zwang zur Konfessionalisierung in hohem Maße. Richard Ninness hat für die Reichsritterschaft in dieser Zeit den Begriff »konfessionelles Niemandsland« geprägt:[28] Scharf gezogene konfessionelle Grenzen innerhalb der Reichsritterschaften lassen sich kaum ausmachen. Eine Reihe von Familien war lange nicht einer bestimmten Konfession zuzuordnen. Manche, die mit der Reformation sympathisierten, wollten sich nicht den Zugang zu den geistlichen Pfründen versperren. Wenn sich selbst dezidiert lutherische Ritter in katholischen Kirchen oder Klöstern bestatten ließen – wie der berühmte Götz von Berlichingen im Kreuzgang der Zisterzienserabtei Schöntal –, hatte das freilich nichts mit einer Rückkehr zum alten Glauben, sondern mit familiären Traditionen zu tun. Auch das reichsrechtlich prekäre Bekenntnis zum Calvinismus ist bei einigen Familien nachweisbar. Manche Ritter boten sogar radikalprotestantischen Gruppierungen wie Täufern und Schwenckfeldianern Zuflucht, nahmen vielfach auch Juden in ihre Herrschaften auf und leisteten so einen Beitrag zur konfessionellen Vielfalt des Alten Reichs. Für die katholischen Ritter bot die Reichskirche attraktive Karrierechancen. Insbesondere in den Hochstiften an Rhein und Main waren der Löwenanteil der Pfründen, aber auch zahlreiche weltliche Ämter fest in reichsritterlicher Hand. Die Hochstifte konnten für die Ritter geradezu zu Patronagezentren avancieren, wenn ein Verwandter Bischof geworden war. Nicht zuletzt auf konfessioneller Ebene waren die Ritter sowohl Nutznießer als auch Förderer von Freiräumen der Reichsverfassung.

Zwar verfestigten sich allmählich die konfessionellen Zuordnungen – bspw. suchten mehrere evangelische Ritter Anschluss an die Protestantische Union –, sie hatten aber bis in die Zeit des Dreißigjährigen Kriegs keine Auswirkungen auf die reichsritterschaftliche Organisation. Dies weist auf den hohen Stellenwert ständischer Solidarität innerhalb der Reichsritterschaft hin, der durch die Herausbildung korporativer Strukturen seit den 1540er Jahren wesentlich gefördert worden war.

Diese Strukturen entwickelten sich im 17. und 18. Jahrhundert weiter und verfestigten sich. Fassbar wird das u.a. an den damals errichteten Ritterhäusern, die die Kanzlei, das Archiv und die Rittertruhe, also Finanzverwaltung und Ärar des jeweiligen Kantons, beherbergten. Während des Dreißigjährigen Kriegs wurden durch die flächendeckende Einsetzung von Ritterdirektoren, die z.T. zentralistische Bestrebungen entwickelten, die Kantonalverwaltungen gestrafft. Der Westfälische Frieden bestätigte die Reichsunmittelbarkeit der Reichsritterschaft.

Allerdings erhöhten manche Fürsten den Druck auf die Ritter, die für sie ein Hindernis auf dem Weg zur Errichtung eines rechtlich und territorial geschlossenen Staatswesens darstellten.[29] Die Ritter suchten sich durch die Einräumung von Vorkaufsrechten für Rittergüter an Standesgenossen dagegen zu wehren, dass Fürsten in die Kantone eindrangen bzw. nach und nach die wirtschaftliche Substanz der Ritterschaft untergruben. Durch die Besetzung von Posten in der Reichskirche, in den Reichsinstitutionen und im Reichsmilitär etablierten sie sich als Reichselite, deren einflussreichste Mitglieder ihre Standesgenossen gegen Bedrohungen unterstützen konnten. Nach wie vor war aber auch der Fürstendienst wichtig, um einen gesellschaftlichen Abstieg infolge von Verarmung durch Krieg, standesgemäßes Leben, Ausbildungskosten etc. zu vermeiden. Zugleich versuchten sich die Reichsritter nach unten abzugrenzen, besonders als um 1700 mehrere kaiserliche Privilegien reichsstädtischen Patriziern die Ebenbürtigkeit mit den Rittern bestätigten und vermehrt Neuadlige die Aufnahme in die Kantone anstrebten. 1750 beschloss der Heilbronner Rittertag für alle drei Ritterkreise die Verschärfung der Aufnahmebedingungen. Freilich ging der Reichsritterschaft auch dadurch Substanz verloren, dass einige Familien, wie die Schönborn, durch kaiserliche Standeserhöhung in den Reichsgrafenstand aufstiegen.

Trotz aller Herausforderungen umfasste die Reichsritterschaft um 1790 immer noch ca. 1730 Herrschaften mit etwa 5000 km^2 und 350000 Einwohnern. Dass sie sich trotz wachsenden Mediatisierungsdrucks alles in allem zu behaupten vermochte, hatte sie wesentlich dem Schutz des Kaisers und der Reichsgerichte zu verdanken. Auch wenn die Ritter mit ihrem kaiserlichen Protektor nicht immer zufrieden waren, bewahrte er sie bis in die letzten Jahre des Alten Reichs vor einer flächendeckenden Mediatisierung. Erst zu Beginn des 19. Jahrhunderts, als Franz II. selbst das Reich aufgegeben hatte, brachen alle Dämme, sodass schon vor dem förmlichen Ende des Reichs die meisten Reichsritter der Landesherrschaft eines Fürsten unterworfen wurden.

8.4 Die Reichsstädte

Anders als die Reichsritter zählten die Reichsstädte zu den Reichsständen, sie nahmen aber unter ihnen in verschiedener Hinsicht eine Sonderrolle ein: zum einen aufgrund ihrer republikanischen Verfassungen in einer von fürstlich-(hoch)adligen Herrschaften geprägten Umwelt, zum anderen aufgrund ihrer engen Anbindung an Kaiser und Reich.[30] Die ursprüngliche Scheidung in aus Reichsgut hervorgegangenen Reichsstädten und ursprünglich bischöflichen Freistädten war in der Frühen Neuzeit von untergeordneter Bedeutung, auch wenn die Bischöfe an ihren verbliebenen stadtherrlichen Rechten hartnäckig festhielten. In einigen Fällen war der reichsstädtische Status lange umstritten. So versuchte Schweden als Rechtsnachfolger der früheren Erzbischöfe im 17. Jahrhundert zweimal, die Stadt Bremen militärisch zu unterwerfen (1654 und 1666) – freilich vergeblich. Ähnlich war die Situation in Hamburg: Zwar bestätigte schon 1618 das Reichskammergericht die Reichsunmittelbarkeit der Stadt. Der König von Dänemark als Herzog von Holstein gab seine Ansprüche auf Hamburg aber erst 1768 im Gottorper Vergleich endgültig auf. Anderen Städten, die sich auf dem Weg zur Reichsfreiheit befanden, wurde dieser Weg durch ihre alten Stadtherren abgeschnitten, die ihre Herrschaft erneuerten. Dieses Schicksal traf z. B. in der zweiten Hälfte des 17. Jahrhunderts Münster, Erfurt, Magdeburg und Braunschweig.

Diejenigen Kommunen, die den Status einer Reichsstadt erlangt hatten, unterstanden nur noch der kaiserlichen Stadtherrschaft. Der Schutz von Kaiser und Reich gewährleistete ihre Autonomie gegenüber den benachbarten Territorialherren. Wie der Kaiser seine Schirmherrschaft wahrnahm, konnte freilich von Fall zu Fall unterschiedlich sein. Das Reichsoberhaupt konnte seinen Schutz effizient ausüben oder es zulassen, dass eine Reichsstadt unter die Herrschaft eines Fürsten geriet, wie zu Beginn des 17. Jahrhunderts Donauwörth unter bayerische Herrschaft. Die inneren Verhältnisse in einer Reichsstadt konnten sich unabhängig vom kaiserlichen Schutzherrn entwickeln oder dieser konnte sie durch massive Eingriffe nachhaltig beeinflussen. Nach dem Westfälischen Frieden, erstmals bei Leopold I., fanden flächendeckend Huldigungen der Reichsstädte gegenüber dem neugewählten Kaiser statt, wozu dieser eigens Huldigungskommissare durch das ganze Reich schickte.

Die Unterschiede zwischen den Reichsstädten waren gewaltig. Einige Reichsstädte, wie Köln und Augsburg, gehörten zu den größten deutschen Städten und waren lange bedeutende Wirtschaftszentren. Manche, wie Ulm und Nürnberg, herrschten über ein stattliches Landgebiet mit zahlreichen Dörfern und sogar Städten – im nürnbergischen Altdorf richtete die Reichsstadt ab 1575 ihr *Gymnasium illustre* bzw. 1622 ihre Universität ein. Die meisten Reichsstädte waren aber kleine und kleinste Ackerbürger- oder Marktstädte. Buchhorn am Bodensee (heute Friedrichshafen) hatte nur 500, nach dem Dreißigjährigen Krieg zeitweise sogar nur noch 70 Einwohner. Ähnlich unterschiedlich waren auch die sozialen Verhältnisse der Reichsstädte. In einigen, z. B. in Nürnberg und Frankfurt, entwickelte sich aus alten Ministerialen- und Großhändlerfamilien ein Patriziat mit dem Anspruch auf eine adelsgleiche Stellung, das die politische Macht zumindest zeitweise weitgehend monopolisierte. In allen Reichsstädten waren die politischen Partizipationsrechte an den Besitz des Bürgerrechts gebunden; damit wurden große Bevölkerungsteile ausgeschlossen, die nur über einen minderen Rechtsstatus als Beisassen, Einwohner oder Schutzverwandte verfügten.

Abgesehen davon, dass sie alle Republiken waren, unterschieden sich die Reichsstädte auch hinsichtlich ihrer politischen Verfassungen erheblich voneinander. Gemeinsam war ihnen, dass die Stadtregierung in den Händen des Rates lag und die Bürgermeister die Spitze der Exekutive bildeten. Die Bürgerschaft war nach Zünften, Kirchspielen oder Vierteln gegliedert und hatte in unterschiedlichem Maß Anteil an der Stadtregierung. Vielfach war der Rat ausschließlich von Patriziern besetzt oder zumindest vom Patriziat dominiert. In anderen Städten war im Rahmen einer sog. Zunftverfassung, bei der die Ratssitze nach einem festen Proporz unter den Mitgliedern der verschiedenen ratsfähigen Zünfte verteilt waren, die Bürgerschaft stärker an der Stadtregierung beteiligt. In 25 süddeutschen Reichsstädten ließ Karl V. nach dem Schmalkaldischen Krieg (1546/47) das Zunftregiment durch patrizische Geschlechterräte ersetzen, die nach dem mit der Durchführung der Maßnahme beauftragten kaiserlichen Rat Dr. Heinrich Haas »Hasenräte« genannt wurden. Durch die Übertragung der Stadtregierungen an das Patriziat hoffte der Kaiser eine größere politische Zuverlässigkeit der Reichsstädte und eine Stärkung der katholischen Kräfte zu bewirken.

Abb. 28: Das barocke Rathaus der Reichsstadt Schwäbisch Hall, eingeweiht 1735.

Selbst in den Städten mit Zunftverfassung bestanden unübersehbare Tendenzen hin zu einer Oligarchisierung. Aufgrund von Kooptationsmechanismen fielen die Ratssitze immer wieder an die Angehörigen derselben Familien, sodass eine untereinander eng vernetzte, exklusive politische Führungsschicht entstand, die ein ausgesprochen obrigkeitliches Selbstverständnis entwickelte. Der Rat begriff sich nicht mehr als von der gesamten Bürgerschaft beauftragtes Selbstverwaltungsorgan, sondern als Obrigkeit, die über die Stadtbevölkerung regierte. Da in der Bürgerschaft demgegenüber genossenschaftliche Vorstellungen fortbestanden, kam es in vielen Städten zu Verfassungskonflikten.

Ein weit über die Stadtgrenzen hinausreichendes Aufsehen erregten bspw. die Konflikte in der Wahl-, Krönungs- und Messestadt Frankfurt am Main, die in ihren unterschiedlichen Verläufen kennzeichnend für die Entwicklung der Reichsverfassung und ihrer Konfliktregelungsmechanismen im Verlauf der Frühen Neuzeit sind.[31] Der Zunftaufstand von 1525 stand im Kontext des Bauernkriegs und brach nach einigen Wochen angesichts des drohenden Eingreifens eines fürstlichen Heers zusammen. Der nach einem führenden Protagonisten, dem Lebkuchenbäcker Vinzenz Fettmilch, als Fettmilchaufstand bezeichnete Konflikt der Jahre 1612 bis 1614 sollte durch eine von Kaiser Matthias eingesetzte Kommission geschlichtet werden. In der Tat erzielten der Kurfürst von Mainz und der Landgraf von Hessen-Darmstadt als kaiserliche Kommissare an der Jahreswende 1612/13 mit dem sog. Bürgervertrag einen Ausgleich, der jedoch nicht alle Aufständischen zufriedenstellte: Der Streit flammte wieder auf und eskalierte bis hin zum Sturm der Judengasse und zur Vertreibung der Frankfurter Juden im Spätsommer 1614. Dann jedoch entfaltete die gegen Fettmilch und andere Anführer der Aufständischen verhängte Reichsacht ihre Wirkung; sie wurden isoliert, verhaftet und 1616 hingerichtet. Zugleich wurden die Juden zurück nach Frankfurt geführt. Die politischen Zugeständnisse des Bürgervertrags wurden großenteils suspendiert. Zudem wurden die Zünfte als politische Organisationen der Bürgerschaft aufgelöst. Alle diese Maßnahmen führten die Kommissare des Kaisers in dessen Namen durch.

Ähnlich weitreichend – aber mit ganz anderen Ergebnissen – war das Eingreifen des Kaisers in den Frankfurter Verfassungsstreit 1705–1732. Auf Betreiben der Bürgerschaft berief Karl VI. 1712 erneut Kurmainz und Hessen-Darmstadt als Kommissare zur Untersuchung der Frankfurter Verhältnisse. Die kurmainzischen und hessischen Subdelegierten fanden nach jahrelanger Arbeit einen Großteil der Beschwerden gegen den

Rat bestätigt. Daraufhin setzte eine Folge kaiserlicher Dekrete die bislang suspendierten Zugeständnisse des Bürgervertrags in Kraft, beschnitt die Vormachtstellung der alten Patrizierfamilien und etablierte in Finanzfragen eine stärkere Kontrolle der Bürgerschaft über den Rat.

Das Frankfurter Beispiel zeigt, wie substanziell die zentralen Reichsinstitutionen in die – nicht nur – politischen Verhältnisse der Reichsstädte eingreifen konnten. Dabei geschah dieses Eingreifen selten spontan, sondern wurde üblicherweise von städtischen Akteuren oder Akteursgruppen veranlasst, die sich dadurch Schutz oder eine Verbesserung ihrer Position versprachen; freilich entsprach das Ergebnis nicht in jedem Fall ihren Intentionen.

Schwieriger gestaltete sich die Situation des Kaisers, des Reichshofrats und der kaiserlichen Residenten im Hamburger Verfassungskonflikt am Ende des 17. Jahrhunderts.[32] Hier spielten regionale Mächte wie Dänemark und Braunschweig-Lüneburg eine mindestens ebenso große Rolle. Der 1712 zwischen Rat und Bürgerschaft geschlossene Hauptrezess, der den Konflikt beilegte und die Hamburger Stadtverfassung auf eine neue, dauerhafte Grundlage stellte, ging auf den Entwurf einer kaiserlichen Kommission zurück, die auch die wichtigsten regionalen Mächte (bis auf Dänemark) einband. Anders als im Frankfurter Verfassungsstreit war es aber nicht der Kaiser, der qua Resolution die Verfassungsrevision dekretierte. Zudem wich die von Rat und Bürgerschaft verabschiedete Fassung des Hauptrezesses vom Konzept der kaiserlichen Kommission ab, und die Reichsstadt wehrte sich trotz heftigen kaiserlichen Drängens beharrlich, die Abweichungen zurückzunehmen. Schiffbruch erlitt das kaiserliche Eingreifen auch in den 1720er/1730er Jahren in Mühlhausen, als der Wiener Hof Konzepte, die er in Augsburg und Frankfurt erprobt hatte, auf die thüringische Reichsstadt übertragen wollte, ohne die lokalen Gegebenheiten angemessen zu berücksichtigen.

In einer Reihe von größeren Reichsstädten, namentlich Augsburg, Frankfurt, Köln, Bremen, Hamburg und Lübeck, unterhielt der Kaiserhof seit der Mitte des 17. Jahrhunderts Residenten, die meist dem niederen Adel entstammten.[33] Dass so die Verbindungen zwischen den Städten und ihrem formalen Oberhaupt gestärkt wurden, konnte für die Kommunen einen verbesserten Schutz vor gefährlichen Nachbarn bedeuten. Häufig betrachteten die reichsstädtischen Räte die Ernennung eines kaiserlichen Residenten jedoch mit Misstrauen, nämlich dann, wenn sie in dem Vertreter des Reichsoberhaupts primär einen Aufpasser sahen, der die reichsstädtische Autonomie beeinträchtigen – oder auch die Position des Rats gegenüber der Bürgerschaft schwächen – konnte. Außerdem verfolgten die Residenten oft ihre eigenen Ziele, auch auf Kosten der gastgebenden Reichsstadt.

Kaiserliche Diplomaten konnten dann den Zorn auf sich ziehen, wenn sie sich in einer evangelischen Reichsstadt für katholische Minderheiten einsetzten. In Hamburg wurde 1719 die Kapelle der kaiserlichen Gesandtschaft durch eine von der evangelischen Geistlichkeit aufgehetzte Menge gestürmt, wobei große Teile des Gesandtschaftsgebäudes in Mitleidenschaft gezogen wurden.

Überhaupt spielten das Reich, seine Verfassung und seine Institutionen für die Entwicklung der konfessionellen Verhältnisse in den Reichsstädten eine wichtige Rolle. Wie für die übrigen Reichsstände gaben auch für die Reichsstädte die Reichsgesetze, in erster Linie der Augsburger Religionsfrieden und der Westfälische Frieden, den Rahmen vor. Sie beinhalteten jedoch eine Reihe von Sonderbestimmungen für die Reichsstädte im Allgemeinen bzw. für einzelne Kommunen, die dazu führten, dass sich in vielen Städten, anders als in den meisten, tendenziell konfessionell homogenen fürstlichen Territorien, unterschiedliche Formen eines Pluralismus der Bekenntnisse entwickelten.[34]

Die Mehrzahl der Reichsstädte schloss sich seit dem Speyerer Reichsabschied von 1526 der Reformation an, wobei im Norden von Anfang an das Luthertum dominierte, während in Süddeutschland zunächst die Orientierung am Zwinglianismus überwog, später aber unter dem Einfluss des Schmalkaldischen Bundes vielfach eine theologische Annäherung an die Wittenberger Spielart der Reformation vollzogen wurde. Teils unter erheblichem Druck der Bürgerschaft berief der Rat evangelische Prädikanten und bildete ein förmliches Kirchenregiment aus. Damit wurden bis in die vorreformatorische Zeit zurückreichende Ansätze zur Kontrolle der städtischen Kirche weitergeführt und vollendet. In einigen Städten konnte der Rat die katholische Messe komplett verbieten und durch den evangelischen Gottesdienst ersetzen. In vielen anderen Kommunen blieben einige Kirchen und Klöster altgläubig. Das galt insbesondere für die meisten Bischofsstädte, wie Regensburg, Augsburg,

Speyer und Worms. In einigen Städten mussten die Protestanten nach dem verlorenen Schmalkaldischen Krieg (1546/47) den Katholiken einige Kirchen zurückgeben. So wurde z.B. in Frankfurt neben anderen Kloster- und Stiftskirchen die Kaiserwahlkirche Sankt Bartholomäus restituiert. Selbst wenn die Bürgerschaft in der Folgezeit fast vollständig evangelisch war, waren diese altgläubigen Institutionen wichtig für die Behauptung katholischer Minderheiten. Diese wurden auch dadurch geschützt, dass der Augsburger Religionsfrieden die Koexistenz beider reichsrechtlich anerkannten Bekenntnisse für diejenigen Reichsstädte festschrieb, in denen eine solche Koexistenz bereits bestand. Diese Klausel wirkte sich v. a. zugunsten der Katholiken aus, denn von den größeren Reichsstädten waren nur Köln und Aachen altgläubig geblieben. In Aachen war die Vorherrschaft des Katholizismus allerdings mehrfach gefährdet und konnte nur durch das massive Eingreifen von Kaiser und Reichshofrat sowie von Truppen aus den Spanischen Niederlanden 1614 endgültig gesichert werden.

Die Normaljahrsregelung des Westfälischen Friedens bestätigte den konfessionellen Pluralismus in den Reichsstädten. Art. V, § 3–12 IPO erklärte Augsburg, Dinkelsbühl, Biberach und Ravensburg zu paritätischen Städten und traf genaue Regelungen über die Ausgestaltung dieser Parität. So wurden die politischen Ämter gleichmäßig verteilt und Mehrheitsentscheidungen in Konfessionsfragen ausgeschlossen. Ihre kirchlichen Angelegenheiten sollten beide Teile autonom regeln. Damit ging für diese Städte eine lange Phase wechselvoller Entwicklungen zu Ende. So hatte in Augsburg die Reformation bereits in den 1520er Jahren eine umfangreiche Anhängerschaft gewonnen, der Rat hatte sich allerdings erst ab 1531 zu einer reformatorischen Kirchenpolitik durchgerungen, die 1537 in der Ausweisung des katholischen Klerus und einem Bildersturm einen Höhepunkt erlebt hatte. Durch die 1547 von Karl V. veranlasste Reform der Ratsverfassung wurde die katholische Minderheit bei der Besetzung der Ratsämter begünstigt. Zwar war die Mehrheit der Bürgerschaft evangelisch, ein Teil des Patriziats konvertierte aber zum Katholizismus bzw. entschied sich, wie die Fugger, endgültig für den Verbleib in der alten Kirche. Durch ihre Bemühungen stabilisierten sich die katholischen Institutionen allmählich, 1580 konnte ein Jesuitenkolleg in der Stadt gegründet werden.

Im Augsburger Kalenderstreit kamen die innerstädtischen Spannungen zum Ausbruch, als der Rat 1583 die Übernahme des neuen, durch Papst Gregor XIII. eingeführten Kalenders anordnete und ein Großteil der mehrheitlich evangelischen Bürgerschaft sich unter dem Einfluss der Prädikanten widersetzte. Der Kalenderstreit, in den Kaiser, Reichsinstitutionen und verschiedene Reichsstände intervenierten, zog sich bis 1591 hin. Letztlich konnte sich der Rat aber durchsetzen.

Während des Dreißigjährigen Kriegs änderten sich die konfessionellen Verhältnisse in der Reichsstadt je nach der militärischen Lage, meist waren die Katholiken im Vorteil und nutzten diesen zur Unterdrückung ihrer protestantischen Mitbürger. Kein Wunder, dass die evangelischen Augsburger des Westfälischen Friedens und seiner Umsetzung von 1650 an alljährlich mit einem Friedensfest gedachten – das Friedensfest wird immer noch am 8. August begangen, heute allerdings überkonfessionell gefeiert. Die Augsburger Parität hatte bis zur Mediatisierung der Reichsstadt durch Bayern im Jahr 1805 Bestand. Sie konnte konfessionelle Spannungen nicht völlig verhindern, half aber, diese zu kanalisieren und einzudämmen, auch als v. a. durch Einwanderung seit etwa der Mitte des 18. Jahrhunderts die Katholiken die Bevölkerungsmehrheit stellten. Es etablierte sich eine »unsichtbare Grenze« (Étienne François) zwischen den Konfessionen, die freilich, wie jüngere Forschungen betont haben, alles andere als undurchlässig war.[35]

Trotz der Bestrebungen der Reichsstädte, sich seit den 1470er Jahren im Städtetag korporativ zu organisieren, blieb ihr Gewicht in den Reichsinstitutionen, verglichen mit dem der höheren Reichsstände, auf die Dauer gering. Selbst nachdem der Westfälische Frieden den Reichsstädten das *votum decisivum* zuerkannt hatte, konnte im Reichstag der Städterat wenig ausrichten, wenn sich die kurfürstliche und die fürstliche Kurie einig waren.[36]

Ein Trumpf, über den die größeren Reichsstädte verfügten, war ihre Finanzkraft. Sie wurden in der Reichsmatrikel vergleichsweise hoch veranschlagt wurden, konnten ihren Anteil an den Reichslasten aber v. a. im 16. Jahrhundert mehrfach als Druckmittel nutzen, um ihre Forderungen auf Reichstagen durchzusetzen. Im 16. Jahrhundert wehrten die Städte das drohende Verbot der Handelsgesellschaften ab und brachten in den Reichspoliceyordnungen wichtige Anliegen und Positionen zur

Geltung. Mit der auf eine stärkere Kontrolle der Zünfte abzielenden Reichshandwerksordnung von 1731 ging das wohl wichtigste Reichsgesetz des 18. Jahrhunderts auf reichsstädtische Initiativen und Vorarbeiten zurück, die bis in die 1660er und 1670er Jahre zurückdatierten.[37] Schon 1672 lag der Entwurf der Reichshandwerksordnung als Reichsgutachten vor, wurde damals aber von Leopold I. nicht ratifiziert und somit nicht zum Reichsschluss erhoben. Ausgelöst durch einen großen Aufstand der Augsburger Schuhmachergesellen (1726), kam das Thema erneut auf die Agenda des Reichstags. Unter Rückgriff auf das Projekt von 1672 entstand in der ersten Jahreshälfte 1731 ein neues Reichsgutachten, das diesmal von Kaiser Karl VI. ratifiziert und somit zum Reichsgesetz erhoben wurde.

Zu betonen ist, dass auch in Wirtschaftsfragen weder beim Reichstag noch bei den Kreistagen grundsätzlich von einer Frontstellung der Reichsstädte gegen die höheren Stände auszugehen ist. Vielmehr hatten partikulare Interessen oft eine höhere Bedeutung als eine ständische Solidarität. Das galt für den Abbau von Handelshemmnissen, wie Binnenzöllen und Stapelrechten, ebenso wie für die Verhängung von Außenhandelssperren.

Schließlich ist auf die vielfältigen Einflussmöglichkeiten der größeren Reichsstädte hinzuweisen. Zwar unterhielten sie kaum ständige Gesandtschaften. Beim Immerwährenden Reichstag waren sie aber zumindest durch einen Bevollmächtigten und am Kaiserhof in der Regel durch einen Reichshofratsagenten vertreten, der bei Bedarf durch *Ad hoc*-Gesandtschaften unterstützt werden konnte. Essentiell waren aber auch die Verbindungen über Amtsträger, die aus der betreffenden Stadt stammten, oder über Kaufleute mit entsprechenden Geschäftsbeziehungen. Solche Netzwerke konnten gerade in sensiblen Situationen dazu genutzt werden, um günstige Entscheidungen von Kaiser und Reichshofrat herbeizuführen oder zumindest ungünstige Entscheidungen abzuwehren oder abzuschwächen. Das gelang insbesondere dann, wenn die Überzeugungskraft der vorgetragenen Argumente durch finanzielle Anreize oder spezifische Geschenke für den Kaiser, seine Minister, aber auch die unteren Chargen unterstützt wurde. *Mutatis mutandis* konnten die Reichsstädte mit denselben Mitteln Einfluss auf ihre fürstlichen Mitstände nehmen. Schließlich sind in diesem Zusammenhang die von

André Krischer herausgearbeiteten Möglichkeiten zu nennen, die Reichsstädten offenstanden, um sich in die Fürstengesellschaft des Reichs zu integrieren, etwa wenn der Frankfurter Rat Patenschaften für Prinzessinnen und Prinzen des landgräflichen Hauses Hessen übernahm.[38]

8.5 Die Judenschaften im Reich

Die Stellung der Judenschaften im Reich war schwerlich mit der Position von Fürsten, Rittern oder Reichsstädten zu vergleichen. Es kam trotz einiger Anläufe auch nie zur Bildung einer dauerhaften reichsweiten Organisation der Judenschaften. Dessen ungeachtet waren ihre Existenzbedingungen wesentlich durch das Reich und seine Verfassung geprägt.[39]

Das Judentum war außer den (seit 1648) drei reichsrechtlich anerkannten christlichen Konfessionen, den Katholiken, Lutheranern und Calvinisten/Reformierten, die einzige zulässige Religion im Heiligen Römischen Reich, freilich unter gänzlich anderen, alles in allem wesentlich restriktiveren Bedingungen. Die Juden und ihre Rechte waren kein Thema der Reichsreligionsfrieden von 1555 und 1648, sie beschäftigten die Reichspolitik aber immer wieder. Die Kaiser beanspruchten eine Schutzherrschaft über ihre jüdischen »Kammerknechte« – ein Begriff, der auf das Jahr 1236 zurückgeht, als die Juden unter die Protektion des Reichsoberhaupts fielen, dafür aber ein Schutzgeld an die kaiserliche bzw. königliche Kammer zu leisten hatten. Dagegen konnten sich zahlreiche Fürsten und Reichsstädte darauf berufen, dass sie das »Judenregal«, also die Verfügungsgewalt über die Juden in ihrem Gebiet und das Recht, von ihnen Abgaben zu verlangen, im Spätmittelalter durch Kauf oder als Pfand vom Reichsoberhaupt erworben hatten. Demzufolge reklamierten sie die Zuständigkeit für die Juden in ihrem Herrschaftsbereich für sich. In der Tat waren seitdem die einzelnen Territorialherren bzw. Reichsstädte die maßgeblichen Herrschaftsinstanzen für die deutschen Judenschaften. Das hatte zur Folge, dass sich die Situation der Juden unterschiedlich entwickelte. Im Verlauf des 15. und frühen 16. Jahrhunderts wurden sie aus zahlreichen Reichsstädten und Territorien ausgewiesen, so 1438 aus Augsburg, 1442/50 aus Bayern, 1498/99 aus Nürnberg und 1519 aus Regensburg.

Andernorts wurde den Juden nur noch ein befristetes Aufenthaltsrecht zugestanden, verbunden mit immer strikteren Reglementierungen. Ihre wirtschaftliche Tätigkeit wurde im Wesentlichen auf den Geldhandel und die Kreditvergabe, außerzünftiges Handwerk und einige Handelssegmente, wie den Handel mit verfallenen Pfändern, reduziert. Man versuchte, die jüdische Präsenz in der christlichen Öffentlichkeit einzuschränken. Diese Tendenzen wurden in einigen Städten durch die Ghettoisierung der jüdischen Bevölkerung forciert, bspw. in Frankfurt. Dort mussten die Juden 1462 aus dem Zentrum in die jenseits der alten Stadtmauer gelegene Judengasse umziehen, die nur über zwei Tore und eine kleine Pforte mit dem Rest der Stadt verbunden war, welche nachts sowie an Sonntagen und christlichen Feiertagen geschlossen blieben. Ähnlich war die Situation in Worms. Auch in der kurfürstlichen Residenzstadt Mainz erfolgte ab 1662 die Ghettoisierung der jüdischen Bevölkerung.

Einen rasanten Zuwachs erlebte die Frankfurter Gemeinde: Die jüdische Bevölkerung der Reichsstadt wuchs im 16. Jahrhundert von etwa 200 auf 2 700 Menschen. Im 18. Jahrhundert lebten in der etwa 15 000 Quadratmeter kleinen Judengasse dann etwa 3 000 Jüdinnen und Juden in äußerst beengten Wohnverhältnissen. Eine Sonderrolle unter den jüdischen Gemeinden im nördlichen Reich nahm Hamburg ein, genauer gesagt die sog. Dreigemeinde, zu der sich 1671 die Juden von Hamburg, Altona und Wandsbek – die beiden Letzteren im dänischen Teil Holsteins gelegen – zusammenschlossen. Die Dreigemeinde umfasste aber nur die Aschkenasim, also diejenigen Juden mit einer bis weit ins Mittelalter zurückreichenden mitteleuropäischen Tradition. Daneben bestand noch eine separate sephardische Gemeinde, die sich aus Nachfahren ursprünglich iberischer Familien zusammensetzte, die sich seit dem letzten Drittel des 16. Jahrhunderts in Hamburg niedergelassen hatten.[40] Jüdische Gemeinden gab es auch in einigen Städten Reichsitaliens, z. B. in Mantua.

Abb. 29: Die Frankfurter Judengasse. Auschnitt aus dem Vogelschauplan der Reichsstadt Frankfurt von Matthäus Merian, Frankfurt a. M. 1628.

Obwohl einige der verbliebenen städtischen Gemeinden ein signifikantes Wachstum erlebten, geht ein großer Teil der Forschung für die Frühe Neuzeit insgesamt von einer Verländlichung des im Hochmittelalter noch überwiegend städtisch geprägten Judentums im Reich aus.[41] Gerade für kleinere Herrschaften war die Präsenz von Juden attraktiv, die dort wichtige Segmente in der ländlichen Wirtschaft besetzten, wie etwa den Viehhandel. Für viele Landjuden war problematisch, dass in ihren Siedlungen das Quorum von 10 mündigen Männern für die Abhaltung eines vollgültigen Gottesdienstes (*Minjan*) nicht erreicht wurde. Andernorts konnte sich ein Gemeindeleben entfalten, das den Anforderungen des jüdischen religiösen Rechts (*Halacha*) entsprach. Eine Segregation von der christlichen Bevölkerung, wie in Frankfurt, konnte das begünstigen. Aber selbst dann bestanden vielfältige Kontakte zwischen Juden und Christen – und zwar deutlich über die in den Judenordnungen gesetzten engen Grenzen hinaus.

Ob und unter welchen Bedingungen sich jüdisches Leben im Reich entfalten konnte, hing also in erster Linie von den Entscheidungen der jeweiligen – fürstlichen, reichsstädtischen oder reichsritterlichen – Obrigkeit ab. Doch auch die Reichsinstitutionen waren für die jüdische Bevölkerung elementar. Eine ambivalente Rolle als »geborener« Schutzherr einerseits und als Anhänger oder gar Beförderer antijüdischer Vorstellungen andererseits spielte der Kaiser. Die für die Juden im Reich gefährlichste Episode in der Zeit Maximilians I. waren die Umtriebe Johannes Pfefferkorns, eines zum Christentum konvertierten Kölner Juden.[42] Er klagte in mehreren Schriften seine früheren Glaubensgenossen der Verunglimpfung des christlichen Glaubens an und vertrat die These, ihr »Christenhass« wurzele in ihren Büchern, v. a. im Talmud und den rabbinischen Schriften. Unter dem Einfluss seiner Schwester Kunigunde erließ Maximilian 1509 ein Mandat, das Pfefferkorn zur Konfiskation der jüdischen Bücher im Reich bevollmächtigte. Dieser machte sich gleich in Frankfurt ans Werk. Auf Intervention des Mainzer Kurfürsten, an den sich die Frankfurter Juden um Unterstützung gewandt hatten, setzte Maximilian das Mandat 1510 allerdings aus. Die anschließende Kontroverse zwischen Pfefferkorn und dem Humanisten Johannes Reuchlin, der sich für eine Tolerierung der jüdischen Schriften aussprach, endete 1520 damit, dass die römische Kurie Reuchlins gegen Pfefferkorn gerichtete Schrift, den *Augenspiegel*, verurteilte.

Pfefferkorns Umtriebe und die Unterstützung, die er nicht nur am Kaiserhof fand, verdeutlichen die weite Verbreitung antijüdischer Vorstellungen. Diese fanden ihren Niederschlag auch in den großen Reichsgesetzen des 16. Jahrhunderts. Das in allen Reichspoliceyordnungen an prominenter Stelle enthaltene Verbot, Christus, Maria und die Heiligen zu lästern, hatte die Juden im Blick. Ferner legte die Reichspoliceyordnung von 1530 fest, dass die Juden durch einen gelben Ring an ihrer Kleidung gekennzeichnet werden sollten, und untersagte jüdischen Wucher. Die Reichspoliceyordnung von 1577 behandelte diesen Punkt ausführlicher und differenzierter und gestand den jüdischen Kreditgebern einen fünfprozentigen Zins ausdrücklich zu.

Die jüdischen Reichsuntertanen waren aber nicht nur Objekte der territorialen und der Reichspolitik, sondern traten auch als Akteure in Erscheinung, die die Reichsinstitutionen zur Durchsetzung eigener Rechte, Forderungen und Interessen in Anspruch nahmen. Solche Aktivitäten konnten sich gegen die Territorialobrigkeiten richten, aber auch gegen Konkurrenten in der jüdischen Gemeinde.

Mehrfach gab es Bestrebungen zur Organisation einer Reichsjudenschaft. In der Spätzeit Maximilians I. und während der Regierung Karls V. wuchs Josel von Rosheim über die Stellung eines Vertreters (*Schtadlan*) der niederelsässischen Landjudenschaft (1510) in die Rolle eines Fürsprechers der Juden im Reich bei Kaiser, Reichstag und Reichsregiment hinein.[43] Mehrfach gelang es ihm, Schaden von einzelnen Gemeinden oder der gesamten Reichsjudenschaft abzuwenden bzw. zumindest Schlimmeres zu verhüten und günstige kaiserliche Privilegien zu erwirken. Ohne jemals in ein solches Amt ernannt oder gewählt worden zu sein, trat er als »Befehlshaber der deutschen Judenheit« auf. 1530 legte er nach Rücksprache mit verschiedenen Gemeindevertretern in Augsburg den Entwurf einer Judenordnung für das Reich vor, die der Reichstag aber nicht verabschiedete.

Ein weiterer Versuch, eine rudimentäre Organisation der Reichsjudenschaft zu etablieren, fand 1603 statt. Damals trafen sich 24 Rabbiner und Vertreter jüdischer Gemeinden in der Reichsstadt Frankfurt.[44] Sie fällten Beschlüsse über eine Reihe von Fragen des Kultes und der Gerichtsbarkeit, aber auch der jüdischen Wirtschaftstätigkeit und einigten sich auf die Einführung einer Abgabe, mit der die Vertretung übergeordneter jüdischer Interessen im Reich finanziert werden sollte. Derartige Absprachen waren nichts völlig Neues. Im Folgejahr wurde aber die Aufmerksamkeit der christlichen Obrigkeiten auf die Frankfurter Beschlüsse gelenkt: Um seine Lage in einem gegen ihn geführten Gerichtsprozess zu verbessern, behauptete einer der Teilnehmer der Versammlung von 1603, Levi von Bonn, die Vertreter der Judenschaft hätten eine Verschwörung gegen die christliche Obrigkeit beschlossen. Darauf klagte der Kölner Kurfürst Ernst von Bayern die Juden am Reichshofrat wegen Hochverrat und Majestätsbeleidigung an. Zumal der Frankfurter Beschluss, innerjüdische Rechtsstreitigkeiten vor den rabbinischen Gerichten auszutragen, erregte Anstoß, weil er als Verstoß gegen die landesherrliche und kaiserliche Gerichtsbarkeit aufgefasst wurde. Da mehrjährige Untersuchungen keine Beweise für die angebliche »Rabbinerverschwörung« erbrachten und Kaiser Matthias, der 1612 Rudolphs Nachfolge antrat, nicht geneigt war, die Angelegenheit weiterzuverfolgen, wurde die Hochverratsklage fallengelassen. 1631 wurde der Prozess vor dem Reichshofrat eingestellt. Die Frankfurter Juden kamen mit einer Entschädigungszahlung von 4000 Reichstalern an den Kölner Kurfürsten davon. Versammlungen wie die von 1603 blieben aber künftig untersagt. 1659 wurde noch einmal ein reichsweites Rabbinertreffen in Hanau anberaumt, scheiterte aber schon im Ansatz.

Anders als Rudolph II. im Zuge der »Rabbinerverschwörung« traten wenige Jahre später Kaiser Matthias und sein Reichshofrat in zwei lokalen Konflikten entschieden als Schutzherren der kaiserlichen »Kammerknechte« auf. Nach der Vertreibung der Frankfurter und der Wormser Juden 1614/15 erzwangen sie deren Rückführung in die beiden Reichsstädte. In Frankfurt konnte Matthias seinen Einfluss dadurch erheblich steigern, dass er die neue, unbefristet geltende Judenordnung (Stättigkeit) erließ – und nicht wie bisher der Rat. Damit war der Kaiser Urheber und Garant dieser »Verfassung« der Frankfurter jüdischen Gemeinde, die mit überschaubaren Modifikationen bis zum Ende der Reichsstadt Frankfurt galt. In der Tat wandten sich die Frankfurter jüdische Gemeinde oder einzelne ihrer Mitglieder immer wieder mit Erfolg an Kaiser und Reichshofrat, um dort ihre Interessen zu vertreten. Auch die Protagonisten in innerjüdischen Konflikten, wie in den 1750er Jahren die um die Vorherrschaft in der Judengasse ringenden Familien Kulp und Kann, suchten Rückhalt nicht nur beim Rat der Reichsstadt, sondern auch beim Kaiser und seinen Vertretern in Frankfurt.

Mindestens ebenso wichtig wie die Frankfurter Stättigkeit, kaiserliche Privilegien oder andere rechtliche Bestimmungen waren der Aufbau und die Pflege guter Beziehungen zum Kaiserhof. Eine besondere Rolle spielten hier die kaiserlichen Hofjuden, die sog. Hoffaktoren, die im 17. und 18. Jahrhundert als Kreditgeber, Heereslieferanten und Beschaffer von Luxuswaren unentbehrlich waren. Da es Hoffaktoren an zahlreichen Fürstenhöfen gab und diese wiederum geschäftliche Kontakte untereinander, nach Frankfurt und zu anderen Handelsplätzen unterhielten, entstanden Netzwerke der jüdischen Eliten, die sie im Bedarfsfall rasch aktivieren konnten. Wie ein konkreter Konflikt ausging, hing von einer Vielzahl an Faktoren ab. Gerade für die Judenschaften in Reichsstädten und Kleinterritorien erwies sich der Rückhalt bei ihrem kaiserlichen Schutzherrn als essentiell.[45] Dagegen war der Einfluss von Kaiser und Reich auf die Judenpolitik der großen Territorialstaaten gering bis marginal.

Auch die für die Juden im Reich so wichtige kaiserliche Schutzherrschaft erfuhr in Abhängigkeit von der Grundeinstellung des jeweiligen Reichsoberhauptes und den spezifischen Konstellationen unterschiedliche Ausprägungen. Häufig spielten wirtschaftliche Faktoren eine wesentliche Rolle. So ordnete Leopold I., der noch 1659 die Privilegien der Wiener Juden bestätigt hatte, 1670 ihre Ausweisung an – eine der letzten frühneuzeitlichen Judenvertreibungen überhaupt.[46] Fragt man nach den Ursachen für diese auch von vielen Zeitgenossen als unpassend bewertete Maßnahme, sind neben dem Einfluss der aus Spanien stammenden Kaiserin Margarethe Theresia der Druck von konkurrierenden Kaufleuten aus der Wiener Bürgerschaft auf den Kaiserhof und wohl auch die geplante Erweiterung der Stadt und ihrer Festungsanlagen auf dem Areal des jüdischen Wohngebiets – der künftigen Leopoldstadt – zu berücksichtigen. Schon wenige Jahre später aber genehmigte Leopold die Wiederansiedlung einzelner Juden in Wien. Dazu zählten 1674 der Hof- und Kriegsfaktor Samuel Oppenheimer und 1684 sein Nachfolger Samson Wertheimer. Besonders Wertheimer machte sich einen Namen als Ansprechpartner und einflussreicher Beschützer von Juden aus dem gesamten Reichsgebiet.

Dass der Judenschutz für den Kaiser aus finanziellen Gründen attraktiv war, erhellt eine weitere Episode aus der Zeit Leopolds I. 1685 nötigte er den Frankfurter Rat mit der Drohung, die Frankfurter Juden aus der seit dem Mittelalter bestehenden Pfandschaft der Reichsstadt auszulösen, zu einer Zahlung von 20000 Gulden, um ihn von diesem Projekt abzubringen. Karl VI. forderte und erhielt als erster Kaiser anlässlich seiner Wahl 1711 die Huldigung der Frankfurter Juden. Wie einige seiner Vorgänger bemühte er sich auch um die Wiederbelebung alter jüdischer Sonderabgaben, nämlich der Kronsteuer und des sog. Goldenen Opferpfennigs, allerdings wie jene mit begrenzten Erfolgen. Alles in allem war es für den Kaiser und seine Amtsträger ertragreicher, sich ihre Gunsterweise oder Schutzmaßnahmen zugunsten einzelner Juden oder Judenschaften von Fall zu Fall entgelten zu lassen.

9 Peripherien des Reichs

9.1 Peripherien des Deutschen Reichs

Der Begriff »Peripherie« ist in Bezug auf das frühneuzeitliche Reich besonders schwer zu fassen. Das liegt zum einen an der Vielschichtigkeit des Reichsbegriffs selbst, zum anderen daran, dass, anders es historische Karten suggerieren, die Reichsgrenzen kaum als linear und klar markiert, sondern vielmehr als Grenzräume mit sich überkreuzenden Rechten, Zuständigkeiten und Ansprüchen zu begreifen sind. Gerade wenn man einen dynamischen Reichs- und Raumbegriff zugrunde legt, ist schließlich von Veränderungen zumal in den Grenzräumen auszugehen. Insofern beziehen sich die folgenden Ausführungen auf Regionen, auf die der Begriff »Peripherie« in unterschiedlicher Weise anzuwenden ist. Dabei wird tendenziell von den weniger peripheren zu denjenigen Räumen vorangeschritten, die mit dem Reich nur locker verbunden waren.[1] In diesem Abschnitt werden zunächst diejenigen Peripherien betrachtet, die dem deutschen Reichsteil zugerechnet wurden; der folgende Abschnitt ist sodann Reichsitalien gewidmet.

Norddeutschland ist eine Region, die in der Frühen Neuzeit alles in allem stärker in das Reich integriert war als im Spätmittelalter, für das es zu den königsfernen Gegenden zu zählen ist.[2] Das Reichsoberhaupt kam kaum je in den Norden, Hof- und Reichstage fanden dort nicht statt, und es etablierten sich große, starke Territorialstaaten, auf die der Kaiser und die übrigen Reichsinstitutionen weniger leicht Einfluss nehmen konnten als auf die Mindermächtigen in Süddeutschland. Nichtsdestotrotz partizipierten die Reichsstände im Norden an der institutionellen Verdichtung des Reichs in der Zeit um 1500 und zählten

9.1 Peripherien des Deutschen Reichs

dementsprechend in der Frühen Neuzeit zweifellos zum sog. »Reichstagsdeutschland«: Sie reisten selbst zum Reichstag oder schickten ihre Gesandten, und sie bestellten Assessoren für das Reichskammergericht, dessen Jurisdiktion sie prinzipiell anerkannten. Der Nieder- und der Obersächsische Kreis gehörten sicher nicht zu den aktivsten Reichskreisen, aber immerhin wurde der Norden in die Reichskreisorganisation einbezogen. Zweifellos war er ein Teil des nicht nur politischen Kommunikationsraums Reich. Das gilt auch für das mit Dänemark in Personalunion stehende Holstein und für die Gebiete, die infolge des Dreißigjährigen Kriegs schwedisch wurden. Diese schieden aus der Zuständigkeit des Reichskammergerichts aus, aber es wurde für sie mit dem Wismarer Tribunal ein eigenes Oberappellationsgericht auf deutschem Boden geschaffen, das sich hinsichtlich seiner Struktur und der Grundsätze seiner Rechtsprechung am Reichskammergericht orientierte.[3] Gering waren die Zugriffsmöglichkeiten der Reichsgerichte auch in den anderen großen Territorialstaaten im Norden, die nach und nach aus dem Reich »herauswuchsen« (Brandenburg-Preußen, Sachsen-Polen, Hannover-Großbritannien).

Die österreichischen Erblande des Hauses Habsburg nahmen schon seit dem Mittelalter eine Sonderstellung ein.[4] Das *Privilegium minus* von 1156 hatte u. a. die Verpflichtung des Herzogs von Österreich zur Heeresfolge auf die benachbarten Gebiete beschränkt. Das – gefälschte, aber von Kaiser Friedrich III. für echt erklärte – *Privilegium maius* (1358/59) beschränkte die Reichsgerichtsbarkeit in Österreich und stellte die Herzöge u. a. hinsichtlich Unteilbarkeit ihrer Lande und Einführung des Primogeniturrechts den Kurfürsten gleich. Auch die Einführung des Erzherzogtitels durch Friedrich 1453 geht darauf zurück. Schon seit 1438 bildete Österreich das Kerngebiet der königlichen bzw. kaiserlichen Hausmacht, sodass sich von nun an die eigentümliche Konstellation entwickelte, dass das Kerngebiet der kaiserlichen Macht mit der kaiserlichen Residenz, wo sich auch der Reichshofrat und die Reichshofkanzlei befanden, in die ständisch geprägten Reichsinstitutionen nur locker einbezogen war. Zwar besaß Österreich einen Sitz, ja sogar gemeinsam mit Salzburg das Direktorium im Fürstenrat des Reichstags, später auch im Ordentlichen Reichsdeputationstag, es war an den Reichslasten beteiligt und an der Auswahl der Richter des Reichskammergerichts; dessen Zuständigkeit für Österreich wurde aber nicht anerkannt. Der Österreichische Reichskreis stand als Institution praktisch nur auf dem Papier, seine formale Existenz erlaubte es dem Kaiser allerdings, als österreichischer Erzherzog an Kooperationen zwischen den Reichskreisen, wie den Kreisassoziationen, zu partizipieren. Nur erwähnt sei, dass in Teilen der habsburgischen Erblande – u. a. im Herzogtum Krain, in der Grafschaft Görz und Gradisca, später in den »welschen Confinen« an der Grenze zur Republik Venedig – Slowenisch bzw. Italienisch gesprochen wurde; diese italienischsprachigen Gebiete zählten aber nicht zum eigentlichen Reichsitalien, weil sie staatsrechtlich zum deutschen Reichsteil gehörten.

Durch die kontinuierliche Doppelrolle der habsburgischen Herrscher als Kaiser und österreichische Landesherren und aufgrund ihres erfolgreichen Bestrebens, die Zuständigkeit der Reichsinstitutionen in den eigenen Erblanden zu beschränken, war Österreich kein Reichsstand wie die anderen. Die Tendenzen zu einer Sonderentwicklung verstärkten sich mit dem Westfälischen Frieden, als die österreichischen Erblande von der Normaljahrsregel ausgenommen wurden. Durch die Etablierung des Immerwährenden Reichstags fiel der Reichstag als eine Gelegenheit der Begegnung der österreichischen Eliten am Kaiserhof mit den übrigen Reichseliten fort. Eine stärkere Verklammerung der Erblande mit den Reichseliten wurde hingegen dadurch befördert, dass verschiedene Familien aus dem Reich, wie die Schönborn, die Metternich und die Stadion, umfangreiche Güter in den Erblanden erhielten. Österreichs Herauswachsen aus dem Reich lässt sich also kaum als lineare, unaufhaltsame Entwicklung beschreiben. Aber allmählich verbanden sich die österreichischen Erblande mit den Ländern der Böhmischen Krone und Ungarn zur »Donaumonarchie«, die bis zum Ende mit dem Reich verklammert blieb, aber längst auf eigenen Füßen stand, als dieses 1806 unterging.

Bis zu einem gewissen Grad mit Österreich vergleichbar war die Situation in den Ländern der Böhmischen Krone – neben dem Königreich Böhmen selbst die Markgrafschaft Mähren, Schlesien, die Ober- und die Niederlausitz.[5] Unter Karl IV. war Prag zur Kaiserresidenz ausgebaut worden, und die Goldene Bulle hatte dem König von Böhmen die Stelle des ersten weltlichen Kurfürsten zugesprochen. Im Zuge der

9.1 Peripherien des Deutschen Reichs

Hussitenkriege (1419–1436) gerieten die böhmischen Länder aber in Distanz zum Reich. Um dieselbe Zeit breitete sich auch die tschechische Sprache in Böhmen und Mähren aus. Die deutsche Sprache dominierte dort nur noch in den Städten und in einigen Grenzgebieten. Seit der zweiten Hälfte des 15. Jahrhunderts beteiligte sich der böhmische König nur noch an Königs- bzw. Kaiserwahlen, nicht jedoch an Kurfürsten-, Hof- und Reichstagen. Ebenso wenig wurden die böhmischen Lande in die um 1500 geschaffenen Reichsinstitutionen einbezogen: Weder wurde ein Böhmischer Reichskreis geschaffen, noch beteiligte sich Böhmen an der Besetzung und Finanzierung des Reichskammergerichts, und es wurde nicht in der Reichsmatrikel genannt.

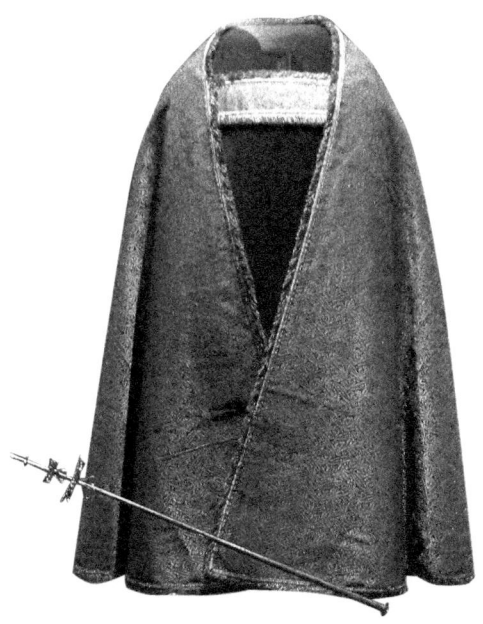

Abb. 30: Der königlich böhmische Kurfürstenornat, Wien oder Prag vor Mitte des 17. Jahrhunderts, heute in der Schatzkammer der Wiener Hofburg.

Das änderte sich auch nicht, als die Habsburger seit 1526 die Wenzelskrone trugen und seit 1556/58 das Königreich wie in den Zeiten der Luxemburger Teil der kaiserlichen Hausmacht war. Dennoch rückten die Länder der Böhmischen Krone jetzt wieder näher ans Reich heran, besonders deutlich in der Zeit Rudolphs II., der Prag zu seiner Residenz machte. Nun galt wieder das in luxemburgischer Zeit aufgekommene Sprichwort: »Die römische Krone gehört auf die böhmische.« Noch extremer als in Österreich ging also in Böhmen größte Kaisernähe mit relativer Reichsferne einher. Es bestanden aber enge Beziehungen zwischen den deutschen Reichsständen und den böhmischen Ständen, die 1619 schließlich den Pfälzer Kurfürsten zu ihrem König wählten. Das war ein Grund dafür, dass der böhmische Aufstand von 1618 in den Dreißigjährigen »Teutschen« Krieg münden konnte. In dessen Verlauf traten die an Kursachsen gefallenen Lausitzen näher ans Reich heran. Die übrigen böhmischen Länder wurden dagegen durch die Böhmische Verneuerte Landesordnung (1627) und vergleichbare Gesetze stärker an die habsburgischen Erblande angebunden. Zugleich erwarben Adelsfamilien aus den österreichischen Landen in großem Stil Güter der enteigneten Aufständischen. Ähnlich wie Österreich wurden die böhmischen Länder von den allgemeinen Restitutions- und Normaljahrsbestimmungen des Westfälischen Friedens ausgenommen. Lediglich den schlesischen Protestanten machte Ferdinand III. mit den Friedenskirchen von Glogau, Jauer und Schweidnitz ein Zugeständnis bezüglich der Religionsausübung. Durch Böhmens Readmission änderte sich 1708 sein Status im Reich erheblich. Denn damals wurde nicht nur die böhmische Stimme zum Kurfürstenrat des Reichstags zugelassen, sondern der Reichsstand Böhmen beteiligte sich von nun an auch an den Reichslasten. Dabei blieb es für Böhmen, Mähren und Österreichisch-Schlesien bis zum Ende des Reichs. Für den Großteil Schlesiens bedeutete die Abtretung an Preußen (1742/45), die mit der Lösung aus dem Lehensverband der Böhmischen Krone einherging, dagegen zugleich das Ende der staatsrechtlichen Verbindungen zum Reich.

Die breite Übergangszone zwischen Frankreich und dem Deutschen Reich hat ihre Ursprünge im frühen Mittelalter, in dem kurzlebigen Zwischenreich Lotharingien, aus dem das Königreich Burgund (Arelat) sowie die Herzogtümer Ober- und Niederlothringen hervorgingen, die zwar zum Deutschen Reich gehörten, deren Große jedoch oft auch enge Beziehungen nach Westen unterhielten. Die Herzöge von Burgund aus dem Hause Valois (1363–1477) bauten beiderseits der Grenze ein stattliches Herrschaftsgebiet auf, das im Süden das Herzogtum Burgund und die Franche-Comté und in den nördlichen, »niederen« Landen ein Konglomerat deutscher und französischer Lehen (Brabant, Flandern, Holland, Seeland, Luxemburg, Artois, Hennegau etc.) umfasste. 1477 fiel auch dieses Grenzgebiet des Reichs durch die Heirat Maximilians I. mit der burgundischen Erbtochter Maria an die Habsburger, freilich unter Verlust eines Teils der französischen Lehen (u. a. Herzogtum Burgund, Picardie).

Ähnlich wie die österreichischen Erblande wurden auch die burgundischen Besitzungen des Hauses Habsburg in einem eigenen Reichskreis zusammengefasst.[6] Ebenso wie der Österreichische war jedoch der Burgundische Reichskreis ein Kunstprodukt. Während der Regierung Karls V., der in den Niederlanden aufgewachsen war, bildeten diese die eigentliche kaiserliche Machtbasis im Reich. Karl konsolidierte seine niederländischen Besitzungen durch die Lösung Flanderns und des Artois aus der französischen Lehnshoheit und durch territoriale Erwerbungen (u. a. Hochstift Utrecht, Groningen, Herzogtum Geldern).

Der 1548 in Augsburg zwischen dem Kaiser und den Reichsständen geschlossene Burgundische Vertrag, dessen Kernpunkte durch den Augsburger Reichsabschied bestätigt wurden, fixierte die Stellung des Burgundischen Kreises im Reich, in den auf Kosten des Niederrheinisch-Westfälischen Kreises auch Karls Erwerbungen integriert wurden. Die lehnsrechtlichen Bindungen der verschiedenen Herrschaften an Kaiser und Reich wurden bestätigt. Burgund hatte Sitz und Stimme im Fürstenrat des Reichstags (seit 1570 auch im Ordentlichen Deputationstag) und beteiligte sich an den Reichslasten im Umfang eines doppelten kurfürstlichen Anschlags. Dafür sollte es im Kriegsfall auch den Schutz des Reichs genießen. Im Übrigen sollten die kaiserlichen Niederlande aber »ganz frei« sein und insbesondere aus der Jurisdiktion des Reichskammergerichts herausgenommen sein.[7] Insgesamt schrieb der Burgundische Vertrag eine nur lockere Verbindung der Niederlande zum Reich fest. Gegen einen angesichts der Leistungsfähigkeit der niederländischen Provinzen mäßigen finanziellen Beitrag erhielt ihr Herrscher ein Mitspracherecht im Reichstag sowie den militärischen Schutz des Reichs zugesagt, ohne dass die Reichsinstitutionen in seine Herrschaftsgebiete hineinregieren konnten.

Mit der Distanzierung vom Reich ging der Beginn einer Zentralisierungspolitik der spanisch-habsburgischen Regierung in den Niederlanden einher, die ebenso wie die Verfolgung der Protestanten unter der Herrschaft Philipps II. forciert wurde und in den 1560er Jahren zum Aufstand führte. Ein Stein des Anstoßes war die kirchliche Neuordnung, als für die einzelnen Provinzen Landesbistümer errichtet wurden, auch auf Kosten verschiedener deutscher (Erz-)Bischöfe. Damit wurden die Niederlande faktisch aus der Reichskirche herausgelöst.

Der Achtzigjährige Krieg trieb den Distanzierungsprozess weiter voran.[8] Zwar wurden immer wieder benachbarte Reichsstände durch die Kampfhandlungen beeinträchtigt, protestantische Reichsstände, v. a. der langjährige Administrator der Kurpfalz Johann Kasimir von Pfalz-Lautern, unterstützten die Aufständischen. Auch gab es mehrfach Vermittlungsbemühungen des Kaisers und anderer. Alles in allem hielt sich das Reich jedoch weitgehend aus dem Krieg heraus. Weder an dem Waffenstillstand von 1609 noch an dem spanisch-niederländischen Friedensvertrag von Münster 1648, der das Ausscheiden der nördlichen Provinzen aus dem spanischen Reichsverband besiegelte, waren Kaiser und Reich beteiligt. Dessen ungeachtet und obwohl auch die Friedensverträge vom Oktober 1648 keine Aussagen dazu machten, gingen die Zeitgenossen und geht die heutige Geschichtswissenschaft davon aus, dass damals *ipso facto* die Republik der Vereinigten Niederlande auch aus dem Reich ausgeschieden ist.[9]

Wie groß die Distanz zwischen dem Reich und dem Burgundischen Reichskreis zu diesem Zeitpunkt bereits war, wird daran deutlich, dass dieser angesichts des andauernden spanisch-französischen Kriegs 1648 vom kaiserlich-französischen Frieden von Münster ausgenommen wurde. De jure blieben die Spanischen Niederlande als Burgundischer Reichskreis im Reichsverband, jedoch zogen sich die Katholischen Könige bzw. ihre Statthalter tendenziell aus den Reichsinstitutionen zurück. Andererseits zeigten auch die Reichsstände während der ludovizianischen Kriege, die den Spanischen Niederlanden erhebliche Verluste bescherten, kaum Neigung, die 1548 festgelegte Schutzverpflichtung zu erfüllen. Dass der

Besitz der Niederlande für die spanische Krone immer noch ein nützliches reichspolitisches Instrument sein konnte, zeigte sich z. B. 1686, als sie sich über den Burgundischen Reichskreis an der antifranzösischen Augsburger Allianz beteiligte. Die Situation änderte sich kaum, als die südlichen Niederlande 1713/14 an Österreich fielen. Die nunmehr Österreichischen Niederlande blieben bis in die 1790er Jahre als Burgundischer Reichskreis in einer lockeren Verbindung zum Reich.

Das neuzeitliche Herzogtum Lothringen ging aus dem mittelalterlichen Oberlothringen hervor. Seit 1380/1419 war es mit dem Herzogtum Bar, das teilweise französisches Lehen war, verbunden. Seit 1500 wurde es dem Oberrheinischen Reichskreis zugerechnet. Einen Wendepunkt in den Beziehungen zum Reich markierte der Vertrag von Nürnberg, den 1542 Herzog Anton II. von Lothringen mit Kaiser und Reich schloss, um Lothringens Neutralität in dem heraufziehenden neuen Krieg mit Frankreich zu sichern: Lothringen wurde für frei erklärt, aus der kaiserlichen Lehnshoheit entlassen und sollte weder von Frankreich noch vom Kaiser eingezogen werden können. Gegen die Beteiligung an den Reichslasten im Umfang von zwei Dritteln eines kurfürstlichen Anschlags sollte es aber den kaiserlichen Schutz genießen.[10] Der Herzog verzichtete auf seinen Sitz im Reichstag, und die Reichsgerichte sollten für Lothringen keine Zuständigkeit besitzen. Der Vertrag von Nürnberg bedeutete also eine noch weitergehende Distanzierung Lothringens vom Reich, als sie sechs Jahre später, 1548, der Burgundische Vertrag für die habsburgischen Niederlande festlegte.

Eine weitere Schwächung der Reichspräsenz im lothringischen Raum brachte der Vertrag von Chambord 1552, in dem die gegen Karl V. verbündeten Kriegsfürsten Heinrich II. von Frankreich das Reichsvikariat über die Reichsstädte Metz, Toul und Verdun abtraten. Auch wenn die Rechtsbasis dieses Vertrags mindestens zweifelhaft war, erwiesen sich seine Bestimmungen als dauerhaft; ja, Frankreich dehnte seine Kontrolle auch auf die lothringischen Hochstifte aus, die gar nicht Gegenstand des Vertrags gewesen waren. Mit dem Westfälischen Frieden schieden Städte und Hochstifte 1648 endgültig aus dem Reich aus.

1634 wurde aufgrund der spanienfreundlichen Politik Karls IV. auch das Herzogtum Lothringen französisch besetzt und blieb es über den Westfälischen Frieden hinaus bis 1661, als es bis auf einige strategisch

9 Peripherien des Reichs

wichtige Passagen an Herzog Karl zurückgegeben wurde. 1670 folgte die nächste französische Okkupation, die diesmal bis 1697 dauerte. Gerade der französische Druck führte aber zu einer Annäherung des Herrscherhauses an Kaiser und Reich. Herzog Karl V., der während seiner formalen Regierungszeit (1675–1690) sein Herzogtum niemals betreten konnte, war der Schwager Kaiser Leopolds I. und einer seiner wichtigsten Generäle. Schon sein Vorgänger hatte durch die Erhebung des Marquisats Nomény zum Reichsfürstentum wieder Sitz und Stimme im Reichstag erhalten.

Nach Lothringens Restitution 1697 konnte das Herzogtum durch eine vorsichtige Politik seine Eigenständigkeit noch für knapp vier Jahrzehnte bewahren. Die Heirat Herzog Franz' III. Stephan mit der österreichischen Erbtochter Maria Theresia und der damit zu erwartende Anfall Lothringens an die konkurrierende Großmacht waren für Frankreich aber unerträglich, und so musste Franz Stephan der Abtretung seines Stammlandes im Tausch gegen die Toskana im Frieden von Wien (1735/38) zustimmen. Damit schied Lothringen endgültig aus dem Reich aus. Es wurde zunächst an den Schwiegervater Ludwigs XV., den zweimal abgesetzten König von Polen Stanislaus Leszczyński, gegeben und fiel nach dessen Tod 1766 an Frankreich. Dem einstigen Herzogshaus und dem Reich verblieb von den lothringischen Besitzungen nur die kleine Grafschaft Falkenstein in der Pfalz.

Im Gegensatz zu Lothringen ist das Elsass nicht oder nur für sehr kurze Zeit als Peripherie des Reichs zu bezeichnen.[11] Denn bis weit ins 17. Jahrhundert gehörte es als Teil des Oberrheinischen Reichskreises zu den Kerngebieten des Reichs. Das änderte sich erst mit dem Dreißigjährigen Krieg und dem Westfälischen Frieden, durch den Frankreich die bisher habsburgischen Besitzungen und Rechte erwarb. Damit begannen die Verbindungen der elsässischen Stände zu Kaiser und Reich prekär zu werden. Sie endeten ziemlich abrupt im Holländischen Krieg (1670–1678/79) und den anschließenden Reunionen. Allerdings blieb eine Reihe deutscher Reichsstände im nun französischen Elsass begütert. Das seit 1681 französische Straßburg war nach wie vor ein beliebter Studienort für junge Männer aus dem Reich.

Zu den Peripherien des Reichs gehörte auch die bis auf das Jahr 1291 zurückgehende Schweizer Eidgenossenschaft, die in Opposition zum

9.1 Peripherien des Deutschen Reichs

Haus Habsburg im Verlauf des Spätmittelalters große Gebietsgewinne verzeichnete und sich allmählich aus dem Reich herausentwickelte.[12] Der für die Eidgenossen siegreiche Schwabenkrieg (Schweizerkrieg, 1499) trug in der Zeit Maximilians I. zu einer weiteren Distanzierung bei. Wichtiger aber war wohl, dass die Eliten der Schweizer Kantone zu der Auffassung gelangt waren, nicht auf das Reich angewiesen zu sein, und vom Reich nichts erwarteten. In der Tat waren die Anliegen der Reichsreformbewegung für die Eidgenossen von nachgeordneter Bedeutung. Insbesondere das Problem der Landfriedenswahrung war in der Schweiz längst gelöst. Die meisten eidgenössischen Orte beteiligten sich nicht an den neuen Institutionen, die im Zuge der Reichsreform entstanden. Sie trugen nicht zu den Reichslasten bei, erkannten nicht die Jurisdiktion der Reichsgerichte an, wurden nicht in die Kreisorganisation einbezogen und beanspruchten keinen Sitz im Reichstag.

Komplizierter waren die Verhältnisse bei einigen erst spät zur Eidgenossenschaft hinzugestoßenen Mitgliedern, wie der erst 1501 beigetretenen Stadt Basel oder der Stadt sowie dem Fürstabt von Sankt Gallen, die als Zugewandte Orte der Eidgenossenschaft verbunden waren. Das Fürstbistum Basel hingegen blieb bis zum Reichsdeputationshauptschluss (1803) ein Reichsstand ohne engere Verbindungen zur Eidgenossenschaft. Gerade die territoriale und rechtliche Gemengelage am Hochrhein trug dazu bei, dass die Abgrenzung zwischen der Eidgenossenschaft und dem Schwäbischen Reichskreis alles andere als eindeutig war. Lange Zeit schlossen sich eine Zugehörigkeit zum Reich und zur Eidgenossenschaft gegenseitig nicht aus. So war die Reichsstadt Rottweil, immerhin Sitz des kaiserlichen Hofgerichts, von 1519 bis ins späte 17. Jahrhundert ein Zugewandter Ort der Eidgenossenschaft. Gerade im Zeitalter der Reformation bestanden intensive Beziehungen zwischen den reformierten Orten und den evangelischen oberdeutschen Reichsstädten. Zu Konflikten kam es dann, wenn die Reichsinstitutionen, wie die Reichsgerichte, Zuständigkeiten bezüglich der Mitglieder der Eidgenossenschaft beanspruchten. Es waren solche Reibereien, die die Stadt Basel bewogen, ihren Bürgermeister Johann Rudolf Wettstein zum westfälischen Friedenskongress zu entsenden. Er erreichte, dass Art. VI des Vertrags von Osnabrück (= § 61 des Vertrags von Münster) Basel und den übrigen eidgenössischen Orten die »völlige Freiheit und Exemtion vom Reich« zusprach, insbesondere, dass sie nicht der Jurisdiktion der Reichsgerichte unterworfen seien. Diese Exemtion wird üblicherweise als das definitive Ausscheiden der Schweiz aus dem Reichsverband betrachtet. Doch auch nach 1648 findet man in einigen eidgenössischen Orten nicht nur die Hoheitszeichen des Reichs, sondern immer wieder, wenn das aus Opportunitätsgesichtspunkten geboten schien, auch Bekenntnisse zum »deutschen Vaterland«. Im 18. Jahrhundert dünnten solche Beteuerungen aber aus, und die völkerrechtliche Souveränität der Eidgenossenschaft wurde allgemein anerkannt.

Der Blick auf die Peripherien des Deutschen Reichs veranschaulicht, dass es ein homogenes, präzise zu definierendes Reichsgebiet nicht gab. Schon die Reichskreise wiesen sehr unterschiedliche Profile hinsichtlich der Ausbildung von Institutionen, Interaktionen und Verflechtungen auf. Vielfach bestanden offene Situationen, die sich nicht linear entwickelten, sondern wechselvollen Konjunkturen unterworfen waren. Auch deswegen haben normative Texte zur Reichszugehörigkeit einen nur begrenzten Aussagewert. Unabdingbar ist vielmehr zugleich der Blick auf die Verfassungsrealitäten in bestimmten Räumen und zu bestimmten Zeiten. Das gilt auch für Reichsitalien.

9.2 Reichsitalien

Die nicht nur geographisch entlegenste Peripherie des frühneuzeitlichen Reichs – nicht des Deutschen Reichs, aber des kaiserlichen Lehnsreichs – lag in Ober- und Mittelitalien.[13] Die Verbindungen dieser Gebiete mit dem Reich gingen auf die mittelalterlichen Italienzüge der deutschen Könige zurück, die mit Otto I. 951/61 ihren Anfang genommen hatten. Seitdem stand das *Regnum Italiae* in einer Personalunion mit dem deutschen Königtum und dem Römischen Kaisertum. Solange die deutschen Könige zum Erwerb der Kaiserwürde nach Rom zogen, ließen sie sich üblicherweise vorher auch zum König des *Regnum Italiae* krönen. Letztmals geschah dies 1530 in Bologna, wo Karl V. wenige Tage vor der Kaiserkrone auch die Eiserne Krone der Langobarden empfing. Doch auch ungekrönt und ohne den Königstitel zu führen, nahmen die frühneuzeitlichen Kaiser die Rechte eines obersten Lehnsherrn über Reichsitalien in Anspruch. Die Grenzen Reichsitaliens sind nicht präzise zu benennen. Es lässt sich aber grob zusammenfassen, dass sich die Ansprüche des Reichs im Wesentlichen auf die Gebiete nordwestlich des Kirchenstaates und der Republik Venedig bezogen. Nicht zu Reichsitalien, sondern zum Österreichischen Reichskreis zählten Südtirol mit den Hochstiften Trient und Brixen, Istrien und Triest.

Reichsitalien war Teil des Reichslehnssystems und unterstand der Gerichtsbarkeit des Reichshofrats. Die italienischen Potentaten waren keine Reichsstände, sondern nur Reichsvasallen. D. h., sie hatten keinen Sitz im Reichstag und keinen Anteil an den anderen um 1500 geschaffenen ständischen Reichsinstitutionen. Reichsitalien wurde nicht in die Reichskreisorganisation einbezogen und trug nicht zum Unterhalt des Reichskammergerichts bei, das nur in seltenen Fällen südlich der Alpen tätig wurde. Eine Ausnahme bildete der Herzog von Savoyen, dessen nördlich der Alpen gelegenes Stammland dem Oberrheinischen Reichskreis zugerechnet wurde und der bis weit ins 17. Jahrhundert sein Votum im Fürstenrat des Reichstags auszuüben pflegte.

Während die kleinen italienischen Reichsvasallen zur Klientel des Kaisers gezählt werden können, standen die mächtigeren Fürsten und Republiken oft in einem spannungsreichen Verhältnis zum Reichsoberhaupt. Die rechtlichen Verhältnisse in Reichsitalien waren oft noch uneindeutiger als im nordalpinen Reich und boten dem Kaiser, den Vasallen, aber auch den Untertanen vergleichsweise große Handlungsspielräume. Die Verfassung Reichsitaliens blieb in der Frühen Neuzeit unverdichtet und offen. Die großen machtpolitischen Konjunkturen erlangten daher massiven Einfluss auf die sich wandelnden Verfassungsrealitäten.

Dank der eigenen Machtbasis auf der Apenninenhalbinsel, über die Karl V. als spanischer König verfügte (Neapel, Sizilien, Sardinien, später auch Mailand), markiert seine Regierungszeit einen Höhepunkt des kaiserlichen Einflusses in Reichsitalien. Angesichts seiner starken Stellung und seiner Präsenz nahmen auch solche Reichsvasallen den Kontakt zum Kaiser auf und ließen sich Investituren und Privilegien erneuern,

9 Peripherien des Reichs

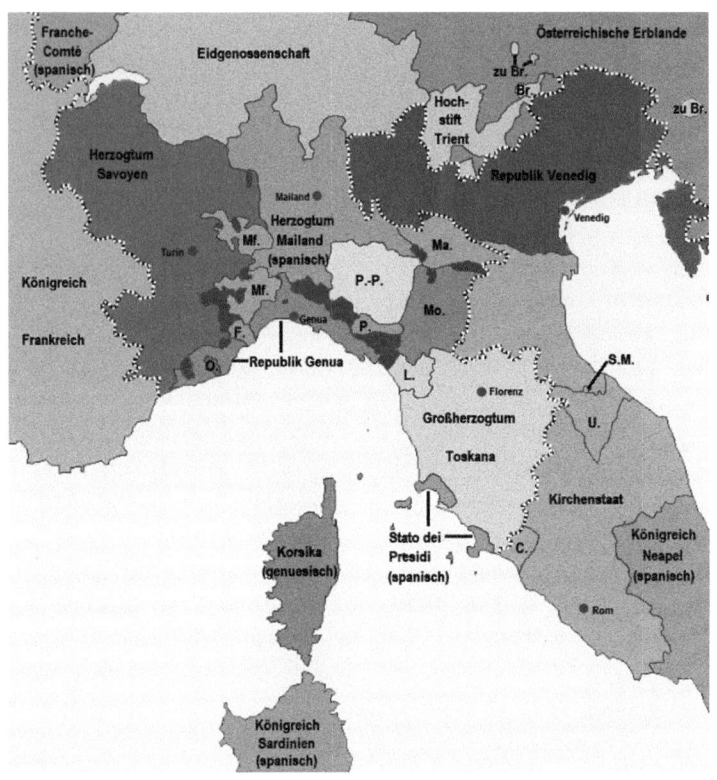

Abb. 31: Reichsitalien zu Beginn des 17. Jahrhunderts (1601).

Abkürzungen:
Br.	Fürstbistum Brixen	Mo.	Herzogtum Modena
C.	Herzogtum Castro	O.	Oneglia (zu Savoyen)
	(päpstliches Lehen im	P.	Pontremoli (zu Mailand;
	Besitz der Farnese)		spanisch)
F.	Markgrafschaft Finale	P.-P.	Herzogtum Parma-Piacenza
	(spanisch)	S.M.	Republik San Marino
L.	Republik Lucca	U.	Herzogtum Urbino
Ma.	Herzogtum Mantua		(päpstliches Lehen)
Mf.	Herzogtum Monferrato		
	(zu Mantua)		

die diese Bestätigungen seit Jahrzehnten vernachlässigt hatten. Die zahlreichen Belehnungen und Privilegienverleihungen Karls V. belebten somit oft schon längst in Vergessenheit geratene Reichsrechte. Die aus diesen Rechtsakten hervorgegangenen Dokumente stellten für künftige Generationen von Kaisern, Reichshofräten und Reichspublizisten ein Reservoir von Präzedenzfällen bereit, mit denen sie die Oberhoheitsansprüche über die italienischen Gebiete begründen konnten. Spektakulär und für die weitere Geschichte Reichsitaliens folgenreich war die Einsetzung der Medici zu Herzögen über die bisherige Republik Florenz (1530/36). Dabei handelte es sich allerdings nicht um eine förmliche Belehnung. Bis ins 18. Jahrhundert – und in der Geschichtswissenschaft darüber hinaus – wurde darum gestritten, ob Florenz denn nun ein Reichslehen sei oder nicht. 1536 entschied Karl V. den Erbfolgekonflikt um das Monferrato zwischen den Herzögen von Savoyen und den Gonzaga von Mantua zugunsten der Letzteren. Die savoyischen Bestrebungen, diese Entscheidung rückgängig zu machen, führten zu langwierigen Konflikten, die erst im frühen 18. Jahrhundert mit dem Erwerb des gesamten Monferrato durch die nunmehrigen Könige von Sardinien endeten. Wohl am wichtigsten aber war, dass der Kaiser nach dem Erlöschen der Familie Sforza im Mannesstamm 1535 das Herzogtum Mailand und damit das eigentliche Kernland Reichsitaliens als erledigtes Lehen einzog und an seinen Sohn Philipp vergab. Seitdem stand (mit Unterbrechungen) die Lombardei bis 1859 unter habsburgischer Herrschaft.

Da die italienischen Herrschaftsgebiete bei der spanischen Linie der Habsburger blieben, die bis ins frühe 18. Jahrhundert eine Hegemonialstellung auf der Halbinsel innehatte, verfügten die Kaiser aus dem deutschen Zweig des Erzhauses nach der Abdankung Karls V. 1556 wie ihre spätmittelalterlichen Vorgänger nicht über eine eigene Machtbasis südlich der Alpen. Das zwang sie zu einer engen Kooperation mit ihren spanischen Verwandten bzw. deren Vertretern in Mailand, die sich vielfach bewährte, allerdings nicht ohne Spannungen verlief. Ähnlich wie der Papst konkurrierende Lehnsansprüche auf Parma-Piacenza und einige andere Besitzungen erhob, knüpften die Mailänder Institutionen an die Bestrebungen der Visconti- und Sforza-Herzöge an, die versucht hatten, die benachbarten kleinen Reichslehen der eigenen Hoheit zu unterwerfen. Trotz aller Widrigkeiten gelang es den Kaisern des späten 16. und des 17. Jahrhunderts, die Substanz ihrer Oberheitsansprüche zu wahren. Sie nahmen Investituren vor, erteilten Privilegien und übten die Höchstgerichtsbarkeit aus. Das aus italienischer Perspektive unter Umständen durchaus bedrohliche Potential der kaiserlichen Stellung zeigte sich im Mantuanischen Erbfolgekrieg (1628–1631), als Ferdinand II. den Sequester über die Herzogtümer Mantua und Monferrato verhängte und später ein Heer über die Alpen schickte, das nicht nur 1630 Mantua eroberte und plünderte, sondern dessen Befehlshaber auch von den umliegenden Reichsvasallen Kontributionen erhoben. In der Endphase des Dreißigjährigen Kriegs war Ferdinand III. demgegenüber nicht mehr in der Lage, seine Autorität in Italien mit Nachdruck zur Geltung zu bringen, sondern verhandelte mit der Republik Genua über einen Verkauf der ligurischen Reichslehen.

Ein Problem für eine effektive Geltendmachung der eigenen Ansprüche war die mangelnde Präsenz von Kaiser und Reich südlich der Alpen.[14] Bereits im Spätmittelalter hatte sich das Reichsvikariat von einem kaiserlichen Amt zur Vertretung der Reichsgewalt in einer bestimmten Region zu einem Herrschaftstitel territorialer Machthaber entwickelt. Den seit 1556 mehrfach geäußerten spanischen Wünschen, dem Katholischen König ein italienisches Generalvikariat zu verleihen, ihm also die Ausübung aller Reichsrechte auf der Apenninenhalbinsel zu übertragen, erteilten die Kaiser wohlweislich stets eine Absage. Bis ins Jahr 1582 reicht der Anspruch des Herzogs von Savoyen auf ein Generalvikariat zurück – eine Prätention, die von den savoyischen Juristen allerdings erst allmählich ausgearbeitet wurde und zunächst kaum praktische Bedeutung erlangte.

Um ihre Autorität südlich der Alpen zur Geltung zu bringen, setzten die Kaiser demgegenüber auf das auch im deutschen Reichsteil gebräuchliche Instrument der Kommissare. Dabei konnte es sich um kaiserliche Minister, z. B. Reichshofräte, oder regionale, italienische Würdenträger handeln. Bis ins 17. Jahrhundert wurden die Kommissare fallbezogen ernannt. In den 1620er Jahren griff Ferdinand II. durch die Ernennung eines Generalkommissars mit allgemeiner Zuständigkeit einen Vorschlag auf, den der Reichshofrat Paul Garzweiler nach einer Inspektionsreise durch die italienischen Lehen (1603/04) formuliert hatte.

9.2 Reichsitalien

Der erste, sicher zu fassende Inhaber des Amtes ist ab 1624 der Herzog von Guastalla Ferrante II., ein Verwandter von Ferdinands zweiter Gemahlin Eleonora Gonzaga. Da aber nicht nur manche italienischen Vasallen, sondern auch der um seinen Einfluss fürchtende Reichshofrat diese Neuerung kritisch sahen, kam schon Ferdinand III. wieder davon ab. Erst seit dem ausgehenden 17. Jahrhundert, als sich im Zuge des Neunjährigen Kriegs und in Erwartung des Aussterbens der spanischen Habsburger eine Renaissance des kaiserlichen Einflusses in Italien andeutete, griff man das Projekt einer stärkeren institutionellen Präsenz des Reichs wieder auf. Seit 1693 gab es einen italienischen Reichsfiskal, also eine Art Staatsanwalt für Reichsangelegenheiten mit Amtssitz in Italien, und mit dem Mailänder Adligen Carlo Borromeo Arese wurde 1715 wieder ein Generalkommissar eingesetzt, der aufgrund seiner außerordentlichen zeremoniellen Vorrechte nun auch den Titel eines Plenipotentiars führte. Danach wurde die sich seitdem etablierende Reichsinstitution für Italien auch als Plenipotenz bezeichnet.

Die Errichtung der Plenipotenz stand im Zusammenhang mit der Rückkehr der kaiserlichen Macht nach Italien im Zuge des Spanischen Erbfolgekriegs (1701–1713/14), der zur Ablösung der spanischen durch eine österreichische Hegemonie führte. So konnte der Kaiser den schon 1701 erhobenen Anspruch auf Mailands Heimfall durchsetzen, aber auch Neapel und Sardinien sowie einige Besitzungen am Tyrrhenischen Meer fielen infolge der Friedensschlüsse von Utrecht, Rastatt und Baden an Österreich. Schon während des Kriegs hatte sich die neue kaiserliche Machtstellung gezeigt, als die italienischen Vasallen zu hohen Kontributionszahlungen verpflichtet wurden. Während des Spanischen Erbfolgekriegs floss die stattliche Summe von 17 728 000 Lire Mailänder Währung in die kaiserliche Kriegskasse.[15] Hinzu kamen noch zahlreiche Naturalleistungen, Erlöse aus dem Verkauf heimgefallener Lehen, Kredite italienischer Bankhäuser und weitere Einkünfte. Außerdem ging der Reichshofrat gegen bourbonische Parteigänger unter den Reichsvasallen vor – das prominenteste Opfer war Ferdinand Karl von Mantua, dessen Herzogtum nach seiner Ächtung und seinem Tod 1708 wegen Felonie eingezogen und den kaiserlichen Besitzungen zugeschlagen wurde. 1708/09 fand der letzte Krieg zwischen einem römisch-deutschen Kaiser und einem Papst statt: Es ging Joseph I. mehr darum, Clemens XI. von seiner profranzösischen Politik abzubringen und zur Anerkennung der habsburgischen Ansprüche auf das spanische Erbe zu nötigen. Das Druckmittel der Wahl war aber die Besetzung des angeblichen Reichslehens Comacchio, das seit 1598 zum Kirchenstaat gehörte und das die kaiserlichen Truppen erst 1724 wieder räumten.

Als sich wenige Jahre nach dem Erbfolgekrieg der bourbonische König von Spanien Philipp V. 1717 anschickte, verlorenes Terrain in Italien zurückzugewinnen, konnte eine Quadrupelallianz aus Großbritannien, Frankreich, den Vereinigten Niederlanden und dem Kaiser den spanischen Angriff zurückschlagen. Im Londoner Vertrag von 1718 musste Kaiser Karl VI. zwar die Erbansprüche der spanischen Königin Elisabeth Farnese auf Parma-Piacenza und die Toskana anerkennen; die bis dahin höchst umstrittene Reichslehnshoheit über die beiden Territorien wurde aber bestätigt. Mit dem vorteilhaften Tausch Sardiniens gegen Sizilien erreichte 1720 die kaiserliche Machtstellung in Italien ihren Höhepunkt.

Eine Folge der Rückkehr des Reichs nach Italien war, dass sich auch die Reichspublizistik verstärkt für italienische Themen zu interessieren begann. Häufig waren die Publikationen fallbezogen und versuchten z. B. die Reichslehnbarkeit der Toskana zu belegen. Andere hatten allgemeineren Charakter und beschäftigten sich etwa mit den finanziellen Verpflichtungen der Reichsvasallen im Fall von Reichskriegen in Italien und Türkenkriegen oder mit der Frage, ob die italienischen Fürsten Sitz und Stimme im Reichstag erhalten sollten. Viele der Autoren waren Protestanten, und manche Veröffentlichungen hatten eine prononciert antipäpstliche Spitze, wie die Schriften des Tübinger Theologen Johann Wolfgang Jäger, der für den Kaiser die Herrschaft über ganz Italien einschließlich Roms reklamierte.[16]

Doch schon in den 1730er Jahren begann ein Niedergang des kaiserlichen Einflusses in Italien. Durch die Niederlagen im Polnischen Thronfolgekrieg (1733–1735/38) und im Österreichischen Erbfolgekrieg (1740–1748) schmolzen die habsburgischen Besitzungen auf das stark verkleinerte Herzogtum Mailand mit Mantua sowie seit 1737/38 als Sekundogenitur die Toskana zusammen. Im Wiener Frieden (1735/38) trug Karl VI. selbst zu einer erheblichen Schmälerung der Substanz Reichsitaliens bei, als er, um die österreichischen Besitzungen vor weiteren Einbußen zu schützen, die Landeshoheit (*superioritas territorialis*) über die Reichslehen in den Langhe an den König von Sardinien abtrat, also der faktischen Mediatisierung eines Teils seiner italienischen Vasallen zustimmte. Während der Regierung Kaisers Karl VII., die aufgrund des Fehlens einer eigenen wittelsbachischen Territorialbasis für Italien nahezu wie ein andauerndes Interregnum wirkte, wurden weitere Flurbereinigungen zugunsten der größeren Staaten ventiliert, aber letztlich doch nicht umgesetzt.

Die Situation änderte sich wieder mit dem Regierungsantritt Franz' I., der als Großherzog der Toskana ja selbst ein italienischer Fürst war, auch wenn er in Wien residierte und sein italienisches Herrschaftsgebiet nur einmal, 1738/39, aufsuchte. Allerdings war die Blütezeit der kaiserlichen Machtstellung, wie sie nach dem Spanischen Erbfolgekrieg bestanden hatte, dahin, und im Zweifelsfall pflegte der Wiener Hof die Reichsbelange den österreichischen Großmacht- bzw. den dynastischen Interessen unterzuordnen. Dies zeigte sich deutlich ab 1753 in dem Konflikt mit Genua über die angebliche Reichsstadt San Remo, bei dem es um die Frage ging, ob Genua eine souveräne Republik sei oder als »Reichsstadt« der Oberhoheit von Kaiser und Reich unterstehe. Während Franz I., mit noch größerem Nachdruck Joseph II., der Reichshofrat und die Reichshofkanzlei ein entschiedenes Vorgehen gegen Genua befürworteten, um die Reichsrechte zu behaupten, waren Maria Theresia und ihr Staatskanzler Kaunitz nicht bereit, deswegen ihr Bündnis mit Frankreich, der Schutzmacht der Republik, zu gefährden – und sie setzten sich mit ihrer Auffassung durch. Eine Überordnung österreichischer über die Reichsinteressen in Italien hatte es schon früher gegeben; die Bruchstellen waren aber sichtbarer geworden.

Eine grundsätzliche Preisgabe der Reichspositionen fand freilich nicht statt: Die Plenipotenz bestand fort, bis in die 1790er Jahre fanden Investituren mit italienischen Lehen statt, der Reichshofrat war als Höchstgericht für die italienischen Lehen tätig, und Kontributionen wurden von den italienischen Vasallen gefordert. Erst in den Friedensschlüssen von Campo Formio (1797) bzw. Lunéville (1801) wurden die Lehnsansprüche in Italien von Kaiser und Reich aufgegeben.

10 Nachdenken über das Reich

10.1 Die Reichspublizistik

Im Verlauf der Frühen Neuzeit wurden unzählige Schriften verfasst, die sich mit dem Reich und seiner Verfassung beschäftigten und die üblicherweise mit der Sammelbezeichnung »Reichspublizistik« etikettiert werden. Man kann eine gelehrte »große Reichspublizistik« von einer »kleinen Reichspublizistik« unterscheiden, mit der man Veröffentlichungen zur Reichsverfassung für ein größeres Publikum bezeichnet, die häufig einen tagesaktuellen Bezug hatten (s. S. 245 f.).[1]

Ihre Blütezeit erlebte die »große Reichspublizistik«, um die es im Folgenden in erster Linie gehen soll, im späten 17. und im 18. Jahrhundert, also in einer Phase der Reichsgeschichte, als insbesondere seit den 1740er Jahren Krisenphänomene in der »realen« Reichsverfassung erkennbar wurden. Die »kleine Reichspublizistik« befasste sich in dieser Zeit vielfach mit den neuen konfessionellen bzw. konfessionspolitischen Spannungen und mit verschiedenen Dimensionen des österreichisch-preußischen Gegensatzes. Bei den meisten Reichspublizisten verbanden sich akademische Jurisprudenz und praktische Justiz- sowie Verwaltungserfahrung, oft an den Reichsinstitutionen in Wien, Regensburg und Wetzlar. Dabei beschränkten sie sich, wie Wolfgang Burgdorf gezeigt hat, bisweilen nicht auf eine Beschreibung und Deutung der Reichsverfassung, sondern formulierten bis in die letzte Phase der Reichsgeschichte Reichsreformprojekte unterschiedlichen Zuschnitts und unterschiedlicher Tragweite.[2] Allgemein lässt sich sagen, dass in der Reichspublizistik protestantische Autoren führend waren.

10.1 Die Reichspublizistik

Ein wichtiges Thema, das die frühneuzeitlichen Autoren beschäftigte, war die Einordnung des Reichs in die aristotelische Staatsformenlehre. Herausgefordert fühlten sich die deutschen Staatsrechtslehrer durch den französischen Begründer der Souveränitätslehre Jean Bodin, der in seinen *Six livres de la République* (1576) das Reich als Aristokratie klassifizierte. Einst sei es eine Monarchie gewesen, doch die Kurfürsten hätten die kaiserliche Souveränität immer stärker beschnitten, und nun verfügten die im Reichstag versammelten Reichsstände über die Souveränität im Reich. Denn sie hätten das Recht, »allen Untertanen des Reiches Gesetze aufzuerlegen, über Krieg und Frieden zu entscheiden, Steuern und Zölle zu erheben und Richter einzusetzen«.[3] Der Kaiser als formelles Oberhaupt besitze nur die äußeren Attribute der Souveränität, ohne jedoch wirklicher Souverän zu sein. Zugleich lehnte Bodin die Anschauung ab, die einzelnen Reichsstände seien in ihren jeweiligen Territorien souverän.

Einer, der sich mit Vehemenz gegen Bodins Auffassung wandte, war Dietrich (Theodor) Reinkingk (1590–1664), der zeitweise Professor in Gießen und Minister des kaisertreuen lutherischen Landgrafen von Hessen-Darmstadt war und später, unterbrochen von Phasen, die er in schwedischer Haft verbrachte, in mecklenburgischen und dänischen Diensten stand.[4] Reinkingks Anschauungen wurzelten in den Traditionen der mittelalterlichen Vier-Reiche-Lehre, die sich auf das biblische Buch des Propheten Daniel stützte (Dan 2 und 7). Für ihn war das Heilige Römische Reich deutscher Nation seiner Zeit infolge der *Translatio Imperii* der Rechtsnachfolger des antiken *Imperium Romanum* und damit – nach den Reichen der Babylonier, der Meder/Perser und der Griechen – das letzte der nach Gottes Ratschluss vorgesehenen Weltreiche. Angesichts des unübersehbaren Aufstiegs anderer Monarchien – wie Spaniens oder Frankreichs – war es allein dieser Anspruch, der dem römisch-deutschen Reich einen Ehrenvorrang vor den übrigen Reichen und Ländern sichern konnte. Und um diesen Anspruch abzustützen, war es wichtig hervorzuheben, dass das Reich eine Monarchie sei. Dementsprechend war der Kaiser gemäß Reinkingks Interpretation als Inhaber der Majestätsrechte zwar dem göttlichen und Naturrecht unterworfen, im Übrigen aber *legibus solutus*, also nicht an menschengemachte Gesetze gebunden. Kein Wunder, dass solche Interpretationen in Wien auf Wohlgefallen trafen und dass Reinkingk 1655 von Ferdinand III. in den Adelsstand erhoben wurde.

Vielen Reichsständen und den in ihren Diensten tätigen Juristen konnten solche Interpretationen, die zudem im krassen Gegensatz zur Reichsverfassung standen, wie sie sich seit dem ausgehenden 15. Jahrhundert entwickelt hatte, freilich kaum gefallen. Eine Möglichkeit, wie man die komplexe Verfassung des Reichs zu erfassen suchte, ohne die *Maiestas Imperii* zu beschädigen, war die *Status mixtus*-Lehre, die das Reich weder als reine Monarchie noch als reine Aristokratie interpretierte, sondern ihm eine Mischverfassung zusprach. Einer der wichtigsten Vertreter dieser Richtung war Johannes Limnaeus (1592–1665), ein Zeitgenosse Reinkingks, der an den Universitäten Altdorf und Jena lehrte und später in brandenburg-ansbachischen Diensten stand, also für kleinere und mittlere lutherische Reichsstände tätig war. Er unterschied zwischen der *maiestas realis*, die bei der Gesamtheit der Reichsstände liege, und der *maiestas personalis*, die auf den Kaiser übertragen werde. Damit werde der Kaiser zum *supremus dominus in Imperio*, also zum höchsten Herrn *im* Reich – nicht *des* Reichs (*Imperii*). Die zentralen Herrschaftskompetenzen – wie Gesetzgebung, Rechtsprechung, Entscheidung über Krieg und Frieden – würden durch Kaiser und Reichsstände gemeinsam wahrgenommen. Der Kaiser sei gewissen Regierungs- bzw. Verwaltungsvorschriften (*regulae administrandi*) unterworfen und den im Reichstag zusammenkommenden Ständen rechenschaftspflichtig. Bei Verletzung eines Reichsgrundgesetzes könne er sogar abgesetzt werden. Damit vertrat Limnaeus ein Widerstandsrecht der Reichsstände gegenüber dem Kaiser.[5]

Wesentlich weiter als Limnaeus ging der trotz eines Jurastudiums weniger als gelehrter, sondern als politischer Publizist zu charakterisierende, seit 1637 für Schweden tätige Bogislaw Philipp (von) Chemnitz (1605–1678). In seiner erstmals 1640 unter dem Pseudonym »Hippolithus a Lapide« in »Freistadt« veröffentlichten *Dissertatio de ratione status in Imperio nostro Romano-Germanico* sprach er die Souveränität im Reich den im Reichstag versammelten Reichsständen zu. Die Reichsregierung beinhalte sowohl aristokratische als auch monarchische Elemente, doch liege nur ein äußerer Anschein der *maiestas* beim Kaiser. Chemnitz legte aber nicht nur eine Zustandsbeschreibung bzw. Interpretation der

10.1 Die Reichspublizistik

Reichsverfassung vor, sondern auch ein Reichsreformkonzept. Danach sollten die Position des Reichstags gestärkt und das Reichsregiment wiederbelebt, die Stellung von Kaiser und Kurfürsten dagegen eingeschränkt werden. Am weitreichendsten war die Forderung, die Habsburger als Feinde der deutschen Freiheit aus dem Reich zu vertreiben.[6] Mit seiner *Dissertatio*, die klar die Interessen Schwedens sowie der mit dieser Macht verbundenen fürstlich-protestantischen Aktionspartei vertrat, hatte sich Chemnitz für Höheres qualifiziert. Er wurde 1644 schwedischer Hofhistoriker und 1648 von Königin Christina in den Adelsstand erhoben, drei Jahre vor seinem Tod stieg er dann noch zum schwedischen Hofrat auf. Die *Dissertatio* wurde während des Siebenjährigen Kriegs 1761/62 in deutscher und französischer Übersetzung neuaufgelegt und diente damals erneut als ein Reservoir von Argumenten gegen die angebliche Unterdrückungspolitik des reichsfeindlichen Kaiserhauses Habsburg.

Deutlich vielschichtiger war die bekannteste Reichsverfassungsschrift des 17. Jahrhunderts *De statu Imperii germanici*, die der Naturrechtsphilosoph, Historiker und Rechtsgelehrte Samuel von Pufendorf (1632–1694) am Ende seiner Zeit an der Universität Heidelberg 1667 veröffentlichte. Unter dem Pseudonym »Severinus de Monzambano« beschrieb er die Entwicklung der Reichsverfassung seit dem frühen Mittelalter und bezog auf dieser Basis Position in der Diskussion über die Staatsform des Reichs. Er betrachtete die aristotelische Staatformenlehre mit ihren Reinformen der Monarchie, Aristokratie und Demokratie als untauglich für die Beschreibung der Reichsverfassung, da kein eindeutiger Träger der Souveränität zu erkennen sei. Er verwarf aber auch die *Status mixtus*-Lehre, wie sie Limnaeus und andere ausgearbeitet hatten. Stattdessen kam er zu dem Befund, das Reich sei ein »irreguläres Gebilde« (*irregulare aliquod corpus*) und einem »Monstrum gleich« (*monstro simile*).[7]

Kaum ein Zitat aus der Reichspublizistik ist in der Fachwissenschaft, aber auch in Populärdarstellungen häufiger wiedergegeben und unterschiedlicher interpretiert worden als dieses. Während die ältere Geschichtswissenschaft es gern als Beleg für die Dysfunktionalität der Reichsverfassung angeführt hat, die offenbar schon hellsichtige Zeitgenossen erkannt hätten, haben manche Reichsforscher am Ende des

Abb. 32: Bogislaw Chemnitz/Hippolithus a Lapide: *Dissertatio de ratione status in Romano-Germanico*, Freystadt [= Amsterdam] 1647, Frontispiz.

20. Jahrhunderts betont, dass das *irregulare* in erster Linie eine Irregularität in Hinsicht auf die aristotelische Lehre meine und dass aus der Schrift durchaus eine Hochschätzung des Reichs als Garant von Freiheit und Recht hervorgehe.[8] Dies ist gewiss richtig, doch darf man ebenso getrost davon ausgehen, dass Pufendorf/Monzambano seine ironische und provozierende Formulierung nicht zufällig gewählt hat. In der Tat diagnostizierte er einige Defizite der Reichsverfassung, insbesondere ein Misstrauen zwischen Kaiser und Reichsständen und eine Schwäche gegenüber den Nachbarn, die aus dem Schwanken der Reichsverfassung zwischen Monarchie und Staatenbund resultierten. Um dieses Misstrauen zu überwinden und die Kräfte des Reichs gegen äußere Feinde bündeln zu können, schien ihm die weitere Entwicklung der Reichsverfassung in Richtung auf eine Föderation vielversprechend, denn die Wiederherstellung der früheren Monarchie wäre – wenn überhaupt – nur gegen große Widerstände zu erreichen.

Weniger an der Diskussion über die Staatsform des Reichs als an praktischen Erfordernissen interessiert zeigte sich der Universalgelehrte Gottfried Wilhelm Leibniz 1646–1716). Er offenbarte in seiner Korrespondenz sowie in seinen historischen und politischen Schriften, wie dem das Gesandtschaftsrecht der deutschen Fürsten verfechtenden *Caesarini Fuerstenerii De Jure Suprematus ac Legationis Principum Germaniae* und dem gegen die Expansionspolitik Ludwigs XIV. gerichteten *Mars Christianissimus*,[9] eine grundlegende Wertschätzung des Reichs und seiner Verfassung. Vor dem Hintergrund der Zeitläufte und sicher auch bedingt durch die Stoßrichtung seiner Publikationen wird bei ihm die Gewährleistung der äußeren Sicherheit als eine wichtige Aufgabe des Reichs gut fassbar. In einer an seinen ehemaligen Dienstherrn Johann Philipp von Schönborn gerichteten Denkschrift zur Reichssicherheit legte Leibniz den Plan zur Gründung eines Reichsbunds der gutwilligen Stände unter kurmainzischem Vorsitz vor. Seinem föderalen Reichsverständnis blieb er treu und bezeichnete das Reich später, als er längst in welfischen Diensten stand, als eine Familie der Reichsstände (*familia civitatum*).[10] Um die Reichseinheit zu sichern, maß er der Reichsgerichtsbarkeit und der Pflege des Reichsrechts einen hohen Stellenwert bei. Er strebte eine Kirchenunion an und war in diesem Zusammenhang ein wichtiger Ansprechpartner des im kaiserlichen Auftrag handelnden Bischofs Cristobál de Rojas y Spinola. Seine Verdienste wurden auch am Wiener Hof gewürdigt, und Kaiser Karl VI. ernannte ihn 1713 zum Titularreichshofrat.

Johann Jacob Moser (1701–1785) verband in seiner sich zwischen dem heimischen Württemberg, Wien und Frankfurt an der Oder entfaltenden Karriere, in der praxisorientierte und akademische Phasen miteinander abwechselten, juristische Gelehrsamkeit und reichs- sowie territorialpolitische Erfahrungen. Er war ein ausgesprochener Reichspatriot, der die Reichsverfassung als Garantin von Freiheitsrechten gegenüber landesherrlicher Willkür hochschätzte. Das beruhte auch auf eigenen Erfahrungen, denn 1764 bewirkte die Intervention von Kaiser und Reichshofrat seine Entlassung aus der Haft, die Herzog Karl Eugen im Zuge des württembergischen Ständekonflikts über ihn verhängt hatte. Moser war v. a. als Kompilator und Sammler des Reichsrechts von überragender Bedeutung. Seine zahlreichen Veröffentlichungen, darunter das *Teutsche Staatsrecht* (52 Teile, 1737–1753) und das *Neue Teutsche Staatsrecht* (27 Bde., 1767–1775), sind auch noch für die heutige rechts- und verfassungshistorische Forschung wichtig. Statt seinerseits eine Einordnung des Reichs in die Staatsformenlehre zu versuchen, prägte er die Formulierung: »Teutschland wird auf teutsch regiert und zwar so, daß sich kein Schulwort oder wenige Worte oder die Regierungsart anderer Staaten dazu schicken, unsere Regierungsart dadurch begreiflich zu machen«.[11] Auch sein Sohn Friedrich Karl (von) Moser (1723–1798) wurde ein bedeutender Reichspublizist, der Joseph II. einige Jahre als protestantischer Reichshofrat und später als Verwalter der Grafschaft Falkenstein diente.

Auch Johann Stephan Pütter (1725–1807) erhielt von Joseph II. 1766 eine Reichshofratsstelle angeboten, die er aber nicht antrat. Er blieb stattdessen von 1746 bis kurz vor seinem Tod Professor an der damals führenden Universität Göttingen, unterbrochen von einigen Reisen und politischen Aufträgen. So war er dreimal (1764, 1790, 1794) als Mitglied der kurhannoverschen Wahlgesandtschaft in Frankfurt. In seinen Werken, u. a. dem *Grundriß der Staatsveränderungen des Teutschen Reichs* und den *Beyträgen zum Teutschen Staats- und Fürstenrechte*, zeichnete er das Reich als einen zusammengesetzten Staat.[12] Er sprach dem Reich wie seinen Territorien staatliche Qualität zu. Auch wenn in vielen seiner Publikationen territorialrechtliche Fragen im Zentrum standen, spielte das Reich dabei eine bedeutende Rolle, denn die Einbindung der Territorialstaaten ins Reich war für Pütter ein wesentliches Element der Rechtsstaatlichkeit in Deutschland.

10.2 Zeitgenössische Außenwahrnehmungen

Vielgestaltig und in hohem Maß abhängig von der spezifischen Perspektive und den Interessen des Betrachtenden waren auch die Außensichten auf das Reich. Obwohl man südlich der Alpen die Deutschen als ziemlich barbarisch betrachtete, blieben für die römische Kurie das Reich das Heilige Römische Reich und der Kaiser – jedenfalls dann, wenn das der päpstlichen Politik zupasskam – der *Advocatus Ecclesiae*, der Schutzherr der Kirche. Daraus leitete die Kurie ein päpstliches Mitsprache- oder zumindest Approbationsrecht bei der Kaiserwahl ab – ein Anspruch, der bereits im späteren Mittelalter auf Widerstand gestoßen war und sich nach der Reformation erst recht nicht mehr durchsetzen ließ. Auch sonst hielt man in Rom an den alten Rechtstiteln fest und erkannte den Augsburger Religionsfrieden sowie den Westfälischen Frieden und damit wesentliche Grundlagen der Reichsverfassung nicht an. Das hielt den Papst und seine Nuntien allerdings nicht davon ab, sich im Bedarfsfall auf die Gegebenheiten einzulassen und in der Tagespolitik konstruktiv-kreativ mit ihnen umzugehen. Freilich trübten die eigenen Wunschvorstellungen bisweilen den Blick auf die Realitäten, etwa wenn man in Rom auch nach 1648 übertriebene Erwartungen in Fürstenkonversionen zum Katholizismus setzte und regelmäßig enttäuscht wurde, wenn die Effekte auf den Konfessionsstand der Untertanen begrenzt blieben.[13]

Von französischer Seite blickte man vielfach mit einem ausgeprägten Überlegenheitsgefühl auf das Reich, wie bereits am Beispiel Bodins ausgeführt wurde (s. S. 321). Wenn sich französische Autoren mit dem Reich beschäftigten, zeichneten sie häufig das Bild einer seit der Karolingerzeit andauernden Verfallsgeschichte wie Louis Maimbourg (1610–1686) in seiner *Histoire de la Décadence de l'Empire après Charlemagne* (1681), die das Licht des Allerchristlichsten Königs und seiner Monarchie nur umso heller strahlen ließ. Selten erfuhr das Reich eine deutliche Wertschätzung, wie in der zweibändigen *Histoire de l'Empire* des Elsässers Jean de Heiss (1615–1688) von 1684. Heiss gehörte zu den Deutschlandspezialisten des französischen Außenstaatssekretariats. Denn mochte man das Reich auch noch so geringschätzen, eine genaue Kenntnis seiner Verfassung erschien am Versailler Hof mit Blick auf die praktischen Erfordernisse der französischen Diplomatie doch durchaus erstrebenswert. Im Zeitalter der Aufklärung wurde der französische Blick auf das Reich noch kritischer: Es wurde als Inkarnation eines verkrusteten Feudalismus wahrgenommen und später sozusagen »folgerichtig« durch die Französische Republik und Napoleon hinweggefegt.[14]

In der für die Angelegenheiten des Kurfürstentums Hannover zuständigen Deutschen Kanzlei besaß der Londoner Hof im 18. Jahrhundert hervorragende Kenner des Reichs und seiner Verfassung. Insgesamt kann man sagen, dass auf den britischen Inseln das Reich vermittelt durch Hannover bzw. aus einer hannoverschen Perspektive heraus wahrgenommen wurde. Londons politische Elite verfügte also durchaus über einige Kenntnisse des Reichs, als Gegenstand des politischen Diskurses spielte es allerdings kaum eine Rolle.[15]

Aus russischer Perspektive waren lange Zeit weniger die Verästelungen der Reichsverfassung interessant als der Anspruch der deutschen Könige auf das Römische Kaisertum, der mit den Ambitionen der Moskauer Zaren konkurrierte. Nachdem Peter I., der Große, 1721 den bisherigen Zarentitel durch *Imperator* ersetzt hatte, war die russische Diplomatie bestrebt, die Anerkennung des Kaisertums der Romanow durch die europäischen Mächte zu erreichen. Dem Kaiser des Westens kam in diesem Zusammenhang besondere Bedeutung zu. Karl VI. hielt jedoch mit großer Entschlossenheit an seinem Anspruch fest, *der* christliche Kaiser zu sein. Erst in der Krise der 1740er Jahre rang sich der Wiener Hof zur Anerkennung des russischen Kaisertums durch. In der zweiten Hälfte des 18. Jahrhunderts entfaltete Russland, seit 1779 Garantiemacht des Friedens von Teschen, eine intensive Diplomatie im Reich, die sich zunehmend auch auf Erkenntnisse der eigenen Gesandten, wie des 1782 bis 1797 in Frankfurt stationierten Grafen Nikolai Petrowitsch Rumjanzew, stützen konnte.[16]

Nicht nur der russische Zar, auch der osmanische Sultan erhob als Nachfolger des byzantinischen *Basileus* Anspruch auf eine kaisergleiche Stellung. Dagegen erkannte die Hohe Pforte den kaiserlichen Rang Ferdinands I. und seiner Nachfolger nicht an, sondern bezeichnete sie herablassend als »Könige von Wien«, denen als »Ungläubigen« auch keine unbefristeten Friedensverträge, sondern nur befristete Waffenstillstände zugestanden wurden. Erst im Frieden von Zsitvatorok (1606) wurde dem römisch-deutschen Kaiser der *Imperator*-Titel zugebilligt, und erst im Frieden von Eisenstadt (1664) verzichtete der Sultan auf habsburgische Tributzahlungen. Aber noch Ewlijā Čelebīs Bericht über die anschließende osmanische Großbotschaft nach Wien (1665) spiegelt das Bewusstsein der Überlegenheit des Sultans gegenüber dem Kaiser wider. Das Zeremoniell der gegenseitigen Großbotschaften brachte im 18. Jahrhundert eine Gleichrangigkeit von Kaiser und Sultan zum Ausdruck, die nun erstmals auch unbefristete Friedensverträge schlossen. Ständige diplomatische Vertretungen im Reich unterhielt die Hohe Pforte aber nach wie vor nicht, während der Kaiser seit dem 16. Jahrhundert fast durchgängig durch Gesandte in Konstantinopel präsent war.[17]

In seinen letzten Jahren, als man bereits mit seinem Ende zu rechnen begann, veränderte sich die Sicht der europäischen Mächte auf das Reich erneut. Schon im Frieden von Lunéville konnte das Reich 1801 seinen Anspruch, das Römische Reich zu sein, gegenüber Frankreich nicht mehr durchsetzen. Stattdessen wurde es im Vertragstext als bloßes »Empire germanique« oder »Corps germanique« bezeichnet, bevor es 1805 im Frieden von Pressburg zur »Conféderation germanique« wurde (s. S. 202). Napoleon zeigte seine Geringschätzung für das Reich, als er bei seiner Annahme des Kaisertitels ausdrücklich nicht an die neuzeitlichen römisch-deutschen Kaiser anknüpfte, sondern einen klaren Bruch vollzog. Dass gleichwohl in den europäischen Hauptstädten noch Wertschätzung für das Reich und seine die Mitte Europas entdynamisierende Friedensordnung vorhanden war, zeigt die Tatsache, dass Großbritannien-Hannover und Schweden als einzige 1806 gegen die Niederlegung der römisch-deutschen Kaiserwürde durch Franz II. protestierten. Derartige, positive Wahrnehmungen des Reichs sollten nun aber für lange Zeit in den Hintergrund treten.

10.3 Das Reich und die historische Forschung

Als das Reich 1806 mit der Niederlegung der Kaiserkrone durch Franz II. faktisch erlosch, wurde das zwar von manchen Zeitgenossen bedauert. Doch obwohl etliche Führungspersönlichkeiten in den Regierungen, den Verwaltungen und den Justizapparaten der deutschen Staaten ihre berufliche Sozialisation ganz oder teilweise in einer der Reichsinstitutionen erlebt hatten, dominierte unter den politischen Eliten eine Haltung, die auf den Auf- und Ausbau des modernen Anstaltsstaats gerichtet war, für den das Reich, seine Strukturen und sein System von Rechten und Privilegien in erster Linie ein überwundenes Hindernis darstellten. Für die deutschen Fürsten und Regierungen war die soeben errungene, zumindest rechtlich unbegrenzte Souveränität ein hohes Gut, das sie nicht wieder einschränken lassen wollten. Von daher besaßen Überlegungen zu einer Wiedererrichtung des Reichs, wie sie nach der Niederlage des napoleonischen *Empire* angestellt wurden, auf dem Wiener Kongress 1814/15 von vornherein kaum Aussicht darauf, umgesetzt zu werden. Zudem hatte keiner der Fürsten, die ihre Herrschaftsgebiete durch Säkularisationen und Mediatisierungen vergrößert hatten, das geringste Interesse daran, die Legitimität dieser Erwerbungen in Zweifel ziehen zu lassen. Vielmehr gab es zumal in den süddeutschen Mittelstaaten Bestrebungen, die neu entstandenen Territorienkonglomerate nicht nur administrativ zu vereinheitlichen, sondern ihnen auch eine gemeinsame Identität und Vergangenheit zuzuschreiben. Das lief, vereinfacht gesagt, auf die Anschauung hinaus, dass die territorialen Umwälzungen der napoleonischen Zeit nur rechtlich zusammengefügt hätten, was eigentlich schon längst zusammengehört hätte. Eine solche Sicht wurde durch die im 19. Jahrhundert gegründeten landesgeschichtlichen Zeitschriften und die hinter ihnen stehenden Institutionen oftmals befördert.[18]

Doch nicht nur die landesgeschichtliche, auch die sich formende nationalgeschichtlich orientierte Historiographie ließ kaum ein gutes Haar am Alten Reich, das geradezu ein Gegenbild zu den Vorstellungen eines modernen National- und Machtstaats abgab. Besonders stark ausgeprägt war diese Geringschätzung des Reichs bei zahlreichen Vertretern einer kleindeutsch-borussischen Geschichtsschreibung wie Johann Gustav Droysen, Heinrich von Sybel oder Heinrich von Treitschke. Positiv gewürdigt wurde allenfalls die hochmittelalterliche Reichsgeschichte – wenngleich oft verbunden mit einer mehr oder weniger ausgeprägten Kritik an den »unnationalen« italienischen »Irrwegen« der mittelalterlichen Kaiser.

Geradezu verdammt wurde die sich seit dem Spätmittelalter etablierende »Kleinstaaterei«. Die Reformation interpretierten diese Historiker als eine verpasste Chance, die nationale Einheit auf der Basis des Protestantismus als der eigentlichen »deutschen« Konfession herzustellen. In der Frühen Neuzeit bildete das Reich aus ihrer Perspektive nur noch eine unzureichende »nationale« Klammer für die Deutschen. Die Politik der habsburgischen, katholischen Kaiser qualifizierten sie demgegenüber nicht selten als egoistisch, undeutsch, ja, letztlich reichsfeindlich. Von daher räumten deutsche Nationalgeschichten des 19. Jahrhunderts dem Alten Reich in der Regel nur wenig Raum ein. Interessant war das Reich des 17. und 18. Jahrhunderts für diese Historiker in erster Linie als Rahmen für den Aufstieg Preußens, das schon damals dazu berufen gewesen sei, den Nukleus des langersehnten und 1871 tatsächlich gegründeten neuen, machtvollen Reichs zu bilden.

Die negativen Stereotypen des Reichs, die in einem auffälligen Kontrast zu den überwiegend positiven Wertungen der frühneuzeitlichen Zeitgenossen standen, setzten sich gerade im Zeitalter des Historismus durch und damit in der Epoche, in der sich die Geschichte als Wissenschaft formierte. Daher dominierte in der deutschen Geschichtswissenschaft von Anfang an das skizzierte negative Reichsbild. Seine Durchschlagskraft und Persistenz erwiesen sich als enorm. Verlust der Funktionsfähigkeit, Erstarrung und Verfall des Alten Reichs galten geradezu als Axiome und prägten lange auch die Wertungen von Historikern, die sich intensiver mit dem Reich und seinen Institutionen beschäftigten, wie etwa Fritz Hartung, der in seiner 1914 veröffentlichten und letztmals 1969 wiederaufgelegten *Deutschen Verfassungsgeschichte* zum Westfälischen Frieden festhielt, dieser »zerstörte bloß, indem er die Libertät der Stände, ihre Landeshoheit und ihr Bündnisrecht fast schrankenlos anerkannte, ohne ihre Pflichten gegen Kaiser und Reich irgendwie festzulegen. [...] Dem Kaisertum war [...] fast jede Handhabe zum Eingreifen im Reich genommen. [...] Aber auch die Sieger in dem Verfassungskampf, die Reichsstände, waren nicht in der Lage, der erstarrenden Reichsverfassung neues Leben einzuhauchen«.[19]

Auch großdeutsche Historiker wie Moriz Ritter beurteilten das Reich unter macht- und nationalpolitischen Gesichtspunkten eher kritisch. Dezidiert antipreußisch ausgerichtet war das Werk des im Dienst des Königs von Hannover stehenden und 1866 nach Österreich geflüchteten Onno Klopp, der in Friedrich II. einen Reichszerstörer sah. Andere, wie Julius von Ficker, beschäftigten sich zwar vornehmlich mit dem mittelalterlichen Reich. Wenn Ficker aber davor warnte, das Reich nach modernen, nationalstaatlichen Maßstäben zu bewerten, war das auch für die Sicht auf die Spätphase des Reichs von Belang. Gemeinsam war den großdeutschen Historikern, dass sie die katholische Prägung des Reichs positiv werteten und für Österreich bzw. das habsburgische Kaisertum einen »Ehrenplatz« in der deutschen Geschichte beanspruchten. Für sie war in der späten Reichsgeschichte oft besonders der preußisch-österreichische Dualismus von Interesse. Das Reichsende 1806 interpretierten sie häufig als eine Art *Translatio Imperii* auf das neue Kaisertum Österreich. Eine Weiterentwicklung dieser Interpretationen fand sich seit 1929 in der »gesamtdeutschen« Geschichte Heinrich Ritter von Srbiks, der versuchte, kleindeutsche und großdeutsche Reichsinterpretationen miteinander zu versöhnen. Nach dem »Anschluss« Österreichs 1938 stieg er zum Präsidenten der Wiener Akademie der Wissenschaften auf.[20]

Die Diskreditierung des Nationalismus und des Machtstaatsgedankens durch den Nationalsozialismus und den Zweiten Weltkrieg machte den Weg frei für eine grundlegende Neubewertung des Reichs. Als ein Teil der deutschen Geschichte, der weder macht- noch nationalstaatlich geprägt war, gewann es nach 1945 für die (west-)deutsche Frühneuzeitforschung erheblich an Attraktivität. Es lassen sich drei Hauptströme

10.3 Das Reich und die historische Forschung

unterscheiden, die sich allmählich zur »neuen« Reichsgeschichte verbanden.[21] Da waren zum einen die beiden »Schulen« der katholischen Historiker Franz Schnabel (München) und Max Braubach (Bonn), aus denen bedeutende Reichshistoriker hervorgingen wie Heinrich Lutz, Karl Otmar von Aretin und Friedrich Hermann Schubert, Konrad Repgen, Klaus Müller und Hermann Weber. Zum anderen gab es die protestantische »Berliner Schule«, der z. B. der Hartung-Schüler Gerhard Oestreich zuzurechnen ist.

Die Forschungen dieser und anderer Historiker deckten ein breites Themenspektrum der Reichsgeschichte ab: Sie beschäftigten sich mit dem Reichstag, dem Reichskammergericht und den Reichspublizisten, sie untersuchten die Außenpolitik der mindermächtigen Reichsstände und die Stellung des Reichs in Europa, und sie publizierten Quellen zur Reichsgeschichte, wie die Reichstagsakten und die *Acta Pacis Westphalicae* (APW, seit 1962). Auf diesen Grundlagen konnte die nächste Generation von Reichshistorikerinnen und -historikern seit den 1970er Jahren aufbauen. Zahlreiche Spezialstudien trugen dazu bei, das sich allmählich ein neues Bild des Alten Reichs herauskristallisierte, das sich substanziell von den Wahrnehmungen und Deutungen des 19. und frühen 20. Jahrhunderts unterschied. Nunmehr erschien das Reich als eine Friedens- und Rechtsgemeinschaft, die auch den Mindermächtigen und den Untertanen zugutekam.

Diese Neubewertung des Alten Reichs beschränkte sich im Wesentlichen auf die Kreise der Spezialistinnen und Spezialisten. Die gängigen Handbücher und Überblicksdarstellungen pflegten vielmehr bis in die 1970er Jahre hinein die traditionellen Verdikte zu wiederholen – zu fest waren sie offenbar sogar bei den Reichshistorikern der älteren Generation verwurzelt, die ihre wissenschaftliche Sozialisation in der ersten Hälfte des 20. Jahrhunderts erlebt hatten. Auch ein Fortwirken der traditionellen Preußenfixierung stand einer Neubewertung der frühneuzeitlichen deutschen Geschichte entgegen. Das galt in noch stärkerem Maß für die ostdeutsche Historiographie, die zumal im Umkreis des Friedrich II.-Jubiläums von 1986 dazu tendierte, die DDR zum legitimen Erben des »guten« Preußen zu stilisieren.

Aus bundesrepublikanischer Perspektive gewann das Reich dagegen als Identifikationsobjekt zusehends an Attraktivität. Seit den 1960er Jahren wurden in zunehmendem Maß Gemeinsamkeiten oder Kontinuitätslinien zwischen dem Alten Reich und der Bonner Republik aufgedeckt bzw. konstruiert: Eine Parallele wurde etwa in dem dezidierten Verzicht auf eine nach außen gerichtete Machtpolitik und in dem Beitrag des Reichs zu einer europäischen Friedensordnung gesehen – wenn man nicht gleich im Reich ein Vorbild für ein geeintes Europa erblickte. Noch naheliegender war es, unter Berufung auf das Reich, seine Territorienlandschaft und die Reichskreise deutsche Traditionen eines Föderalismus zu postulieren, die eine relative Freiheit und konfessionelle Toleranz gewährleistet hätten. Zwischen den höchsten Reichsgerichten, insbesondere dem vom Kaiser weitgehend unabhängigen Reichskammergericht, und dem Bundesverfassungsgericht wurden Verbindungslinien gezogen, um so einen spezifisch deutschen Hang zur Rechtsstaatlichkeit zu behaupten. Indem Walter Fürnrohr den Immerwährenden Reichstag anlässlich des dreihundertjährigen Jubiläums seiner Eröffnung 1963 als das »Parlament des Alten Reichs« beschrieb, schuf er auch für den bundesrepublikanischen Parlamentarismus einen Bezugspunkt im frühneuzeitlichen Reich.[22]

Nicht nur mittels derartiger Aktualisierungen wurde die Reichsgeschichtsforschung zu einem blühenden Zweig der deutschen Frühneuzeitforschung. Sie profitierte auch davon, dass sie immer mehr über eine klassische, stark normativ orientierte Verfassungsgeschichte deutlich hinausging und sozialgeschichtliche Fragestellungen und Methoden übernahm. Beispielhaft dafür sind etwa die Unterreihe »Beiträge zur Sozial- und Verfassungsgeschichte des Alten Reichs« der »Veröffentlichungen des Instituts für Europäische Geschichte« oder die monumentale Studie von Sigrid Jahns zu den Reichskammergerichtsassessoren nach 1648, die ihrerseits in der Reihe »Quellen und Forschungen zur höchsten Gerichtsbarkeit im Alten Reich« erschienen ist, die seit 1973 über 70 Bände hervorgebracht hat. Profitiert hat die Reichshistoriographie auch von ihrer disziplinären Offenheit gegenüber der Rechtsgeschichte und der Kirchengeschichte. Im Unterschied zu den älteren Vorstellungen von einer Erstarrung der Reichsverfassung spätestens mit dem Westfälischen Frieden postulierte Volker Press ihre Dynamik bis weit über 1648 hinaus. Press und Bernd Roeck versuchten auch, das Reich als ein »System« zu erfassen.[23]

10.3 Das Reich und die historische Forschung

Schließlich fand die neue Sicht auf das Alte Reich auch Eingang in Überblicksdarstellungen, Handbücher und die neue Gattung der Studienliteratur. Im Zuge wichtiger Jubiläen (etwa 1998: 350 Jahre Westfälischer Frieden; 2003: 200 Jahre Reichsdeputationshauptschluss; 2006: 200 Jahre Reichsende) wurden die neuen Forschungsergebnisse, auch durch wichtige Ausstellungen, an eine größere Öffentlichkeit vermittelt.

Freilich standen den zahlreichen Stärken der Reichsforschung einige Schwächen bzw. blinde Flecken gegenüber. Zu letzteren war lange die weitgehende Vernachlässigung des Reichshofrats gegenüber dem Reichskammergericht zu zählen. Seit den 1990er Jahren hat aber, nicht zuletzt dank der Bemühungen von Wolfgang Sellert und Peter Oestmann, die Erforschung des Reichshofrats gewaltigen Auftrieb erhalten. Daran hat auch die österreichische Forschung erheblichen Anteil, die in den ersten Jahrzehnten nach dem Zweiten Weltkrieg gewisse »Berührungsängste« gegenüber der Reichsthematik hatte erkennen lassen. Das hatte wesentlich zu einer Vernachlässigung des Kaisers und der ihm zugeordneten Reichsinstitutionen beigetragen. Erst Karl Otmar von Aretin legte in den 1990er Jahren eine Reichsgeschichte nach 1648 vor, die die Persönlichkeiten und die Reichspolitik der Kaiser ins Zentrum stellte. Eher zurückhaltend zeigte sich die Reichsforschung lange Zeit auch bezüglich der interdisziplinären Zusammenarbeit mit anderen historischen Kulturwissenschaften, wie der Kunstgeschichte. V. a. aber war die Reichsforschung lange Zeit fast ausschließlich eine Angelegenheit der deutschsprachigen Geschichtswissenschaft. Das mag einen Hang zur Selbstgenügsamkeit befördert und die Aufnahme von Anregungen aus anderen nationalen Historiographien gehemmt haben. Schließlich führte die Konzentration auf scheinbar gegenwartsrelevante Themen der Reichsgeschichte dazu, dass eher fremd anmutende Aspekte, wie das Reichslehnswesen oder die nichtdeutschen Peripherien des Reichs, zurückgestellt oder ausgeblendet wurden.

Um die Jahrtausendwende wurde das Reich zum Gegenstand eines Historikerstreits, der zugleich einen erneuten Wendepunkt in der Reichshistoriographie markiert. Auslöser für diesen Disput war der Vorstoß Georg Schmidts, das Reich als »komplementären Reichs-Staat der deutschen Nation« zu fassen. Mit diesem Begriff, der Quellen- und heuristische Termini miteinander verknüpft, wollte er zum Ausdruck bringen, dass das Reich »ein Gefüge [...] aus mehreren besonderen, jedoch einer gemeinsamen höheren Gewalt noch untergeordneten Staaten« gewesen sei. Die Territorialstaaten hätten sich »mit allen anderen Formen begrenzter Staatlichkeit zu einer gemeinsamen, auf Deutschland gerichteten Handlungseinheit – zum komplementären Reichs-Staat« eben – verbunden. Staatlichkeit war, so Schmidt, »im Reichs-Staat auf unterschiedliche Ebenen verteilt«. Folgerichtig vertrat Schmidt die These, »daß der gesamt-staatliche Rahmen ein unverzichtbarer Bestandteil territorialer Staatlichkeit war und nicht [...] deren selbständige Entwicklung blockierte«.[24] Schmidt schilderte somit das Reich als einen frühmodernen nationalen Staat, dessen Verfassung föderalistisch, funktional und freiheitlich war. Mit dieser Interpretation ging er über die Ansätze seines akademischen Lehrers Volker Press, das Reich als System zu erfassen, deutlich hinaus.

Schmidts Thesen wurden kontrovers aufgenommen. Zu denjenigen, die ihm am entschiedensten beisprangen, zählte Johannes Burkhardt, der teilweise noch über Schmidt hinausging, wenn er das Reich als europäischen Vorreiter auf dem Weg zu pluraler Partizipation und so gleichsam als »verfrühte Nation« charakterisierte.[25] Damit wurden die Verdikte der nationalistisch-machtstaatlich orientierten Historiker des 19. und frühen 20. Jahrhunderts geradezu auf den Kopf gestellt.

Zahlreiche andere Historikerinnen und Historiker äußerten sich dagegen mehr oder weniger kritisch zu Schmidts und Burkhardts Thesen und warnten in diesem Zusammenhang vor einer einseitigen, allzu positiven Sicht des Reichs. Heinz Schilling schlug demgegenüber als Gegenmodell vor, das Reich als »teilmodernisiertes System« mit nicht zu verschweigenden Defiziten zu fassen.[26] Noch entschiedener sprach Wolfgang Reinhard dem Reich jede Staatlichkeit ab. Sowohl in der Wahrnehmung der Zeitgenossen wie aus der Perspektive der heutigen Geschichtswissenschaft sei das Reich »ein Gemeinwesen, das außerhalb des europäischen Regelablaufs der Staatsbildung blieb beziehungsweise eines, wo dieser Vorgang auf Territorienebene stattfand«.[27] Es ist vielleicht kein Zufall, dass die schärfste Kritik von Wissenschaftlern kam, die nicht im engeren Sinne zu den Reichshistorikern gerechnet werden können. Doch auch aus deren Kreis wurden Bedenken laut. So haben Karl Otmar von Aretin und Matthias Schnettger auf die Ausblendung wichtiger Aspekte und eine drohende Verengung der Reichsgeschichte durch Schmidts und Burkhardts Thesen hinwiesen. Mittlerweile ist es ruhiger um Schmidts und Burkhardts Thesen geworden. Die Erforschung des Reichs ist aber weiter vorangeschritten, und dabei lassen sich einige bemerkenswerte Tendenzen beobachten. Gerade die fremdartigen Aspekte der Reichsgeschichte, die quer zu einer Interpretation des Reichs als frühmoderner Nationalstaat stehen, finden seit etwa zwei Jahrzehnten verstärkte Aufmerksamkeit durch Vertreterinnen und Vertreter der neuen Kulturgeschichte. So sind bislang vernachlässigte Bereiche wie das Reichslehnswesen und das Reichszeremoniell aufgearbeitet bzw. in Angriff genommen worden. Barbara Stollberg-Rilinger hat die Zeremonialgeschichte als einen integralen Bestandteil der Reichsverfassungsgeschichte entdeckt und die Bedeutung der verfahrensmäßigen Herstellung *und* der symbolischen Darstellung der Reichseinheit z. B. auf Reichs- und Wahltagen betont. Im Verlauf der Frühen Neuzeit nimmt sie einen Verlust der einheitsstiftenden Präsenzkultur wahr sowie eine wachsende Diskrepanz zwischen institutioneller Fiktion der Reichsordnung und (macht)politischen Realitäten, die die Akteure zu »struktureller Heuchelei« gezwungen habe – eine bemerkenswerte Neuinterpretation der Reichskrise des 18. Jahrhunderts.[28]

Tendenziell lässt sich seit dem späten 20. Jahrhundert in der deutschen Frühneuzeitforschung ein Abflauen der »Reichseuphorie« beobachten. Überhöhungen des Reichs sind differenzierteren Bewertungen gewichen, die Dysfunktionalitäten und Schwächen nicht ausblenden, ohne indes in alte Verdikte zu verfallen. Einerseits spielen nach wie vor Themen mit Aktualitätspotential eine Rolle, wie z. B. der Umgang mit Glaubensverschiedenheit im Reich und seinen Territorien. Andererseits befördert auch die Faszination des Fremdartigen die wissenschaftliche Beschäftigung mit dem Reich.

Die Lebendigkeit und Vielfalt der Reichshistoriographie lässt sich immer noch an einer Fülle von Publikationen ablesen. Mit der »Bibliothek Altes Reich« ist 2006 eine neue Schriftenreihe gegründet worden, die sich explizit der Reichsgeschichte widmet und die mittlerweile bei Band 26 angekommen ist. Gleichzeitig ist eine begrüßenswerte größere Offenheit der Reichshistoriographie zu beobachten. Nicht alle, die heute Wesentliches zur Aufarbeitung der Reichsgeschichte beitragen, würden sich in erster Linie als Reichshistorikerinnen oder -historiker verstehen, sondern als Vertreterinnen bzw. Vertreter der Gesellschafts-, Wirtschafts- oder Kulturgeschichte, die ihre spezifischen Fragestellungen anhand des Reichs verfolgen. Schließlich findet das Reich seit einiger Zeit auch außerhalb Deutschlands ein verstärktes Interesse, nicht nur in Österreich, sondern auch in den angelsächsischen Ländern[29] und in Italien, wo man sich seit den 1990er Jahren intensiver mit Reichsitalien beschäftigt.[30]

Besonders fruchtbar ist aber der Beitrag einer jüngeren Generation französischer Historikerinnen und Historiker um Christophe Duhamelle, Christine Lebau und Claire Gantet, die u. a. die in Frankreich populären raumsoziologischen Ansätze mit großem Gewinn auf das Reich angewandt haben.[31] Auch einer der jüngsten Versuche, die komplexe Struktur des Reichs konzeptionell zu fassen, nämlich mit dem Ansatz der Fraktalität, ist Christophe Duhamelle und seinem Kollegen Falk Bretschneider zu verdanken. Um die verschiedenen Ebenen des Reichs – die zentralen Reichsinstitutionen, die Reichskreise, die Höfe der Reichsstände und das Reich »vor Ort« – zusammenzubinden, haben sie vorgeschlagen, »die charakteristische Form, welche die Verräumlichung sozialer Praxis im Alten Reich annahm«,[32] durch das Konzept der Fraktalität zu beschreiben. In Anlehnung an das geometrische Muster des Fraktals weisen sie darauf hin, dass im Reich auf allen Ebenen ähnliche Formen, Strukturen und Praktiken existiert hätten, dass hingegen ein hierarchisches oder symmetrisches Ordnungssystem gefehlt und infolgedessen eine Fluidität zwischen den Ebenen bestanden habe. Auf diese Weise versuchen die beiden Autoren das komplexe Wechselspiel zwischen den unterschiedlichen Ebenen des Reichs konzeptuell zu erfassen.

Alles in allem behauptet sich das Reich als ein intensiv beackertes und ertragreiches Forschungsfeld, von dem auch für die Zukunft wichtige neue Erkenntnisse und Deutungen zu erwarten sind. Gleichzeitig ist die Reichsforschung ein Paradebeispiel für die Standortgebundenheit historischer Forschung und für die Notwendigkeit, die eigene Position kritisch zu reflektieren und offenzulegen.

Fazit

Beim Verfassen des vorliegenden Bandes ist mir die außerordentliche Komplexität des Reichs und seiner Geschichte noch bewusster geworden. Das, was einerseits den besonderen Reiz dieses Gegenstands für die historische Forschung ausmacht, bringt andererseits erhebliche Herausforderungen für den Historiker mit sich, der versucht, die frühneuzeitliche Reichsgeschichte in einer kompakten Überblicksdarstellung zusammenzufassen. Die Reduktion von Komplexität ist ebenso unabdingbar wie der Verzicht auf manches Detail. Zugleich gilt es, sich in einer derartigen Synthese vor eindimensionalen Deutungen – so reizvoll sie sein und so sehr sie die Forschungsdiskussion befruchten mögen – zu hüten, die dem komplexen Gegenstand nicht gerecht werden können.

Eine besondere Herausforderung stellt die räumliche Dimension des Reichs dar bzw. die Interaktion der unterschiedlichen Räume und Ebenen des Reichs. Meist besteht die Lösung darin, dass die Historikerin oder der Historiker einen Raum oder eine Ebene privilegiert und die anderen lediglich insoweit berücksichtigt, als sie damit interagieren. Das führt unweigerlich zu mehr oder minder ausgeprägten Perspektivierungen, und nur die Zusammenschau von mehreren solcher Reichsbilder vermag Verzerrungen entgegenzuwirken. Sonst besteht die Gefahr, aus der lokalen oder territorialen Perspektive nur einen eingeschränkten Blick auf die höchsten Reichsinstitutionen zu gewinnen oder mit der Konzentration auf Reichstag oder Reichskammergericht den Eindruck zu erwecken, die eigentliche Reichsgeschichte ereigne sich oberhalb der Ebene der Territorien, sei jedenfalls weitgehend von ihnen abgekoppelt. Selbst die Annahme und Berücksichtigung dreier Ebenen – Territorien, Reichskreise, Zentralinstitutionen – kommt nur teilweise zu überzeugenden Ergebnissen. Man darf gespannt sein, wie sich der Ansatz der

Fraktalität (Christophe Duhamelle/Falk Bretschneider, s. S. 338),[1] der von einer Gleichartigkeit der Phänomene auf den unterschiedlichen Ebenen ausgeht, in der Forschungspraxis bewähren wird.

Weniger intensiv hat sich nach meinem Eindruck die Forschung mit der Herausforderung befasst, die die erheblichen Veränderungsprozesse des frühneuzeitlichen Reichs und seiner Verfassung für die adäquate Erfassung und Darstellung der Reichsgeschichte darstellen. Dass sich das Reich und seine Verfassung in den letzten drei Jahrhunderten seiner Existenz erheblich veränderten, ist natürlich keine neue Erkenntnis. Stärker als bisher könnte man aber danach fragen, ob die Unterschiede zwischen dem Reich am Beginn des 16. und am Ende des 18. Jahrhunderts nicht etwa kategoriale Qualität besaßen. Die Antwort auf diese Frage wird dadurch erschwert, dass die Reichsgeschichte durch Gleichzeitigkeiten charakterisiert war, ohne dass eine kontinuierliche Entwicklung der Reichsverfassung in eine eindeutige Richtung, etwa im Sinne einer Verfallsgeschichte, festzustellen ist. So war das 16. Jahrhundert die Zeit der großen Reichsgesetze, während sich der Landfrieden erst allmählich durchsetzte und auch die neuen Höchstgerichte des Reichs sich erst allmählich formierten und akzeptiert wurden. Der Reichstag, bei dem üblicherweise das Haupt und ein ansehnlicher Teil der Glieder des Reichs präsent waren, war nicht nur der Ort, wo in Ritualen, Zeremoniell und Solennitäten das Reich aufgeführt und dadurch immer wieder vergegenwärtigt wurde, sondern wo es sich auch als Handlungseinheit formierte und in Erscheinung trat.

Dagegen waren im Reich des späten 17. und 18. Jahrhunderts die Reichsgerichte aktiv wie nie zuvor. Gleichwohl lässt sich das Reich zu dieser Zeit nur sehr eingeschränkt als ein Kollektivakteur von Kaiser und Reichsständen erfassen. Auch beim Immerwährenden Reichstag gab es Rituale, Zeremoniell und Solennitäten. Allerdings glänzten diejenigen, die eigentlich die Hauptdarsteller sein sollten, immer häufiger durch Abwesenheit. Es ist bemerkenswert, dass selbst die gleichzeitige physische Präsenz von Kaiser und Reichstag in Frankfurt in den 1740er Jahren nicht mehr zur Wiederaufnahme früherer Formen führte. Auch vermochte der Immerwährende Reichstag das Reich nicht oder nur noch eingeschränkt zu einer Handlungseinheit zu formen; denn die

wirklichen Entscheidungen fielen an den großen Höfen und wurden von den Reichstagsgesandten nur noch vollzogen.
Insofern bedeutete »Reichspolitik« im 16. Jahrhundert etwas anderes als im 18. Jahrhundert. Während mit diesem Begriff zu Beginn der Frühen Neuzeit in erster Linie Politik *des* Reichs oder Politik von Kaiser und Ständen *für das* Reich gemeint war, trat diese Bedeutungsebene am Ende der Reichsgeschichte deutlich zurück, ohne freilich gänzlich zu verschwinden. Als Anspruch oder – negativer formuliert – als Fiktion blieb sie erhalten und wurde nicht nur vom Kaiser, sondern auch von kleineren, reichstragenden Ständen gepflegt. Tatsächlich aber verfolgten in den letzten Jahrzehnten des Reichs zumal die mächtigeren Reichsstände einschließlich des Kaisers bzw. Österreichs eine Reichspolitik im Sinne einer Politik *im* oder *gegenüber* dem Reich, die auf die Durchsetzung individueller Interessen, auch zulasten anderer Reichsstände oder des ganzen Reichs, abzielte. Diese Form von Reichspolitik gab es selbstverständlich auch schon im 16. Jahrhundert, aber am Ende des Reichs wuchs ihr Stellenwert signifikant. Auch diese Entwicklung verlief nicht linear, Tendenzen sind jedoch erkennbar.

Ein anderer wichtiger Veränderungsprozess war die zunehmende Normierung und Verschriftlichung der Reichsverfassung. Dabei wurden oft keine neuen Normen gesetzt, sondern längst geltendes Gewohnheitsrecht fixiert, wie im Westfälischen Frieden das *ius suffragii*, das Bündnisrecht und die Landeshoheit der Reichsstände. Diese zunehmende Normierung führte das Reich auch über das Zeitalter der »Reichsreform« hinaus immer weiter fort von der »offenen Verfassung« des Spätmittelalters, wobei sich die Entwicklungen im 17. Jahrhundert nur noch partiell als »gestaltete Verdichtung« fassen lassen, um Peter Moraws Terminologie aufzugreifen.[2] Neben die und teilweise an die Stelle der Verdichtungsprozesse trat durch die zunehmende Delegation von Kompetenzen vom Reich an die Stände eine Tendenz, die man als »regulierte Entflechtung« bezeichnen könnte.

Zugleich ist mit Blick auf diese und andere Entwicklungen eine weitere, schon von der »neuen« Reichsgeschichtsforschung der zweiten Hälfte des 20. Jahrhunderts formulierte und von der aktuellen kulturgeschichtlichen Forschung unter geänderten Perspektiven und Fragestellungen bestätigte Erkenntnis zu unterstreichen: Auch als die schriftlich fixierten Normen seit der Mitte des 17. Jahrhunderts gleich blieben oder nur maßvoll modifiziert wurden, konnte sich die Reichsverfassung – im Sinne der Verfassungsrealitäten – substanziell verändern, und sie veränderte sich in der Tat. Von einer Verkrustung der Reichsverfassung nach dem Westfälischen Frieden, wie sie die ältere Forschung angenommen hatte, kann keine Rede sein. Zutreffender sind da Befunde der neuen Kulturgeschichte, insbesondere von Barbara Stollberg-Rilinger, die gezeigt hat, wie die etablierte Reichsordnung mehr und mehr zu einer Fiktion wurde, die im 18. Jahrhundert in einen eklatanten Widerspruch zu den (macht-)politischen Realitäten geriet.[3]

Die Vielschichtigkeit und die fundamentalen Wandlungen in der Reichsverfassung tragen wesentlich zur Schwierigkeit bei, das frühneuzeitliche Reich mit wenigen Worten zu erfassen. Griffige Formeln mögen dazu beitragen, einzelne Dimensionen der Reichsgeschichte prägnant zu konturieren. Gerade bei einem derart komplexen Gemeinwesen wie dem Reich wird dieser Vorteil aber durch die Vernachlässigung oder durch das Ausblenden anderer, ebenfalls wichtiger Dimensionen womöglich allzu teuer erkauft. Zwar dürfte es mancher Historikerin und manchem Historiker des 21. Jahrhunderts unbefriedigend erscheinen, bei dem Pufendorfschen Befund eines *irregulare corpus* stehenzubleiben oder sich auf das Mosersche »Teutschland wird auf teutsch regiert« zurückzuziehen. Vielleicht aber ist diese Selbstbeschränkung leichter auszuhalten, wenn man sie nicht als Kapitulation vor dem Gegenstand begreift, sondern sich vergegenwärtigt, dass man damit auf einer Linie mit einigen der scharfsinnigsten zeitgenössischen Analytiker und Kenner der Reichsverfassung ist. Dann stehen diese Chiffren nämlich nicht für den Verzicht auf eine analytische Durchdringung, sondern sind eine Mahnung, sich den Ambiguitäten und Vielschichtigkeiten des Reichs und seiner Verfassung immer wieder neu zu stellen.

Anmerkungen

Einleitung

1 Gotthard 2013; Hartmann 2005; Herbers/Neuhaus 2010; Neuhaus 2010; Stollberg-Rilinger 2018; Wendehorst/Westphal 2014; Ottomeyer (Hg.) 2006.
2 Duchhardt 1991; Schmidt 1999; Whaley 2018. Die relevanten Bände der 10. Aufl. des Gebhardt sind in chronologischer Reihenfolge Reinhard 2001; Lanzinner/Schormann 2001; Burkhardt 2006; Demel 2005.
3 Aretin 1990–2000.
4 Schindling/Ziegler (Hgg.) 1990; Stollberg-Rilinger 2013 a.

1 Kaiser und Reich um 1500

1 Zusammenfassend zur Entwicklung des Reichs im Spätmittelalter Krieger 2010.
2 Vgl. Moraw 1976, bes. 125; Moraw 1989, passim.
3 Vgl. Moraw 1989, 379–385, bezogen auf Albrecht II. und Friedrich III.
4 Zur Goldenen Bulle Hohensee 2009; Frauenknecht/Rückert 2016.
5 Vgl. Hermkes 1968.
6 Vgl. Begert 2003.
7 Zum Reichsbegriff und seinen Bedeutungsebenen vgl. Schnettger 2002.
8 Zum Folgenden Schindling/Ziegler (Hgg.) 1990; Schnettger 2019.
9 Zu den nie realisierten Plänen eines protestantischen Kaisertums Duchhardt 1977.
10 Vgl. Neuhaus 1997.
11 Vgl. Heil 2010.
12 Vgl. Brockhoff (Hg.) 2006.
13 Edition: Burgdorf (Hg.) 2015. Vgl. Burgdorf 2015 a.
14 Vgl. Groß 1933.
15 Gotthard 2013, 16.

Anmerkungen

16 Zum Folgenden zusammenfassend Neuhaus 2010, 21–38.
17 Gotthard 1999.
18 Vgl. Hartmann (Hg.) 1997; Hartmann (Hg.) 1998.
19 Vgl. Michael Kotulla in Handwörterbuch zur deutschen Rechtsgeschichte 2008ff., Bd. 2, 1514–1515.
20 Zur Entstehung des Reichstags Moraw 1980; Annas 2004; Seyboth 2011. Umfassende Edition der Quellen: Reichstagsakten 1962ff.
21 Stollberg-Rilinger 2013 a, 93–136.
22 Zu Rangordnung und Rangkonflikten im Reichstag Stollberg-Rilinger 1997.
23 Zu den Reichsgrafen Böhme 1989; Schmidt 1989; Arndt 1991.
24 Zum Mainzer Reichstagsdirektorium Härter 1997.
25 Hierzu Lanzinner/Strohmeyer (Hgg.) 2006.

2 Das Zeitalter der »Reichsreform«

1 Angermeier 1984, 23.
2 Zur kritischen Diskussion des Begriffs Reichsreform Krieger 2010, 114–118.
3 So etwa Burgdorf 1998.
4 Zu Maximilian I. die monumentale Biographie von Wiesflecker 1971–1986; der aktuelle Forschungsstand im Ausstellungskatalog Frenzel u. a. (Hg.) 2019.
5 Zu Berthold von Henneberg Roll 1998.
6 Zum Wormser Reichstag von 1495 Helm (Red.) 1995.
7 Zum Ewigen Landfrieden Fischer 2007.
8 Zitiert nach Zeumer (Hg.) 1913, 236.
9 Zum Reichsregiment allgemein Angermeier 1970; zum Zweiten Reichsregiment Roll 1996.
10 Zum Schwäbischen Bund und zur Bundespolitik Karls V. Carl 2000; Press 2000 b (ursprünglich 1982).
11 Moraw 1989.
12 Zum »komplementären Reichs-Staat der deutschen Nation« Schmidt 1999, 33–54.

3 Kaiser, Reich und Reformation

1 Zur vorreformatorischen Kurienkritik Tewes 2001, zu den Gravamina 303–312.
2 Zum Kaisertum Karls V. Schilling 2020.

3 Zu den Anfängen der Reformation im Reich bis zum Ende der 1520er Jahre im Überblick Rabe 1991, 219–317; Schnabel-Schüle 2013, 58–171; Dingel 2018, 188–205.
4 Zum Augsburger Reichstag von 1530 Iserloh u. a. (Hgg.) 1981.
5 Zitiert nach Köpf (Hg.) 2001, 392. Vgl. Haug-Moritz 2002 b.
6 Zum Augsburger Reichstag von 1547/48 und zum Interim Rabe 1971; Schorn-Schütte (Hg.) 2005.
7 Hierzu prononciert Schmidt 1999, 90–99.
8 Zum Augsburger Religionsfrieden Gotthard 2006; Schilling (Hg.) 2007.
9 Heckel 2001, 59.
10 Zu den reichsständischen Repräsentationsformen Neuhaus 1982.
11 Zur *Carolina* Schroeder (Hg.) 1986.
12 Zu den Reichspolizeiordnungen Weber (Bearb.) 2002.
13 Zum Reichsmünzwesen Volckart (Hg.) 2017.
14 Abdruck der Reichsmatrikel z. B. bei Zeumer (Hg.) 1913, 255–259.
15 Zu dieser Verknüpfung Schulze 1978.
16 Zu den kaiserlichen Finanzen im 16. Jahrhundert Rauscher 2004; für die spätere Entwicklung Rauscher (Hg.) 2010.
17 Zu Lazarus von Schwendi Nicklas 1995.

4 Kaiser und Reich vom Augsburger Religionsfrieden zum Dreißigjährigen Krieg

1 Zu den Regierungen Ferdinands I. und Maximilians II. Laubach 2001; Lanzinner 1993; Luttenberger 1994.
2 Zu den geistlichen Fürstentümern nach der Reformation Wolgast 1995; Haag 2018.
3 Jedin 1946.
4 Zum Kölner Krieg Schnurr 2009.
5 Zur konfessionellen Positionierung Rudolphs II. und seines Reichshofrats Ehrenpreis 2006.
6 Zum Habsburger Bruderzwist Bůžek (Hg.) 2010; zusammenfassend zur Vorgeschichte des Dreißigjährigen Krieges Duchhardt 2017; Rebitsch (Hg.) 2017.
7 Vgl. zur Protestantischen Union und zur Katholischen Liga Ernst/Schindling (Hgg.) 2010.
8 Zum Jülich-Klevischen Erbfolgestreit Groten u. a. (Hgg.) 2001; Kleinbongartz (Hg.) 2014.
9 Diesen Ansatz verfolgt konsequent Stollberg-Rilinger 2013.

10 Zum Folgenden Wanger 1994; vgl. auch Brockhoff (Hg.) 2006; zu den Kaisereinzügen Rudolph 2011.
11 Zur Reichspolitik Kaiser Matthias' und Khlesls Angermeier 1993.
12 Aktuelle Überblicksdarstellungen des Dreißigjährigen Krieges mit einem Schwerpunkt auf der Reichsgeschichte bieten z. B. Gotthard 2016; Burkhardt 2018; Schmidt 2018.
13 Zu Friedrich V. Wolf u. a. (Hgg.) 2003.
14 Zur kursächsischen Politik Gotthard 1993.
15 Zur Kurübertragung Messinger 2015.
16 Zum Restitutionsedikt Frisch 1993.
17 Zur Politik Kurfürst Anselm Casimirs Brendle 2011, hier 201–272.
18 Zum Heilbronner Bund Langer 1995; Schulze 2018, 403–452.
19 Zum Kaisertum Ferdinands II. Brockmann 2011.
20 Zur Reichsacht gegen Wallenstein Kampmann 1992.
21 Zum Kaisertum Ferdinands III. Hengerer 2012.
22 Darstellungen des Westfälischen Friedens erschöpfend bei Dickmann 1998; kompakt bei Repgen 1999; Westphal 2015. Ergänzend die Sammelbände Duchhardt (Hg.) 1998; Schmidt-Voges (Hg.) 2010; für die ältere Literatur Duchhardt (Hg.) 1996; umfangreiche Quellenedition: Acta Pacis Westphalicae 1962ff.
23 Editionen und Übersetzungen bei Oschmann (Hg.).
24 Zur Normaljahrsregelung Fuchs 2010.
25 Zum Sonderfall Osnabrück Steinert 2003.
26 Zu den französischen Gewinnen und zur Elsassproblematik Malettke 2001, 157–184.
27 Meiern 1734–1740, Bd. 1, 1.
28 Duchhardt 1991, 169.

5 Kaiser und Reich nach dem Westfälischen Frieden

1 Zum Nürnberger Exekutionstag Oschmann 1991.
2 Zum Reichstag von 1653/54 Müller 1992.
3 Zu den »neuen Fürsten« Schlip 1987.
4 Hierzu Schnettger 1996, 111–177, Zitat 169; Gotthard 2002.
5 Zum Reichsdeputationstag ab 1655 Schnettger 1996.
6 Zum Interregnum von 1657/58, zu den damit zusammenhängen Konflikten und zur Kaiserwahl Leopolds I. Schnettger 1996, 244–268; Bangert 2008; Brüser 2020, 68–79.
7 Zum Fürstenverein von 1662 Schnettger 1997.

8 Zum Ersten Rheinbund Brüser 2020.
9 Zum Translationsstreit Schnettger 1996, 269–353.
10 Zum Immerwährenden Reichstag allgemein Rudolph/von Schlachta (Hgg.) 2015; zu seinen Anfängen Schindling 1991.
11 Zur Vertretung des Kaisers beim Immerwährenden Reichstag Fürnrohr 1983/84; für das 18. Jahrhundert Rohrschneider 2014.
12 Eine prosopographische Untersuchung zu den hessischen Reichstagsgesandten bietet Lehsten 2003.
13 Zu Regensburg als Reichstagsstadt Dallmeier (Hg.) 2001; Unger u. a. (Hgg.) 2013.
14 Hierzu Schnettger 1994, 363–366.
15 Besonders dezidiert Burkhardt 1999.
16 Zur Reichshandwerksordnung Winzen 2002.
17 Fürnrohr 1963.
18 Zu Reichstag und Reichsöffentlichkeit Friedrich 2007.
19 Hierzu Stollberg-Rilinger 2013, 246–281.
20 Zum Wiederaufstieg des Kaisertums Press 2000 d (ursprünglich 1989).
21 Zur französischen Reichspolitik seit den 1660er Jahren und zu den ludovizianischen Kriegen zusammenfassend Malettke 2001, 275–652; zur französischen Politik gegenüber den geistlichen Kurfürsten Haug 2015.
22 Hierzu Schumann 2003; Wrede 2004, zu Leibniz 453.
23 Zur Reichsdefensionalordnung und zum Reichsmilitärwesen Plassmann 2000.
24 Zum Nutzen der Theorien Bourdieus für die Geschichtswissenschaft Reichardt 1997.
25 Zur Patronage am Wiener Hof im 17. Jahrhundert Hengerer 2004; zur weiblichen Dimension der Patronage Keller 2005; zu den Funktionseliten des Reichs Baumann u. a. (Hgg.) 2003.
26 Zur Rolle der Kaiserinnen Braun u. a. (Hgg.) 2016.
27 Zur Reichskirchenpolitik Leopolds I. Aretin 1993–2000, Bd. 1, 316–338; ergänzend Wolf 1994
28 Bog 1959.
29 Zu den kaiserlichen Gesandten und Residenten im Reich Lau 2015.
30 Zur Wahl und den Krönungen von 1690 Schumann 2003, 192–198.
31 Zur Neunten Kurwürde und den daraus resultierenden Konflikten Arndt 2013, 297–338.
32 Zu Leibniz und seinen historischen Ausarbeitungen im Dienst der Welfen Reese 1967.
33 Zur Regierung Josephs I. prägnant Aretin 1986, 255–322.
34 Zum Konflikt Kurbrandenburg – Herford Schröder-Stapper 2015, 238–242, 424f., 437f., 446f., 514f. u. ö.
35 Zur Ächtung der Kurfürsten von Köln und Bayern Arndt 2013, 339–394.
36 Zu den teils erfolgreichen Bemühungen der weltlichen Kurfürsten, in den Königsrang aufzusteigen, zusammenfassend Schnettger 2003, 180–188.
37 Hierzu Schneider 2015, bes. 3 mit Anm. 6.

38 Zum »Kaiserstil« in der Zeit Karls VI. Matsche 1981; Matsche 2011; zur heiklen Terminologie Karner 2011.
39 Zur Reichshofkanzlei Groß 1933, zur Zeit Josefs I. und Karls VI. 62–76; dazu auch Hantsch 1929; zum Hof Karls VI. Pečar 2003.
40 Aretin 1993–2000, Bd. 3, 352.
41 Zur »Rekonfessionalisierung« der Reichspolitik Brachwitz 2011; Kalipke 2013; zur Situation vor Ort beispielhaft Duhamelle 2018.
42 Zusammenfassend zur wachsenden Distanz zwischen Österreich und dem Reich Klueting 1999.

6 Das Alte Reich in seiner Spätphase

1 Zum Interregnum von 1740–1742 Koch/Stahl (Hgg.) 1986; zum Kaisertum Karl VII. Hartmann 1985; Press 2000 e (ursprünglich 1984).
2 Zum Kaisertum Franz' I. Zedinger 2009; Braun 2018.
3 Aretin 1993–2000, Bd. 3, 30f.
4 Zu Wahrnehmungen und Deutungen der Schlacht von Roßbach Nicklas 2002.
5 Vgl. Burkhardt 1985.
6 Zu Friedrich II. als »Gegenkaiser« insbes. Aretin z. B. 1967, Bd. 1, 19–23; vgl. auch Haug-Moritz 2002 a.
7 Zu Joseph II. und seinem Kaisertum Beales 1987–2009; Gnant 2008; Braun 2018.
8 Veröffentlicht in Khevenhüller-Metsch 1907–1972, Bd. 6, 479–482. Ebd., 482–502 bzw. 502–518 die Antworten von Colloredos und Kaunitz‹.
9 Stollberg-Rilinger 2013, 227–297.
10 Zur Krise der Reichslehnsordnung ebd., 287–297.
11 Zum Bedeutungsverlust von Wahltagen und Königs-/Kaiserkrönungen Stollberg-Rilinger 2013 a, 229–246.
12 Stollberg-Rilinger 2013 a, 9.
13 Zum Bayerischen Erbfolgekrieg und seinen Folgen Press 2000 f. (ursprünglich 1982).
14 Zum Fürstenbund Aretin 1967, Bd. 1, 164–240; Stievermann 1995.
15 Zur Konfrontation des Reichs mit dem revolutionären Frankreich Härter 1992, 69–377; Henke 2000.
16 Zum Kaisertum Leopolds II. Wandruszka 1963–1965, Bd. 2, 249–383.
17 Zur Bedeutung des Basler Friedens für das Reich Plassmann 2001/2002.
18 Zeumer (Hg.) 1913, 439. Zum Problem des Reichsfriedens mit Frankreich sowie den Friedensschlüssen von Campo Formio und Lunéville Aretin 1967, Bd. 1, 333–371; Härter 1992, 439–566.

19 Zum Reichsdeputationshauptschluss und seinen Folgen Schröder 1991; Schmid (Hg.) 2003; Rödel (Hg.) 2004; Scharf-Wrede (Hg.) 2004; Müller (Hg.) 2007.
20 Zu diesen Diskussionen nach 1803 Pape 2017, 62–84.
21 Zeumer (Hg.) 1913, 460.
22 Abdruck der Abdankungserklärung vom 8. August 1806 bei Zeumer (Hg.) 1913, 467f. Die Legende der feierlichen Verlautbarung noch bei Herbers/Neuhaus 2005, 287.
23 Vgl. z. B. Härter 2006; Braun 2008.
24 Burgdorf 2006; Mader 2005. Zum Reichsende auch North/Riemer (Hgg.) 2008; Roll/Schnettger (Hgg.) 2008; Kraus 2010.

7 Was hielt das Reich zusammen?

1 Vgl. z. B. die bilanzierenden Sammelwerke von Diestelkamp (Hg.) 1990; Westphal u. a. (Hg.) 2004; Battenberg/Schildt (Hgg.) 2010.
2 Zum Rottweiler Hofgericht Schillinger 2016.
3 Zu den Anfängen und zur Frühzeit des Reichskammergerichts Diestelkamp (Hg.) 2003.
4 Überblicke zum Reichskammergericht bieten Smend 1911 (1965); Ranieri 1985; Scheurmann (Hg.) 1994.
5 Zu »alternativen« Konfliktlösungen Cordes (Hg.) 2015.
6 Zu Appellationen an die Reichsgerichte Eisenhardt (Hg.) 1980; Auer u. a. (Hgg.) 2013.
7 Zur Affäre Papius und zur Korruption am Reichskammergericht Baumann (Hg.) 2012.
8 Zu den Reichskammergerichtsvisitationen Baumann 2018; Denzler 2016.
9 Jahns 2011; zu den Kammerrichtern Loewenich 2019.
10 Zu den Parteienvertretern am Reichskammergericht Baumann 2006.
11 Zum Reichshofrat allgemein Gschließer 1942 (1970); Sellert 1996.
12 Edition der Reichshofratsordnungen bei Sellert (Hg.) 1980–1990.
13 Zu den Kompetenzen und Tätigkeiten des Reichshofrats zusammenfassend Eisenhardt 200.
14 Zum Verfahren am Reichshofrat Sellert 1973; Ortlieb 2009; zu den Prozesssprachen Schnettger 2007 a. Inventare eines Teil der Reichshofratsakten sind mittlerweile gedruckt: Sellert (Hg.) 2009–[2019].
15 Zu den Reichshofratskommissionen Ortlieb 2001; Ullmann 2006.
16 Zur zunehmenden Inanspruchnahme des Reichshofrats Ortlieb/Polster 2004; zum Verhältnis zum Reichskammergericht Sellert (Hg.) 1999.
17 Schnettger 2010 a, 626.

18 Zu den Reichshofräten Gschließer 1942 (1970), 65–85, 89–513.
19 Zu den protestantischen Reichshofräten Schnettger 2010 a.
20 Zu den Reichshofratsagenten Dorfner 2015.
21 Zur Bedeutung der Reichsgerichte für die Untertanen, zu ihrer Wahrnehmung und zur Vielfalt der Prozessgegenstände z. B. Diestelkamp (Hg.) 1993; Sailer 1999; Baumann u. a. (Hgg.) 2005; Westphal (Hg.) 2005; Auer, u. a. (Hgg.) 2007; Amend-Traut (Hg.) 2012; Amend-Traut u. a. (Hgg.) 2013; Bongartz u. a. (Hgg.) 2017.
22 Zu den Hexenverfolgungen in Bamberg und dem Eingreifen der Reichsgerichte Gehm 2012; zu diesem Themenfeld auch Oestmann 1997.
23 Vgl. Diestelkamp 1995, 117–125.
24 Ausführlich zum Fall Campo freddo Schnettger 2006, 334–363.
25 Zum Reichslehnswesen Schönberg 1977; Schnettger 2003, 188–194; Stollberg-Rilinger 2006; Schenk 2014.
26 Lünig 1719–1720, Bd. 2, 981f.
27 Allgemein zu den Reichskreisen Dotzauer 1989; Hartmann (Hg.) 1994; Dotzauer 1998; Wüst (Hg.) 2000; Wüst (Hg.) 2001–[2018]; Wüst/Müller (Hgg.) 2011.
28 Zu den Reichskreisen im Dreißigjährigen Krieg Schulze 2018.
29 Zum Schwäbischen Reichskreis Laufs 1971; Plassmann 2003; Neuburger 2011.
30 Zu den Kommissionen im Schwäbischen Reichskreis Fimpel 1999.
31 Ebd., 169.
32 Zu den Kreisassoziationen Aretin (Hg.) 1975; Wunder 1980.
33 Zur Kooperation zwischen Kurrheinischem und Oberrheinischem Reichskreis Müller 2008.
34 Zum Mediensystem des Reichs Arndt/Körber (Hgg.) 2010.
35 Zur Zensur im Reich Haefs/Mix (Hgg.) 2007.
36 Burgdorf 1998, 88.
37 Zur Reichspost der Thurn und Taxis Behringer 1990.

8 Das Reich in seinen Gliedern

1 Zu den dynastischen Erbfolgeregelungen Kunisch/Neuhaus (Hgg.) 1982; Wunder (Hg.) 2002; exemplarisch für die Welfen Pfannkuche 2011.
2 Zur Entwicklung der frühneuzeitlichen deutschen Territorialstaaten Bahlcke 2012; zur Interaktion zwischen Reich und Territorialstaaten Westphal 2002; Klueting/Schmale (Hgg.) 2004.
3 Zu den Landständen Bei der Wieden (Hg.) 2004 (Niedersachsen); Ammerer (Hg.) 2007 (habsburgische Länder); Mittelsdorf (Red.) 2008 (thüringische Territorien); Lorenz (Hg.) 2010 (Südwestdeutschland).

4 Einen Überblick über die konfessionellen Entwicklungen in zahlreichen deutschen Territorialstaaten bieten Schindling/Ziegler (Hgg.) 1989–1997.
5 Zur Konfessionalisierungsthese und ihren Kritikern Reinhard 1983; Schilling 1988; Greyerz u. a. (Hgg.) 2003; Brockmann/Weiß (Hgg.) 2013.
6 Bodin 1976, 20.
7 Zu Seckendorffs Vorstellungen vom deutschen Territorialstaat Menk 2002.
8 Zu den Reichssymbolen in Reichsstädten Wittmann (Hg.) 2015.
9 Hierzu Burgdorf 2006, 205, 212–214.
10 Zur Reichskirche im Überblick Christ 1989; Raab 1989; Reinhardt 1998; Braun u. a. (Hgg.) 2008; Wüst u. a. (Hgg.) 2010; Haag 2018; sowie die Nachschlagewerke von Gatz (Hg.) 1990–1996; Gatz (Hg.) 2003.
11 Hierzu Duhamelle 1998.
12 Zu Kurfürst Maximilian Franz Braubach 1961; zu Kurfürst Clemens Wenzeslaus Embach/Bohlen (Hgg.) 2014.
13 Turinski im Druck.
14 Braun 2013.
15 Zu Christoph Bernhard von Galen Kohl 1964.
16 Zu den kaiserlichen Wahlgesandten Christ 1975.
17 Exemplarisch zum Verhältnis Johann Philipps von Schönborn zur Kurie Jürgensmeier 1977.
18 Zu Febronius, Febronianismus und Nuntiaturstreit Pitzer 1976; Aretin 1993–2000, Bd. 3, 237–292.
19 Zur Säkularisation und ihren Folgen Himmelein u. a. (Hgg.) 2003; Schmid (Hg.) 2003; Rödel (Hg.) 2004; Scharf-Wrede (Hg.) 2004; Klueting (Hg.) 2005.
20 Zur Frage der Reformfähigkeit der geistlichen Staaten Hersche 1989; die Forschungsdiskussion zusammenfassend Schnettger 2008.
21 Zu den Ritterorden Hofmann 1964; Rödel 2005.
22 Zu den Reichsprälaten Reden-Dohna 1982; Krimm/Rückert (Hgg.) 2017.
23 Zu den reichsunmittelbaren Damenstiften und Frauenklöstern sowie den geistlichen Reichsfürstinnen Schiersner u. a. (Hgg.) 2011; Schröder-Stapper 2015.
24 Z. B. Haag u. a. (Hgg.) 2014.
25 Zu zwei sich behauptenden Familien, den Dalberg und den Neipperg, Andermann (Hg.) 2009; Andermann (Hg.) 2014.
26 Zur Entstehung der frühneuzeitlichen Reichsritterschaft Press 1980, Zitat 18; Ulrichs 2016.
27 Ein guter Überblick über die reichsritterschaftliche Organisation bei Andermann 2011; beispielhaft für den Kraichgau Andermann 2012.
28 Ninness 2014. Zur konfessionellen Positionierung der Reichsritter auch Breul/Andermann (Hgg.) 2019.
29 Zum wachsenden Druck auf die Reichsritterschaft und ihrem Ende Puchta 2012; Berstett 2013.
30 Allgemein zu den Reichsstädten Müller 1987; Press 2000 g (ursprünglich 1987); Lau/Wittmann (Hgg.) 2016.
31 Zu den Frankfurter Verfassungskonflikten zusammenfassend Koch 1983, 8–28.

Anmerkungen

32 Zum Hamburger Verfassungskonflikt Flurschütz da Cruz 2013.
33 Zum teilweise spannungsreichen Verhältnis Kaiser – Reichsstädte Lau 2012; auch Petry 2011; zur Stellung der Reichsstädte im Reich am Beispiel Frankfurt Amend u. a. (Hgg.) 2008.
34 Zum Themenfeld Reichsstadt und Konfession(en) Moeller 2001; Lau/Wittmann (Hgg.) 2017.
35 François 1991. Zu Augsburg und den anderen paritätischen Reichsstädten auch Roeck 1989; Warmbrunn 1983; Riotte 2012.
36 Zum Städtetag Schmidt 1984; zum reichsstädtischen Einfluss Buchstab 1976; Neugebauer-Wölk 1990.
37 Zur Reichshandwerksordnung Winzen 2002.
38 Dazu Krischer 2006, 218–234.
39 Zu den Judenschaften im Reich Battenberg 2001; Kießling u. a. (Hgg.) 2007; Ehrenpreis u. a. (Hgg.) 2013.
40 Zur Frankfurter Gemeinde Backhaus (Hg.) 2007; Kasper-Holtkotte 2010; Burger 2013; Backhaus u. a. (Hgg.) 2016; zur Hamburger Dreigemeinde Wallenborn 1997; Heinsohn (Red.) 2006.
41 Zum Landjudentum Kießling/Ullmann (Hgg.) 1999; Hirbodian/Stretz (Hgg.) 2016.
42 Zum sog. »Judenbücherstreit« Lorenz/Mertens (Hgg.) 2013.
43 Zu Josel von Rosheim Battenberg 2000.
44 Zur »Rabbinerverschwörung« Press 2000 c (ursprünglich 1981); Klein 2003.
45 Für Frankfurt etwa Kasper-Marienberg 2012.
46 Zur kaiserlichen Politik gegenüber den Wiener Juden Rauscher 2005; Hausmann 2016.

9 Peripherien des Reichs

1 Allgemein zu den Reichsperipherien Schnettger 2004.
2 Zu Norddeutschland im frühneuzeitlichen Reich Jörn/North (Hgg.) 2000.
3 Zum Wismarer Tribunal Jörn (Hg.) 2003.
4 Zu den österreichischen Erblanden Brauneder (Hg.) 1996; Arndt 2000; Follner (Red.) 2006.
5 Zur Stellung Böhmens im Reich Begert 2003; zu Schlesien Weber 1992.
6 Zum Burgundischen Reichskreis Groß (Hg.) 1944; Dotzauer 1998, 58–80; Arndt 2000.
7 Zitiert nach Dotzauer 1998, 568.
8 Hierzu Arndt 1998.
9 Ebd., 90–93.

10 Zu Lothringen Fitte 1891; Bled 1988.
11 Zum Elsass Schmale 1998; Ohler 2002.
12 Zur Eidgenossenschaft Braun 1997; Marquardt 2008.
13 Zu Reichsitalien Aretin 1986 b; Schnettger/Verga (Hgg.) 2006; Cremonini/Musso (Hgg.) 2010; Bellabarba/Merlotti (Hgg.) 2014; Taddei u. a. (Hgg.) 2017.
14 Zur Institutionengeschichte Reichsitaliens im Überblick Schnettger 1999.
15 Schnettger 2010 b, 562f.
16 Hierzu Schnettger 2013.

10 Nachdenken über das Reich

1 Zur »großen« und »kleinen« Reichspublizistik Weber 2000, bes. 502, 534. Zahlreiche Beispiele bietet Arndt 2013.
2 Zu den Reichsreformprojekten im Überblick Burgdorf 1998.
3 Bodin 1976, 60.
4 Zu Reinkingk Link 1995 a.
5 Zu Limnaeus Hoke 1995 a.
6 Zu Chemnitz Hoke 1995 b.
7 Zu Pufendorf Döring 2012; Übersetzung der Reichsverfassungsschrift: Pufendorf 1994.
8 Zur Diskussion über Pufendorfs Diktum Haas 2006.
9 Zu Leibniz als Reichspublizist Burgdorf 2015 b.
10 1669/70 in den *Elementa juris natualis*. Zitiert nach Braun 2015, 225.
11 Moser 1737–1754, hier Bd. 1, 550. Zu Moser Gestrich/Lächele (Hgg.) 2002.
12 Pütter 1753; Pütter 1777–1779. Zu Pütter Link 1995 b.
13 Zur kurialen Sicht auf das Reich Braun 2014.
14 Zur französischen Sicht auf das Reich z. B. Asbach u. a. (Hgg.) 2001; Externbrink 2006; Braun 2010.
15 Zur britischen Sicht auf das Reich Riotte 2008.
16 Zur russischen Position Härter 2001; Kusber 2008.
17 Zum Verhältnis zwischen Kaiser und Osmanischem Sultan Strohmeyer/Pech (Hgg.) 2013; Hattler/Mostafawy (Hgg.) 2019.
18 Zu Perspektiven des 19. Jahrhunderts auf das Reich Kraus 2011.
19 Hartung 1969, 150.
20 Zu Perspektiven österreichischer Historiker im 19. Jahrhundert Mazohl-Wallnig 2011; zu Srbik Derndarsky 2002.
21 Die Entwicklung der jüngeren Geschichtsschreibung zum Reich fassen zusammen Schindling 2001; Schnettger 2007 b; Schnettger 2018.
22 Fürnrohr 1963.

23 Press 2000 a (ursprünglich 1981); Roeck 1984.
24 Schmidt 1999, 44.
25 Burkhardt 2002.
26 Schilling 2001; Schilling 2002.
27 Reinhard 2002, 343.
28 Stollberg-Rilinger 2013 b.
29 Z. B. Wilson 2016; Whaley 2018.
30 Z. B. Schnettger/Verga (Hgg.) 2006; Cremonini/Musso (Hgg.) 2010; Bellabarba/Merlotti (Hgg.) 2014.
31 Z. B. Bretschneider/Duhamelle (Hgg.) 2018; Gantet/Lebeau 2018.
32 Bretschneider/Duhamelle 2016, 705.

Fazit

1 Bretschneider/Duhamelle 2016.
2 Moraw 1989.
3 Stollberg-Rilinger 2013 a.

Abbildungsverzeichnis

Abb. 1: Wiki Commons: https://commons.wikimedia.org/wiki/
File:De_Constitutio_criminalis_Carolina_(1533)_110_
detail.jpg (abgerufen am 30.03.2020). 18
Abb. 2: Wiki Commons: https://commons.wikimedia.org/wiki/
File:Weltliche_Schatzkammer_Wien_(190)2.JPG
(abgerufen am 30.03.2020). 24
Abb. 3: Wiki Commons: https://commons.wikimedia.org/wiki/
File:De_Constitutio_criminalis_Carolina_(1577)_01.jpg
(abgerufen am 30.03.2020). 57
Abb. 4: Wiki Commons: https://de.wikipedia.org/wiki/Karl_V._
(HRR)#/media/Datei:Karl_V._(HRR).jpg (abgerufen am
30.03.2020). 66
Abb. 5: Wiki Commons: https://commons.wikimedia.org/wiki/
File:Moritz_Sachsen.JPG (abgerufen am 30.03.2020). 81
Abb. 6: Bayerische Staatsbibliothek München, Einbl. V,53c,
Bl. 1: urn:nbn:de:bvb:12-bsb00100577-9 (abgerufen am
30.03.2020). 92
Abb. 7: © Matthias Schnettger. Die Karte wurde bearbeitet von
Matthias Schnettger mit Unterstützung von Christian
Zimmermann. Sie basiert auf einer Vorlage von IEG-
MAPS. Server für digitale Karten (https://www.ieg-maps.
uni-mainz.de/). 97
Abb. 8: Wiki Commons: https://commons.wikimedia.org/wiki/
File:Matthias_Kr%C3%B6nung_-_Kr%C3%B6nung_und
_Salbung.jpg (abgerufen am 30.03.2020). 110

Abb. 9: Wiki Commons: https://commons.wikimedia.org/wiki/File:Joachim_von_Sandrart_-_Maximilian_I,_Elector_of_Bavaria.jpg (abgerufen am 30.03.2020). 116

Abb. 10: Wiki Commons: https://commons.wikimedia.org/wiki/File:Arolsen_Klebeband_01_023_2.jpg?uselang=de (abgerufen am 30.03.2020). 121

Abb. 11: Wiki Commons: https://commons.wikimedia.org/wiki/File:Kurien_des_reichstages_des_Heiligen_R%C3%B6mischen_Reiches.jpg?uselang=de (abgerufen am 30.03.2020). 141

Abb. 12: Wiki Commons: https://commons.wikimedia.org/wiki/File:Johann_Philipp_Erzbischof_von_Mainz.jpg (abgerufen am 30.03.2020). 146

Abb. 13: Universitäts- und Landesbibliothek Darmstadt, his Port Deutschland 39: http://tudigit.ulb.tu-darmstadt.de/show/his-Port-Deutschland-0039/0001 (abgerufen am 30.03.2020). 160

Abb. 14: Wiki Commons https://commons.wikimedia.org/wiki/File:Reichskanzleitrakt_Vienna_Sept_2006_001.jpg (abgerufen am 30.03.2020). 171

Abb. 15: Wiki Commons: https://commons.wikimedia.org/wiki/File:Kr%C3%B6nungsmahl_Joseph_II.jpg (abgerufen am 30.03.2020). 188

Abb. 16: © Matthias Schnettger. Die Karte wurde bearbeitet von Matthias Schnettger mit Unterstützung von Christian Zimmermann. Sie basiert auf einer Vorlage von IEG-MAPS. Server für digitale Karten (ttps://www.ieg-maps.uni-mainz.de/). 194

Abb. 17: Wiki Commons: https://de.wikipedia.org/wiki/Reichskammergericht#/media/DateiAudienz_Reichskammergericht.jpg (abgerufen am 30.03.2020). 210

Abb. 18: Wiki Commons: https://commons.wikimedia.org/wiki/File:Reichshofrat.jpg (abgerufen am 30.03.2020). 216

Abb. 19: Wiki Commons: https://commons.wikimedia.org/wiki/File:Heinrich_Christian_von_Senckenberg.jpg (abgerufen am 30.03.2020). 222

Abb. 20: Universitäts- und Landesbibliothek Sachsen-Anhalt in Halle-Wittenberg, Titelkupfer: https://digitale.bibliothek.uni-halle.de/vd17/content/pageview/6545403 (abgerufen am 02.04.2020). 230

Abb. 21.: © Matthias Schnettger. Die Karte wurde bearbeitet von Matthias Schnettger mit Unterstützung von Christian Zimmermann. Sie basiert auf einer Vorlage von IEG-MAPS. Server für digitale Karten (https://www.iegmaps.uni-mainz.de/). 234

Abb. 22: © Matthias Schnettger. Die Karte wurde bearbeitet von Matthias Schnettger mit Unterstützung von Christian Zimmermann. Sie basiert auf einer Vorlage von IEGMAPS. Server für digitale Karten (https://www. iegmaps. uni-mainz.de/) 238

Abb. 23: Bayerische Staatsbibliothek München, Germ.g. 181, Titelblatt: http://mdz-nbn-resolving.de/urn:nbn:de:bvb:12-bsb10016026-7 (abgerufen am 02.04.2020). 248

Abb. 24: Universitäts- und Landesbibliothek Sachsen-Anhalt, Frontispiz: http://digitale.bibliothek.uni-halle.de/vd18/content/pageview/3584600 (abgerufen am 02.04.2020). ... 258

Abb. 25: © Matthias Schnettger. Die Karte wurde bearbeitet von Matthias Schnettger mit Unterstützung von Christian Zimmermann. Sie basiert auf einer Vorlage von IEG-MAPS. Server für digitale Karten (https://www.iegmaps.uni-mainz.de/). 263

Abb. 26: Wiki Commons: https://commons.wikimedia.org/wiki/File:Bad_Buchau_Stiftskirche_Innen_Decke_2.JPG (abgerufen am 30.03.2020). 273

Abb. 27: Bayerische Staatsbibliothek München: 4 J.publ.g. 875 a, Frontispiz: http://mdz-nbn-resolving.de/urn:nbn:de:bvb:12-bsb10516541-0 (abgerufen am 02.04.2020). 281

Abb. 28: Wiki Commons: https://de.wikipedia.org/wiki/Rathaus_(Schwäbisch_Hall#/media/Datei:Das_barocke_Rathaus_-von_1735_-_Schwäbisch_Hall.jpg (abgerufen am 30.03.2020). 288

Abb. 29: Wiki Commons: https://commons.wikimedia.org/wiki/
File:Frankfurt-Judengasse-1628-MkII.png (abgerufen am
30.03.2020). 297

Abb. 30: Wiki Commons: https://www.heraldik-wiki.de/wiki/
Datei:Weltliche_Schatzkammer_Wien_(72).JPG
(abgerufen am 30.03.2020). 305

Abb. 31: © Matthias Schnettger. Die Karte wurde bearbeitet von
Matthias Schnettger mit Unterstützung von Christian
Zimmermann. Sie basiert auf einer Vorlage von IEG-
MAPS. Server für digitale Karten (https://www.ieg-
maps.uni-mainz.de/). 314

Abb. 32: Wiki Commons: https://commons.wikimedia.org/wiki/
File:Hippolithus-%C3%A0-Lapide-Bogislav-Philipp-von-
Chemnitz-Dissertatio-de-ratione_MG_1291.tif
(abgerufen am 30.03.2020). 324

Auswahlbibliographie

Quellen

Acta Pacis Westphalicae (APW), Serie I: Instruktionen; Serie II: Korrespondenzen; Serie III: Protokolle, Verhandlungsakten, Diarien, Varia, Münster 1962ff.
Berstett, Reinhard von 2013: Kampf gegen den Untergang. Die Tagebücher des reichsritterschaftlichen Gesandten Reinhard von Berstett (1802–1806), hg. von Daniel Menning, Baden-Baden.
Bodin, Jean 1976: Über den Staat. Auswahl, Übersetzung und Nachwort von Gottfried Niedhart, Stuttgart.
Burgdorf, Wolfgang (Hg.) 2015: Die Wahlkapitulationen der römisch-deutschen Könige und Kaiser 1519–1792, Göttingen.
Buschmann, Arno (Hg.) 1994: Kaiser und Reich. Klassische Texte zur Verfassungsgeschichte des Heiligen Römischen Reiches Deutscher Nation vom Beginn des 12. Jahrhunderts bis zum Jahre 1806, 2. Aufl., Baden-Baden.
Demel, Walter/Puschner, Uwe (Hgg.) 1995: Deutsche Geschichte in Quellen und Darstellung, Bd. 6: Von der Französischen Revolution bis zum Wiener Kongreß 1789–1815, Stuttgart.
Eisenhardt, Ulrich (Hg.) 1980: Die kaiserlichen privilegia de non appellando, Köln.
Groß, Lothar (Hg.) 1944: Urkunden und Aktenstücke des Reichsarchivs Wien zur reichsrechtlichen Stellung des burgundischen Kreises, 3 Bde., Wien.
Hofmann, Hanns Hubert (Hg.) 1976: Quellen zum Verfassungsorganismus des Heiligen Römischen Reiches deutscher Nation 1495–1815, Darmstadt.
Khevenhüller-Metsch, Johann Josef 1907–1972: Aus der Zeit Maria Theresias. Tagebuch des Fürsten Johann Josef Khevenhüller-Metsch, Kaiserlichen Obersthofmeisters, 1742–1776, hg. von Rudolf Khevenhüller-Metsch u. a., 8 Bde., Wien u. a.
Köpf, Ulrich (Hg.) 2001: Deutsche Geschichte in Quellen und Darstellung, Bd. 3: Reformationszeit 1495–1555, Stuttgart.

Lünig, Johann Christian 1719–1720: Theatrum Ceremoniale Historico-Politicum Oder Historisch- und Politischer Schau-Platz Aller Ceremonien [...], 3 Bde., Leipzig.

Meiern, Johann Gottfried von 1734–1740: Acta Pacis Westphalicae, Oder Westphälische Friedens-Handlungen und Geschichte, 6 Bde und 1 Registerbd., Hannover.

Moser, Johann Jacob 1737–1754, Teutsches Staatsrecht, 50 Teile, Hauptregister und Zusätze in 2 Teilen, Leipzig. u. a. (ND Osnabrück 1968–1969).

Moser, Johann Jacob 1766–1775: Neues Teutsches Staatsrecht, 20 Teile, Allgemeines Register und Zusätze in 3 Bden. und 6 Teilen, Frankfurt a. M./Leipzig (ND Osnabrück 1967).

Neuhaus, Helmut (Hg.) 1997: Deutsche Geschichte in Quellen und Darstellung, Bd. 5: Zeitalter des Absolutismus 1648–1789, Stuttgart.

Oschmann, Antje (Bearb.): Die Westfälischen Friedensverträge vom 24. Oktober 1648. Texte und Übersetzungen, http://www.pax-westphalica.de/ipmipo/index.html [20.01.2020].

Pütter, Johann Stephan 1753: Grundriß der Staatsveränderungen des Teutschen Reichs, Göttingen.

Pütter, Johann Stephan 1777–1779: Beyträge zum teutschen Staats- und Fürstenrechte, 2 Bde., Göttingen (ND Hannover 2001–2002).

Pufendorf, Samuel von 1994: Die Verfassung des deutschen Reiches, übers. von Horst Denzer, durchgesehene und bibliographisch ergänzte Ausg., Stuttgart.

Reichstagsakten (RTA), Ältere Reihe: (1376–1485); Mittlere Reihe: Deutsche Reichstagsakten unter Maximilian I.; Jüngere Reihe: Deutsche Reichstagsakten unter Karl V.; Reichsversammlungen 1556–1662, München 1867ff.

Roeck, Bernd (Hg.) 1996: Deutsche Geschichte in Quellen und Darstellung, Bd. 4: Gegenreformation und Dreißigjähriger Krieg 1555–1648, Stuttgart.

Sellert, Wolfgang (Hg.) 1980–1990: Die Ordnungen des Reichshofrates. 1550–1766, 2 Bde., Köln u. a.

Sellert, Wolfgang (Hg.) 2009–[2019]: Die Akten des kaiserlichen Reichshofrats, Serie I: Alte Prager Akten, 5 Bde.; Serie II: Antiqua, Bde. 1–[5], Berlin.

Volckart, Oliver (Hg.) 2017: Eine Währung für das Reich. Die Akten der Münztage zu Speyer 1549 und 1557, Stuttgart.

Weber, Matthias (Bearb.) 2002: Die Reichspolizeiordnungen von 1530, 1548 und 1577. Historische Einführung und Edition, Frankfurt a. M.

Wüst, Wolfgang (Hg.) 2001–[2018]: Die »gute« Policey im Reichskreis, Bde. 1–[8]. Berlin/Erlangen.

Zeumer, Karl (Hg.) 1913: Quellensammlung zur Geschichte der Deutschen Reichsverfassung in Mittelalter und Neuzeit, Teil 2: Von Maximilian I. bis 1806, 2. Aufl., Tübingen.

Literatur

Amend, Anja u. a. (Hgg.) 2008: Die Reichsstadt Frankfurt als Rechts- und Gerichtslandschaft im Römisch-Deutschen Reich, München.
Amend-Traut, Anja (Hg.) 2012: Die höchsten Reichsgerichte als mediales Ereignis, München.
Amend-Traut, Anja u. a. (Hgg.) 2013: Geld, Handel, Wirtschaft. Höchste Gerichte im Alten Reich als Spruchkörper und Institution, Berlin/Boston.
Ammerer, Gerhard (Hg.) 2007: Bündnispartner und Konkurrenten der Landesfürsten? Die Stände in der Habsburgermonarchie, Wien.
Andermann, Kurt 2011: Reichsritterschaft; in: Historisches Lexikon Bayerns, http://www.historisches-lexikon-bayerns.de/Lexikon/Reichsritterschaft [20.01.2020]
Andermann, Kurt 2012: Der Reichsritterkanton Kraichgau. Grundlinien seines Bestands und seiner Verfassung, in: Zeitschrift für die Geschichte des Oberrheins 160, 291–338.
Andermann, Kurt (Hg.) 2009: Ritteradel im Alten Reich. Die Kämmerer von Worms, genannt von Dalberg, Epfendorf.
Andermann, Kurt (Hg.) 2014: Neipperg. Ministerialen – Reichsritter – Hocharistokraten, Epfendorf.
Angermeier, Heinz 1970: Die Reichsregimenter und ihre Staatsidee, in: Historische Zeitschrift 211, 263–315.
Angermeier, Heinz 1984: Die Reichsreform 1410–1555. Die Staatsproblematik in Deutschland zwischen Mittelalter und Gegenwart, München.
Angermeier, Heinz 1993: Politik, Religion und Reich bei Kardinal Melchior Khlesl, in: Zeitschrift der Savigny-Stiftung für Rechtsgeschichte, Germanistische Abteilung 123, 249–330.
Annas, Gabriele 2004: Hoftag – Gemeiner Tag – Reichstag. Studien zur strukturellen Entwicklung deutscher Reichsversammlungen des späten Mittelalters (1349–1471), Göttingen.
Aretin, Karl Otmar Freiherr von 1967: Heiliges Römisches Reich 1776–1806. Reichsverfassung und Staatssouveränität, 2 Bde., Wiesbaden.
Aretin, Karl Otmar Freiherr von 1986 a: Das Reich. Friedensgarantie und europäisches Gleichgewicht 1648–1806, Stuttgart.
Aretin, Karl Otmar Freiherr von 1986 b: Reichsitalien von Karl V. bis zum Ende des Alten Reiches. Die Lehensordnungen in Italien und ihre Auswirkungen auf die europäische Politik, in: Ders., Das Reich. Friedensgarantie und europäisches Gleichgewicht 1648–1806, Stuttgart, 76–163.
Aretin, Karl Otmar Freiherr von 1993–2000: Das Alte Reich 1648–1806, 4 Bde., Stuttgart.
Aretin, Karl Otmar Freiherr von (Hg.) 1975: Der Kurfürst von Mainz und die Kreisassoziationen 1648–1746. Zur verfassungsmäßigen Stellung der Reichskreise nach dem Westfälischen Frieden, Wiesbaden.

Arndt, Johannes 1991: Das niederrheinisch-westfälische Reichsgrafenkollegium und seine Mitglieder (1653–1806), Mainz.
Arndt, Johannes 1998: Das Heilige Römische Reich und die Niederlande 1566 bis 1648. Politisch-konfessionelle Verflechtung und Publizistik im Achtzigjährigen Krieg, Köln u. a.
Arndt, Johannes 2000: Habsburgische Hausmachtpolitik im Vergleich. Die Entstehung des Erzherzogtums Österreich und des Burgundischen Kreises, in: Strosetzki, Christoph (Hg.): Aspectos históricos y culturales bajo Carlos V = Aspekte der Geschichte und Kultur unter Karl V., Madrid/Frankfurt a. M., 119–137.
Arndt, Johannes 2013: Herrschaftskontrolle durch Öffentlichkeit. Die publizistische Darstellung politischer Konflikte im Heiligen Römischen Reich 1648–1750, Göttingen.
Arndt, Johannes/Körber, Esther-Beate (Hgg.) 2010: Das Mediensystem im Alten Reich der Frühen Neuzeit (1600–1750), Göttingen.
Auer, Leopold u. a. (Hgg.) 2007: Höchstgerichte in Europa. Bausteine frühneuzeitlicher Rechtsordnungen, Köln u. a.
Auer, Leopold u. a. (Hgg.) 2013: Appellation und Revision im Europa des Spätmittelalters und der Frühen Neuzeit, Wien.
Backhaus, Fritz (Hg.) 2007: Die Frankfurter Judengasse. Jüdisches Leben in der Frühen Neuzeit, 2. Aufl., Frankfurt a. M.
Backhaus, Fritz u. a. (Hgg.) 2016: Die Frankfurter Judengasse, München.
Bahlcke, Joachim 2012: Landesherrschaft, Territorien und Staat in der Frühen Neuzeit, München.
Bangert, Anette 2008: Elector Ferdinand Maria of Bavaria. Bavarian Imperial Politics during the Interregnum 1657–58, München.
Battenberg, Friedrich 2000: Josel von Rosheim, Befehlshaber der deutschen Judenheit, und die kaiserliche Gerichtsbarkeit, in: Hausmann, Jost (Hg.): »Zur Erhaltung guter Ordnung«. Beiträge zur Geschichte von Recht und Justiz. Festschrift für Wolfgang Sellert zum 65. Geburtstag, Köln u. a.,183–224.
Battenberg, Friedrich 2001: Die Juden in Deutschland vom 16. bis zum Ende des 18. Jahrhunderts, München.
Battenberg, Friedrich/Schildt, Bernd (Hgg.) 2010: Das Reichskammergericht im Spiegel seiner Prozessakten. Bilanz und Perspektiven der Forschung, Köln u. a.
Baumann, Anette 2006: Advokaten und Prokuratoren. Anwälte am Reichskammergericht (1690–1806), Köln u. a.
Baumann, Anette 2018: Visitationen am Reichskammergericht. Speyer als politischer und juristischer Aktionsraum des Reiches (1529–1588), Berlin/Boston.
Baumann, Anette (Hg.) 2012: Die Affäre Papius. Korruption am Reichskammergericht. Ausstellungskatalog, Petersberg.
Baumann, Anette u. a. (Hgg.) 2003: Reichspersonal. Funktionsträger für Kaiser und Reich, Köln u. a.

Baumann, Anette u. a. (Hgg.) 2005: Prozesspraxis im Alten Reich. Annäherungen, Fallstudien, Statistiken, Köln u. a.
Beales, Derek E. D. 1987–2009: Joseph II. 1741–1780, 2 Bde., Cambridge.
Begert, Alexander 2003: Böhmen, die böhmische Kur und das Reich vom Hochmittelalter bis zum Ende des Alten Reiches. Studien zur Kurwürde und zur staatsrechtlichen Stellung Böhmens, Husum.
Behringer, Wolfgang 1990: Thurn und Taxis. Die Geschichte ihrer Post und ihrer Unternehmen, München/Zürich.
Bei der Wieden, Brage (Hg.) 2004: Handbuch der niedersächsischen Landtags- und Ständegeschichte, Bd. 1: 1500–1806, Hannover.
Bellabarba, Marco/Merlotti, Andrea (Hgg.) 2014: Stato sabaudo e Sacro Romano Impero, Bologna.
Bled, Jean-Paul (Hg.) 1988: Les Habsbourg et la Lorraine, Nancy.
Böhme, Ernst 1989: Das fränkische Reichsgrafenkollegium im 16. und 17. Jahrhundert. Untersuchungen zu den Möglichkeiten und Grenzen der korporativen Politik mindermächtiger Reichsstände, Stuttgart.
Bog, Ingomar 1959: Der Reichsmerkantilismus. Studien zur Wirtschaftspolitik des Heiligen Römischen Reiches, Stuttgart.
Bongartz, Josef u. a. (Hgg.) 2017: Was das Reich zusammenhielt. Deutungsansätze und integrative Elemente, Köln u. a.
Brachwitz, Peter 2011: Die Autorität des Sichtbaren. Religionsgravamina im Reich des 18. Jahrhunderts, Berlin u. a.
Braubach, Max 1961: Maria Theresias jüngster Sohn Max Franz. Letzter Kurfürst von Köln und Fürstbischof von Münster, Wien u. a.
Braun, Bettina 1997: Die Eidgenossen, das Reich und das politische System Karls V., Berlin.
Braun, Bettina 2008: Das Reich blieb nicht stumm und kalt. Der Untergang des Alten Reiches in der Sicht der Zeitgenossen, in: Roll, Christine/Schnettger, Matthias (Hgg.), Epochenjahr 1806? Das Ende des Alten Reichs in zeitgenössischen Perspektiven und Deutungen, Mainz, 7–29.
Braun, Bettina 2013: Princeps et episcopus. Studien zur Funktion und zum Selbstverständnis der nordwestdeutschen Fürstbischöfe nach dem Westfälischen Frieden, Göttingen.
Braun, Bettina 2018: Eine Kaiserin und zwei Kaiser. Maria Theresia und ihre Mitregenten Franz Stephan und Joseph II., Bielefeld.
Braun, Bettina u. a. (Hgg.) 2008: Geistliche Fürsten und geistliche Staaten in der Spätphase des Alten Reiches, Epfendorf.
Braun, Bettina u. a. (Hgg.) 2016: Nur die Frau des Kaisers? Kaiserinnen in der Frühen Neuzeit, Wien u. a.
Braun, Guido 2010: La connaissance du Saint-Empire en France du baroque aux Lumières 1643–1756, München.
Braun, Guido 2014: Imagines imperii. Die Wahrnehmung des Reiches und der Deutschen durch die römische Kurie im Reformationsjahrhundert (1523–1585), Münster.

Braun, Guido 2015: Frieden und Gleichgewicht bei Leibniz, in: Beiderbeck, Friedrich u. a. (Hgg.), Umwelt und Weltgestaltung. Leibniz' politisches Denken in seiner Zeit, Göttingen, 207–230.

Brauneder, Wilhelm (Hg.) 1996: Sacrum Imperium. Das Reich und Österreich 996–1806, Wien u. a.

Brendle, Franz 2011: Der Erzkanzler im Religionskrieg. Kurfürst Anselm Casimir von Mainz, die geistlichen Fürsten und das Reich 1629 bis 1647, Münster.

Bretschneider, Falk/Duhamelle, Christophe 2016: Fraktalität. Raumgeschichte und soziales Handeln im Alten Reich, in: Zeitschrift für Historische Forschung 43, 703–746.

Bretschneider, Falk/Duhamelle, Christophe (Hgg.) 2018: Le Saint-Empire. Histoire sociale (XVIe–XVIIIe siècle), Paris.

Breul, Wolfgang/Andermann, Kurt (Hgg.) 2019: Ritterschaft und Reformation, Stuttgart.

Brockhoff, Evelyn (Hg.) 2006: Die Kaisermacher. Frankfurt am Main und die Goldene Bulle, 1356–1806, 2 Bde., Frankfurt a. M.

Brockmann, Thomas 2011: Dynastie, Kaiseramt und Konfession. Politik und Ordnungsvorstellungen Ferdinands II. im Dreißigjährigen Krieg, Paderborn.

Brockmann, Thomas/Weiß, Dieter J. (Hgg.) 2013: Das Konfessionalisierungsparadigma – Leistungen, Probleme, Grenzen, Münster.

Brüser, Joachim 2020: Reichsständische Libertät zwischen kaiserlichem Machtbestreben und französischer Hegemonie. Der Rheinbund von 1658, Münster.

Buchstab, Günter 1976: Reichsstädte, Städtekurie und Westfälischer Friedenskongreß. Zusammenhänge von Sozialstruktur, Rechtsstatus und Wirtschaftskraft, Münster.

Burgdorf, Wolfgang 1998: Reichskonstitution und Nation. Verfassungsreformprojekte für das Heilige Römische Reich Deutscher Nation im politischen Schrifttum von 1648 bis 1806, Mainz.

Burgdorf, Wolfgang 2006: Ein Weltbild verliert seine Welt. Der Untergang des Alten Reiches und die Generation 1806, München.

Burgdorf, Wolfgang 2015 a: Protokonstitutionalismus. Die Reichsverfassung in den Wahlkapitulationen der römisch-deutschen Könige und Kaiser 1519–1792, Göttingen.

Burgdorf, Wolfgang 2015 b: *Securitas publica*. Gottfried Wilhelm Leibniz, Reichsverfassung, Reichsreform und Politik, in: Beiderbeck, Friedrich u. a. (Hgg.), Umwelt und Weltgestaltung. Leibniz' politisches Denken in seiner Zeit, Göttingen, 57–79.

Burger, Thorsten 2013: Frankfurt am Main als jüdisches Migrationsziel zu Beginn der Frühen Neuzeit, Wiesbaden.

Burkhardt, Johannes 1985: Abschied vom Religionskrieg. Der Siebenjährige Krieg und die päpstliche Diplomatie, Tübingen.

Burkhardt, Johannes 1999: Verfassungsprofil und Leistungsbilanz des Immerwährenden Reichstags. Zur Evaluierung einer frühmodernen Institution, in:

Duchhardt, Heinz/Schnettger, Matthias (Hgg.), Reichsständische Libertät und habsburgisches Kaisertum, Mainz, 151–183.

Burkhardt, Johannes 2002: Europäischer Nachzügler oder institutioneller Vorreiter? Plädoyer für einen neuen Entwicklungsdiskurs zur konstruktiven Doppelstaatlichkeit des frühmodernen Reiches, in: Schnettger, Matthias (Hg.), Imperium Romanum – Irregulare Corpus – Teutscher Reichs-Staat. Das Alte Reich im Verständnis der Zeitgenossen und der Historiographie, Mainz, 297–316.

Burkhardt, Johannes 2006: Gebhardt. Handbuch der deutschen Geschichte, Bd. 11: Vollendung und Neuorientierung des frühmodernen Reiches, 1648–1763, Stuttgart.

Burkhardt, Johannes 2018: Der Krieg der Kriege. Eine neue Geschichte des Dreißigjährigen Krieges, Stuttgart.

Bůžek, Václav (Hg.) 2010: Ein Bruderzwist im Hause Habsburg. (1608–1611), České Budějovice.

Carl, Horst 2000: Der Schwäbische Bund 1488–1534. Landfrieden und Genossenschaft im Übergang vom Spätmittelalter zur Reformation, Leinfelden-Echterdingen.

Christ, Günter 1975: Praesentia regis. Kaiserliche Diplomatie und Reichskirchenpolitik vornehmlich am Beispiel der Entwicklung des Zeremoniells für die kaiserlichen Wahlgesandten in Würzburg und Bamberg, Wiesbaden.

Christ, Günter 1989: Studien zur Reichskirche der Frühneuzeit. Festgabe zum Sechzigsten, hg. von Ludwig Hüttl/Rainer Salzmann, Stuttgart.

Cordes, Albrecht (Hg.) 2015: Mit Freundschaft oder mit Recht? Inner- und außergerichtliche Alternativen zur kontroversen Streitentscheidung im 15.–19. Jahrhundert, Köln u. a.

Cremonini, Cinzia/Musso, Riccardo (Hgg.) 2010: I feudi imperiali in Italia tra XV e XVIII secolo. Atti del convegno di studi, Albenga – Finale Ligure – Loano, 27–29 maggio 2004, Roma/Bordighera.

Dallmeier, Martin (Hg.) 2001: Reichsstadt und Immerwährender Reichstag (1663–1806). 250 Jahre Haus Thurn und Taxis in Regensburg, Kallmünz.

Demel, Walter 2005: Gebhardt. Handbuch der deutschen Geschichte, Bd. 12: Reich, Reformen und sozialer Wandel. 1763–1806, Stuttgart.

Denzler, Alexander 2016: Über den Schriftalltag im 18. Jahrhundert. Die Visitation des Reichskammergerichts von 1767 bis 1776, Köln u. a.

Derndarsky, Michael 2002: Zwischen »Idee« und »Wirklichkeit«. Das Alte Reich in der Sicht Heinrich von Srbiks. in: Schnettger, Matthias (Hg.), Imperium Romanum – Irregulare Corpus – Teutscher Reichs-Staat. Das Alte Reich im Verständnis der Zeitgenossen und der Historiographie, Mainz, 189–205.

Dickmann, Fritz 1998: Der Westfälische Frieden, 7. Aufl., hg. von Konrad Repgen, Münster.

Diestelkamp, Bernhard 1995: Rechtsfälle aus dem Alten Reich. Denkwürdige Prozesse vor dem Reichskammergericht, München.

Diestelkamp, Bernhard (Hg.) 1990: Das Reichskammergericht in der deutschen Geschichte. Stand der Forschung, Forschungsperspektiven, Köln.

Diestelkamp, Bernhard (Hg.) 1993: Die politische Funktion des Reichskammergerichts, Köln u. a.

Diestelkamp, Bernhard (Hg.) 2003: Das Reichskammergericht. Der Weg zu seiner Gründung und die ersten Jahrzehnte seines Wirkens (1451–1527), Köln u. a.

Dingel, Irene 2018: Geschichte der Reformation, Göttingen.

Döring, Detlef 2012: Samuel Pufendorf in der Welt des 17. Jahrhunderts. Untersuchungen zur Biographie Pufendorfs und zu seinem Wirken als Politiker und Theologe, Frankfurt a. M.

Dorfner, Thomas 2015: Mittler zwischen Haupt und Gliedern. Die Reichshofratsagenten und ihre Rolle im Verfahren (1658–1740), Münster.

Dotzauer, Winfried 1989: Die deutschen Reichskreise in der Verfassung des Alten Reiches und ihr Eigenleben (1500–1806), Darmstadt.

Dotzauer, Winfried 1998: Die deutschen Reichskreise (1383–1806). Geschichte und Aktenedition, Stuttgart.

Duchhardt, Heinz 1977: Protestantisches Kaisertum und Altes Reich. Die Diskussion über die Konfession des Kaisers in Politik, Publizistik und Staatsrecht, Wiesbaden.

Duchhardt, Heinz 1991: Deutsche Verfassungsgeschichte 1495–1806, Stuttgart.

Duchhardt, Heinz 2017: Der Weg in die Katastrophe des Dreißigjährigen Krieges. Die Krisendekade 1608–1618, München u. a.

Duchhardt, Heinz (Hg.) 1996: Bibliographie zum Westfälischen Frieden, bearb von Eva Ortlieb und Matthias Schnettger, Münster.

Duchhardt, Heinz/Ortlieb, Eva (Hgg.) 1998: Der Westfälische Friede. Diplomatie, politische Zäsur, kulturelles Umfeld, Rezeptionsgeschichte, München.

Duhamelle, Christophe 1998: L'héritage collectif. La noblesse d'Église rhénane, 17e–18e siècles, Paris.

Duhamelle, Christophe 2018: Die Grenze im Dorf. Katholische Identität im Zeitalter der Aufklärung, Baden-Baden.

Ehrenpreis, Stefan 2006: Kaiserliche Gerichtsbarkeit und Konfessionskonflikt. Der Reichshofrat unter Rudolf II., 1576–1612, Göttingen.

Ehrenpreis, Stefan u. a. (Hgg.) 2013: Kaiser und Reich in der jüdischen Lokalgeschichte, München.

Eisenhardt, Ulrich 2000: Der Reichshofrat als kombiniertes Rechtsprechungs- und Regierungsorgan, in: Hausmann, Jost (Hg.), »Zur Erhaltung guter Ordnung«. Beiträge zur Geschichte von Recht und Justiz. Festschrift für Wolfgang Sellert zum 65. Geburtstag, Köln u. a., 245–267.

Embach, Michael/Bohlen, Reinhold (Hgg.) 2014: Der Trierer Erzbischof und Kurfürst Clemens Wenzeslaus (1739–1812) – eine historische Bilanz nach 200 Jahren, Trier.

Ernst, Albrecht/Schindling, Anton (Hgg.) 2010: Union und Liga 1608/09. Konfessionelle Bündnisse im Reich – Weichenstellung zum Religionskrieg?, Stuttgart.

Externbrink, Sven 2006: Friedrich der Große, Maria Theresia und das Alte Reich. Deutschlandbild und Diplomatie Frankreichs im Siebenjährigen Krieg, Berlin.

Fimpel, Martin 1999: Reichsjustiz und Territorialstaat. Württemberg als Kommissar von Kaiser und Reich im Schwäbischen Kreis (1648–1806), Tübingen.

Fischer, Mattias G. 2007: Reichsreform und »Ewiger Landfrieden«. Über die Entwicklung des Fehderechts im 15. Jahrhundert bis zum absoluten Fehdeverbot von 1495, Aalen.

Fitte, Siegfried 1891: Das staatsrechtliche Verhältnis des Herzogtums Lothringen zum deutschen Reich seit dem Jahre 1542, Straßburg.

Flurschütz da Cruz, Andreas 2013: Zwischen Reich und Revolte. Die habsburgischen Gesandten in Hamburg zu Beginn des 18. Jahrhunderts, in: Zeitschrift des Vereins für hamburgische Geschichte 99, 1–29.

Follner, Michaela (Red.) 2006: Österreich und das Heilige Römische Reich. Ausstellungskatalog, Wien.

François, Étienne 1991: Die unsichtbare Grenze. Protestanten und Katholiken in Augsburg 1648–1806, Sigmaringen.

Frauenknecht, Erwin/Rückert, Peter (Hgg.) 2016: Kaiser Karl IV. (1316–1378) und die Goldene Bulle. Begleitbuch und Katalog zur Ausstellung des Landesarchivs Baden-Württemberg, Hauptstaatsarchiv Stuttgart, Stuttgart.

Frenzel, Monika u. a. (Hgg.) 2019: Maximilian I. Aufbruch in die Neuzeit, Innsbruck.

Friedrich, Susanne 2007: Drehscheibe Regensburg. Das Informations- und Kommunikationssystem des Immerwährenden Reichstags um 1700, Berlin.

Frisch, Michael 1993: Das Restitutionsedikt Kaiser Ferdinands II. vom 6. März 1629. Eine rechtsgeschichtliche Untersuchung, Tübingen.

Fuchs, Ralf-Peter 2010: Ein »Medium zum Frieden«. Die Normaljahrsregel und die Beendigung des Dreißigjährigen Krieges, München.

Fürnrohr, Walter 1963: Der Immerwährende Reichstag zu Regensburg. Das Parlament des Alten Reiches, in: Verhandlungen des Historischen Vereins von Oberpfalz und Regensburg 103, 165–255.

Fürnrohr, Walter 1983/84: Die Vertreter des habsburgischen Kaisertums auf dem Immerwährenden Reichstag, in: Verhandlungen des Historischen Vereins für Oberpfalz und Regensburg, 123, 71–139; 124, 99–148.

Gantet, Claire/Lebeau, Christine 2018: Le Saint-Empire. 1500–1800, Malakoff.

Gatz, Erwin (Hg.) 1990–1996: Die Bischöfe des Heiligen Römischen Reiches. Ein biographisches Lexikon, Bde. 2–3, Berlin.

Gatz, Erwin (Hg.) 2003: Die Bistümer des Heiligen Römischen Reiches von ihren Anfängen bis zur Säkularisation, Freiburg i. Br.

Gehm, Britta 2012: Die Hexenverfolgung im Hochstift Bamberg und das Eingreifen des Reichshofrates zu ihrer Beendigung, 2. Aufl., Hildesheim.

Gestrich, Andreas/Lächele, Rainer (Hgg.) 2002: Johann Jacob Moser. Politiker – Pietist – Publizist, Karlsruhe.

Gnant, Christoph 2008: Der Josephinismus und das Heilige Römische Reich. »Territorialer Etatismus« und josephinische Reichspolitik, in: Das Achtzehnte Jahrhundert und Österreich 22, 35–51.

Gotthard, Axel 1993: »Politice seint wir bäpstisch«. Kursachsen und der deutsche Protestantismus im frühen 17. Jahrhundert, in: Zeitschrift für Historische Forschung 20, 275–319.
Gotthard, Axel 1999: Säulen des Reiches. Die Kurfürsten im frühneuzeitlichen Reichsverband, Husum.
Gotthard, Axel 2002: Friede und Recht. Johann Philipp – Lothar Franz: die beiden Schönborn in Umriß und Vergleich, in: Hartmann, Peter Claus (Hg.), Die Mainzer Kurfürsten des Hauses Schönborn als Reichserzkanzler und Landesherren, Frankfurt a. M., 17–63.
Gotthard, Axel 2006: Der Augsburger Religionsfrieden, 2. Aufl., Münster.
Gotthard, Axel 2013: Das Alte Reich 1495–1806, 5. Aufl., Darmstadt.
Gotthard, Axel 2016: Der Dreißigjährige Krieg. Eine Einführung, Köln u. a.
Greyerz, Kaspar von u. a. (Hgg.) 2003: Interkonfessionalität – Transkonfessionalität – binnenkonfessionelle Pluralität. Neue Forschungen zur Konfessionalisierungsthese, Gütersloh.
Groß, Lothar 1933: Geschichte der Deutschen Reichshofkanzlei von 1559 bis 1806, Wien.
Groten, Manfred/Hagemann, Manuel (Hg.) 2011: Der Jülich-Klevische Erbstreit 1609. Seine Voraussetzungen und Folgen, Düsseldorf.
Gschließer, Oswald von 1942 (1970): Der Reichshofrat. Bedeutung und Verfassung, Schicksal und Besetzung einer obersten Reichsbehörde von 1559 bis 1806, Wien (ND Nendeln, Liechtenstein).
Haag, Norbert 2018: Dynastie, Region, Konfession. Die Hochstifte des Heiligen Römischen Reiches Deutscher Nation zwischen Dynastisierung und Konfessionalisierung (1448–1648), 3 Bde., Münster.
Haag, Sabine u. a. (Hgg.) 2014: Kaiser Maximilian I. Der letzte Ritter und das höfische Turnier. Ausstellungskatalog, Regensburg.
Haas, Julia 2006: Die Reichstheorie in Pufendorfs »Severinus de Monzambano«. Monstrositätsthese und Reichsdebatte im Spiegel der politisch-juristischen Literatur von 1667 bis heute, Berlin.
Haefs, Wilhelm/Mix, York-Gothart (Hgg.) 2007: Zensur im Jahrhundert der Aufklärung. Geschichte – Theorie – Praxis, Göttingen.
Härter, Karl 1992: Reichstag und Revolution 1789–1806. Die Auseinandersetzung des immerwährenden Reichstags zu Regensburg mit den Auswirkungen der Französischen Revolution auf das Alte Reich, Göttingen.
Härter, Karl 1997: Das Kurmainzer Reichstagsdirektorium. Eine zentrale reichspolitische Schaltstelle des Reichserzkanzlers im Reichssystem, in: Hartmann, Peter Claus (Hg.), Der Mainzer Kurfürst als Reichserzkanzler. Funktionen, Aktivitäten, Ansprüche und Bedeutung des zweiten Mannes im Alten Reich, Stuttgart, 171–203.
Härter, Karl 2001: Möglichkeiten und Grenzen der Reichspolitik Rußlands als Garantiemacht des Teschener Friedens (1778–1803), in: Scharf, Claus (Hg.), Katharina II., Rußland und Europa. Beiträge zur internationalen Forschung, Mainz, 133–181.

Härter, Karl 2006: Reichsrecht und Reichsverfassung in der Auflösungsphase des Heiligen Römischen Reichs deutscher Nation. Funktionsfähigkeit, Desintegration und Transfer, in: Zeitschrift für neuere Rechtsgeschichte 28, 316–337.

Handwörterbuch zur deutschen Rechtsgeschichte 2008ff., 2. Aufl., [4] Bde., Berlin.

Hantsch, Hugo 1929: Reichsvizekanzler Friedrich Karl Graf von Schönborn (1674–1746). Einige Kapitel zur politischen Geschichte Kaiser Josefs I. und Karls VI., Augsburg.

Hartmann, Peter Claus 1985: Karl Albrecht – Karl VII. Glücklicher Kurfürst, unglücklicher Kaiser, Regensburg.

Hartmann, Peter Claus 2005: Das Heilige Römische Reich deutscher Nation in der Neuzeit 1486–1806, Stuttgart.

Hartmann, Peter Claus (Hg.) 1994: Regionen in der Frühen Neuzeit. Reichskreise im deutschen Raum, Provinzen in Frankreich, Regionen unter polnischer Oberhoheit. Ein Vergleich ihrer Strukturen, Funktionen und ihrer Bedeutung, Berlin.

Hartmann, Peter Claus (Hg.) 1997: Der Mainzer Kurfürst als Reichserzkanzler. Funktionen, Aktivitäten, Ansprüche und Bedeutung des zweiten Mannes im Alten Reich, Stuttgart.

Hartmann, Peter Claus (Hg.) 1998: Kurmainz, das Reichserzkanzleramt und das Reich am Ende des Mittelalters und im 16. und 17. Jahrhundert, Stuttgart.

Hartung, Fritz 1969: Deutsche Verfassungsgeschichte vom 15. Jahrhundert bis zur Gegenwart, 9. Aufl., Stuttgart.

Hattler, Claus/Mostafawy, Schoole (Hgg.) 2019: Kaiser und Sultan. Nachbarn in Europas Mitte 1600–1700, München.

Haug, Tilman 2015: Ungleiche Außenbeziehungen und grenzüberschreitende Patronage. Die französische Krone und die geistlichen Kurfürsten (1648–1679), Köln u. a.

Haug-Moritz, Gabriele 2002 a: Friedrich der Große als »Gegenkaiser«. Überlegungen zur preußischen Reichspolitik (1740–1786), in: Becker, Otto H. (Hg.), Vom Fels zum Meer. Preußen und Südwestdeutschland, Tübingen, 25–44.

Haug-Moritz, Gabriele 2002 b: Der Schmalkaldische Bund 1530–1541/42. Eine Studie zu den genossenschaftlichen Strukturelementen der politischen Ordnung des Heiligen Römischen Reiches Deutscher Nation, Ostfildern.

Hausmann, Ulrich 2016: Prolegomena zur Analyse und Interpretation obrigkeitlicher Judenpolitik im Heiligen Römischen Reich deutscher Nation. Die frühneuzeitlichen Residenzstädte Mainz und Wien als prominente Fallbeispiele, in: Aschkenas 26, 351–410.

Heckel, Martin 2001: Deutschland im konfessionellen Zeitalter, 2. Aufl., Göttingen.

Heil, Dietmar 2010: *Er kompt nit gen Rom auf dyse jare*. Zur Annahme des Kaisertitels durch Maximilian I. (1508), in: Appl, Tobias/Köglmeier, Georg (Hgg.), Regensburg, Bayern und das Reich. Festschrift für Peter Schmid zum 65. Geburtstag, Regensburg, 269–289.

Heinsohn, Kirsten (Red.) 2006: Das jüdische Hamburg. Ein historisches Nachschlagewerk, Göttingen.

Helm, Claudia (Red.) 1995: 1495 – Kaiser, Reich, Reformen. Der Reichstag zu Worms. Ausstellungskatalog, Koblenz.

Hengerer, Mark 2004: Kaiserhof und Adel in der Mitte des 17. Jahrhunderts. Eine Kommunikationsgeschichte der Macht in der Vormoderne, Konstanz.

Hengerer, Mark 2012: Kaiser Ferdinand III. (1608–1657). Eine Biographie, Wien u. a.

Henke, Christian 2000: Coblentz. Symbol für die Gegenrevolution. Die französische Emigration nach Koblenz und Kurtrier 1789–1792 und die politische Diskussion des revolutionären Frankreichs 1791–1794, Stuttgart.

Herbers, Klaus/Neuhaus, Helmut 2005: Das Heilige Römische Reich. Schauplätze einer tausendjährigen Geschichte (843–1806), Köln u. a.

Herbers, Klaus/Neuhaus, Helmut 2010: Das Heilige Römische Reich. Ein Überblick, Köln u. a.

Hermkes, Wolfgang 1968: Das Reichsvikariat in Deutschland. Reichsvikare nach dem Tode des Kaisers von der Goldenen Bulle bis zum Ende des Reiches, Karlsruhe.

Hersche, Peter 1989: Intendierte Rückständigkeit. Zur Charakteristik des geistlichen Staates im Alten Reich, in: Schmidt, Georg (Hg.), Stände und Gesellschaft im Alten Reich, Stuttgart, 133–149.

Himmelein, Volker u. a. (Hgg.) 2003: Alte Klöster, neue Herren. Die Säkularisation im deutschen Südwesten um 1803, 3 Bde., Ostfildern.

Hirbodian, Sigrid/Stretz, Torben (Hgg.) 2016: Juden und ländliche Gesellschaft in Europa zwischen Mittelalter und Früher Neuzeit (15.–17. Jahrhundert). Kontinuität und Krise, Inklusion und Exklusion in einer Zeit des Übergangs, Wiesbaden.

Hofmann, Hanns Hubert 1964: Der Staat des Deutschmeisters. Studien zu einer Geschichte des Deutschen Ordens im Heiligen Römischen Reich Deutscher Nation, München.

Hohensee, Ulrike (Hg.) 2009: Die Goldene Bulle. Politik – Wahrnehmung – Rezeption, 2 Bde., Berlin.

Hoke, Rudolf 1995 a: Johannes Limnaeus, in: Stolleis, Michael (Hg.), Staatsdenker in der frühen Neuzeit, 3. Aufl., München, 100–117.

Hoke, Rudolf 1995 b: Hippolithus a Lapide, in: Stolleis, Michael (Hg.), Staatsdenker in der frühen Neuzeit, 3. Aufl., München, 118–128.

Iserloh, Erwin u. a. (Hgg.) 1981: Confessio Augustana und Confutatio. Der Augsburger Reichstag 1530 und die Einheit der Kirche, 2. Aufl., Münster.

Jahns, Sigrid 2011: Das Reichskammergericht und seine Richter. Verfassung und Sozialstruktur eines höchsten Gerichts im Alten Reich, 2 Bde., Köln u. a.

Jedin, Hubert 1946: Katholische Reformation oder Gegenreformation. Ein Versuch zur Klärung der Begriffe nebst einer Jubiläumsbetrachtung über das Trienter Konzil, Luzern.

Jörn, Nils (Hg.) 2003: Integration durch Recht. Das Wismarer Tribunal (1653–1806), Köln u. a.

Jörn, Nils/North, Michael (Hgg.) 2000: Die Integration des südlichen Ostseeraumes in das Alte Reich, Köln u. a.

Jürgensmeier, Friedhelm 1977: Johann Philipp von Schönborn (1605–1673) und die römische Kurie. Ein Beitrag zur Kirchengeschichte des 17. Jahrhunderts, Mainz.

Kalipke, Andreas 2015: Verfahren im Konflikt. Konfessionelle Streitigkeiten und Corpus Evangelicorum im 18. Jahrhundert, Münster.

Kampmann, Christoph 1992: Reichsrebellion und kaiserliche Acht. Politische Strafjustiz im Dreißigjährigen Krieg und das Verfahren gegen Wallenstein 1634, Münster.

Karner, Herbert 2011: Reichsstil, Kaiserstil oder die Kunst des Heiligen römischen Reiches deutscher Nation. Kunstgeschichte und politische Begriffskonstruktion, in: Krones, Hartmut u. a. (Hgg.): Gibt es einen Stil der Hofmusikkapelle?, Wien 233–251.

Kasper-Holtkotte, Cilli 2010: Die jüdische Gemeinde von Frankfurt/Main in der Frühen Neuzeit. Familien, Netzwerke und Konflikte eines jüdischen Zentrums, Berlin.

Kasper-Marienberg, Verena 2012: »vor Euer Kayserlichen Mayestät Justiz-Thron«. Die Frankfurter jüdische Gemeinde am Reichshofrat in josephinischer Zeit (1765–1790), Innsbruck.

Keller, Katrin 2005: Hofdamen. Amtsträgerinnen im Wiener Hofstaat des 17. Jahrhunderts, Wien u. a.

Kießling, Rolf/Ullmann, Sabine (Hgg.) 1999: Landjudentum im deutschen Südwesten während der Frühen Neuzeit, Berlin.

Kießling, Rolf u. a. (Hgg.) 2007: Räume und Wege. Jüdische Geschichte im Alten Reich 1300–1800, Berlin.

Klein, Birgit E. 2003: Wohltat und Hochverrat. Kurfürst Ernst von Köln, Juda Bar Chajjim und die Juden im Alten Reich, Hildesheim u. a.

Kleinbongartz, Sigrid (Hg.) 2014: Fürsten, Macht und Krieg. Der Jülich-Klevische Erbfolgestreit, Düsseldorf.

Klueting, Harm 1999: Das Reich und Österreich 1648–1740, Münster.

Klueting, Harm (Hg.) 2005: 200 Jahre Reichsdeputationshauptschluss. Säkularisation, Mediatisierung und Modernisierung zwischen Altem Reich und neuer Staatlichkeit, Münster.

Klueting, Harm/Schmale, Wolfgang (Hgg.) 2004: Das Reich und seine Territorialstaaten im 17. und 18. Jahrhundert. Aspekte des Mit-, Neben- und Gegeneinander, Münster.

Koch, Rainer 1983: Grundlagen bürgerlicher Herrschaft. Verfassungs- und sozialgeschichtliche Studien zur bürgerlichen Gesellschaft in Frankfurt am Main (1612–1866), Wiesbaden.

Koch, Rainer/Stahl, Patricia (Hgg.) 1986: Wahl und Krönung in Frankfurt am Main. Kaiser Karl VII. 1742–1745, 2 Bde., Frankfurt a. M.

Kohl, Wilhelm 1964: Christoph Bernhard von Galen. Politische Geschichte des Fürstbistums Münster, 1650–1678, Münster.

Kraus, Hans-Christof 2010: Das Ende des alten Deutschland. Krise und Auflösung des Heiligen Römischen Reiches Deutscher Nation 1806, 2. Aufl., Berlin.

Kraus, Hans-Christof 2011: Die Spätzeit des Alten Reiches im Blick der deutschen Historiker des 19. Jahrhunderts, in: Asche, Matthias u. a. (Hgg.), Was vom Alten Reiche blieb ... Deutungen, Institutionen und Bilder des frühneuzeitlichen Heiligen Römischen Reiches Deutscher Nation im 19. und 20. Jahrhundert, München, 33–62.

Krieger, Karl-Friedrich 2010: König, Reich und Reichsreform im Spätmittelalter, München.

Krimm, Konrad/Rückert, Maria Magdalena (Hgg.) 2017: Zisterzienserklöster als Reichsabteien, Ostfildern.

Krischer, André 2006: Reichsstädte in der Fürstengesellschaft. Politischer Zeichengebrauch in der frühen Neuzeit, Darmstadt.

Kunisch, Johannes/Neuhaus, Helmut (Hgg.) 1982: Der dynastische Fürstenstaat. Zur Bedeutung von Sukzessionsordnungen für die Entstehung des frühmodernen Staates, Berlin.

Kusber, Jan 2008: Wahrnehmungen und Interessen. Das Ende des Alten Reiches, Russland und Europa, in: Roll, Christine/Schnettger, Matthias (Hgg.), Epochenjahr 1806? Das Ende des Alten Reichs in zeitgenössischen Perspektiven und Deutungen, Mainz, 123–138.

Langer, Herbert 1995: Der Heilbronner Bund (1633–35), in: Press, Volker/Stievermann, Dieter (Hgg.), Alternativen zur Reichsverfassung in der frühen Neuzeit?, München, 113–122.

Lanzinner, Maximilian 1993: Friedenssicherung und politische Einheit des Reiches unter Kaiser Maximilian II. (1564–1576), Göttingen.

Lanzinner, Maximilian/Schormann, Gerhard 2001: Gebhardt. Handbuch der deutschen Geschichte, Bd. 10: Konfessionelles Zeitalter 1555–1618. Dreißigjähriger Krieg 1618–1648, Stuttgart.

Lanzinner, Maximilian/Strohmeyer, Arno (Hgg.) 2006: Der Reichstag 1486–1613. Kommunikation – Wahrnehmung – Öffentlichkeiten, Göttingen.

Lau, Thomas 2012: Unruhige Städte. Die Stadt, das Reich und die Reichsstadt (1648–1806), München.

Lau, Thomas 2015: Das Reich der Diplomaten – Diplomaten des Reichs. Das Netz der habsburgischen Gesandten und Residenten im Heiligen Römischen Reich, in: Wendehorst, Stephan (Hg.), Die Anatomie frühneuzeitlicher Imperien. Herrschaftsmanagement jenseits von Staat und Nation, Berlin, 265–280.

Lau, Thomas/Wittmann, Helge (Hgg.) 2016: Kaiser, Reich und Reichsstadt in der Interaktion, Petersberg.

Lau, Thomas/Wittmann, Helge (Hgg.) 2017: Reichsstadt im Religionskonflikt, Petersberg.

Laubach, Ernst 2001: Ferdinand I. als Kaiser. Politik und Herrscherauffassung des Nachfolgers Karls V., Münster.

Laufs, Adolf 1971: Der Schwäbische Kreis. Studien über Einungswesen und Reichsverfassung im deutschen Südwesten zu Beginn der Neuzeit, Aalen.
Lehsten, Lupold von 2003: Die hessischen Reichstagsgesandten im 17. und 18. Jahrhundert, 2 Bde., Darmstadt.
Link, Christoph 1995 a: Dietrich Reinkingk, in: Stolleis, Michael (Hg.), Staatsdenker in der frühen Neuzeit, 3. Aufl., München, 78–99.
Link, Christoph 1995 b: Johann Stephan Pütter, in: Stolleis, Michael (Hg.), Staatsdenker in der frühen Neuzeit, 3. Aufl., München, 310–331.
Loewenich, Maria von 2019: Amt und Prestige. Die Kammerrichter in der ständischen Gesellschaft (1711–1806), Köln u. a.
Lorenz, Sönke (Hg.) 2010: Auf dem Weg zur politischen Partizipation? Landstände und Herrschaft im deutschen Südwesten, Stuttgart.
Lorenz, Sönke/Mertens, Dieter (Hgg.) 2013: Johannes Reuchlin und der »Judenbücherstreit«, Ostfildern.
Luttenberger, Albrecht P. 1994: Kurfürsten, Kaiser und Reich. Politische Führung und Friedenssicherung unter Ferdinand I. und Maximilian II., Mainz.
Mader, Eric-Oliver 2005: Die letzten »Priester der Gerechtigkeit«. Die Auseinandersetzung der letzten Generation von Richtern des Reichskammergerichts mit der Auflösung des Heiligen Römischen Reiches Deutscher Nation, Berlin.
Malettke, Klaus 2001: Les relations entre la France et le Saint-Empire au XVIIe siècle, Paris.
Marquardt, Bernd 2007: Die alte Eidgenossenschaft und das Heilige Römische Reich (1350–1798). Staatsbildung, Souveränität und Sonderstatus am alteuropäischen Alpenrand, Zürich.
Matsche, Franz 1981: Die Kunst im Dienst der Staatsidee Kaiser Karls VI. Ikonographie, Ikonologie und Programmatik des »Kaiserstils«, 2 Bde., Berlin.
Matsche, Franz 2011: Caesar et Imperium. Die Fassadendekoration und das Deckenbild im Festsaal der ehemaligen Reichskanzlei in der Wiener Hofburg, Wien.
Mazohl-Wallnig, Brigitte/Schneider, Karin 2011: »Translatio Imperii«? Reichsidee und Kaisermythos in der Habsburgermonarchie, in: Asche, Matthias u. a. (Hgg.), Was vom Alten Reiche blieb … Deutungen, Institutionen und Bilder des frühneuzeitlichen Heiligen Römischen Reiches Deutscher Nation im 19. und 20. Jahrhundert, München, 101–128.
Menk, Gerhard 2002: Der deutsche Territorialstaat in Veit Ludwig von Seckendorffs Werk und Wirken, in: Wunder, Heide (Hg.), Dynastie und Herrschaftssicherung in der Frühen Neuzeit. Geschlechter und Geschlecht, Berlin, 55–92.
Messinger, Stephan 2015: Die Übertragung der pfälzischen Kurwürde auf das Herzogtum Bayern. Rechtliche, zeremonielle und politische Probleme, Berlin.
Mittelsdorf, Harald (Red.) 2008: Landstände in Thüringen. Vorparlamentarische Strukturen und politische Kultur im Alten Reich, Weimar.
Moeller, Bernd 2011: Reichsstadt und Reformation. Neue Ausgabe, hg. von Thomas Kaufmann, Tübingen.
Moraw, Peter 1976: Franken als königsnahe Landschaft im späten Mittelalter, in: Blätter für deutsche Landesgeschichte 112, 123–138.

Moraw, Peter 1980: Versuch über die Entstehung des Reichstags, in: Weber, Hermann (Hg.), Politische Ordnungen und soziale Kräfte im Alten Reich, Wiesbaden, 1–36.
Moraw, Peter 1989: Von offener Verfassung zu gestalteter Verdichtung. Das Reich im späten Mittelalter 1250 bis 1490, Frankfurt a. M.
Müller, Andreas 1992: Der Regensburger Reichstag von 1653/54. Eine Studie zur Entwicklung des Alten Reiches nach dem Westfälischen Frieden, Frankfurt a. Main u. a.
Müller, Michael 2008: Die Entwicklung des Kurrheinischen Kreises in seiner Verbindung mit dem Oberrheinischen Kreis im 18. Jahrhundert, Frankfurt a. M.
Müller, Rainer A. (Hg.) 1987: Reichsstädte in Franken, 2 Bde., München.
Müller, Rainer A. (Hg.) 2007: Das Ende der kleinen Reichsstädte 1803 im süddeutschen Raum, München.
Neuburger, Andreas 2011: Konfessionskonflikt und Kriegsbeendigung im Schwäbischen Reichskreis. Württemberg und die katholischen Reichsstände im Südwesten vom Prager Frieden bis zum Westfälischen Frieden (1635–1651), Stuttgart.
Neugebauer-Wölk, Monika 1990: Reichsstädtische Reichspolitik nach dem Westfälischen Frieden, in: Zeitschrift für Historische Forschung 17, 27–47.
Neuhaus, Helmut 1982: Reichsständische Repräsentationsformen im 16. Jahrhundert. Reichstag, Reichskreistag, Reichsdeputationstag, Berlin.
Neuhaus, Helmut 1997: Die Römische Königswahl vivente imperatore in der Neuzeit. Zum Problem der Kontinuität in einer frühneuzeitlichen Wahlmonarchie, in Kunisch, Johannes (Hg.), Neue Studien zur frühneuzeitlichen Reichsgeschichte, Berlin, 1–53.
Neuhaus, Helmut 2010: Das Reich in der Frühen Neuzeit, 2. Aufl., München.
Nicklas, Thomas 1995: Um Macht und Einheit des Reiches. Konzeption und Wirklichkeit der Politik bei Lazarus von Schwendi (1522–1583), Husum.
Nicklas, Thomas 2002: Die Schlacht von Roßbach (1757) zwischen Wahrnehmung und Deutung, in: Forschungen zur Brandenburgischen und Preußischen Geschichte N. F. 12, 35–51.
Ninness, Richard 2014: Im konfessionellen Niemandsland – Neue Forschungsansätze zur Geschichte der Reichsritterschaft zwischen Reformation und Dreißigjährigem Krieg. Das Vermächtnis von Volker Press, in: Historisches Jahrbuch 134, 142–164.
North, Michael/Riemer, Robert (Hgg.) 2008: Das Ende des Alten Reiches im Ostseeraum. Wahrnehmungen und Transformationen, Köln u. a.
Oestmann, Peter 1997: Hexenprozesse am Reichskammergericht, Köln u. a.
Ohler, Christian 2002: Zwischen Frankreich und dem Reich. Die elsässische Dekapolis nach dem Westfälischen Frieden, Frankfurt a. M. u. a.
Ortlieb, Eva 2001: Im Auftrag des Kaisers. Die kaiserlichen Kommissionen des Reichshofrats und die Regelung von Konflikten im Alten Reich (1637–1657), Köln u. a.

Ortlieb, Eva 2009: Das Prozessverfahren in der Formierungsphase des Reichshofrats (1519–1564), in: Oestmann, Peter (Hg.), Zwischen Formstrenge und Billigkeit. Forschungen zum vormodernen Zivilprozess, Köln u. a., 117–138.

Ortlieb, Eva/Polster, Gert 2004: Die Prozessfrequenz am Reichshofrat (1519–1806), in: Zeitschrift für neuere Rechtsgeschichte 26, 189–216.

Oschmann, Antje 1991: Der Nürnberger Exekutionstag 1649–1650. Das Ende des Dreißigjährigen Krieges in Deutschland, Münster.

Ottomeyer, Hans u. a. (Hgg.) 2006: Heiliges Römisches Reich Deutscher Nation. 962 bis 1806. Ausstellungskatalog, 2 Bde., Dresden.

Pape, Matthias 2017: Revolution und Reichsverfassung. Die Verfassungsdiskussion zwischen Fürstenbund und Rheinbund, in: Weisser-Lohmann, Elisabeth/Köhler, Dietmar (Hgg.), Verfassung und Revolution. Hegels Verfassungskonzeption und die Revolutionen der Neuzeit, Hamburg, 40–84.

Pečar, Andreas 2003: Die Ökonomie der Ehre. Der höfische Adel am Kaiserhof Karls VI. (1711–1740), Darmstadt.

Petry, David 2011: Konfliktbewältigung als Medienereignis. Reichsstadt und Reichshofrat in der Frühen Neuzeit, Berlin.

Pfannkuche, Gerhard 2011: Patrimonium – Feudum – Territorium. Zur Fürstensukzession im Spannungsfeld von Familie, Reich und Ständen am Beispiel welfischer Herrschaft im sächsischen Raum bis zum Jahre 1688, Berlin.

Pitzer, Volker 1976: Justinus Febronius. Das Ringen eines katholischen Irenikers um die Einheit der Kirche im Zeitalter der Aufklärung, Göttingen.

Plassmann, Max 2000: Krieg und Defension am Oberrhein. Die Vorderen Reichskreise und Markgraf Ludwig Wilhelm von Baden (1693–1706), Berlin.

Plassmann, Max 2001/2002: Die preußische Reichspolitik und der Frieden von Basel 1795, in: Jahrbuch Stiftung Preußische Schlösser und Gärten Berlin-Brandenburg 4, 133–154.

Plassmann, Max 2003: Zwischen Reichsprovinz und Ständebund. Der Schwäbische Reichskreis als Handlungsrahmen mindermächtiger Stände, in: Zeitschrift für die Geschichte des Oberrheins 151, 199–235.

Press, Volker 1980: Kaiser Karl V., König Ferdinand und die Entstehung der Reichsritterschaft, 2. Aufl., Wiesbaden.

Press, Volker 2000 a: Das römisch-deutsche Reich – ein politisches System in verfassungs- und sozialgeschichtlicher Sicht, in: Ders., Das Alte Reich. Ausgewählte Aufsätze, hg. von Johannes Kunisch u. a., 2. Aufl., Berlin, 18–41.

Press, Volker 2000 b: Die Bundespläne Kaiser Karls V. und die Reichsverfassung, in: Ders., Das Alte Reich. Ausgewählte Aufsätze, hg. von Johannes Kunisch u. a., 2. Aufl., Berlin, 67–127.

Press, Volker 2000 c: Kaiser Rudolf II. und der Zusammenschluß der deutschen Judenheit. Die sogenannte Frankfurter Rabbinerverschwörung von 1603 und ihre Folgen, in: Ders., Das Alte Reich. Ausgewählte Aufsätze, hg. von Johannes Kunisch u. a., 2. Aufl., Berlin, 128–188.

Press, Volker 2000 d: Die kaiserliche Stellung im Reich zwischen 1648 und 1740 – Versuch einer Neubewertung, in: Ders., Das Alte Reich. Ausgewählte Aufsätze, hg. von Johannes Kunisch u. a., 2. Aufl., Berlin,189–222.

Press, Volker 2000 e: Das wittelsbachische Kaisertum Karls VII. Voraussetzungen von Entstehung und Scheitern, in: Ders., Das Alte Reich. Ausgewählte Aufsätze, hg. von Johannes Kunisch u. a., 2. Aufl., Berlin, 223–259.

Press, Volker 2000 f: Bayern am Scheideweg. Die Reichspolitik Kaiser Josephs II. und der Bayerische Erbfolgekrieg 1777–1779, in: Ders., Das Alte Reich. Ausgewählte Aufsätze, hg. von Johannes Kunisch u. a., 2. Aufl., Berlin, 289–326.

Press, Volker 2000 g: Die Reichsstadt in der altständischen Gesellschaft, in: Ders., Das Alte Reich. Ausgewählte Aufsätze, hg. von Johannes Kunisch u. a., 2. Aufl., Berlin, 558–589.

Puchta, Michael 2012: Mediatisierung »mit Haut und Haar, Leib und Leben«. Die Unterwerfung der Reichsritter durch Ansbach-Bayreuth (1792–1798), Göttingen.

Raab, Heribert 1989: Reich und Kirche in der frühen Neuzeit. Jansenismus, kirchliche Reunionsversuche, Reichskirche im 18. Jahrhundert, Säkularisation, Kirchengeschichte im Schlagwort. Ausgewählte Aufsätze, Freiburg, Schweiz.

Rabe, Horst 1971: Reichsbund und Interim. Die Verfassungs- und Religionspolitik Karls V. und der Reichstag von Augsburg 1547/1548, Köln.

Rabe, Horst 1991: Deutsche Geschichte 1500–1600. Das Jahrhundert der Glaubensspaltung, München.

Ranieri, Filippo 1985: Recht und Gesellschaft im Zeitalter der Rezeption. Eine rechts- und sozialgeschichtliche Analyse der Tätigkeit des Reichskammergerichts im 16. Jahrhundert, 2 Bde., Köln.

Rauscher, Peter 2004: Zwischen Ständen und Gläubigern. Die kaiserlichen Finanzen unter Ferdinand I. und Maximilian II. (1556–1576), Wien.

Rauscher, Peter 2005: Ein dreigeteilter Ort. Die Wiener Juden und ihre Beziehungen zu Kaiserhof und Stadt in der Zeit des Ghettos (1625–1670), in: Pils, Susanne Claudine/Niederkorn, Jan Paul (Hgg.), Ein zweigeteilter Ort? Hof und Stadt in der Frühen Neuzeit, Innsbruck, 421–438.

Rauscher, Peter (Hg.) 2010: Kriegführung und Staatsfinanzen. Die Habsburgermonarchie und das Heilige Römische Reich vom Dreißigjährigen Krieg bis zum Ende des habsburgischen Kaisertums 1740, Münster.

Rebitsch, Robert (Hg.) 2017: 1618. Der Beginn des Dreißigjährigen Krieges, Wien u. a.

Reden-Dohna, Armgard von 1982: Reichsstandschaft und Klosterherrschaft. Die schwäbischen Reichsprälaten im Zeitalter des Barock, Wiesbaden.

Reese, Armin 1967: Die Rolle der Historie beim Aufstieg des Welfenhauses 1680–1714, Hildesheim.

Reichardt, Sven 1997: Bourdieu für Historiker? Ein kultursoziologisches Angebot an die Sozialgeschichte, in: Mergel, Thomas/Welskopp, Thomas (Hgg.), Geschichte zwischen Kultur und Gesellschaft. Beiträge zur Theoriedebatte, München, 71–94.

Reinhard, Wolfgang 1983: Zwang zur Konfessionalisierung? Prolegomena zu einer Theorie des konfessionellen Zeitalters, in: Zeitschrift für Historische Forschung 10, 257–277.

Reinhard, Wolfgang 2001: Gebhardt. Handbuch der der deutschen Geschichte, Bd. 9: Probleme deutscher Geschichte 1495–1806. Reichsreform und Reformation 1495–1555, Stuttgart.

Reinhard, Wolfgang 2002: Frühmoderner Staat und deutsches Monstrum. Die Entstehung des modernen Staates und das Alte Reich, in: Zeitschrift für Historische Forschung 29, 339–357.

Reinhardt, Rudolf 1998: Reich – Kirche – Politik. Ausgewählte Beiträge zur Geschichte der Germania Sacra in der frühen Neuzeit, hg. von Hubert Wolf, Ostfildern.

Repgen, Konrad 1999: Die Hauptprobleme der Westfälischen Friedensverhandlungen von 1648 und ihre Lösungen, in: Zeitschrift für Bayerische Landesgeschichte 62, 399–438.

Riotte, Andrea 2012: Diese so oft beseufzte Parität. Biberach 1649–1825: Politik – Konfession – Alltag, Stuttgart.

Riotte, Torsten 2008: Britische Geschichtsbilder und das Ende des Alten Reiches 1806, in: Roll, Christine/Schnettger, Matthias (Hgg.), Epochenjahr 1806? Das Ende des Alten Reichs in zeitgenössischen Perspektiven und Deutungen, Mainz, 99–121.

Roeck, Bernd 1984: Reichssystem und Reichsherkommen. Die Diskussion über die Staatlichkeit des Reiches in der politischen Publizistik des 17. und 18. Jahrhunderts, Stuttgart.

Roeck, Bernd 1989: Eine Stadt in Krieg und Frieden. Studien zur Geschichte der Reichsstadt Augsburg zwischen Kalenderstreit und Parität, Göttingen.

Rödel, Volker (Hg.) 2004: Säkularisation am Oberrhein, Ostfildern.

Rödel, Walter Gerd 2005: Der Johanniterorden, in: Jürgensmeier, Friedhelm/Schwertfeger, Regina Elisabeth (Hgg.), Orden und Klöster im Zeitalter von Reformation und katholischer Reform 1500–1700, Bd. 1, Münster, 141–159.

Rohrschneider, Michael 2014: Österreich und der Immerwährende Reichstag. Studien zur Klientelpolitik und Parteibildung (1745–1763), Göttingen.

Roll, Christine 1996: Das Zweite Reichsregiment 1521–1530, Köln u. a.

Roll, Christine 1998: »Sin lieb sy auch eyn Kurfurst ...«. Zur Rolle Bertholds von Henneberg in der Reichsreform, in: Hartmann, Peter Claus (Hg.), Kurmainz, das Reichserzkanzleramt und das Reich am Ende des Mittelalters und im 16. und 17. Jahrhundert, Stuttgart, 5–43.

Roll, Christine/Schnettger, Matthias (Hgg.) 2008: Epochenjahr 1806? Das Ende des Alten Reichs in zeitgenössischen Perspektiven und Deutungen, Mainz.

Rudolph, Harriet 2011: Das Reich als Ereignis. Formen und Funktionen der Herrschaftsinszenierung bei Kaisereinzügen (1558–16 18), Köln u. a.

Rudolph, Harriet/Schlachta, Astrid von (Hgg.) 2015: Reichsstadt – Reich – Europa. Neue Perspektiven auf den Immerwährenden Reichstag zu Regensburg (1663–1806), Regensburg.

Sailer, Rita 1999: Untertanenprozesse vor dem Reichskammergericht. Rechtsschutz gegen die Obrigkeit in der zweiten Hälfte des 18. Jahrhunderts, Köln u. a.

Scharf-Wrede, Thomas (Hg.) 2004: Umbruch oder Übergang? Die Säkularisation von 1803 in Norddeutschland, Hildesheim.

Scheffknecht, Wolfgang 2018: Kleinterritorium und Heiliges Römisches Reich. Der »Embsische Estat« und der Schwäbische Reichskreis im 17. und 18. Jahrhundert, Konstanz.

Schenk, Tobias 2014: Der Reichshofrat als oberster Lehnshof. Dynastie- und adelsgeschichtliche Implikationen am Beispiel Brandenburg-Preußens, in: Baumann, Anette/Jendorff, Alexander (Hgg.), Adel, Recht und Gerichtsbarkeit im frühneuzeitlichen Europa, München, 255–294.

Scheurmann, Ingrid (Hg.) 1994: Frieden durch Recht. Das Reichskammergericht von 1495 bis 1806. Ausstellungskatalog, Mainz.

Schiersner, Dietmar u. a. (Hgg.) 2011: Adelige Damenstifte Oberschwabens in der Frühen Neuzeit. Selbstverständnis, Spielräume, Alltag, Stuttgart.

Schilling, Heinz 1988: Die Konfessionalisierung im Reich. Religiöser und gesellschaftlicher Wandel in Deutschland zwischen 1555 und 1620, in: Historische Zeitschrift 246, 1–45.

Schilling, Heinz 2001: Reichs-Staat und frühneuzeitliche Nation der Deutschen oder teilmodernisiertes Reichssystem, in: Historische Zeitschrift 272, 377–395.

Schilling, Heinz 2002: Das Alte Reich – ein teilmodernisiertes System als Ergebnis der partiellen Anpassung an die frühmoderne Staatsbildung in den Territorien und den europäischen Nachbarländern, in: Schnettger, Matthias (Hg.), Imperium Romanum – Irregulare Corpus – Teutscher Reichs-Staat. Das Alte Reich im Verständnis der Zeitgenossen und der Historiographie, Mainz, 279–291.

Schilling, Heinz 2020: Karl V. Der Kaiser, dem die Welt zerbrach, München.

Schilling, Heinz (Hg.) 2007: Der Augsburger Religionsfrieden 1555. Wissenschaftliches Symposium aus Anlaß des 450. Jahrestages des Friedensschlusses, Augsburg 21. bis 25. September 2005, Münster.

Schillinger, Ulrike 2016: Die Neuordnung des Prozesses am Hofgericht Rottweil 1572. Entstehungsgeschichte und Inhalt der Neuen Hofgerichtsordnung, Köln u. a.

Schindling, Anton 1991: Die Anfänge des Immerwährenden Reichstags zu Regensburg. Ständevertretung und Staatskunst nach dem Westfälischen Frieden, Mainz.

Schindling, Anton 2001: Kaiser, Reich und Reichsverfassung 1648–1806. Das neue Bild vom Alten Reich, in: Asbach, Olaf u. a. (Hgg.): Altes Reich, Frankreich und Europa. Politische, philosophische und historische Aspekte des französischen Deutschlandbildes im 17. und 18. Jahrhundert, Berlin, 25–54.

Schindling, Anton/Ziegler, Walter (Hgg.) 1989–1997: Die Territorien des Reichs im Zeitalter der Reformation und Konfessionalisierung. Land und Konfession 1500–1650, 7 Bde., Münster.

Schindling, Anton/Ziegler, Walter (Hgg.) 1990: Die Kaiser der Neuzeit. Heiliges Römisches Reich, Österreich, Deutschland, München.

Schlip, Harry 1987: Die neuen Fürsten. Zur Erhebung in den Reichsfürstenstand und zur Aufnahme in den Reichsfürstenrat im 17. und 18. Jahrhundert, in: Press, Volker/Willoweit, Dietmar (Hgg.), Liechtenstein – fürstliches Haus und staatliche Ordnung. Geschichtliche Grundlagen und moderne Perspektiven, Vaduz 249–292.

Schmale, Wolfgang 1998: Grenze in der deutschen und französischen Frühneuzeit, in: Schmale, Wolfgang/Stauber, Reinhard (Hgg.), Menschen und Grenzen in der frühen Neuzeit, Berlin, 50–75.

Schmid, Alois (Hg.) 2003: Die Säkularisation in Bayern 1803. Kulturbruch oder Modernisierung?, München.

Schmidt, Georg 1984: Der Städtetag in der Reichsverfassung. Eine Untersuchung zur korporativen Politik der freien und Reichsstädte in der 1. Hälfte des 16. Jahrhunderts, Stuttgart.

Schmidt, Georg 1989: Der Wetterauer Grafenverein. Organisation und Politik einer Reichskorporation zwischen Reformation und Westfälischem Frieden, Marburg.

Schmidt, Georg 1999: Geschichte des Alten Reiches. Staat und Nation in der Frühen Neuzeit, 1495–1806, München.

Schmidt, Georg 2018: Die Reiter der Apokalypse. Geschichte des Dreißigjährigen Krieges, München.

Schmidt-Voges, Inken (Hg.) 2010: Pax perpetua. Neuere Forschungen zum Frieden in der Frühen Neuzeit, München.

Schnabel-Schüle, Helga 2013: Die Reformation 1495–1555. Politik mit Theologie und Religion, 2. Aufl., Stuttgart.

Schneider, Karin 2015: Zwischen »Monarchischer Union von Ständestaaten« und Gesamtstaat. Die Habsburgermonarchie im 18. und 19. Jahrhundert, in: Schennach, Martin P. (Hg.), Rechtshistorische Aspekte des österreichischen Föderalismus, Wien, 31–49.

Schnettger, Matthias 1996: Der Reichsdeputationstag 1655–1663. Kaiser und Stände zwischen Westfälischem Frieden und Immerwährendem Reichstag, Münster.

Schnettger, Matthias 1997: Der Fürstenverein von 1662. Zur Problematik der *iura principum* nach dem Westfälischen Frieden, in: Kunisch, Johannes (Hg.), Neue Studien zur frühneuzeitlichen Reichsgeschichte, Berlin, 223–251.

Schnettger, Matthias 1999: Das Alte Reich und Italien in der Frühen Neuzeit. Ein institutionengeschichtlicher Überblick, in Quellen und Forschungen aus italienischen Archiven und Bibliotheken 79, 344–420.

Schnettger, Matthias 2003: Rang, Zeremoniell, Lehnssysteme. Hierarchische Elemente im europäischen Staatensystem der Frühen Neuzeit, in: Asch, Ronald G. u. a. (Hgg.), Die frühneuzeitliche Monarchie und ihr Erbe. Festschrift für Heinz Duchhardt zum 60. Geburtstag, Münster 179–195.

Schnettger, Matthias 2004: Le Saint-Empire et ses périphéries. L'exemple de l'Italie, in: Histoire, Economie et Société 23, 7–23.

Schnettger, Matthias 2006: »Principe sovrano« oder »civitas imperialis«? Die Republik Genua und das Alte Reich in der Frühen Neuzeit (1556–1797), Mainz.
Schnettger, Matthias 2007 a: Norm und Pragmatismus. Die sprachliche Situation der Italiener im Alten Reich, in: Nicklas, Thomas/Schnettger, Matthias (Hgg.), Politik und Sprache im frühneuzeitlichen Europa, Mainz, 73–88.
Schnettger, Matthias 2007 b: Von der »Kleinstaaterei« zum »komplementären Reichs-Staat«. Die Reichsverfassungsgeschichtsschreibung seit dem Zweiten Weltkrieg, in: Kraus, Hans-Christof/Nicklas, Thomas Nicklas (Hgg.), Geschichte der Politik. Alte und neue Wege, München, 129–154.
Schnettger, Matthias 2008: Im Schatten der Mediatisierung. Zur Reform(un)fähigkeit deutscher und italienischer Kleinstaaten in der Frühen Neuzeit, in: Historisches Jahrbuch 128, 25–53.
Schnettger, Matthias 2010 a: Ist Wien eine Messe wert? Protestantische Funktionseliten am Kaiserhof im 17. und 18. Jahrhundert, in: Roll, Christine (Hg.), Grenzen und Grenzüberschreitungen. Bilanz und Perspektiven der Frühneuzeitforschung, Köln u. a., 599–633.
Schnettger, Matthias 2010 b: Subsidien und Kontributionen. Die finanziellen Beiträge der italienischen Reichsvasallen zu Reichs- und Türkenkriegen im 17. und 18. Jahrhundert, in: Rauscher, Peter (Hg.), Kriegführung und Staatsfinanzen. Die Habsburgermonarchie und das Heilige Römische Reich vom Dreißigjährigen Krieg bis zum Ende des habsburgischen Kaisertums 1740, Münster, 543–571.
Schnettger, Matthias 2013: *Reddite Caesari, quae sunt Caesaris*. Der Kaiser, Rom und Italien in den Schriften Johann Wolfgang Jägers, in: Anna Esposito u. a. (Hgg.), Trier – Mainz – Rom. Stationen, Wirkungsfelder, Netzwerke. Festschrift für Michael Matheus zum 60. Geburtstag, Regensburg, 173–189.
Schnettger, Matthias 2018: Regards nouveaux sur un vieil Empire. L'Historiographie du Saint-Empire depuis le milieu du XXe siècle, in: Bretschneider, Falk/Duhamelle, Christophe (Hgg.), Le Saint-Empire, histoire sociale. (XVIe–XVIIIe siècle), Paris, 9–25.
Schnettger, Matthias 2019: Dynastic Succession in an Elective Monarchy. The Habsburgs and the Holy Roman Empire, in: Woodacre, Elena u. a. (Hgg.), The Routledge History of Monarchy, London/New York, 112–129.
Schnettger, Matthias (Hg.) 2002: Imperium Romanum – Irregulare Corpus – Teutscher Reichs-Staat. Das Alte Reich im Verständnis der Zeitgenossen und der Historiographie, Mainz.
Schnettger, Matthias/Verga, Marcello (Hgg.) 2006: L' Impero e l'Italia nella prima età moderna = Das Reich und Italien in der Frühen Neuzeit, Bologna/Berlin.
Schnurr, Eva-Maria 2009: Religionskonflikt und Öffentlichkeit. Eine Mediengeschichte des Kölner Kriegs (1582 bis 1590), Köln u. a.
Schönberg, Rüdiger von 1977: Das Recht der Reichslehen im 18. Jahrhundert. Zugleich ein Beitrag zu den Grundlagen der bundesstaatlichen Ordnung, Heidelberg.

Schorn-Schütte, Luise (Hg.) 2005: Das Interim 1548/50. Herrschaftskrise und Glaubenskonflikt, Gütersloh.

Schroeder, Friedrich-Christian (Hg.) 1986: Die Carolina. Die Peinliche Gerichtsordnung Kaiser Karls V. von 1532, Darmstadt.

Schröder, Klaus-Peter 1991: Das Alte Reich und seine Städte. Untergang und Neubeginn. Die Mediatisierung der oberdeutschen Reichsstädte im Gefolge des Reichsdeputationshauptschlusses 1802/03, München.

Schröder-Stapper, Teresa 2015: Fürstäbtissinnen. Frühneuzeitliche Stiftsherrschaften zwischen Verwandtschaft, Lokalgewalten und Reichsverband, Köln u. a.

Schulze, Fabian 2018: Die Reichskreise im Dreißigjährigen Krieg. Kriegsfinanzierung und Bündnispolitik im Heiligen Römischen Reich deutscher Nation, Berlin/Boston.

Schulze, Winfried 1978: Reich und Türkengefahr im späten 16. Jahrhundert. Studien zu den politischen und gesellschaftlichen Auswirkungen einer äußeren Bedrohung, München.

Schumann, Jutta 2003: Die andere Sonne. Kaiserbild und Medienstrategien im Zeitalter Leopolds I., Berlin.

Sellert, Wolfgang 1973: Prozeßgrundsätze und Stilus Curiae am Reichshofrat. Im Vergleich mit den gesetzlichen Grundlagen des reichskammergerichtlichen Verfahrens, Aalen.

Sellert, Wolfgang 1996: Der Reichshofrat, in: Diestelkamp, Bernhard (Hg.), Oberste Gerichtsbarkeit und zentrale Gewalt im Europa der frühen Neuzeit, Köln u. a., 15–44.

Sellert, Wolfgang (Hg.) 1999: Reichshofrat und Reichskammergericht. Ein Konkurrenzverhältnis, Köln u. a.

Seyboth, Reinhard 2011: Gestalt und Wandel des Reichstages in der Ära Maximilians I., in Hederer, Franz (Hg.), Handlungsräume. Facetten politischer Kommunikation in der Frühen Neuzeit. Festschrift für Albrecht P. Luttenberger zum 65. Geburtstag, München, 57–90.

Smend, Rudolf 1911 (1965): Das Reichskammergericht. Geschichte und Verfassung, Weimar (ND Aalen).

Steinert, Mark Alexander 2003: Die alternative Sukzession im Hochstift Osnabrück. Bischofswechsel und das Herrschaftsrecht des Hauses Braunschweig-Lüneburg in Osnabrück 1648–1802, Osnabrück.

Stievermann, Dieter 1995: Der Fürstenbund von 1785 und das Reich, in: Press, Volker/Stievermann, Dieter (Hgg.), Alternativen zur Reichsverfassung in der Frühen Neuzeit?, München, 209–226.

Stollberg-Rilinger, Barbara 1997: Zeremoniell als politisches Verfahren. Rangordnung und Rangstreit als Strukturmerkmale des frühneuzeitlichen Reichstags, in: Kunisch, Johannes (Hg.), Neue Studien zur frühneuzeitlichen Reichsgeschichte, Berlin, 91–132.

Stollberg-Rilinger, Barbara 2006: Die Investitur mit den Reichslehen in der Frühen Neuzeit, https://www.leibniz-publik.de/de/fs3/object/display/bsb00084152_00001.html [10.02.2020].

Stollberg-Rilinger, Barbara 2013 a: Des Kaisers alte Kleider. Verfassungsgeschichte und Symbolsprache des Alten Reiches, 2. Aufl., München.
Stollberg-Rilinger, Barbara 2013 b: Organisierte Heuchelei. Vom Machtverfall des Römisch-deutschen Reiches im 18. Jahrhundert, in: Hoeres, Peter (Hg.), Herrschaftsverlust und Machtverfall, München, 97–110.
Stollberg-Rilinger, Barbara 2018: Das Heilige Römische Reich Deutscher Nation. Vom Ende des Mittelalters bis 1806, 6. Aufl., München.
Strohmeyer, Arno/Pech, Robert (Hgg.) 2013: Frieden und Konfliktmanagement in interkulturellen Räumen. Das Osmanische Reich und die Habsburgermonarchie in der Frühen Neuzeit, Stuttgart.
Taddei, Elena u. a. (Hgg.) 2017: »Reichsitalien« in Mittelalter und Neuzeit. »Feudi imperiali italiani« nel Medioevo e nell'Età Moderna, Innsbruck u. a.
Tewes, Götz-Rüdiger 2001: Die römische Kurie und die europäischen Länder am Vorabend der Reformation, Tübingen.
Turinski, Jan im Druck: Leichenpredigten und Trauerzeremoniell der geistlichen Kurfürsten zwischen Westfälischem Frieden und Säkularisation, Münster.
Ullmann, Sabine 2006: Geschichte auf der langen Bank. Die Kommissionen des Reichshofrats unter Kaiser Maximilian II. (1564–1576), Mainz.
Ulrichs, Cord 2016: Die Entstehung der fränkischen Reichsritterschaft. Entwicklungslinien von 1370 bis 1590, Köln u. a.
Unger, Klemens u. a. (Hgg.) 2013: Regensburg zur Zeit des Immerwährenden Reichstags. Kulturhistorische Aspekte einer Epoche der Stadtgeschichte, Regensburg.
Wallenborn, Hiltrud 1997: »Portugiesische Nation« und »hochdeutsche Juden«. Die Hamburger sephardische Gemeinde und die Ansiedlung von aschkenasischen Juden im Hamburger Raum, in: Menora 8, 121–149.
Wandruszka, Adam 1963–1965: Leopold II. Erzherzog von Österreich, Großherzog von Toskana, König von Ungarn und Böhmen, Römischer Kaiser, 2 Bde., Wien u. a.
Wanger, Bernd H. 1994: Kaiserwahl und Krönung im Frankfurt des 17. Jahrhunderts. Darstellung anhand der zeitgenössischen Bild- und Schriftquellen und unter besonderer Berücksichtigung der Erhebung des Jahres 1612, Frankfurt a. M.
Warmbrunn, Paul 1983: Zwei Konfessionen in einer Stadt. Das Zusammenleben von Katholiken und Protestanten in den paritätischen Reichsstädten Augsburg, Biberach, Ravensburg und Dinkelsbühl von 1548 bis 1648, Wiesbaden.
Weber, Matthias 1992: Das Verhältnis Schlesiens zum Alten Reich in der Frühen Neuzeit, Köln u. a.
Weber, Wolfgang E. J. 2000: Der südliche Ostseeraum im Spiegel der Reichspublizistik. Ein kulturhistorischer Versuch, in: Jörn, Nils/North, Michael (Hgg.), Die Integration des südlichen Ostseeraumes in das Alte Reich, Köln u. a., 473–536.
Wendehorst, Stephan/Westphal, Siegrid (Hgg.) 2014: Lesebuch Altes Reich, München.

Westphal, Siegrid 2002: Kaiserliche Rechtsprechung und herrschaftliche Stabilisierung. Reichsgerichtsbarkeit in den thüringischen Territorialstaaten 1648–1806, Köln u. a.
Westphal, Siegried 2015: Der Westfälische Frieden, München.
Westphal, Siegrid u. a. (Hgg.) 2004: Reichsgerichtsbarkeit = zeitenblicke 3 (2004), Nr. 3), http://www.zeitenblicke.de/2004/03/index.htm [10.02.2020].
Westphal, Siegrid (Hg.) 2005: In eigener Sache. Frauen vor den höchsten Gerichten des Alten Reiches. Frauen vor den höchsten Gerichten des Alten Reiches, Köln.
Whaley, Joachim 2018: Das Heilige Römische Reich deutscher Nation und seine Territorien, 1493–1806, durchges. Sonderausg., 2 Bde., Darmstadt.
Wiesflecker, Hermann, 1971–1986: Kaiser Maximilian I. Das Reich, Österreich und Europa an der Wende zur Neuzeit, 5 Bde., Köln/Wien.
Wilson, Peter H. 2016: The Holy Roman Empire. A Thousand Years of Europe's History, Cambridge, Mass.
Winzen, Kristina 2002: Handwerk – Städte – Reich. Die städtische Kurie des Immerwährenden Reichstags und die Anfänge der Reichshandwerksordnung, Stuttgart.
Wittmann, Helge (Hg.) 2015: Reichszeichen. Darstellungen und Symbole des Reichs in Reichsstädten, Petersberg.
Wolf, Hubert 1994: Die Reichskirchenpolitik des Hauses Lothringen (1680–1715). Eine Habsburger Sekundogenitur im Reich?, Stuttgart.
Wolf, Peter u. a. (Hgg.) 2003: Der Winterkönig. Friedrich V., der letzte Kurfürst aus der Oberen Pfalz, Augsburg.
Wolgast, Eike 1995: Hochstift und Reformation. Studien zur Geschichte der Reichskirche zwischen 1517 und 1648, Stuttgart.
Wrede, Martin 2004: Das Reich und seine Feinde. Politische Feindbilder in der reichspatriotischen Publizistik zwischen Westfälischem Frieden und Siebenjährigem Krieg, Mainz.
Wüst, Wolfgang (Hg.) 2000: Reichskreis und Territorium: die Herrschaft über der Herrschaft? Supraterritoriale Tendenzen in Politik, Kultur, Wirtschaft und Gesellschaft. Ein Vergleich süddeutscher Reichskreise, Stuttgart.
Wüst, Wolfgang u. a. (Hgg.) 2010: Höfe und Residenzen geistlicher Fürsten. Strukturen, Regionen und Salzburgs Beispiel in Mittelalter und Neuzeit, Ostfildern.
Wüst, Wolfgang/Müller, Michael (Hgg.) 2011: Reichskreise und Regionen im frühmodernen Europa. Horizonte und Grenzen im *spatial turn*, Frankfurt a. M.
Wunder, Bernd 1980: Die Kreisassoziationen 1672–1748, in: Zeitschrift für die Geschichte des Oberrheins 128, 167–266.
Wunder, Heide (Hg.) 2002: Dynastie und Herrschaftssicherung in der Frühen Neuzeit. Geschlechter und Geschlecht, Berlin.
Zedinger, Renate 2008: Franz Stephan von Lothringen (1708–1765). Monarch, Manager, Mäzen, Wien.

Register

Das Register erschließt den Text durch Verweise auf Personen, Orte und Sachen. Nicht aufgenommen wurden allgemeine Lemmata wie »Deutschland«, »Kaiser« oder »Reich«. Das Sachregister erfasst in erster Linie Reichsinstitutionen, wichtige normative Texte und Akteursgruppen.

Personenregister

A

Absberg, Hans Thomas von 278
Agnes von Mansfeld 103
Albertinische Wettiner, Dynastie 79, 115
Albrecht II., Römischer König (reg. 1438–1439) 178
Albrecht II. Alcibiades, Markgraf von Brandenburg-Kulmbach (reg. 1527/41–1554) 82 f.
Albrecht von Brandenburg, Kurfürst von Mainz (reg. 1514–1545) 67
Alexander VI. Borgia, Papst (reg. 1492–1503) 264
Alexander VII. Chigi, Papst (reg. 1655–1667) 131, 269
Alexander Ferdinand, Fürst von Thurn und Taxis (reg. 1739–1773) 249

Amalie Elisabeth von Hanau-Münzenberg, Landgräfin von Hessen-Kassel 127
Angermeier, Heinz 44 f.
Anna von Österreich-Tirol, Römische Kaiserin 109, 112
Anselm Casimir Wambolt von Umstadt, Kurfürst von Mainz (reg. 1629–1647) 120
Anton II., Herzog von Lothringen (reg. 1509–1544) 309
Aretin, Karl Otmar von 12, 172, 184, 333, 335 f.
Aristoteles 321, 323, 325
Askanier, Dynastie 32
Auersperg, Adelsgeschlecht 220
August von Sachsen(-Weißenfels), Administrator von Magdeburg (reg. 1638–1680) 122, 133
August II., der Starke, König von Polen (reg. 1697–1733) 159, 164, 168
August III., König von Polen (reg. 1733–1763) 178

August, Kurfürst von Sachsen (reg. 1553–1586) 100, 229

B

Berlichingen, Götz von 284
Bertali, Antonio 140
Berthold von Henneberg, Kurfürst von Mainz (reg. 1484–1504) 47–49, 53–55, 60, 144, 207
Bethlen Gábor, Fürst von Siebenbürgen (reg. 1613–1629) 114
Bianca Maria Sforza, Römische Kaiserin 54
Birghden, Johann von den 247
Bodin, Jean 257, 321, 327
Bog, Ingomar 162
Boineburg, Johann Christian von 150
Borromeo Arese, Carlo 317
Bourbonen, Dynastie 162, 166, 178, 193, 242, 317 f.
Bourdieu, Pierre 161
Braubach, Max 333
Braun, Bettina 266
Bretschneider, Falk 338, 340
Brunner, Otto 170
Bucer, Martin 73, 76
Burgdorf, Wolfgang 204, 320
Burkhardt, Johannes 336 f.

C

Cajetan, Tommaso 67
Calvin, Johannes 99
Capito, Wolfgang 73
Charlotte Sophie von Kurland, Äbtissin von Herford (reg. 1688–1728) 167
Chemnitz, Bogislaw Philipp (von) 322 f.
Chigi, Fabio siehe Alexander VII.
Christian I., Fürst von Anhalt-Bernburg (reg. 1606–1630) 106, 114

Christian IV., König von Dänemark und Norwegen (reg. 1588–1648) 118
Christian Ludwig II., Herzog von Mecklenburg-Schwerin (reg. 1728–1756) 172
Christina, Königin von Schweden (reg. 1632–1654) 134 f., 143, 323
Christine von Sachsen, Landgräfin von Hessen 78
Christoph Bernhard von Galen, Fürstbischof von Münster (reg. 1650–1678) 267
Clemens VII. de' Medici, Papst (reg. 1523–1534) 72
Clemens XI. Albani, Papst (reg. 1700–1721) 166, 317
Clemens August von Bayern, Kurfürst von Köln (reg. 1723–1761) 176, 178 f., 267
Clemens Wenzeslaus von Sachsen, Kurfürst von Trier (reg. 1768–1803) 193, 266
Colloredo, Adelsgeschlecht 220
Colloredo, Franz de Paula Gundaker von 172
Colloredo, Rudolf Joseph von 172, 182–185, 227
Cramer, Johann Ulrich von 213

D

Dalberg, Adelsgeschlecht 275, 283
Daniel, Prophet 19, 321
Dittmar, Gottfried Rudolf von 220
Dorfner, Thomas 223
Droysen, Johann Gustav 331
Duchhardt, Heinz 12
Duhamelle, Christophe 338, 340

E

Eberhard von Holle, Fürstbischof von Lübeck (reg. 1561–1586) 101

Eleonora Gonzaga, Römische Kaiserin 120, 317
Eleonora Gonzaga-Nevers, Römische Kaiserin 140
Eleonore von Österreich, Königin von Polen, dann Herzogin von Lothringen 161
Eleonore Magdalena von Pfalz-Neuburg, Römische Kaiserin 161, 163
Elisabeth Farnese, Königin von Spanien 318
Elisabeth Stuart, Kurfürstin von der Pfalz 114
Elisabeth Christine von Braunschweig-Wolfenbüttel, Römische Kaiserin 161, 170, 177
Ernestinische Wettiner, Dynastie 38, 115, 251
Ernst von Bayern, Kurfürst von Köln (reg. 1583–1612) 103, 299
Ernst I., der Fromme, Herzog von Sachsen-Gotha (reg. 1640–1675) 257
Ernst August, Kurfürst von Hannover (reg. 1679/92–1698) 164, 251
Eugen, Prinz von Savoyen 172
Eugen Alexander, Fürst von Thurn und Taxis (reg. 1676/95–1714) 249
Ewlijā Čelebī 329

F

Febronius, Justinus *siehe* Hontheim
Ferdinand I., Römischer Kaiser (reg. 1556/58–1564) 23, 26, 36, 38, 48, 56, 65, 67, 70–72, 75 f., 78, 80, 82–85, 87, 96, 98, 101, 119, 178, 214, 279 f., 329
Ferdinand II., Römischer Kaiser (reg. 1619–1637) 36, 113–115, 117–120, 122–124, 224, 247, 316 f.
Ferdinand III., Römischer Kaiser (reg. 1637–1657) 36, 120, 123–126, 128, 132, 139 f., 142–145, 150, 215, 223, 247, 306, 316 f., 322
Ferdinand IV., Römischer König (1653–1654) 25, 140, 144 f.
Ferdinand II., der Katholische, König von Aragon (reg. 1474/79–1516) 64 f.
Ferdinand Karl, Herzog von Mantua (reg. 1665–1708) 166, 317
Ferdinand Maria, Kurfürst von Bayern (reg. 1651–1679) 145, 148
Ferrante II. Gonzaga, Herzog von Guastalla (reg. 1621–1630) 317
Fettmilch, Vinzenz 289
Ficker, Julius von 332
Fischer von Erlach, Johann Bernhard 170
Fischer von Erlach, Joseph Emanuel 170
Fleury, André-Hercule de 261
Förner, Friedrich 224
François, Étienne 293
Franz I., Römischer Kaiser (reg. 1745–1765) 177, 179, 181–184, 186, 221, 226, 249, 266, 310, 319
Franz II., Römischer Kaiser (reg. 1792–1806) 193, 196, 198, 201 f., 204, 261, 285, 329 f.
Franz I., König von Frankreich (reg. 1515–1547) 78
Franz I., Kaiser von Österreich (reg. 1804–1835) *siehe* Franz II.
Franz Egon von Fürstenberg, Fürstbischof von Straßburg (reg. 1663–1682) 272
Franz Ludwig von Pfalz-Neuburg, Kurfürst von Trier (reg. 1716–1729), dann von Mainz (reg. 1729–1732) 179
Franz III. Stephan, Herzog von Lothringen *siehe* Franz I., Römischer Kaiser
Franz Wilhelm von Wartenberg, Fürstbischof von Osnabrück und

Regensburg (reg. 1625/49–1661) 129, 131
Franziska Christine von Pfalz-Sulzbach, Fürstäbtissin von Essen (reg. 1726–1776) 274
Friedrich II., Kaiser (reg. 1212–1250) 14, 50
Friedrich III., Römischer Kaiser (reg. 1440–1493) 22, 35, 47 f., 59, 207, 303
Friedrich III., Kurfürst von Brandenburg *siehe* Friedrich I., König in Preußen
Friedrich III., König von Dänemark und Norwegen (reg. 1648–1670) 134
Friedrich I. von Hessen-Kassel, König von Schweden (reg. 1720–1751) 168
Friedrich III., Kurfürst von der Pfalz (reg. 1559–1576) 98 f.
Friedrich V., Kurfürst von der Pfalz (reg. 1610–1623/32) 114 f., 118, 123, 127, 259, 306
Friedrich I., König in Preußen (reg. 1688/1701–1713) 167 f., 174
Friedrich II., der Große, König von Preußen (reg. 1740–1786) 180–186, 189–191, 232, 332 f.
Friedrich III., der Weise, Kurfürst von Sachsen (reg. 1486–1525) 67, 69
Friedrich August I., Kurfürst von Sachsen (reg. 1694–1733) *siehe* August II.
Friedrich August II., Kurfürst von Sachsen (reg. 1733–1763) *siehe* August III.
Friedrich Karl von Schönborn, Fürstbischof von Bamberg und Würzburg (reg. 1729–1746) 172, 180
Friedrich Karl, Fürst von Wied-Neuwied (reg. 1791–1792/1802) 259

Friedrich Karl Joseph von Erthal, Kurfürst von Mainz (reg. 1774–1802) 191
Friedrich Wilhelm I., der Große Kurfürst, Kurfürst von Brandenburg (reg. 1640–1688) 133, 138, 143 f., 149, 255
Fugger, Familie 64, 67, 292
Fürnrohr, Walter 154, 334
Fürstenberg, Dynastie 33, 220

G

Gantet, Claire 338
Garzweiler, Paul 316
Gattinara, Mercurino di 65
Gebhard Truchsess von Waldburg, Kurfürst von Köln (reg. 1577–1583) 103
Geizkofler, Zacharias 93
Georg I., König von Großbritannien (reg. 1714–1727) 168
Georg II., König von Großbritannien (reg. 1727–1760) 179
Georg August, Kurfürst von Hannover (reg. 1727–1760) *siehe* Georg II.
Georg Ludwig, Kurfürst von Hannover (reg. 1698–1727) *siehe* Georg I.
Goethe, Catharina Elisabeth 261
Goethe, Johann Wolfgang von 187, 212, 214
Gonzaga, Dynastie 120, 140, 166, 315, 317
Gotthard, Axel 11, 30
Grävenitz, Friedrich von 220
Gregor XIII. Boncompagni, Papst (reg. 1572–1585) 103, 260, 293
Greifen, Dynastie 133
Grumbach, Wilhelm von 50
Guidobald von Thun, Erzbischof von Salzburg (reg. 1654–1668) 151
Gustav II. Adolf, König von Schweden (reg. 1611–1632) 120–122

H

Haan, Familie 224
Haan, Georg 224
Haas, Heinrich 287
Habsburger, Dynastie 15–17, 21 f.,
  25–27, 29, 36 f., 47 f., 54, 58, 60,
  64 f., 70, 72, 74–76, 79 f., 100 f.,
  105, 107 f., 112–114, 117, 120, 123,
  125, 127, 132, 134, 136, 140, 142,
  144 f., 149, 151 f., 155, 157 f., 161–
  165, 167–172, 175–182, 184 f., 191,
  193, 199, 203, 211, 219, 236 f., 242,
  247, 249, 252, 265 f., 271 f., 277–
  280, 303 f., 306–311, 315, 317–319,
  323, 329, 331 f.
Habsburg-Este, Dynastie 199
Habsburg-Lothringer siehe Habsburger
Habsburg-Toskana, Dynastie 199, 202
Hanau, Dynastie 33
Hardenberg, Karl August von 214
Harrach, Adelsgeschlecht 220
Hartmann, Peter Claus 11
Hartung, Fritz 332 f.
Hayeck von Waldstätten, Dominikus Joseph 226
Heckel, Martin 86
Heinrich III., Kaiser (reg. 1039–1056) 63
Heinrich II., der Jüngere, Herzog von Braunschweig-Wolfenbüttel (reg. 1514–1568) 77, 79
Heinrich II., König von Frankreich (reg. 1547–1559) 82, 309
Heinrich IV., König von Frankreich (reg. 1589–1610) 107
Heiss, Jean de 328
Hermann V. von Wied, Kurfürst von Köln (reg. 1515–1547) 78, 103
Hersche, Peter 271
Hessen, Dynastie 37, 175, 274, 295
Hildebrandt, Johann Lukas von 170
Hohenzollern, Dynastie 37, 104, 152, 190, 252, 274
Hohenzollern-Hechingen, Dynastie 39
Hohenzollern-Sigmaringen, Dynastie 39
Holstein-Gottorp, Dynastie 274
Hontheim, Johann Nikolaus von 64, 190, 269
Hus, Jan 63

I

Innozenz VIII. Cibo, Papst (reg. 1484–1492) 246
Innozenz X. Pamphilj, Papst (reg. 1644–1655) 131
Innozenz XI. Odescalchi, Papst (reg. 1676–1689) 268

J

Jäger, Johann Wolfgang 318
Jagiellonen, Dynastie 48
Jahns, Sigrid 334
Jakob I./VI., König von England und Schottland (reg. 1567/1603–1625) 114
Jedin, Hubert 102
Jesus Christus 19, 71, 73, 298
Joachim Friedrich von Brandenburg, Administrator von Magdeburg, dann Kurfürst (reg. 1567–1598/1598–1610) 104
Johann I., der Beständige, Kurfürst von Sachsen (reg. 1525–1532) 74 f.
Johann Friedrich I., Kurfürst von Sachsen (reg. 1532–1547/54) 79, 81
Johann Georg Fuchs von Dornheim, Fürstbischof von Bamberg (reg. 1623–1633) 224
Johann Georg I., Kurfürst von Sachsen (reg. 1611–1656) 114 f., 118, 121 f.

Johann Georg II., Kurfürst von Sachsen (reg. 1656–1680) 148
Johann Georg von Brandenburg, Administrator von Straßburg (reg. 1592–1604) 104
Johann Kasimir, Pfalzgraf von Lautern (reg. 1559–1592) 308
Johann Philipp von Schönborn, Kurfürst von Mainz (reg. 1647–1673) 143–145, 147–150, 157, 229, 269, 325
Johann Sigismund, Kurfürst von Brandenburg (reg. 1608–1619) 107 f.
Johann Wilhelm, Herzog von Jülich, Kleve und Berg (reg. 1592–1609) 107
Johann Wilhelm, Kurfürst von der Pfalz (reg. 1690–1716) 161, 166, 173 f.
Johanna I., Königin von Kastilien (Titularkönigin 1504–1555) 64
Josel von Rosheim 299
Joseph I., Römischer Kaiser (reg. 1705–1711) 161, 163, 166, 169–172, 178 f., 223, 317
Joseph II., Römischer Kaiser (reg. 1765–1790) 184–187, 189–191, 193, 212, 215, 220 f., 226, 232, 270, 319, 326
Joseph Clemens von Bayern, Kurfürst von Köln (reg. 1688–1723) 167, 228, 231, 268

K

Kann, Familie 300
Karl der Große, Kaiser (reg. 768–814) 13
Karl IV., Kaiser (reg. 1346/47–1378) 16, 304
Karl V., Römischer Kaiser (reg. 1519–1556) 22 f., 26 f., 36, 55 f., 60, 64 f., 67 f., 70–74, 76, 78–83, 89, 91, 93, 123, 214, 279, 287, 292, 299, 307, 309, 313, 315
Karl VI., Römischer Kaiser (reg. 1711–1740) 161, 169–171, 173–178, 223, 232, 243, 289, 294, 301, 318, 326, 328
Karl VII., Römischer Kaiser (reg. 1742–1745) 21, 171 f., 177–180, 182, 186, 196, 249, 319
Karl VIII., König von Frankreich (reg. 1483–1498) 47
Karl IV., Herzog von Lothringen (reg. 1625–1634/75) 309 f.
Karl V., Herzog von Lothringen (Titularherzog 1675–1690) 159, 161, 310
Karl I. Ludwig, Kurfürst von der Pfalz (reg. 1649–1680) 127, 132, 139, 148, 156
Karl III. Philipp, Kurfürst von der Pfalz (reg. 1716–1742) 174
Karl IV. Theodor, Kurfürst von der Pfalz, dann von Pfalz-Bayern (reg. 1742/77–1799) 181, 189 f.
Karl X. Gustav, König von Schweden (reg. 1654–1660) 139, 144, 149
Karl II., König von Spanien (reg. 1665–1700) 156
Karl von Lothringen, Fürstbischof von Straßburg (reg. 1592/1604–1607) 104
Karl Albrecht, Kurfürst von Bayern (reg. 1726–1745) *siehe* Karl VII.
Karl Christian, Graf von Solms-Hohensolms (reg. 1744–1803) 224 f.
Karl Emanuel I., Herzog von Savoyen (reg. 1580–1630) 114
Karl Eugen, Herzog von Württemberg (reg. 1737–1793) 326
Karl Gustav, Herzog von Pfalz-Zweibrücken *siehe* Karl X. Gustav

Karl Leopold, Herzog von Mecklenburg-Schwerin (reg. 1713–1728) 172, 256
Karl Magnus, Wild- und Rheingraf von Rheingrafenstein und Gaugrehweiler (reg. 1740–1775) 259
Karl Theodor von Dalberg, Kurfürst von Mainz, dann Fürstprimas (reg. 1802–1813) 191, 200, 270 f.
Karolinger, Dynastie 327
Kaunitz, Adelsgeschlecht 220
Kaunitz, Dominik Andreas von 172 f.
Kaunitz-Rietberg, Wenzel Anton von 173, 183–185, 220, 319
Khlesl, Melchior 112, 114
Klopp, Onno 332
Königsfeld, Johann Georg von 172
Konstantin I., der Große, Kaiser (reg. 306–337) 62
Krischer, André 295
Kulp, Familie 300
Kunigunde von Österreich, Herzogin von Bayern 298
Kurtz, Ferdinand Sigismund 150
Kurtzrock, Familie 162

L

Lebeau, Christine 338
Leibniz, Gottfried Wilhelm 158, 163, 246, 325 f.
Leo X. de' Medici, Papst (reg. 1513–1521) 67 f.
Leonhard I. von Taxis (reg. 1543–1612) 247
Leopold I., Römischer Kaiser (reg. 1658–1705) 145, 147–151, 155 f., 158 f., 161–167, 172, 176, 223, 249, 268, 286, 294, 301, 310
Leopold II., Römischer Kaiser (reg. 1790–1792) 193
Leopold, Erzherzog von Österreich, Fürstbischof von Passau (reg. 1598–1625) 107 f.

Leopold Wilhelm, Erzherzog von Österreich, Fürstbischof von Passau und Straßburg (reg. 1625/26–1662) 120, 122, 145, 147
Levi von Bonn 299
Liechtenstein, Adelsgeschlecht 220
Limnaeus, Johannes 322 f.
Lothar Franz von Schönborn, Kurfürst von Mainz (reg. 1695–1729) 172, 242
Ludwig IV., der Bayer, Kaiser (reg. 1314–1347) 179
Ludwig XII., König von Frankreich (reg. 1498–1515) 54
Ludwig XIV., König von Frankreich (reg. 1643–1715) 135, 145, 149, 155–158, 164, 173, 242, 268, 308, 325, 328
Ludwig XV., König von Frankreich (reg. 1715–1774) 226, 310
Ludwig V., Landgraf von Hessen-Darmstadt (reg. 1596–1626) 112, 289
Ludwig II., König von Ungarn und Böhmen (reg. 1516–1526) 65
Ludwig Wilhelm, Markgraf von Baden-Baden (reg. 1677–1707) 159, 242
Ludwig Wilhelm, Pfalzgraf von Simmern (reg. 1610–1655) 229
Luther, Martin 44, 67 f., 70, 73 f., 78, 94, 283
Lutz, Heinrich 333
Luxemburger, Dynastie 15 f., 306

M

Mader, Eric-Oliver 204
Maimbourg, Louis 328
Margarethe von der Saale, zweite Gemahlin Philipps I. von Hessen 78
Margarethe von Österreich, Statthalterin der Niederlande 64

Margarethe Theresia von Österreich, Römische Kaiserin 156, 301
Maria, Gottesmutter 298
Maria, Herzogin von Burgund (reg. 1477–1482) 47
Maria Amalie von Österreich, Römische Kaiserin 171, 178, 182
Maria Anna Josepha von Österreich, Kurfürstin von der Pfalz 161
Maria Antonia von Österreich, Kurfürstin von Bayern 161
Maria Josepha von Österreich, Königin von Polen 178
Maria Kunigunde von Sachsen, Fürstäbtissin von Essen (reg. 1776–1802/03) 274
Maria Theresia von Österreich, Römische Kaiserin und Königin von Ungarn (reg. 1740–1780) 171, 177–185, 189, 266, 310, 319
Maria Theresia von Österreich, Königin von Frankreich 156
Matthias, Römischer Kaiser (reg. 1612–1619) 105, 108 f., 112–114, 289, 299 f.
Maximilian I., Römischer Kaiser (reg. 1493–1519) 22, 28, 35, 47–49, 51–55, 58–60, 64 f., 67, 207, 214, 275, 298 f., 307, 311
Maximilian II., Römischer Kaiser (reg. 1564–1576) 36, 80, 94, 98–101
Maximilian I., Herzog, dann Kurfürst von Bayern (reg. 1597–1651) 106 f., 115, 118, 132
Maximilian II. Emanuel, Kurfürst von Bayern (reg. 1679–1726) 39, 167, 231
Maximilian III. Joseph, Kurfürst von Bayern (reg. 1745–1777) 180, 189
Maximilian Franz von Österreich, Kurfürst von Köln (reg. 1784–1801) 266
Maximilian Heinrich von Bayern, Kurfürst von Köln (reg. 1650–1688) 148
Mazarin, Jules 149, 156, 261
Medici, Dynastie 315
Meiern, Johann Gottfried 136
Melanchthon, Philipp 73, 82, 99
Metsch, Johann Adolf von 172
Metternich, Adelsgeschlecht 304
Montecuccoli, Raimondo 155
Moraw, Peter 14 f., 61, 341
Moritz, Herzog, dann Kurfürst von Sachsen (reg. 1541–1553) 79, 81–83
Moser, Friedrich Karl von 221, 326
Moser, Johann Jacob 326, 342
Müller, Klaus 333

N

Napoleon I. Bonaparte, Kaiser der Franzosen (reg. 1804–1814/15) 192, 196–198, 200–205, 271, 328–330
Nassau, Dynastie 33, 220
Neuhaus, Helmut 12
Nikolaus von Kues 45
Ninness, Richard 283

O

Oestmann, Peter 335
Oestreich, Gerhard 333
Oldenburger, Dynastie 104
Oñate, Íñigo Vélez de Guevara, Conde de 112
Oppenheimer, Samuel 301
Ottheinrich, Kurfürst von der Pfalz (reg. 1556–1559) 98
Otto I., der Große, Kaiser (reg. 936–973) 13, 312
Otto IV., Kaiser (reg. 1198–1218) 32
Ottonen, Dynastie 16

Personenregister

Oxenstierna, Axel 121 f.
Öxle, Johann Georg 148

P

Paar, Adelsgeschlecht 249
Pape, Johann Hermann Franz von 212
Pappenheim, Dynastie 111
Paul III. Farnese, Papst (reg. 1534–1549) 76–78
Paul IV. Carafa, Papst (reg. 1555–1559) 96
Peter I., der Große, Kaiser von Russland (reg. 1682–1725) 328
Peter Leopold, Großherzog der Toskana *siehe* Leopold II.
Pfefferkorn, Johannes 298
Philipp I., der Schöne, Herzog von Burgund und König von Kastilien (reg. 1482–1506) 53, 64
Philipp I., der Großmütige, Landgraf von Hessen (reg. 1509/18–1567) 69, 74, 78 f., 251
Philipp II., König von Spanien (reg. 1556–1598) 80, 308, 315
Philipp III., König von Spanien (reg. 1598–1621) 112
Philipp IV., König von Spanien (reg. 1621–1665) 126, 156
Philipp V., König von Spanien (reg. 1700–1746) 318
Philipp Christoph von Sötern, Kurfürst von Trier (reg. 1623–1652) 125
Philipp Wilhelm, Kurfürst von der Pfalz (reg. 1653/85–1690) 173
Piana, Giovanni Battista 227
Pius VII. Chiaramonti, Papst (reg. 1800–1823) 270
Praun, Familie 223
Press, Volker 278, 334, 336
Pufendorf, Samuel von 323, 325, 342
Pütter, Johann Stephan 326 f.

R

Reinhard, Wolfgang 102, 336
Reinkingk, Dietrich (Theodor) 321 f.
Repgen, Konrad 333
Reuchlin, Johannes 298
Richard von Greiffenklau zu Vollrads, Kurfürst von Trier (reg. 1511–1531) 50, 69, 278
Richelieu, Armand-Jean du Plessis, Herzog von 156, 261
Ritter, Moriz 106, 332
Roeck, Bernd 334
Rojas y Spinola, Cristóbal de 162, 326
Romanow, Dynastie 328
Rudolph I., Römischer König (reg. 1273–1291) 21, 206
Rudolph II., Römischer Kaiser (reg. 1576–1612) 36, 98, 100–108, 127, 214, 229, 247, 299 f., 306
Rudolph IV., der Stifter, Herzog von Österreich (reg. 1358–1365) 17
Rumjanzew, Nikolai Petrowitsch 329
Ruprecht von der Pfalz, Römischer König (reg. 1400–1410) 16

S

Salier, Dynastie 16
Schilling, Heinz 102, 336
Schindling, Anton 12
Schmidt, Georg 12, 335–337
Schnabel, Franz 333
Schnettger, Matthias 336
Schönborn, Dynastie 285, 304
Schubert, Friedrich Hermann 333
Schulze, Fabian 236
Schwenckfeld von Ossig, Kaspar 284
Schwendi, Lazarus von 94
Seckendorff, Veit Ludwig von 257, 259
Sellert, Wolfgang 335

393

Senckenberg, Heinrich Christian von 221
Sforza, Dynastie 54, 315
Sickingen, Adelsgeschlecht 275
Sickingen, Franz von 50, 69, 278, 283
Sigismund, Kaiser (reg. 1411–1437) 45, 63
Sinzendorf, Adelsgeschlecht 220
Siro, Graf, dann Fürst von Correggio (reg. 1612/16–1635) 259
Spinola, Adelsgeschlecht 226
Srbik, Heinrich von 332
Stadion, Adelsgeschlecht 304
Stanislaus I. Leszczyński, Herzog von Lothringen (reg. 1737–1766) 310
Staufer, Dynastie 16, 20
Stein, Heinrich Friedrich Karl vom und zum 214
Stollberg-Rilinger, Barbara 12, 37, 186 f., 337, 342
Stuart, Dynastie 114, 168
Suleiman I., der Prächtige, osmanischer Sultan (reg. 1520–1566) 72, 78
Sybel, Heinrich von 331

T

Taxis *siehe* Thurn und Taxis
Thurn und Taxis, Dynastie 155, 247, 249
Torre, de la, Adelsgeschlecht 249
Torstensson, Lennart 134
Trauttmansdorff, Adelsgeschlecht 220
Trauttmansdorff, Maximilian von 126
Treitschke, Heinrich von 331
Turinski, Jan 266

U

Ulrich, Herzog von Württemberg (reg. 1498–1519/1534–1550) 50, 60, 75 f., 279

V

Valois, Dynastie 307
Vener, Job 45
Visconti, Dynastie 315

W

Waldeck, Dynastie 33
Walderdorff, Wilderich von 150
Wallenstein, Albrecht Wenzel Eusebius, Herzog von Friedland 118, 120, 124
Wasa, Dynastie 21
Weber, Hermann 333
Welfen, Dynastie 32, 104, 129, 149, 161, 163 f., 249, 251, 325
Wertheimer, Samson 301
Wettiner, Dynastie 32, 37, 104, 115, 175, 265 f., 274
Wettstein, Johann Rudolf 311
Whaley, Joachim 12
Wilhelm Egon von Fürstenberg-Heiligenberg, Fürstbischof von Straßburg (reg. 1682–1704) 268
Wilhelmine Amalie von Braunschweig-Lüneburg, Römische Kaiserin 161
Windischgrätz, Adelsgeschlecht 220
Wittelsbacher, Dynastie 21, 32, 39, 59, 103, 115, 118, 120, 123, 129, 132 f., 148, 164, 168, 172, 175 f., 178–180, 186, 189, 242, 249, 264–268, 274, 319
Wolfgang Wilhelm von Pfalz-Neuburg, Herzog von Jülich-Berg (reg. 1609/14–1653) 107

Wurmbrand-Stuppach, Johann Wilhelm von 221
Württemberg, Dynastie 175

Z

Zähringer, Dynastie 32
Ziegler, Walter 12
Zoglio, Giulio Cesare 190, 269
Zollern, Dynastie 220
Zwingli, Huldrych 73, 75

Ortsregister

A

Aachen 23, 33, 64, 109, 148, 156, 181, 292
Alexanderreich 321
Alpen 63, 77, 82, 313, 315 f., 327
Altdorf 287, 322
Altmühl, Ritterkanton 282
Altona 296
Amerika 26, 64
Amöneburg 262
Anhalt 32, 172
Aragon 26, 64, *siehe* auch Spanien
Arelat *siehe* Burgund
Armenien 168
Arnsberg 262
Artois 307
Aschaffenburg 198, 262
Augsburg 24 f., 36 f., 54, 58, 60, 67, 72 f., 76, 79–84, 87, 90, 93 f., 99, 101, 129, 140, 143, 150, 163, 180, 198, 214, 233, 237, 239–241, 246 f., 266, 287, 290–294, 296, 299, 307, 309
Auhausen 106
Austerlitz 201

B

Babylon 321
Baden 32, 198, 200, 202, 237
Baden, Schweiz 158, 169, 317
Baden-Baden 159, 242
Baden-Durlach 104, 120
Bamberg 48, 89, 172, 180, 198, 224, 265, 282
Banat 170
Bar 309
Basel 45, 63, 195 f., 311
Baunach, Ritterkanton 282
Bayerischer Reichskreis 233, 236, 238, 241 f.
Bayern 21, 31 f., 39, 76, 79, 87, 103, 106 f., 115, 118, 120, 123, 132, 145, 148, 159, 161, 166–168, 171, 176, 178, 180, 189–191, 197–199, 202, 220, 228, 231, 233, 242, 265, 286, 293, 296
Belgrad 70, 176
Berchtesgaden 39, 272
Berg 32, 107, 138
Bergstraße 262
Berlin 167, 195 f., 204, 333
Besançon 32
Biberach 129, 292
Böhmen 16 f., 21, 26, 29 f., 39, 48, 54, 63, 65, 70, 87, 101, 105, 108, 112–115, 117 f., 123 f., 126, 132, 136, 145, 152, 164, 166, 169, 179, 182, 197, 220, 304–306
Bologna 65, 72, 313
Bonn 262, 333 f.
Brabant 307
Brandenburg-Ansbach 32, 106, 152, 190, 195, 322
Brandenburg-Bayreuth 32, 82 f., 142, 152, 190, 195, 282
Brandenburg-Kulmbach *siehe* Brandenburg-Bayreuth
Brandenburg-Preußen *siehe* Kurbrandenburg, Preußen

Braunschweig 77, 87, 286
Braunschweig-Lüneburg 31, 147, 161, 164, 290, *siehe* auch Hannover
Braunschweig-Wolfenbüttel 76–78, 161, 164
Breisach 134, 136
Breisgau 199
Bremen 32, 104, 133 f., 149, 162, 198, 286, 290
Brixen 199, 313
Brömsebro 134
Buchau 274
Buchhorn 287
Burgund 13, 21, 26, 47 f., 53 f., 80, 87, 306 f., 309, *siehe* auch Franche-Comté
Burgundischer Reichskreis 156 f., 169, 233, 236, 307–309
Byzanz 329

C

Cambrai 75, 82
Campo Formio 196 f., 319
Campo freddo 225–227
Campo ligure *siehe* Campo freddo
Chambord 82, 309
Comacchio 318
Correggio 259
Corvey 272
Crépy 78

D

Dalmatien 201
Dänemark 118, 133 f., 286, 290, 296, 303, 321
Dinkelsbühl 129, 292
Donau, Ritterkanton 280
Donaumonarchie 65, 304
Donauwörth 39, 105 f., 286
Dresden 100
Düsseldorf 138

E

Eger 124
Eichsfeld 262
Eichstätt 180
Eisenstadt 155, 329
Elbe 134
Ellwangen 39, 266, 272
Elsass 25, 39, 134–136, 157 f., 220, 245, 272, 282, 299, 310, 328
Ems 269
England 14, 45, 106, 108, 114, 117, 156, 261, *siehe* auch Großbritannien
Erfurt 48, 126, 155, 262, 286
Ermland 261
Essen 274
Esslingen 56, 239
Europa 21, 27, 42–44, 51 f., 62, 65, 83, 89, 107, 109, 113 f., 126 f., 134, 167 f., 171, 175, 181, 183, 190–192, 198, 225, 244, 246, 261, 275, 328 f., 333 f., 336

F

Falkenstein 178, 310, 326
Finale 232
Flandern 307
Florenz 19, 315
Franche-Comté 26, 157, 307
Franken 15, 139, 152, 190, 195, 198, 220, 271, 277–280, 282 f., *siehe* auch Fränkischer Reichskreis
Frankenreich 13
Frankfurt am Main 23, 25, 31, 33, 64 f., 75–77, 87 f., 93 f., 96, 108 f., 111 f., 114 f., 121, 144, 147–151, 154, 157, 159, 162, 169, 171, 180, 184, 193, 195, 198, 208, 221, 241–247, 287, 289 f., 292, 295–301, 326, 329, 340
Frankfurt an der Oder 326

Ortsregister

Fränkischer Reichskreis 122, 139, 233, 236, 238, 241 f., 271
Frankreich 13 f., 21 f., 26, 39, 45, 47, 49, 52, 64, 70, 75 f., 78, 82 f., 91, 96, 99, 107 f., 120, 124–127, 132, 134 f., 138, 144 f., 147, 149 f., 155–159, 162, 164, 166–169, 171, 173, 178–180, 183–185, 190–193, 195–198, 200–202, 205, 226 f., 241 f., 245, 261, 268, 270, 272, 282, 306–310, 318 f., 321, 327–329, 338
Freiburg im Breisgau 36, 54, 89, 157
Freising 180, 269
Friedrichshafen 287
Fritzlar 262
Fulda 272
Fürstenberg 87
Füssen 181

G

Gebirg, Ritterkanton 282
Geldern 78, 307
Gent 64
Genua 19, 185, 226 f., 232, 316, 319
Gießen 321
Glogau 306
Görz 25, 304
Goslar 77
Göttingen 326
Gottorp 286
Gradisca 25, 304
Graz 101
Griechisches Reich *siehe* Alexanderreich
Groningen 307
Großbritannien 158, 168, 175, 179, 183, 185, 198, 201, 203, 219, 261, 303, 318, 328 f.
Guastalla 317
Guttenzell 274

H

Hagenau 77
Halberstadt 38, 67, 120, 133, 152, 174, 260, 264
Hamburg 125, 162, 198, 247, 286, 290 f., 296
Hanau 300
Hanau-Lichtenberg 252
Hanau-Münzenberg 252
Hannover 31, 39, 163–166, 168, 172, 174 f., 178, 185, 191, 198, 201, 203, 219, 251, 303, 326, 328 f., 332, *siehe auch* Braunschweig-Lüneburg
Harmersbach 33
Hegau-Bodensee, Ritterkanton 280
Heggbach 274
Heidelberg 99 f., 106, 158, 174, 323
Heilbronn 122, 156, 242, 285
Hennegau 307
Herford 167, 274
Hersfeld 135
Hessen 32, 60, 69, 71, 74 f., 78 f., 87, 148, 251 f., 262
Hessen-Darmstadt 112, 124, 135, 149, 192, 251 f., 289, 321
Hessen-Kassel 127, 135, 149, 168, 197, 200, 249, 251 f.
Hildesheim 103, 149, 195, 267
Hinterpommern 38, 133, 152
Hirschhorn 104
Hochrhein 311
Holland 307
Holstein 286, 296, 303

I

Imperium Romanum 19, 62, 321, 329
Innerösterreich 101, 113
Innviertel 190
Istrien 313
Italien 13–15, 17, 19, 22, 26, 33, 47–49, 64 f., 67, 112, 114, 120, 166,

168 f., 181, 196, 215, 217, 225–228, 247, 296, 302, 304, 312 f., 315–319, 331, 338

J

Jauer 306
Jena 322
Jülich 32, 87, 107 f., 236, 252
Jütland 119

K

Kammin 133, 152
Kappel 75
Kärnten 25
Kastilien 26, 64
Kempten 272
Kirchenstaat 261, 313, 318
Kleine Walachei 170
Kleve 32, 38, 107 f., 236, 252
Koblenz 192 f., 269
Kocher, Ritterkanton 280
Köln 15–17, 21, 23, 31, 33, 48, 75, 78, 87, 93, 102–104, 129, 148 f., 157, 166 f., 176, 178, 198, 200, 228, 231, 262, 264–269, 271, 287, 290, 292, 298–300
Königsberg 168, 201
Königstein 262
Konstantinopel 329
Konstanz 39, 45, 63, 73, 87, 235, 237, 240
Kraichgau, Ritterkanton 280
Krain 25, 304
Kurbrandenburg 17, 38, 99, 107 f., 118, 133, 138, 143 f., 149, 152, 157, 163, 165, 167 f., 172, 174 f., 178, 181, 185, 191, 197, 219, 232, 236, 249 f., 252, 255, 303
Kurhannover *siehe* Hannover
Kurköln *siehe* Köln
Kurmainz *siehe* Mainz

Kurpfalz 15–17, 39, 45, 60, 98–100, 103 f., 106, 112, 114 f., 118 f., 123, 128, 132 f., 148, 156 f., 161, 163, 166, 173 f., 176, 178, 181, 189 f., 198, 243, 262, 276, 308
Kurrheinischer Reichskreis 122, 139, 233, 235 f., 241, 243
Kursachsen 16 f., 50, 71, 74, 81 f., 86, 91, 99 f., 111 f., 115, 117 f., 121 f., 124, 136, 148, 159, 163 f., 168, 175, 178, 183, 191, 197 f., 200, 235, 249, 303, 306
Kurtrier *siehe* Trier

L

Langhe 319
Langobardenreich 14, 313
Laxenburg 241
Leipzig 67, 82, 93, 244 f., 247
Ligurien 225, 232, 316
Lindau 54, 73
Lohr 262
Lombardei 196, 249, 315
London 318, 328
Lotharingien 306
Lothringen 39, 82, 157 f., 162, 265, 306, 309 f.
Lübeck 101, 119, 198, 264, 290
Lüders 272
Lunéville 197, 319, 329
Lüttich 103, 192
Lützen 122
Luxemburg 307

M

Magdeburg 32, 38, 67, 82, 104, 120, 122, 126, 133, 152, 174, 286
Mähren 105, 117, 304–306
Mailand 14, 22, 54, 166, 169, 313, 315, 317 f.
Main 83, 247, 278, 284

Mainz 15–17, 21, 30 f., 39 f., 42, 47–50, 64, 67, 87 f., 94, 107, 109, 111 f., 120 f., 143–145, 148–151, 155, 172, 179, 191, 193, 195–198, 200, 207 f., 217, 229, 235, 242 f., 246, 262, 264 f., 269–271, 276, 289, 296, 298, 325
Malta 261
Mantua 166, 296, 315–318
Marburg 135
Mecklenburg 124, 133, 256, 321
Mecklenburg-Schwerin 142, 172, 256
Mederreich 321
Meißen 81
Memmingen 73
Mergentheim 271
Metz 82 f., 134, 309
Minden 38, 133, 152, 174, 260, 264
Mitteleuropa 296, 329
Mittelrhein, Ritterkanton 282
Modena 145, 199
Mohács 65, 70
Mömpelgard 198
Monferrato 315 f.
Moskau 328
Mühlberg 79
München 107, 115, 180, 190, 204, 269, 333
Münster 38, 87, 103, 125–127, 134, 136, 139, 144, 149, 153, 157, 162, 198, 262, 266 f., 286, 308
Murbach 272

N

Nanstein 50
Naumburg 34
Neapel 64, 178, 313, 317
Neckar-Schwarzwald, Ritterkanton 280
Neuss 262
Nicäa 62
Niederelsass, Ritterkanton 282
Niederlande 15, 26 f., 47, 56, 64 f., 78, 94, 99, 101, 114, 158, 307–309

Niederlausitz 105, 117, 122, 136, 304, 306
Niedermünster, Regensburg 32, 274
Niederösterreich 25, 101, 105, 114, 117, 190
Niederrhein 15, 32, 101, 107 f., 255
Niederrhein, Ritterkanton 282
Niederrheinisch-Westfälischer Reichskreis 139, 233, 236, 241, 307
Niedersächsischer Reichskreis 93, 118, 139, 145, 233, 236, 303
Nizza 76
Nomény 310
Nordafrika 62
Nördlingen 122, 159, 239, 242 f.
Nürnberg 36, 55 f., 75–77, 87, 93, 106, 109, 129, 139, 150, 198, 223, 287, 296, 309

O

Oberlausitz 105, 117, 122, 136, 304, 306
Obermünster, Regensburg 32, 274
Oberösterreich 25, 101, 105, 114, 117 f., 190
Oberpfalz 118 f., 132, 166, 174
Oberrhein 15, 113, 242
Oberrhein, Ritterkanton 282
Oberrheinischer Reichskreis 122, 139, 233, 236, 241, 243, 262, 309 f., 313
Obersächsischer Reichskreis 93, 139, 233, 235 f., 303
Odenwald, Ritterkanton 282
Oder 134
Oliva 150
Osmanisches Reich 26, 65, 70, 72, 75, 80, 93, 105, 150 f., 155, 157–159, 164, 170, 176, 241 f., 245, 318, 329
Osnabrück 103, 125–127, 129, 133 f., 136, 139, 153, 162, 267, 311

Österreich 16 f., 21, 25 f., 29 f., 39 f., 47, 54, 64 f., 75, 87 f., 112 f., 123, 125 f., 132, 144 f., 147, 149–153, 157, 161, 163, 165, 167, 169, 172, 175–183, 185, 189–193, 196 f., 199–201, 203, 205, 219 f., 226, 242, 249, 272, 303 f., 306 f., 309 f., 317–320, 332, 335, 338, 341, *siehe* auch Innerösterreich, *siehe* auch Niederösterreich, *siehe* auch Oberösterreich, *siehe* auch Vorderösterreich
Österreichische Niederlande 189, 191 f., 309
Österreichischer Reichskreis 233, 236 f., 242, 304, 307, 313
Österreichisch-Schlesien 306
Ostfriesland 39, 152
Ostsee 120
Öttingen 104

P

Paderborn 103, 135, 198, 267
Padua 48
Paris 204
Parma-Piacenza 315, 318
Passarowitz 170
Passau 82–84, 107 f., 145, 158, 180, 190, 266
Pavia 14, 115
Perserreich 321
Pfalz-Neuburg 107, 147, 161 f., 165, 168, 173, 236, 243, 265
Pfalz-Simmern 243
Pfalz-Zweibrücken 168, 189, 192
Philippsburg 134, 157
Picardie 307
Piemont 65
Poel 133
Polen-Litauen 21, 42, 144, 168, 185, 193, 261, 266, 303, 310
Pommern 76, 87, 120, 133 f., 143

Prag 101, 108, 113, 117, 122–124, 126, 128, 139, 159, 179, 214, 304, 306
Pressburg 201, 204, 329
Preußen 50, 152, 165, 168, 172, 174 f., 178, 180–186, 189–193, 195 f., 198, 201, 205, 212, 219, 232, 250, 255, 271, 303, 306, 320, 331–333, *siehe* auch Kurbrandenburg
Prüm 266, 272

Q

Quedlinburg 274

R

Rastatt 169, 196 f., 317
Ratzeburg 133
Ravensburg 129, 240, 292
Recklinghausen 262
Regensburg 24 f., 32 f., 36, 39, 76–78, 85, 89, 93, 101, 106, 118, 120, 123, 125, 139 f., 142 f., 150–154, 157, 180, 198, 200, 202, 224, 249, 262, 270 f., 274, 291, 296, 320
Regnum Italiae siehe Italien
Reichenbach 193
Reichsitalien siehe Italien
Reutlingen 50
Rhein 15, 21, 31, 36, 82 f., 107, 115, 118, 134, 149, 157 f., 166, 178, 195–199, 220, 242, 277–280, 282–284, *siehe* auch Hochrhein, *siehe* auch Mittelrhein, *siehe* auch Niederrhein, *siehe* auch Oberrhein
Rheingau 262
Rhense 31
Rhön-Werra, Ritterkanton 282
Rijswijk 158
Roggenburg 272
Rom 14, 16, 20, 22 f., 48, 63–65, 67 f., 79, 92, 103, 131 f., 190, 266, 268 f., 298, 312, 318, 327

Roßbach 183
Rottenmünster 274
Rottweil 206 f., 239, 311
Russland 183, 190, 197, 201, 205, 328 f.

S

Sachsen 38, 76, 93
Sachsen-Altenburg 142
Sachsen-Gotha 257
Sachsen-Lauenburg 32
Salzburg 29, 32, 39, 60, 151 f., 180, 190, 199 f., 202, 262, 269, 303
San Remo 319
Sardinien 64, 313, 315, 317–319
Sassello 232
Savoyen 33, 114, 313, 315 f.
Schlesien 105, 108, 117, 128, 178, 304, 306
Schmalkalden 74
Schönbrunn 201
Schöntal 284
Schussenried 272
Schwaben 15, 25, 59 f., 198, 206, 220, 237, 271 f., 277–280, 282 f., *siehe auch* Schwäbischer Reichskreis
Schwäbisch Gmünd 45, 283
Schwäbischer Reichskreis 106, 122, 139, 233, 235–242, 272, 274, 311
Schweden 120–122, 124–127, 133–135, 138 f., 142–145, 149, 156 f., 168, 183, 203, 247, 286, 303, 321–323, 329
Schweidnitz 306
Schweizer Eidgenossenschaft 47, 60, 73, 75, 135, 211, 310–312
Schwerin 133
Seeland 307
Serbien 157, 170
Siebenbürgen 114, 150
Sizilien 64, 178, 313, 318
Soden 33
Söflingen 274

Solms-Hohensolms 224 f.
Spanien 26 f., 55 f., 65, 67 f., 79 f., 82, 94, 100, 103, 107, 112, 114 f., 118, 120, 122, 125 f., 135, 138, 144 f., 147, 149 f., 156, 161, 168–170, 178, 242, 301, 308 f., 313, 315–318, 321
Spanische Niederlande 114, 145, 156 f., 169, 292, 308 f.
Speyer 36, 51, 70–72, 83, 94, 158, 192, 208, 214, 220, 224, 265, 272, 279, 291
St. Emmeram, Regensburg 32
Stablo 272
Steiermark 25, 196
Steigerwald, Ritterkanton 282
Stettin 133
Straßburg 33, 48, 73, 104, 134, 142, 145, 157, 166, 244, 265, 272, 310
Stuttgart 204, 237 f.
Südtirol 313
Sulzbach am Taunus 33
Sutri 63

T

Teschen 189, 328
Thüringen 74, 162, 251, 290
Tirol 25, 59, 101, 136, 201, *siehe auch* Südtirol
Toskana 177 f., 181, 193, 199, 202, 310, 318 f.
Toul 82, 134, 309
Trient 22, 77, 82, 101, 103, 199, 264, 313
Trier 15–17, 21, 31, 36, 50, 69, 125, 149, 179, 193, 198, 200, 233, 262, 265 f., 269, 272, 276, 278
Triest 25, 313
Tübingen 318
Tunis 76
Türkei *siehe* Osmanisches Reich
Tyrrhenisches Meer 317

401

U

Überlingen 142
Ulm 33, 117, 180, 238 f., 275, 287
Ungarn 26, 47 f., 65, 70, 76, 80, 94, 101, 105, 145, 150 f., 155, 157, 162, 182, 261, 304
Utrecht 169, 307, 317

V

Valmy 195
Venedig 22, 196, 304, 313
Venetien 201
Verden 133 f., 149
Verdun 82, 134, 309
Vereinigte Niederlande 106–108, 115, 125 f., 135, 156–158, 308, 318
Versailles 170
Vogtland 282
Vorarlberg 25
Vorderösterreich 25, 101, 201, 272
Vorpommern 133, 142, 149, 203

W

Walfisch 133
Wandsbek 296
Warschau 201
Weimar 154
Weingarten 87, 273
Weißenburg 272
Weißer Berg 117
Welsche Confinen 304
Weser 134
Westeuropa 48
Westfalen 15, 125 f., 136, 198, 201, 220, 262
Wetzlar 158, 208, 213 f., 220, 225, 320
Wied-Neuwied 259
Wien 63, 72, 101, 112 f., 115, 123, 135, 144 f., 149 f., 152, 155, 157 f., 162, 166, 170, 172 f., 176 f., 180–184, 189, 195, 197, 200 f., 203 f., 214, 221, 223 f., 226 f., 242, 249, 262, 290, 301, 310, 318–321, 326, 328–330, 332
Wiener Neustadt 162
Wilhelmsbad 195
Wismar 133, 303
Wittenberg 67, 73, 76, 81, 291
Worms 35 f., 38, 46 f., 49, 51–54, 58, 64, 68, 72, 77, 84, 91–94, 144, 158, 207, 233, 243, 246, 262, 265, 277, 292, 296, 300
Württemberg 33, 50, 60, 75 f., 99, 106, 120, 142, 148 f., 192, 197 f., 200, 202, 233, 235, 237, 239, 255, 276, 279, 326
Würzburg 87, 143, 172, 180, 198, 202, 246, 265, 271, 282
Wusterhausen 175

Z

Zsitvatorok 105, 329
Zürich 75

Sachregister

A

Achte Kurwürde 39, 132 f., 189
Appellationsprivileg 211
Augsburger Bekenntnis 73, 76, 82–85, 99, 119, 129 f., 283
Augsburger Religionsfrieden 83–87, 96, 98, 100, 102, 105, 119, 128–130, 256, 264, 280, 283, 291 f., 295, 327

Sachregister

B

Bücherkommission 31, 245 f.
Bündnisrecht 132, 168

C

Carolina siehe Constitutio Criminalis Carolina
Confessio Tetrapolitana 73
Confoederatio cum Principibus Ecclesiasticis 14
Constitutio Criminalis Carolina 56, 78, 89 f., 246
Corpus Catholicorum 130 f.
Corpus Evangelicorum 130 f., 168, 174 f., 185, 257, 260

D

Declaratio Ferdinandea 86, 102, 119
Deutscher Bund 249
Deutscher Orden 32, 197 f., 266 f., 270–272

E

Emigrationsrecht 84 f., 129
Erzamt 17, 111, 132
Ewiger Landfrieden *siehe* Landfrieden

F

Fidei Ratio ad Carolum Imperatorem 73
Fürstenbund 191
Fürstenrat (Reichstag, Reichsdeputationstag) 38–41, 85, 87 f., 104, 133 f., 142 f., 152, 164, 197, 200, 249, 267, 272, 293, 303, 307, 313
Fürstenverein 147, 164

G

Geistlicher Vorbehalt 84–86, 101–103, 119, 128, 264
Gemeiner Pfennig 49, 51–53, 56, 60, 91
Generalkommissariat *siehe* Plenipotenz
Goldene Bulle 16–18, 23, 25 f., 30, 50, 115, 147 f., 211, 251, 304
Goldener Opferpfennig 301
Gravamina Nationis Germanicae 64, 68, 269

H

Handhabung Friedens und Rechts 49, 52–54
Heilbronner Bund 122
Hoftag 34 f., 45, 302, 305

I

Immerwährender Reichstag 36, 53, 138, 150–155, 158 f., 162–165, 171, 174–176, 180, 183, 185 f., 189, 191, 195, 200, 203, 212, 219, 249, 294, 304, 318, 334, 340, *siehe* auch Reichstag
Interim 79 f., 82
Investitur *siehe* Reichslehnswesen
Itio in partes 130, 175
Ius armorum 132
Ius emigrandi siehe Emigrationsrecht
Ius foederis siehe Bündnisrecht
Ius primarium precum siehe Recht der Ersten Bitten
Ius reformandi siehe Reformationsrecht
Ius suffragii 132, 147, 153, 341

403

J

Johanniterorden 32, 198, 261, 270–272
Jüngster Reichsabschied 143

K

Kammerzieler 185, 207, 235, 238
Katholische Liga 106 f., 115, 117, 120, 122
Kirchenadvokatie 25, 62 f., 68, 162, 327
Komitialrechte 28 f.
Krönung 13, 17, 22 f., 25, 64 f., 72, 108–112, 114 f., 120, 140, 145, 148 f., 163, 168 f., 179, 182, 184, 187, 260
Kurfürstentag 17, 31, 88, 120, 224, siehe auch Wahltag
Kurkolleg 16, 21 f., 29–32, 38 f., 78, 87, 103, 109, 118, 131, 133, 142, 148, 152, 163 f., 166, 197, 200, 267, 293, 305 f., 321, 323

L

Landfrieden 46, 49–51, 53, 58–60, 74 f., 82 f., 86 f., 94, 98 f., 107, 119, 167, 183, 207 f., 211 f., 233, 235, 252, 278, 311, 340
Lehen *siehe* Reichslehnswesen
Liga *siehe* Katholische Liga

N

Negotia remissa 135, 138, 142 f., 151
Neunte Kurwürde 39, 163 f.
Normaljahr 122, 128–131, 138, 199, 257, 292, 304, 306
Nürnberger Bund 76 f.

P

Plenipotenz 316 f.
Präeminenz, kurfürstliche 30 f., 126, 136, 142, 163, 165
Privilegium de non appellando siehe Appellationsprivileg
Privilegium maius 17, 303
Privilegium minus 303
Protestantische Union 106 f., 114, 117 f., 284

R

Recht der Ersten Bitten 268
Reformationsrecht 84 f., 102, 128, 256 f.
Regalien 14, 17, 28, 46, 52, 218, 240, 247, 295
Reichsacht 28, 39, 49, 68, 73, 79, 103, 105 f., 118, 123, 135, 166–168, 183, 231, 289, 317
Reichsbarriere 166, 242
Reichsbund 60, 80, 93, 325
Reichsdefensionalordnung 159, 166, 235
Reichsdeputationshauptschluss 198–200, 204, 270, 311, 335
Reichsdeputationstag 43, 87 f., 94, 125 f., 130, 135, 142, 144 f., 147, 149–151, 153, 157, 303, 307
Reichserzkanzler 17, 30–32, 47, 55, 87, 120, 143, 145, 149–151, 172, 191, 200, 208, 229, 242, 272
Reichsexekutionsordnung 58, 83, 87, 94, 233
Reichsgrafen, Fränkische 38
Reichsgrafen, Niederrheinisch-Westfälische 38
Reichsgrafen, Schwäbische 38
Reichsgrafen, Wetterauer 38, 142
Reichshofkanzlei 17, 29–31, 48, 150, 170, 172 f., 181, 213, 219, 231, 303, 319

Reichshofrat 10, 17, 29, 51, 105 f.,
119, 143, 163, 175, 180 f., 185, 201,
206 f., 212–215, 217–221, 223–228,
230, 232, 254, 256, 290, 292, 294,
299 f., 303, 312 f., 316 f., 319, 326,
335, 340
Reichskammergericht 17, 29, 31, 49–
51, 53, 55, 58, 60, 74–77, 80, 82 f.,
89, 104 f., 119, 130, 142, 158, 162,
175, 185, 206–209, 211–215, 217–
220, 223–225, 233, 235, 239, 250,
254, 277, 286, 303–305, 307, 312 f.,
333–335, 339 f.
Reichskreisassoziation 159, 195,
241 f., 304
Reichskreise 15, 54, 58–60, 87, 91,
93 f., 159, 162, 191, 207, 213, 233–
243, 250, 272, 277, 283, 303, 305,
312 f., 334, 338 f., *siehe auch* Bayerischer Reichskreis, *siehe auch* Fränkischer Reichskreis, *siehe auch* Niederrhein-Westfälischer Reichskreis, *siehe auch* Niedersächsischer Reichskreis, *siehe auch* Österreichischer Reichskreis, *siehe auch* Schwäbischer Reichskreis, *siehe auch* Burgundischer Reichskreis, *siehe auch* Kurrheinischer Reichskreis, *siehe auch* Oberrheinischer Reichskreis, *siehe auch* Obersächsischer Reichskreis
Reichskreistag 87
Reichslehnswesen 10, 19 f., 28 f., 35, 37, 81, 101 f., 104, 112, 118, 135, 143, 163 f., 166, 180, 182, 185 f., 189, 196, 217–219, 221, 225 f., 228 f., 231 f., 247, 259, 268, 276, 306 f., 309, 312 f., 315–319, 335, 337
Reichsmatrikel 35, 52, 87 f., 91, 93 f., 130, 135, 239, 293, 305
Reichsmerkantilismus 162
Reichsmoderationstag 87, 235
Reichsmünzordnung 56, 91

Reichspatriotismus 158, 196, 245, 326
Reichspfennigmeister 93
Reichspoliceyordnung 88, 90 f., 94, 246, 293, 298
Reichspost 28, 31, 48, 244, 246 f., 249, 260
Reichsprälaten, Rheinische 38, 272–274
Reichsprälaten, Schwäbische 38, 272, 274
Reichspublizistik 245, 315, 318, 320–323, 325–327, 333
Reichsreform 44–47, 49–56, 58, 60 f., 105, 191, 193, 203 f., 207, 233, 277, 311, 320, 323, 341
Reichsregiment 53–56, 58, 60, 86, 89, 149, 233, 299, 323
Reichsritterschaft 33, 38, 84, 143, 161, 201 f., 237, 260, 265, 275–280, 282–286, 297
Reichstag 17, 19, 25, 27–31, 33–43, 46, 53 f., 61, 64, 80, 86–88, 93, 95, 98, 101, 104, 123, 126, 130–135, 147, 150, 154, 213 f., 217, 228 f., 231, 233 f., 237, 247, 250, 261, 272, 277, 280, 293 f., 299, 302–311, 313, 321–323, 333, 337, 339 f., *siehe auch* Immerwährender Reichstag
Reichstag 1495 35, 38, 46 f., 49–52, 207, 277
Reichstag 1496/97 54
Reichstag 1497/98 36, 54, 89
Reichstag 1500 54, 233
Reichstag 1512 36, 233
Reichstag 1518 67
Reichstag 1521 35, 58, 64, 68 f., 94, 212, 233, 246
Reichstag 1526 70 f.
Reichstag 1529 71 f.
Reichstag 1530 72 f., 90, 94, 246, 299
Reichstag 1532 89
Reichstag 1541 77
Reichstag 1542 279

Reichstag 1546   78
Reichstag 1547/48   60, 79–81
Reichstag 1550/51   82
Reichstag 1555   37, 82 f., 87, 212
Reichstag 1559   214 f.
Reichstag 1566   99, 229
Reichstag 1570   36, 94
Reichstag 1582   36, 101
Reichstag 1594   36, 39, 101, 104
Reichstag 1603   105
Reichstag 1608   106, 143
Reichstag 1613   112, 143
Reichstag 1640/41   36, 125
Reichstag 1653/54   36, 41, 139 f., 142–144, 151, 164, 212, 215, 229
Reichsvikariat   17, 82, 148, 309, 316
Reservatrechte, kaiserliche   28 f., 164
Reservatum Ecclesiasticum siehe Geistlicher Vorbehalt
Restitutionsedikt   119 f., 122 f.
Rheinbund, Erster   149 f., 155 f., 191
Rheinbund, Zweiter   202, 271
Rijswijker Klausel   173
Römische Königswahl *vivente Imperatore*   22, 25, 58, 65, 75, 87, 96, 98, 120, 123, 135, 140, 143, 145, 163, 184, 265
Rottweiler Hofgericht   206 f., 311

S

Schmalkaldischer Bund   74–79, 81, 96, 103, 287, 291 f.
Schwäbischer Bund   59 f., 69, 80, 278 f.
Städterat   38 f., 132, 154, 293
Statutum in favorem Principum   14
Subsidia charitativa   279

T

Translatio Imperii   13, 321, 332
Türkenhilfe   52, 70, 75, 93, 105, 151, 176, 238, 279

U

Union *siehe* Protestantische Union

V

Vier-Reiche-Lehre   19, 321
Votum decisivum der Reichsstädte   41, 132, 293

W

Wahlkapitulation   27 f., 55, 64, 103, 109 f., 129, 135, 143, 147, 149, 151, 264
Wahltag   17, 23, 29, 31, 108 f., 111, 114, 147 f., 151, 187, 193, 337
Westfälischer Frieden   26, 38, 41, 86, 124–140, 143 f., 147–149, 151, 153, 157, 161–163, 165, 168, 174, 189, 196, 199, 207 f., 211, 215, 238, 257, 268–270, 280, 284, 286, 291–293, 295, 304, 306, 308–311, 327, 332, 334 f., 341 f.
Wormser Edikt   68–71, 73 f.

Z

Zeremoniell   11, 17, 25, 33, 88, 109, 111, 126, 154 f., 163, 180, 186 f., 189, 228 f., 231 f., 317, 329, 337, 340